Les **clés** du **savoir être interculturel**

Laurent Goulvestre

Préface d'Anand Gokani,
arrière-petit-fils de Ghandi

Les **clés** du **savoir être interculturel**

Optimisez vos relations à l'international
Négociez efficacement
Pilotez vos équipes à distance

Prix des dirigeants commerciaux de France
Catégorie commerce international

3e édition

afnor ÉDITIONS

L'auteur

Laurent Goulvestre est gérant de la société Garuda. Après avoir été pendant plus de dix ans, Directeur export dans des Groupes industriels, il est depuis 1999, conférencier, auteur et formateur en entreprise sur le développement et la performance des individus à l'international. Il intervient dans les PME et les sociétés du CAC 40, partout dans le monde, afin d'optimiser le comportement des professionnels sur le terrain.

Il est aussi professeur et chercheur dans différents mastères et écoles de commerce en France et à l'étranger, dont HEC.

Ses précédents ouvrages :

100 questions sur la gestion de crise (coécrit avec Frank Rouault, Jean-Jacques Roulmann et Jean Segonds, AFNOR Éditions, 2006).

Du management au leadership (coécrit avec Marie-Agnès Martin), éditions Le génie des glaciers, 2007.

Les clés du comportement à l'international !, 2008.

Petit traité interculturel pour mieux réussir à l'international, 2010 (première édition du présent ouvrage).

Bien communiquer avec vos interlocuteurs indiens (coécrit avec Kouramane Kichenassamy et Ilangovane Tambidore), 2011.

Pour plus d'informations, nous vous invitons à consulter son site :

www.goulvestre.com

Couverture : création AFNOR Éditions
ISBN 978-2-12-465387-4

AFNOR – 11, rue Francis de Pressensé, 93571 La Plaine Saint-Denis Cedex
Tél. : + 33 (0) 1 41 62 80 00 – www.afnor.org

Sommaire

Préface

Aujourd'hui plus qu'avant, dans ce monde qui se globalise, il est nécessaire de se comprendre et de s'accepter entre différentes cultures. La compréhension de la notion d'« interculturel » permet de s'ouvrir aux autres et de créer ainsi de vraies relations.

Ce livre efface les frontières et laisse apparaître les richesses de chacun d'entre nous…

Anand Gokani – Arrière-petit-fils du Mahatma Gandhi

Remerciements

Comme pour mes précédents livres, mes remerciements vont tout d'abord à tous mes correcteurs et correctrices qui ont bien voulu prendre de leur temps pour enrichir, critiquer et corriger cet ouvrage.

Cet ouvrage a fait plusieurs fois le tour du monde dans les pays ciblés avant d'être réédité. Au total, ce sont plus de deux cents personnes, de toutes nationalités, qui ont participé à la construction de cet ouvrage…

Je dédicace ce livre à vous, lecteurs.

C'est un honneur pour moi que vous ayez ce livre entre les mains. J'espère qu'il vous accompagnera dans toutes vos relations d'affaires et qu'il vous permettra de mieux travailler avec vos partenaires étrangers et de gagner ainsi plus de contrats.

Témoignages...

« Un ouvrage sans aucun doute utile pour bien se préparer à l'international. »

UbiFrance

« Les clés de la réussite dans le business international sont très souvent comportementales. Laurent Goulvestre apporte un éclairage majeur sur les attitudes clés à adopter dans sept pays. À déguster sans modération. »

Gabriel Joseph-Dezaize – Rédacteur en chef du Moci (Moniteur du commerce international)

« L'aspect culturel à l'international est souvent négligé par les entrepreneurs ; cet ouvrage leur offre un outil concret, original et bénéfique tant du point de vue relationnel que commercial. »

Alain Gazo – Directeur de la rédaction du magazine Conquérir

« L'accueil d'une clientèle haut de gamme internationale est souvent une affaire délicate. Ce livre est exactement en ligne avec ce qu'il faut faire pour réussir ses contacts. »

Laurent Lapaire – Directeur de salle de l'Arpège (3 étoiles Michelin) pendant neuf ans

« En tant qu'organisme de formation professionnelle aux métiers de l'automobile, nous travaillons à l'international depuis 11 ans. Ce livre est riche d'enseignements pour tous ceux qui souhaitent développer leurs activités à l'international. »

Patrice Martin – Chef du département formation et développement international du GNFA (Groupement National pour la Formation Automobile)

« Dans un monde où la globalisation a de plus en plus d'ampleur, bien comprendre et intégrer le comportement devient un facteur essentiel dans la réussite des affaires. Grâce à sa vaste expérience à l'international, Laurent Goulvestre explique très bien les aspects qu'il faut prendre en considération. »

Sanjeev Rao – Directeur de la société G2i en Inde

« Dans le monde du luxe, les clients ont des exigences très élevées et dans toutes leurs rencontres, ils attendent un comportement des acteurs en symbiose avec la marque qu'ils représentent. Ce livre en donne les premières clefs ! »

Nicolas Jeanjean – Président d'Albatross
(société chinoise spécialisée dans les enquêtes mystères
dans les magasins de luxe en Chine)

Avertissement

Les sept pays présentés dans ce livre ont comme point commun, un développement économique national et international important. Tout le vécu des expériences personnelles relatées dans ce livre n'a été possible que par une immersion totale pendant plusieurs années avec la population : même logement, même cuisine, même façon de vivre.

◆ Attention à l'ethnocentrisme

Quand nous parlons de l'« autre », qu'il s'agisse d'un individu ou d'un groupe, nous avons tendance à porter un jugement positif ou négatif sur ce qu'il est ou ce qu'il fait car nous sommes ainsi faits. Nous exprimons un positionnement, une comparaison, une façon de faire, une façon d'être et ceci souvent comme si nous étions la référence culturelle et que nous détenions la vérité... Toutefois, puisque la nature même de notre existence et le chemin que nous poursuivons vers le futur nous sont inconnus, comment pouvons-nous prétendre avoir davantage raison que notre homologue qui n'appartient pas à nos référents sociaux ? Cette non-conscience même du but poursuivi dans la vie fait qu'il n'existe pas de vérité. L'homme blanc n'a pas plus raison que l'homme noir ou jaune, celui qui travaille une heure par jour n'a pas plus raison que celui qui en fait dix, pas plus que celui qui souhaite vivre reclus sur des sommets lointains. Passionné du Népal et ayant traversé l'Hymalaya à pied en quatre-vingt-trois jours dans les années quatre-vingt-dix, j'ai pu vérifier des dizaines de fois ces affirmations !

Il est donc important pour vous lecteur de faire la part des choses dans cet ouvrage, car des qualificatifs, des adjectifs, ou encore des appréciations personnelles sont régulièrement employés. Ce ne sont là que des outils de langage pour mieux comprendre et intégrer les différences culturelles mais sans aucun jugement de valeur de ma part. Ce livre n'ayant qu'un seul objectif : optimiser votre comportement interculturel pour votre succès !

◆ La catégorisation crée des stéréotypes

L'être humain est un être aux multiples facettes et il serait réducteur et dangereux de construire des catégories. J'ai souvent entendu dire, dans mes formations interculturelles et mes conférences, que nous étions tous différents et qu'il était impossible de classer les individus dans des cases, d'autant plus que les cultures sont multiples : culture du pays, culture selon la région, culture d'entreprise, sans compter le caractère propre à chaque individu. Ce qui est tout à fait juste... Cependant, j'ai pu remarquer de fortes tendances identitaires en fonction de certaines zones géographiques, des façons de faire identiques, des façons de penser aussi. Par exemple, pour nous Français, nous avons tendance à apprécier les repas d'affaires et la qualité du restaurant choisi sera proportionnelle à la taille du contrat en jeu et ceci est valable pour TOUS les Français ! Mieux encore, nous constatons que la culture va jusqu'au plus profond de nous-mêmes puisqu'un Allemand dira « auer » (prononcer « awa ») quand il se fera mal alors qu'un Français dira « aïe » et un Anglais « ouch » (« aoutche »). La culture s'invite donc au plus profond de nous-mêmes jusqu'à dans nos réflexes que l'on croyait non conditionnés. Même si nous sommes biologiquement tous différents, nous sommes donc conditionnés par notre culture et en prendre conscience permettra, par la suite, de mieux nous positionner en tant qu'observateur de notre propre personne (méta-observation). Cette catégorisation de comportement créera inévitablement des stéréotypes, mais ceux-ci ne seront pas forcément mauvais s'ils sont pris au premier degré et considérés comme tels. À chacun ensuite d'intégrer toutes les variables pour être plus fin dans le décodage de son partenaire étranger. Il ne s'agit pas de devenir plus Russe qu'un Russe, ou encore plus Japonais qu'un Japonais, il s'agit de mieux se comprendre en comprenant les différences des uns et des autres. La culture est un ensemble multiple qui possède des milliers de variables...

Afin de pouvoir écrire cet ouvrage sur un sujet aussi complexe que l'interculturel, j'ai volontairement caricaturé certains propos afin d'être plus explicite et d'aller au cœur même du sujet. Derniers éléments enfin : vous aurez, par vos expériences personnelles, des perceptions parfois différentes de ce que vous lirez. Ceci est tout à fait normal car la culture n'est pas une science exacte et je ne possède pas la vérité. Ne prenez alors pas tout pour argent comptant et mettez les éléments en perspectives avec votre vécu pour faire les corrections nécessaires.

Bonne lecture !

Les différences culturelles ne sont que des détails,
mais ce sont chacun de ces détails qui feront
toute la différence dans vos relations avec les autres...

Introduction

La réduction générale des mesures protectionnistes des pays du Sud-est asiatique et la chute du mur de Berlin ont bouleversé l'équilibre de l'économie mondiale. De nombreux pays se sont ouverts sur le monde et ont changé la structure des flux de biens et de services. Les échanges mondiaux n'ont jamais été aussi abondants. L'amplitude du mouvement est considérable, car ces nouveaux acteurs agissent dans des proportions qui n'ont rien à voir avec la période des trente glorieuses de l'après-guerre.

◆ Mais voyez plutôt !

- En 1995, il y avait en Chine 500 kilomètres d'autoroute. Aujourd'hui, avec 60 000 kilomètres, la Chine est devenue le deuxième réseau autoroutier du monde après les États-Unis. Depuis début 2000 et tous les six mois, ce pays construit l'équivalent immobilier de la ville de Paris pour loger ses agriculteurs qui ont déserté la campagne et viennent chercher du travail dans les villes.
- En 2011, 28 000 ingénieurs sont sortis des 220 écoles françaises alors qu'ils étaient 700 000 en Inde.
- Dans cette même année, aux États-Unis, l'investissement dans la recherche industrielle a été de 370 milliards de dollars, soit 2,6 % du PIB, contre seulement 1,7 % pour l'U.E.
- En 2012, on ne compte plus les sociétés qui ne sont plus françaises comme Marionnaud, Barbara, Arcelor, Teisseire et bien d'autres encore…

Et enfin, saviez-vous que la moitié du capital de nos entreprises françaises du CAC 40 est détenu par des étrangers ! Que ces entreprises sont fortement bénéficiaires parce qu'elles sont sur des marchés exports…

Ces mouvements économiques mondiaux bouleversent la donne, mais avons-nous pleinement conscience de la vitesse à laquelle cela bouge ? Pas si sûr !

◆ Que devons-nous faire ?

1. Avec seulement 4 % de ses 2,5 millions d'entreprises qui exportent, la France doit s'internationaliser davantage pour faire face à l'explosion des échanges. Il faut que nos PME[1] grandissent. Nous avons en France plus de TPE qu'aux États-Unis, mais nous souffrons terriblement d'un manque de grandes PME au-dessus de 250 personnes. Or ce sont bien les grandes PME qui travaillent à l'international et non les petites.
2. Une prise de conscience de tous est nécessaire sur la nécessité de s'ouvrir au monde. La population mondiale actuelle de 7 milliards d'habitants correspondra à la seule population asiatique dans 60 ans ! Il nous faut mûrir intellectuellement pour accepter la logique du libéralisme et de l'économie de marché, car ces évidences que nous continuons de nier comme des enfants gâtés nous reviennent aujourd'hui en pleine face. Bien évidemment, le système est loin d'être parfait et il y a des abberations économiques comme des patrons « pourris » mis en avant dans les médias. Mais n'oublions pas les 99,9 % autres qui sont intègres et pleinement humains avec leurs collaborateurs.
3. Il nous faut, face à ce bouleversement industriel, adopter un comportement transnational, c'est-à-dire souple, curieux, volontaire et ne plus croire que la France est un grand pays protégé et incontournable. Pour avoir eu la chance de travailler dans de multiples pays, je peux vous dire que peu de gens connaissent la France et tout le monde avance bien sans elle !
4. Il faut que nos chefs d'entreprises arrêtent d'être obnubilés par la réduction des coûts car ce combat est perdu d'avance face aux milliards d'êtres humains qui arrivent et qui sont prêts à travailler pour quelques « euros » par mois. Avant que la Chine passe aux 35 heures et aux RTT, il y a de la marge ! Ce n'est que par la différenciation et la création, associées à une plus forte exigence qualité, que la France pourra garder sa place dominante dans l'échiquier mondial.

---

1 PME : petites et moyennes entreprises dont le nombre d'employés est compris entre 11 et 500. Pour les TPE, les très petites entreprises, le nombre d'employés est compris entre 1 et 10.

5. Et enfin, il faut aussi que la recherche française et nos universités soient en phase avec la réalité du terrain et l'industrie[2]. Heureusement, nos universités sont depuis peu plus indépendantes, mais ces acteurs incontournables doivent devenir pleinement conscients que c'est à travers la mise en place d'indicateurs de performance qu'ils s'amélioreront. Or, pour la plupart des acteurs, ceci est extrêmement difficile à comprendre et à accepter, car ils ont toujours eu l'habitude d'investissements colossaux dans la recherche fondamentale (un des plus élevés au monde).

Ici aussi, vous n'êtes évidemment pas obligé de partager tous ces éléments. Toutefois, avec une sous-représentation de notre économie sur la scène internationale et surtout dans les pays à forte croissance, nos difficultés économiques risquent de s'amplifier à un niveau tel qu'il soit difficile de revenir en arrière...

Ce livre apporte des éclaircissements sur ce qui se passe dans le monde et en particulier dans sept pays qui sont (ou seront) des acteurs majeurs de l'économie mondiale. Il donne aussi des clefs pour travailler avec les acteurs de ces mêmes pays. Non pas des clefs techniques, juridiques ou encore fiscales, mais des clefs comportementales. **Le monde des affaires est d'abord un monde de relation d'hommes et de femmes et le comportement est un élément fondamental dans la réussite des projets.**

Pour chaque pays, la première partie propose un bref historique et donne les éléments essentiels à connaître avec les points forts et les points faibles. La deuxième partie, quant à elle, donne à la fois les clefs comportementales à prendre en compte lors d'un déplacement à l'étranger, ainsi que les clefs pour accueillir de façon optimale un partenaire étranger en France. Elle présente aussi les perceptions croisées, c'est-à-dire la perception des sept cultures les unes sur les autres, avec les points appréciés et les points de différence pour chacune d'entre elles. Ces perceptions sont le fruit de vingt années d'échanges, mais aussi une accumulation de témoignages « récoltés » sur place. De 2005 à 2012, ce livre aura fait plusieurs fois le tour du monde dans les pays ciblés avant d'être réédité. Chaque culture a pu être ainsi complétée et enrichie.

2 À la vitesse où l'économie mondiale bouge et en tant que professeur vacataire, je côtoie des universités qui sont aujourd'hui totalement décalées par rapport à la réalité du terrain. Arrivés en entreprise, les élèves connaissent alors un choc souvent long à amortir. Cette réalité est encore plus prononcée dans les écoles de commerce. Valoriser l'apprentissage à tous les niveaux de la scolarité permettrait de limiter ce choc. Malheureusement, l'image de l'apprentissage n'est pas souvent bonne auprès des jeunes.

Le monde change à une vitesse jamais atteinte à ce jour et le voir, l'écouter, le comprendre constitue un défi intellectuel majeur. J'espère sincèrement que les clefs données dans cet ouvrage vous permettront de développer vos performances à l'international afin que vos échanges soient encore plus fructueux[3].

3 Pour les chiffres convertis en euros, ils l'ont été sur une base de 1 euro pour 1,31 dollar, 1 euro pour 0,83 livre et 1 euro pour 100 yens (conversion 2012).

Partie I
Prise de conscience et positionnement personnel

Après avoir lu cette première partie, vous serez en mesure de :

- comprendre la notion de culture en intégrant de nouveaux paramètres ;
- cerner la façon dont vous communiquez avec les autres à travers votre positionnement social ;
- limiter la perception subjective pour une vision plus vraie de la réalité ;
- limiter le choc culturel à travers une meilleure compréhension de la différence ;
- et enfin, mieux prendre en compte la notion de culture dans vos échanges internationaux.

1 Le comportement international

Alors que le le taux de croissance du PIB mondial est de l'ordre de 4 % depuis plusieurs années, nous oscillons entre 0 et 1 % en France.

Qui parle de crise ?

L'internationalisation des entreprises est donc aujourd'hui une condition nécessaire à leur croissance. D'une part, parce que le marché français est souvent trop petit par rapport aux investissements engagés, d'autre part parce que la dynamique économique est surtout placée ailleurs, en particulier sur l'axe États-Unis – Allemagne – Inde – Chine – Japon.

Heureusement, beaucoup de nos entreprises françaises, créatrices de richesses, souhaitent entrer dans ce *pipeline* des pays qui connaissent des échanges économiques intenses en faisant l'effort « d'aller » vers eux. Même si la partie n'est jamais gagnée d'avance, beaucoup d'entre elles ont de nombreux atouts pour réussir.

1.1 Le monde est aujourd'hui plat !

Nous vivons dans un monde en continuel mouvement. Les échanges économiques et financiers se multiplient à l'infini et nous devons nous ouvrir sur ce monde qui avance à une vitesse fulgurante. La multiplication de ces échanges, l'arrivée des nouvelles technologies, rapprochent les hommes et les cultures. Les barrières naturelles comme les montagnes, les océans qui séparent les continents n'existent plus. Les produits, les services, les cultures se mélangent. Il y a, à travers le monde plus de 80 000 vols commerciaux par jour !

Dernièrement à Delhi, j'ai eu l'occasion de travailler avec des ingénieurs indiens pour la future construction d'un hôpital français, puis à Bangalore où le service informatique développait de nouveaux logiciels pour des fiches de paie américaines. Puis j'ai formé des Japonais à Tokyo qui développaient un nouveau moteur de camion qui sera ensuite industrialisé en Inde à Indoor. Quelques semaines après, en Chine, je facilitais les contacts entre deux PME allemandes et chinoises qui n'arrivaient pas à se comprendre.

Le temps et les distances sont aujourd'hui tellement contractés qu'un dossier de travail fait par un Indien, pendant que les Français dorment de l'autre côté de la planète, peut être validé quelques heures après par un Américain en déplacement en Russie. Tous ces éléments donnent le tournis, il est vrai, mais la communication en temps réel nous fait faire cela, c'est ainsi....

Le travail ne s'arrête plus, il circule sur la face éveillée de la Terre et Thomas L. Friedman dans son livre *Le monde est plat* nous le fait bien ressentir. Nous devons désormais considérer les pays lointains comme nos voisins. Nous sommes devenus, en quelques années et malgré nous, tous voisins les uns des autres[4], sans y avoir été préparés ?

Une chose est sûre, nous ne pouvons ignorer ce qui se passe autour de nous. Dans nos relations d'affaires, nous devons nous accueillir les uns les autres et échanger de façon positive pour développer nos activités réciproques. Travailler avec une autre culture que la sienne engendre des difficultés supplémentaires et souvent des malentendus, voire des échecs... L'interculturel n'est donc pas un luxe mais une impérieuse nécessité !

1.2 Le comportement s'uniformise-t-il ?

Même si nous connaissons quelques dizaines de marques de réputation internationale, comme McDonald's, Microsoft ou encore L'Oréal, qui se sont implantées avec des produits standards et une culture d'entreprise identique

4 Cette sensation de proximité m'était apparue personnellement très tôt, dans les années quatre-vingts, lors d'un de mes retours de Pékin en train à vapeur et électrique. Sans quitter le sol et après 200 heures de voyage – il n'y avait en effet qu'une seule locomotive pour plusieurs trains et donc des allers-retours avec des arrêts interminables pour aller chercher les autres wagons – je voyais enfin la tour Eiffel. Nous sommes sur le même continent, m'étonnai-je, bien qu'il n'y ait pas beaucoup de point commun entre un Asiatique et un Occidental.

sur toute la planète, nous ne sommes pas dans un village mondial où tous les pays deviennent, à travers leurs activités commerciales, uniformes et homogènes dans leurs façons de faire et de penser.

Nous ne sommes pas tous faits pour vivre n'importe où, dans n'importe quels types de situations et de cultures. Certains seront plus à l'aise dans les cultures anglo-saxonnes, d'autres dans les cultures asiatiques. Les marques « universelles » citées plus haut en représentent seulement quelques-unes sur plusieurs millions, le ratio est extrêmement faible et, ne nous leurrons pas, plusieurs décennies seront encore nécessaires avant que l'on consomme tous les mêmes aliments, les mêmes accessoires de vie, les mêmes vêtements... Certaines choses semblent même immuables et je doute d'ailleurs fortement que le sari des femmes indiennes laisse un jour la place au tailleur occidental ou inversement.

1.3 La confiance : lien sacré

Dans nos relations internationales, la vraie problématique d'aujourd'hui est que, quand nous échouons avec un partenaire étranger, nous savons rarement pourquoi ; un problème technique, de prix, de comportement ? La multitude de variables dans une négociation rend l'analyse souvent difficile et ce phénomène s'amplifie avec une culture étrangère.

Achèteriez-vous cependant à un vendeur qui ne vous a pas considéré comme vous le souhaitiez ? Auriez-vous confiance en un chef de projet qui réagit à l'inverse de ce que vous pensiez ? Seriez-vous prêt à signer un contrat avec quelqu'un qui ne vous répond jamais ou qui ne vous regarde pas dans les yeux ? Sûrement pas, car quelles que soient vos origines, il y a une constante qui prévaut dans toute relation et signature de contrat : c'est la CONFIANCE. C'est à partir de cet élément que la relation va être positive ou négative. Pourtant, pour un Japonais, ce n'est pas en le regardant dans les yeux que vous lui donnerez confiance, à l'inverse donc, de notre comportement et c'est là toute la difficulté d'accord...

Bien que celle-ci soit le fondement de toute relation, elle va donc s'exprimer et se construire différemment avec un Chinois, un Américain, un Indien, ou tout individu d'une autre culture.

Dans tous les cas, si nous avons un comportement qui n'est pas en adéquation avec les attentes de notre partenaire, si nous sommes insensibles au milieu qui nous entoure et aux éléments importants pour lui, il est fort probable que la relation soit difficile et tende vers un échec. Pourtant, il n'y avait, au premier abord, aucune mauvaise intention de notre part, aucune malveillance, mais nous n'avons tout simplement rien vu. Nous n'avons pas compris le pourquoi du comment, pire encore, nous avons peut-être froissé, offusqué ou encore dégoûté notre interlocuteur.

Comment et pourquoi ? Que s'est-il passé exactement ? Cela reste souvent un mystère, car aucun partenaire n'osera donner une réponse claire et précise sur le comportement de son interlocuteur, sur ses points positifs et surtout ses points négatifs.

Sur le marché du luxe, l'analyse de la demande est parfois plus difficile encore, car il s'agit de satisfaire un besoin complexe, irrationnel et souvent non révélé. Il existe une dimension cachée propre à chacun, basée sur une réaction émotionnelle qui dépasse la raison. Une recherche d'expériences nouvelles, une construction d'un moi social à travers la matière comme un sac à main Chanel ou une voiture Ferrari par exemple. Là aussi, si la compréhension des attentes du partenaire n'est pas intégrée, s'il a été froissé à cause d'un comportement ou d'une réponse maladroite, il y a fort à parier que l'affaire ne se fera pas.

Nous voyons bien ici que quelle que soit l'activité de l'entreprise, le comportement dans une relation d'affaire est la clef de voûte vers le succès.

1.4 « Pourquoi est-ce à moi de faire l'effort ? »

J'entends très souvent cette réplique dans mes conférences. « Pourquoi est-ce à moi de faire l'effort d'agir sur mon comportement ? » « Font-ils eux aussi des efforts pour que la communication soit optimale et pour ainsi développer la confiance ? »

Certains en font, d'autres pas, mais une chose est sûre, quand un de vos partenaires potentiels se retrouve face à un choix de plusieurs acteurs, il choisira celui en lequel il a le plus confiance et seulement dans un deuxième temps, celui qui sera le plus en phase avec son cahier des charges. Or, la confiance s'acquiert avec le temps et avec un comportement conforme aux attentes des uns et des autres comme nous l'avons vu ci-dessus. Si vous êtes de ceux qui font des efforts pour mieux communiquer et mieux comprendre les attentes de votre partenaire, il le remarquera tôt ou tard et tous vos efforts seront rapidement récompensés.

De façon très empirique, certaines cultures sont aussi plus aptes à faire des efforts que d'autres. Les Anglais et les Américains ont une langue véhiculaire internationale et extrêmement pragmatique. Par nature, ils ne feront donc pas l'effort d'en apprendre une autre. Pour les États-Unis, viennent s'ajouter la taille et la puissance du pays qui ne fait qu'amplifier cette vision exclusive d'une Amérique toute puissante.

En ce qui concerne les Chinois, ces derniers n'ont jamais été conquérants d'autres territoires à part ceux qui lui sont proches comme Taïwan et le Tibet. Par nature, l'Empire du milieu ne recherche pas de mixité culturelle et si aujourd'hui, il cherche des richesses supplémentaires à l'extérieur de ses terres, c'est par nécéssité et non par envie de conquête comme cela a été le cas avec l'Afrique par exemple.

Pour l'Inde, la situation est différente. L'arrivée des envahisseurs Aryens en 2000 avant J.-C. et les multiples colonisations jusqu'en 1947, ont engendré une mixité culturelle extraordinaire. C'est un pays multiethnique où les échanges font partie des gènes. La colonisation anglaise, pendant cent ans, a aussi joué un rôle rassembleur à travers la langue anglaise parlée par plus de 25 % de la population[5]. Dans les sociétés internationales comme Wipro, Infosys ou encore TCS, les Indiens apprennent les comportements des autres cultures et font des efforts significatifs pour s'ouvrir.

Pour ce qui est de la Russie, l'ancienne URSS, elle a toujours cherché à montrer sa puissance, à faire peur parfois, plutôt qu'à conquérir d'autres pays. De par sa taille et son histoire, l'URSS n'a pas connu d'échanges importants. Aujourd'hui encore et à l'exception des ventes d'armes, de matières premières et de quelques produits semi-finis, la Russie entretient peu d'échanges avec les étrangers. La France est cependant bien placée avec ses produits de luxe, car plus des deux tiers des milliardaires russes ont commencé à amasser soudainement des fortunes dans les années quatre-vingt-dix, quand la totalité de l'économie russe a été pillée pour une valeur estimée à plus de mille milliards de dollars, à travers des biens et des ressources que possédait auparavant l'État.

5 Je ne me permettrais pas ici d'apporter un jugement de valeur sur la colonie anglaise. J'évoque le seul fait que la langue anglaise est aujourd'hui un excellent véhicule pour les Indiens.

Le Japon est passé de l'ère féodale à l'ère moderne en quelques décennies. Mais la notion d'appartenance à un groupe a toujours été la dominante principale (les cars de touristes japonais en France, avec leurs appareils photo sous la tour Eiffel, prête même parfois à sourire). Pour ce qui est de l'étranger, il reste toujours pour eux, étranger et exotique. Les Japonais ont beaucoup de mal à se mélanger aux autres. Le poids de leur tradition rend, aujourd'hui encore, les échanges souvent hermétiques. Il leur est très difficile d'intégrer des cultures étrangères dans leur mode de pensée et c'est vraiment à l'étranger de faire tous les efforts nécessaires pour communiquer.

L'Allemagne, quant à elle, est en avance sur l'apprentissage des langues. Son organisation industrielle et sa multitude de PME, moyennes à grandes, l'ont vite propulsée comme un acteur majeur dans l'économie mondiale. La culture allemande est précise et méthodique. Ses efforts pour communiquer avec les autres cultures se font sans ménagement depuis plusieurs décennies.

Et enfin, je voudrais simplement ajouter que si l'Europe a du mal à se construire encore aujourd'hui, c'est parce que l'uniformisation de nos moyens de communication n'a pas engendré l'uniformisation de nos cultures et que les Slaves, les Anglo-Saxons, les Germains et les Latins restent encore bien distincts dans leur façon de penser et d'agir. Une europe fédérale à l'Américaine semble impossible tant nos différences restent grandes… Dans ces conditions, nul n'est capable de prédire l'avenir de l'Europe tant les variables sont multiples, voir opposées.

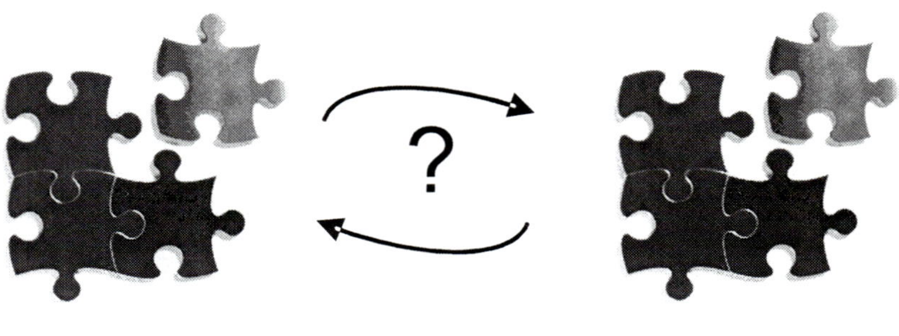

2
Notion de culture et de choc culturel

Quiconque cherche à analyser la culture de son interlocuteur va le faire à travers le prisme de sa propre culture et donc de façon subjective. Toute analyse de culture est donc biaisée. De plus, un pays n'a pas qu'une seule culture, il faut tenir compte de la culture de la région, de la culture de l'entreprise et aussi de la culture propre à l'individu[6], ce qui en fait déjà quatre.

Ces mêmes cultures vont rencontrer un interlocuteur qui en possède sûrement quatre lui aussi, soit huit cultures au total. On mesure, à ce niveau, la difficulté de modéliser une compréhension culturelle entre nations et individus.

2.1 Tentative de définition de la culture

La culture n'a pas de définition absolue, chacun donnant sa version par rapport à la perception qu'il a de son organisation.

Selon la définition de l'UNESCO : « La culture, dans son sens le plus large, est considérée comme l'ensemble des traits distinctifs, spirituels et matériels, intellectuels et affectifs, qui caractérisent une société ou un groupe social.

6 J'intègre ici son propre caractère ainsi que ses convictions religieuses.

Elle englobe, outre les arts et les lettres, les modes de vie, les droits fondamentaux de l'être humain, les systèmes de valeurs, les traditions et les croyances[7]. »

En fonction de l'environnement, de l'actualité, des faits de société, la culture change dans le temps. Elle n'évolue pas forcément, mais prend de nouvelles formes. La mutation est inévitable même si certaines racines sont ancrées très profondément. Les différentes variables qui définissent sa structure et son contour sont si nombreuses et si complexes qu'il est impossible d'en définir la forme.

De plus, l'homme est rarement conscient de ce qu'il fait dans sa propre culture puisqu'il le fait depuis sa naissance. Ainsi, des actions qui lui paraissent tout à fait normales peuvent paraître anormales, voir choquantes pour d'autres : les Chinois qui crachent régulièrement dans la rue ont ainsi surpris plus d'un occidental ! Mais nous n'avons rien à dire avec nos escargots et nos cuisses de grenouille qui semblent infectes et répugnants aux yeux de beaucoup d'étrangers…

Dans la définition de la culture, on notera cependant une constante, c'est le terme « acquis », c'est-à-dire non inné, non inscrit dans les gènes. Un petit Népalais qui aura, à l'âge de six mois, été adopté par un couple de Français, pensera plus à manger un steak frites quand il reviendra, à l'âge de vingt ans dans son pays, qu'un Dal Bhat.

La culture a une double fonction :

- elle apporte de la matière première afin de mettre en cohérence des hommes et des femmes qui pensent et agissent globalement de la même manière. Elle est source d'identité et de cohésion pour ses membres. Elle fédère et facilite l'organisation sociale, où chacun s'intègre et comprend sa place à travers une communication structurée À l'intérieur de cette même organisation, des règles et des lois régulent les échanges. Certains actes et mouvements internes se répètent pour former et créer des rituels, des façons de faire partagées par tous (*cf.* figure 2.1).
- elle crée une distance en permettant de se distinguer des autres et en fixant des critères d'appartenance. Bien évidemment, l'intérieur du groupe et en interaction permanente avec l'extèrieur.

7 Déclaration de Mexico sur les politiques culturelles. Conférence mondiale sur les politiques culturelles, Mexico City, 26 juillet-6 août 1982.

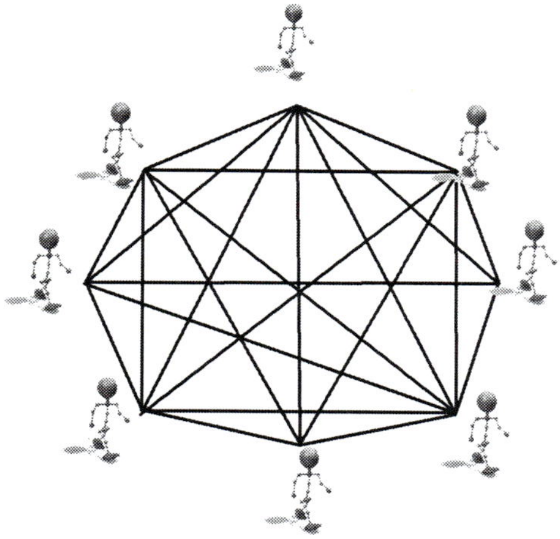

Figure 2.1 Des échanges multiples mais structurés

Dans tous les cas, pour qu'une organisation sociale se maintienne et évolue dans le temps, deux conditions fondamentales sont nécessaires :

- la première est qu'il existe une hiérarchie qui suscite un certain degré de soumission à l'autorité ;
- la seconde est qu'il existe une structuration des activités, c'est-à-dire une mise en commun des activités avec une répartition de celles-ci.

◆ La notion de moteur culturel

Toute organisation n'existe qu'à travers les hommes qui ont l'énergie suffisante et la volonté de faire avancer la société dans laquelle ils évoluent. Cette énergie peut se traduire en moteurs culturels, c'est-à-dire en croyances fortes, liées à des valeurs et des certitudes sur le bien-fondé de leurs actions. En ce qui concerne la culture française, les moteurs sont les suivants :

L'expression de la liberté avec une grande fierté d'avoir été la première nation au monde à faire la Révolution. De ce fait, beaucoup d'étrangers connaissent la France comme le pays des Droits de l'homme et donc de la liberté.

Le doute comme méthode : chaque problème est sujet à de nombreuses discussions, mais à relativement peu d'actions. Les Américains sont surpris des réunions entre Français qui durent, qui durent, sans réelles prises de décisions. Tous les changements, aussi nécessaires soient-ils, doivent être discutés. Une réunion sert parfois à planifier une autre réunion.

Pour les cas importants de société, ce sont nos intellectuels français qui s'exprimeront en tout premier, comme s'ils étaient notre référence pensante et que le peuple n'avait pas la capacité de synthèse pour des actions justes.

La qualité de vie : les 35 heures, les cinq semaines de congés payés, les RTT... Les étrangers nous reconnaissent exigeants par rapport à notre qualité de vie. D'autres l'interprètent comme de la fainéantise.

La différence entre la règle et la loi : dès qu'une loi fiscale est mise en place, les institutions financières privées nous vendent des programmes pour contourner la loi tout en restant dedans (ainsi les lois Scellier, Périssol, Robien, De Messine ont trouvé de nombreux adeptes). De façon plus commune, prenons la limitation de vitesse sur les autoroutes. Avant les radars automatiques, la loi imposait 130 km/h alors que la règle était de rouler un peu au-dessus. Les radars automatiques ont cependant changé la donne, mais il a fallu en installer beaucoup.

Pour aller vers l'excellence dans les relations internationales, il est fondamental de savoir et de comprendre comment les autres moteurs culturels diffèrent. Les différences sont partout, à chaque minute, à chaque coin de rue, à chaque contact. Certaines sont évidentes, d'autres sont beaucoup plus subtiles, mais c'est à travers la connaissance de l'ensemble de ces variables que la compréhension interculturelle se développe.

2.2 Tentative de définition de l'interculturel

Contrairement à la notion de « multiculturel » qui signifie une superposition de strates sans notion de perméabilité, l'« interculturel » traduit un entrelacement des cultures. Une notion d'échanges, de partages, d'attention envers l'autre, de croisements et de sensibilités. J'évoque ici l'être humain, à part entière, qui entre en relation avec un autre être de même nature. Ce ne sont pas alors des cultures qui se rencontrent mais des individus porteurs de cultures, ou des populations marquées culturellement. Devenir interculturel, c'est donc devenir sensible aux variables de l'Autre, en les intégrant et en réagissant de façon congruente[8] avec la culture en question.

8 Congruente : en accord avec l'autre, en harmonie.

2.3 Analyse de la création d'un écart culturel

L'écart culturel est schématisé à la figure 2.2. Bien évidemment, aucune des deux parties n'a l'idée de nuire à l'autre, mais les multiples échanges vont créer des perturbations invisibles et parfois ô combien émotionnelles.

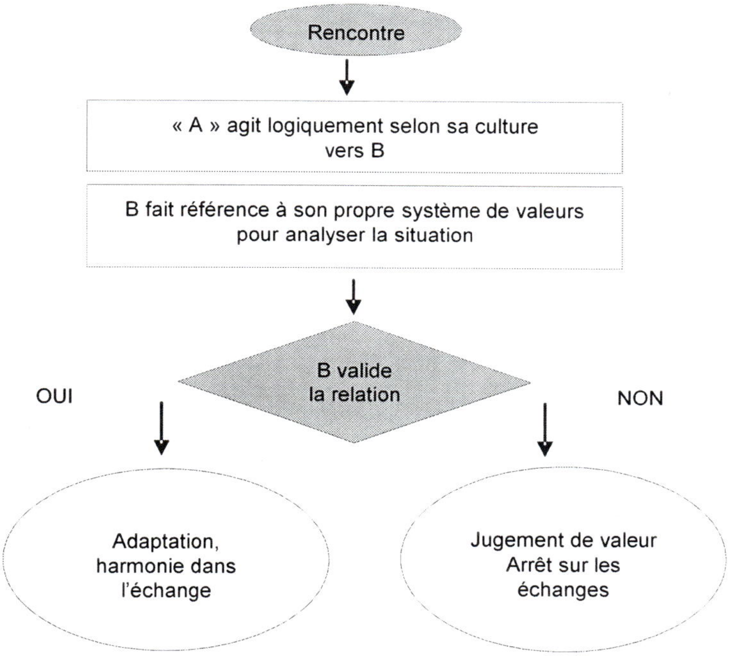

Figure 2.2 Processus de l'écart culturel

2.4 La notion de choc culturel

Le choc culturel n'est pas un mythe, surtout pour des pays éloignés et à fort contraste comme l'Inde, la Chine, ou encore la Russie et le Japon. Le voyageur, où qu'il aille, ne peut rester insensible aux odeurs, aux bruits, à la foule, à la pollution, aux rythmes de vie différents, aux images fortes et inhabituelles.

Le choc culturel correspond à un changement brutal de situation et d'environnement. Mais il correspond surtout à une idée, en partie fausse, de la vision que le voyageur s'était faite avant de partir. Il y a souvent une grande différence entre des photos sur Internet et le pays lui-même, des déplacements ponctuels et un déplacement prolongé où il est nécessaire de côtoyer et de travailler avec les autochtones. Le cheminement de l'intégration culturelle suit pratiquement toujours le même processus surtout pour les futurs expatriés (*cf.* figure 2.3).

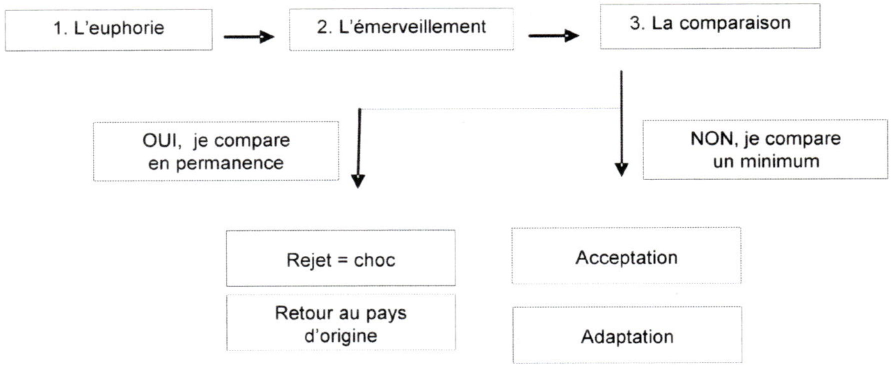

Figure 2.3 Processus du choc culturel

L'euphorie : « Je suis content de partir, je vais voir des choses nouvelles, différentes, voire positives puisque j'ai décidé de partir, que ce soit pour une semaine, un mois, trois ans. » La pensée de l'expatrié va beaucoup plus loin puisqu'il a décidé de couper les ponts, pour un temps du moins, avec son environnement actuel. De nombreux expatriés mettront tout en œuvre pour justifier un tel engagement, à eux-mêmes d'abord par de l'autoconviction, puis à leurs proches. Certains iront même jusqu'à dénigrer leur pays pour se rassurer face au grand saut qu'ils entreprennent.

L'émerveillement : arrivés dans le pays, ils se réjouissent du dépaysement et se confirment les justificatifs initiaux de leur départ. Tout est nouveau et beau, chaque jour est une nouvelle découverte, une nouvelle aventure. Tous les sens sont en éveil, rien n'est routinier, à chaque minute ils rencontrent une surprise.

La comparaison : puis les jours passent, certaines tâchent deviennent répétitives et retrouvent donc une certaine « lourdeur » : faire des courses, s'occuper de l'administratif, emmener les enfants à l'école, occuper l'espace temps quand le conjoint est absent. Toutes ces actions vont être rapidement comparées avec le pays d'origine et mises en perspective avec un jugement sans appel, surtout par madame[9] qui est en relation directe avec toutes les couches sociales du pays.

Si les relations et les discussions du quotidien se déroulent de façon harmonieuse sans trop de difficultés pour le couple, l'intégration est sur la bonne voie. Si elles connaissent des accrocs à répétition, elles vont peu à peu se compliquer et l'intégration aussi.

Il n'y a pas de recette miracle pour une intégration réussie. Cependant, si le couple compare et juge souvent, de façon négative, son environnement, ses relations quotidiennes ou encore ses contacts ponctuels avec la population quand il se retrouve le soir après le travail, il y a fort à parier qu'il entretient sans s'en rendre compte une spirale négative. Cette attitude rend l'aculturation impossible.

2.5 Comment dépasser un écart culturel important ?

Moins il y aura de jugement sur les autres, plus il y aura d'intégration. Quand un phénomène nous semble « décalé » par rapport à la vie de tous les jours, il est bon de le garder en mémoire (sans le charger d'*a priori* et de critiques). Si celui-ci réapparaît, il s'agit alors d'un phénomène diachronique « d'une façon de faire » dans la culture du pays et il doit alors être accepté tel quel. S'il ne réapparaît pas, il doit être oublié et non servir d'exemple pour alimenter les discussions entre amis. Il n'y a, en effet, rien de plus néfaste pour l'esprit que de conserver des phénomènes ponctuels et exceptionnels qui renforcent la pensée d'un réel écart culturel.

L'observation des phénomènes diachroniques doit faciliter la compréhension de la culture et une immersion totale, avec un minimum de comparaison, facilitera grandement les choses. La curiosité, la tolérance à la frustration, l'acceptation de la différence, l'observation sans jugement, sont des comportements à adopter dès qu'on fréquente une autre culture que la sienne.

Mais malheureusement, l'individu est doté de facultés qui nous démontrent qu'il est compliqué et rigide par nature. Intégrer une autre culture ne se fait donc pas sur un simple claquement de doigts. La communication n'est

9 Les femmes ne représentaient en 1996 que 6 % des expatriés, elles étaient 12 % en 2010 (source ECA International).

pas toujours aisée avec sa propre culture. Dans une autre, elle devient très complexe comme le montre la figue 2.4.

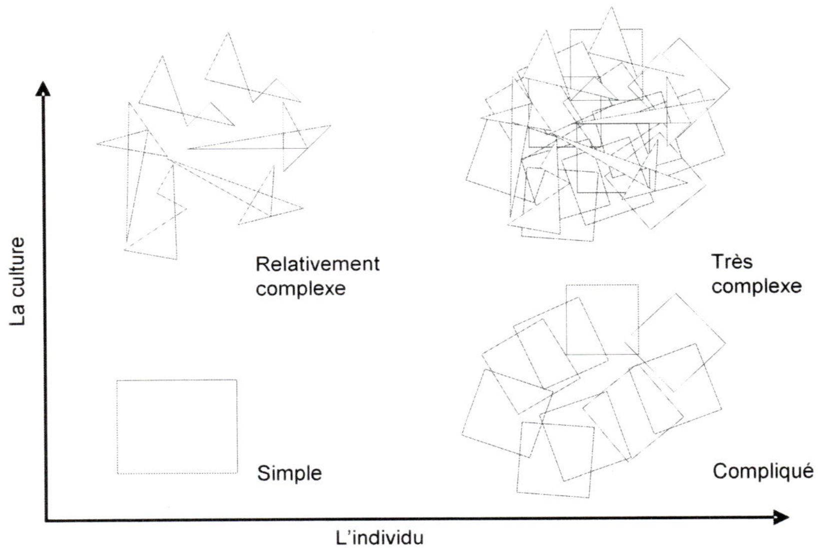

Figure 2.4 Représentation graphique de l'accessibilité culturelle

En abscisse, on voit qu'un individu peut-être simple ou compliqué à comprendre, tout dépend de son caractère et de sa faculté à communiquer. En ordonnée, on dira qu'une culture est simple quand elle est proche de notre culture (par exemple : même langue, PNB identique, religion similaire, etc.).

Pour mieux appréhender cette structure très complexe, il faut se transformer en capteur à haute sensibilité, c'est-à-dire augmenter son domaine de variabilités. Dans toute organisation sociale, il existe des milliers de détails, de façon de faire, de rituels. Tous correspondent à un ensemble de variables, certaines sont faciles à percevoir et à appliquer, d'autres sont plus fines et cachées. Augmenter son domaine de variabilité signifie intégrer un ensemble de variables nouvelles, ce qui va permettre de ne pas faire d'impairs dans le pays en question et faciliter ainsi la communication.

Mieux appréhender une structure très complexe, c'est aussi se convaincre que son interlocuteur, qui n'agit pas conformément à nos attentes, a lui aussi un grand nombre de vérités qui lui sont propres. Sa culture existe depuis des siècles, voir des millénaires sans l'aide de la nôtre et encore moins de notre présence.

Dans une relation d'affaires, notre interlocuteur n'a donc pas plus tort que nous. Il ne cherche pas à nous nuire, mais, comme nous, il investit du temps et souhaite faire une bonne affaire. Son comportement, bien que parfois déstabilisant, peut être analysé et mieux compris en appliquant le processus que nous allons voir ensemble dans les pages suivantes. L'attitude de base fondamentale est d'être empathique et humble en essayant de décoder tous les messages à travers une reformulation fréquente.

2.6 Les composantes d'une culture sont de trois ordres (*cf.* figure 2.5)

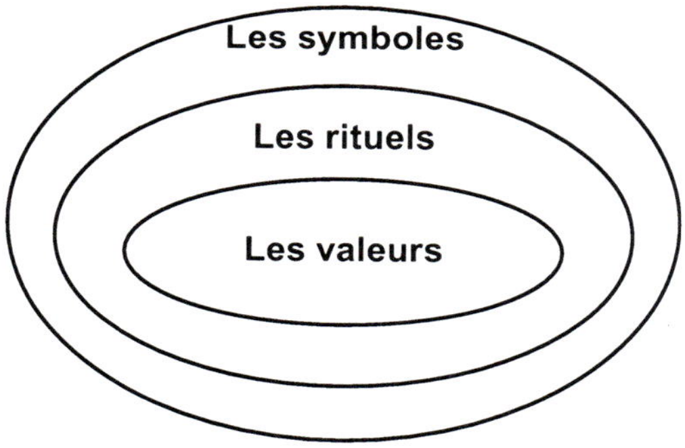

Figure 2.5 Les trois composantes d'une structure

2.6.1 Les valeurs

Ce sont des référents, des points de repères qui donnent un sens à notre vie et auxquels on s'accroche pour exister. Elles nous sont inculquées dès notre plus jeune âge à travers notre éducation : « Pour y arriver, il faut être courageux, ne pas mentir, être honnête avec les autres, etc. » La plupart de nos valeurs s'ancrent ensuite au plus profond de notre inconscient et sont très difficiles à changer.

Il existe aussi des valeurs instrumentales comme la « curiosité », « le dépassement de soi » qui ne sont finalement que des valeurs intermédiaires pour atteindre des valeurs finales respectives que sont « la connaissance », « la volonté de s'accomplir ».

Il existe aussi des contre-valeurs, des choses que nous n'acceptons pas, qui nous répugnent et nous révoltent. Les valeurs différencient donc le bien du mal, le propre du sale, le beau du laid, etc. Toutes réunies dans une même organisation, elles vont contribuer à exprimer le caractère même du peuple.

Les valeurs vont forcer à l'action et développer la cohésion de groupe en donnant un sens aux actes.

Par exemple, si notre valeur, au plus profond de nous-mêmes, est le respect d'autrui, nous ne pourrons rester passifs face à un jeune homme assis dans un bus bondé et une vieille dame, debout à côté de nous. Même si l'action semble risquée, il y a une forte probabilité que l'on agisse en disant à ce jeune homme de laisser sa place. Dans la négociation ou les relations d'affaires, les valeurs agiront à l'identique, c'est ce que j'appelle « la prise de risques dans l'action ».

2.6.2 Les rituels

Les rituels sont des manières de faire dans la culture qui les pratique. Ils se traduisent souvent par une marque de respect de son environnement social et sont donc indispensables à connaître. Ils perdurent depuis des temps ancestraux et sont invariables. Être maladroit, par exemple, dans le rituel du « Bonjour » dans certains pays, risque parfois d'être pénalisant pour la suite de la relation.

Le rituel social est une manière prudente d'entrer en relation avec l'autre culture. Connaître et pratiquer le rituel est donc une première clef à exploiter.

Attention à bien distinguer les rituels sociaux des rituels individuels. Ces derniers ne participent pas à une organisation sociale, mais sont plutôt des habitudes, des manières d'être avec soi-même : prendre son café, sa douche, mettre sa cravate bleue... Cependant, ici aussi, si le rituel n'est pas réalisé, la suite pour soi-même risque d'en être perturbée.

2.6.3 Les symboles

Les symboles caractérisent une société. Ils évoquent une association forte et spontanée d'idées : le drapeau français, le képi, la Légion d'honneur, la faucille et le marteau, l'étoile jaune, etc. Le simple fait de prononcer leur nom réveille et évoque un ensemble d'images que chacun pourrait longuement commenter.

Ces trois composantes structurent une grande partie de notre culture et vont agir sur notre façon de pensée. En fonction de l'instant et de l'environnement, nos pensées vont définir nos attitudes et l'expression de notre comportement (*cf.* figure 2.6).

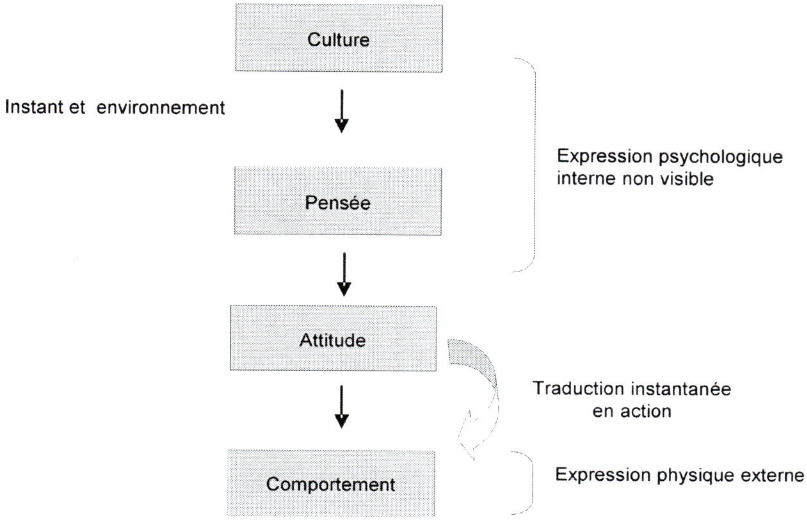

Figure 2.6 Processus d'action de la culture sur le comportement

3
Les perceptions trompeuses

◆ La perception de l'autre…

L'objet de cette synthèse est de permettre une réflexion globale sur les phénomènes de perception dans les relations interculturelles. Nous avons vu que des comportements jugés normaux dans une culture peuvent paraître complètement anormaux dans d'autres, sans que l'une ou l'autre ne détienne forcément la vérité ni ait conscience de ce qu'elle fait. Pourtant, la perception que notre interlocuteur se fait sur notre personne doit être favorable pour de bonnes relations et ce, dès les premières secondes.

De plus, nous n'avons pas tous les mêmes facultés et certains ont des sens plus développés que d'autres. L'acuité visuelle, auditive, kinesthésique, olfactive ou gustative seront plus ou moins développées suivant les individus et leur environnement. Un Inuit perçoit différentes sortes de neige dont nous n'avons même pas conscience et un musicien professionnel discrimine des tonalités que d'autres n'entendent pas. Chaque individu est donc empreint d'une culture qui exerce une influence structurante sur sa manière de percevoir le monde. Alors comment faire si nous avons tous une carte différente ?

3.1 Définition de la notion de perception

Perception se rattache à percevoir du verbe latin *percipere* qui signifie « saisir par les sens ». Le verbe latin *perception* signifie « action de recueillir ». En 1170, la perception apparaît dans un écrit comme « le fait de recevoir le Saint-Esprit », mais nous n'en sommes plus là aujourd'hui…

Dans le dictionnaire *Le Petit Robert*, on trouve le sens dialectique ou littéraire : acte, opération de l'intelligence, représentation intellectuelle, le fait de subir une action, d'y réagir ; il y a aussi le sens psychologique : fonction par laquelle l'esprit se représente les objets, acte par lequel s'exerce cette fonction. Enfin, il y a le sens littéraire : prise de connaissance, sensation, intuition.

La notion de perception est donc complètement liée à la notion de sens. Elle nécessite l'intervention d'un ou plusieurs sens selon les cas : vue, ouïe, toucher, odorat et goût. Dans une relation humaine, c'est le sens visuel qui prime, puis l'ouïe et enfin les autres sauf le goût. On se goûte en effet rarement dans les relations d'échanges sauf dans les relations sexuelles.

Ainsi, nous sommes d'abord vus, puis entendus et enfin, si l'intérêt s'en fait ressentir par notre interlocuteur, compris et acceptés (*cf.* figure 3.1).

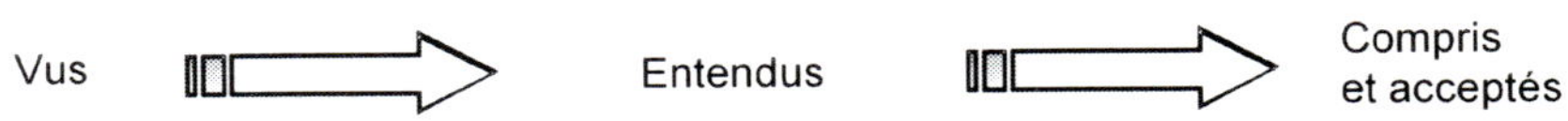

Figure 3.1 De la vision à l'acceptation de la relation

3.2 Perception et sens

Les perceptions sont toutes différentes et presque toujours subjectives.

Percevoir, c'est sélectionner certaines variables parmi tant d'autres à les identifier avec des signifiants différents à les interpréter en utilisant ses connaissances à leur attribuer une signification.

3.2.1 Perception auditive : cocorico, c'est faux !

Les bruits qui nous entourent sont tous perçus de façon différente en fonction des cultures. Par exemple, penser que le coq chante réellement le « cocorico » partout dans le monde est une grave erreur puisque le coq, bien qu'ayant un chant identique dans tous les pays, n'a finalement pas la même représentation auditive pour chacun d'entre nous.

Le coq fait « kirikiki » en Allemagne, « cock-a-doodle-doo » en Angleterre, « wo wo wo » en Chine ou encore « kukruku » en Inde... Comment peut-on entendre un son « Ou » dans le chant du coq et pourtant... Finalement, à bien y réfléchir on ne sait plus ce que chante réellement un coq ?

C'est à partir de l'apprentissage de la lecture que le petit Français va structurer et rendre plus rigide le monde qui l'entoure en mettant des mots sur tout ce qu'il voit. Le « cocorico » initialement évoqué par les parents va prendre une forme véritable quand il l'écrira « cocorico ». Entendre le chant du coq et l'écrire finiront par le convaincre de sa réalité absolue.

Il en est de même pour tous les bruits qui nous entourent et, en fonction de notre culture, nous avons construit une phonétique particulière pour nommer chaque bruit qui vient jusqu'à nos oreilles. L'interprétation même de ces bruits par des mots limite forcément l'essence même de la réalité de ces bruits[10].

Viennent aussi s'ajouter la charge émotionnelle et le degré d'importance du fait en question. Par exemple, si ceux-ci semblent avoir un intérêt pour notre développement social ou y participent de façon indirecte, ils seront alors reconnus comme tels et facilement acceptés.

Si au contraire, ils sont une contrainte sociale, une gêne, ils seront alors rejetés violemment. Le bruit du klaxon est tout à fait caractéristique de la perception subjective d'un bruit. En Occident, il est difficile à supporter car il correspond à un rappel à l'ordre, une brimade, une sanction d'une action mal faite ou non respectée sur la route.

En Orient, il est une aide pour la circulation car il indique uniquement une présence. Il permet au véhicule qui vous précède de le prévenir de votre arrivée et par ce biais, d'une demande de partage de l'espace à disposition. Le klaxon en ville est donc permanent et facilement accepté. À ce titre, les camions indiens sont tous marqués d'un *please horn* qui veut dire : « Klaxonnez, s'il vous plaît ! » Ainsi le routier sait qu'une voiture est derrière lui et il ne manquera pas de laisser la place nécessaire le moment venu pour doubler (à l'inverse de la France où certains camions accélèrent pour empêcher les voitures de doubler...).

D'autres bruits sont aussi considérés comme positifs, comme le bruit criard des haut-parleurs dans la rue, qui sont là pour informer la population d'une bonne affaire ou d'une manifestation. Le bruit des groupes électrogènes, en face de chaque boutique, pour les pays qui connaissent des coupures d'électricité quotidiennes, le bruit dans les hôtels où l'insouciance des gens qui parlent fort dans les couloirs au beau milieu de la nuit est impressionnante (chose bien évidemment inconcevable en France).

10 L'électroencéphalogramme montre qu'un bébé est capable de réagir à des différences de sons que l'adulte ne perçoit pas. Si ces sons ne sont pas utilisés régulièrement pendant son évolution, le cerveau du bébé les compilera avec d'autres, proches, pour ne faire plus qu'un.

Nos perceptions et nos représentations sont donc des hypothèses sur ce qu'est la réalité en fonction d'informations que nous privilégions. Chaque fois que nous sommes en accord entre « le bruit » et notre façon de vivre, nous la définissons comme bonne. C'est ainsi que nous construisons nos propres normes, nos propres valeurs et réalités avec des signifiants qui nous sont propres.

3.2.2 Perception spatiale

La perception spatiale est tout aussi surprenante...

Dans un restaurant, quand nous sommes assis sur une chaise, nous prenons immédiatement possession, non seulement de la chaise, mais aussi de la table et de toutes les autres chaises qui entourent cette même table. Nous devenons ainsi, en quelques secondes, propriétaire de fait. Malheur à celui qui viendra prendre une chaise sans nous demander la permission. Cette appropriation n'est que culturelle et change en fonction des pays. En Chine par exemple, on devient propriétaire de sa chaise et uniquement de sa chaise. La table est donc un espace à partager avec d'autres.

Dans l'entreprise française, quand arrive un nouveau collaborateur dans un service où l'espace de travail est déjà réduit, que se passe-t-il ?

Il est souvent relégué dans un coin, car chacun essaie de sauvegarder son espace en trouvant tous les prétextes possibles. Telle une forteresse, chaque centimètre carré est à défendre contre l'ennemi. Aux États-Unis, l'arrivée d'un nouveau collaborateur est perçue différemment. Dans une même configuration de travail, il y a généralement une redistribution de l'espace de travail où chacun cède assez facilement une partie de sa surface.

En Indonésie, le bus est toujours bondé ! Qu'à cela ne tienne, le chauffeur demande à chaque passager de partager son siège. Très rapidement, ce bus de cinquante places devient ainsi un bus de cent places, voire plus... J'ai oublié le toit !

3.3 Perception de la relation

La relation entre individus est variable en fonction des cultures. Les hommes en Orient ont généralement besoin d'être proches et souvent en groupe. Il en est de même pour les femmes. Il est donc nécessaire de se voir régulièrement pour communiquer, pour se positionner socialement. Les sorties, le soir, sont fréquentes et nécessaires, soit entre amis, soit entre collègues de travail.

En Orient, une relation proche, de confiance, est aussi une relation tactile. Les contacts sont nombreux et beaucoup d'hommes aiment se tenir par la main alors que ce fait a plutôt une connotation homosexuelle en Occident. J'ai ainsi souvenir, en Inde, d'avoir été vivement gêné qu'un homme me prenne par l'épaule pour me parler longuement. Même si j'étais conscient du côté naturel de cet acte, j'ai eu beaucoup de mal à me sentir à l'aise, tellement j'étais enfermé dans ma propre culture.

La relation de proximité est importante, surtout dans les cultures orientales. Il faut se connaître et s'apprécier pour commencer à faire des affaires ensemble.

3.4 Perception de ma personne en tant que Français

La perception spatiale, la perception auditive tout comme la perception de la relation ne sont donc que des représentations mentales de ce que l'on voit et ressent. Nous installons mentalement des croyances sur nos relations de tous les jours et ces éléments subjectifs nous induisent en erreur de perception sur une personne, un objet ou un événement. Il s'agit d'un jugement immédiat fondé finalement sur peu de chose, empreint de préjugés, qui peuvent nous conduire à l'échec dans la communication. Se préparer en amont, connaître les codes et valeurs des autres pays, leur culture, leur histoire, évitera tous nos jugements hasardeux.

Cette façon de pensée est aussi valable dans l'autre sens. Que va penser alors notre interlocuteur quand il va nous voir pour la première fois ? Tout comme nous, il se sera fait une idée de notre personne et aura sûrement construit, dans sa tête, une représentation mentale de notre visage. Notre imagination est d'ailleurs très forte pour construire tout et n'importe quoi, surtout si différents échanges téléphoniques ont précédé la rencontre. Il est surprenant d'ailleurs, de voir à quel point notre cerveau à la capacité pour construire un visage à partir d'une voix. Mieux encore, en ce qui concerne la voix d'une femme, on va même jusqu'à construire un corps plus ou moins svelte en fonction de la sensualité de sa voix.

Quelle idée se fait-il de nous en tant que Français (*cf.* figure 3.2). Le peuple français, comme tous les autres peuples, véhicule en effet ses stéréotypes et il est quasiment impossible d'y échapper. Alors autant les cerner afin de les prendre à contre-pieds…

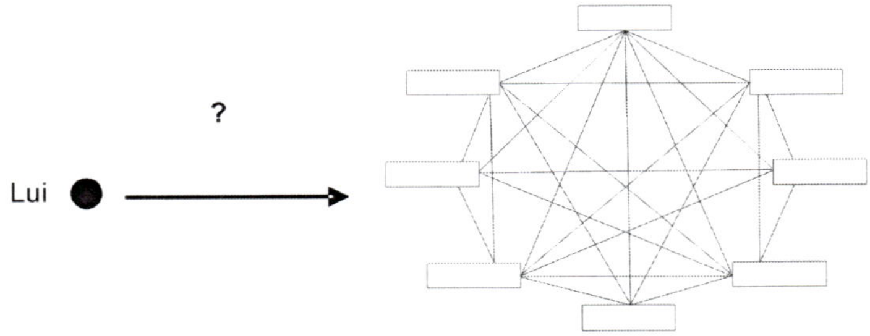

Figure 3.2 Représentation mentale de la culture française

3.5 D'où viennent ces constantes de perception sur les Français ?

La France a une histoire extrêmement riche, comme beaucoup de civilisations anciennes, mais elle a cependant la particularité d'avoir eu, très tôt, des rois et des seigneurs qui ont voulu asseoir leur légitimité et leur puissance en construisant des châteaux plus beaux, plus grands les uns que les autres.

La culture française est individualiste, elle aime se mettre en avant et à besoin de se positionner en permanence par rapport aux autres. Contrairement aux Américains, les Français ont besoin des autres pour exister et contrairement aux Chinois, leur réussite ne tient qu'à eux et non à la collectivité. Les Français sont ambigus, ils recherchent à être uniques tout en voulant faire partie d'un groupe pour se positionner et surtout montrer ce qu'ils savent faire : Pierre Cardin, Yves Saint-Laurent, Jean-Paul Gautier sont de ceux-là…

Les rois et les seigneurs français avaient du goût et du raffinement, à en voir les différents châteaux dispersés dans toute la France. Le paroxysme de cette démonstration fut réalisé par Louis XIV avec le château de Versailles (700 pièces dans un domaine de 900 hectares, soit trois fois la surface de Central Park et un coût actualisé à 15 milliards de dollars avec 30 000 hommes).

Le roi aimait recevoir et offrir des repas somptueux. Il développait l'élégance et les codes vestimentaires étaient déjà bien définis. Cette mégalomanie grandissante a obligé la petite bourgeoisie française à payer toujours plus d'impôts, ce qui n'a évidemment pas été du goût de tous et ce qui a entraîné la Révolution française en 1789, car contrairement à ce que l'on peut penser, ce n'est pas le petit peuple qui a été l'initiateur de la révolution mais bien la petite bourgeoisie.

La Révolution, même si elle a fait tomber beaucoup de têtes et transformé profondément la société française à cette époque, n'a toutefois pas fait disparaître l'artisanat et le savoir-faire de ces milliers d'artisans qui ont collaboré à l'édification de ces somptueux châteaux. Bien au contraire, leur art a été développé, dans les décennies qui ont suivi, à un niveau de qualité et de sophistication extraordinaire. Les monuments de Paris, comme le Louvre, les Tuileries, l'Arc de Triomphe et plein d'autres encore, en sont des preuves flagrantes. La France, au cours de son histoire, a acquis un haut degré de créativité et de finesse dans le savoir-vivre, la réception de ses hôtes, ainsi que l'artisanat : orfèvrerie, maroquinerie, textile, horlogerie... Les maisons françaises, qui maîtrisaient l'artisanat à ce niveau de fabrication avec une ingéniosité exceptionnelle, ont rapidement fait parler d'elles sur les cinq continents. Le luxe français est ainsi devenu international et a encore de beaux jours devant lui puisqu'il connaît une croissance annuelle moyenne d'environ 10 %[11]. Partout dans le monde, il est reconnu comme la référence, le *must* du savoir-vivre.

Sur ces bases de perception du Français, sur son histoire du luxe, on attend de nous un savoir-être haut de gamme. Être le seul en cravate dans une réunion américaine ne choquera donc personne de la part d'un Français, c'est même le contraire qui choquerait. Quitte à la retirer le deuxième jour. Même chose dans les autres pays où le contraste vestimentaire est parfois saisissant, mais tout à fait accepté. Si la perception du Français est celle du raffinement en tant que constante universelle, il en est de même pour celle de l'arrogance. Il est en effet surprenant que ce pays, qui représente 1 % (seulement) de la population mondiale, fasse autant parler de lui en étant tout le temps au-devant de la scène. Notre universalisme, notre façon d'être donneur de leçon ne plaît pas à beaucoup de monde...

Dans notre pays et sur le plan interculturel, nos politiques ont toujours prôné un respect des cultures et l'intégration. Mais que signifie vraiment cette dernière, quelles en sont les règles et où va t'on ? Finalement, tout le monde

11 Source : ABC-luxe.com

parle de l'intégration mais personne ne sait comment faire pour en défnir les contours. Nos politiques sont-ils seulement conscients de la consistance de leurs propos tant ces éléments semblent antagonistes ? D'une part parce qu'un respect des cultures passe nécessairement par une reconnaissance de celles-ci avec un droit à la différence et une autonomie, d'autre part parce qu'une intégration passe par une dilution de celle-ci. Difficile de concilier les deux, n'est-ce pas ? Ne faudrait-il pas alors parler de multiculturalisme plutôt que d'intégration culturelle ?

Oh que non ! Car le multiculturalisme s'apparente à la notion de communauté et dans ce pays encore très jacobin malgré lui, celle-ci est mal considérée. Elle s'apparentrait à une structure intermédiaire qui supprimerait une partie du pouvoir de l'État qui se veut le seul garant d'une intégration nationale sans autres valeurs que celles dont il est le garant.

4
La vraie connaissance de soi

4.1 « Connais-toi toi-même... »

Cette injonction du philosophe Socrate est fondamentale dans la communication interpersonnelle. Communiquer ne passe pas seulement par l'expression verbale mais aussi par l'expression corporelle, c'est-à-dire tout ce qui touche au non-verbal. Pour que la communication soit optimale, il faut prendre en compte d'autres facteurs comme l'environnement (silencieux, bruyant, confortable, précaire...) et l'heure à laquelle la communication a lieu. Nous sommes en effet moins attentifs tard le soir que le matin par exemple. Certains facteurs se maîtrisent, d'autres pas, mais un bon communiquant se doit de limiter les variables aléatoires pour limiter les risques d'incompréhension.

La communication interpersonnelle optimale passe non seulement par une transmission claire et précise du message mais aussi par la capacité, pour l'émetteur, à imprimer durablement le message dans la tête du récepteur.

Se connaître soi-même est très difficile puisque le référentiel est enfermé dans son propre ego (comme avec la notion de culture vue précédemment). Ne pouvant sortir de soi-même pour s'observer, le manque de visibilité est total et empêche de voir la vérité objective sur sa personne. L'autojugement est donc toujours approximatif et chacun d'entre nous s'y accommode d'une façon ou d'une autre au fil du temps.

De nombreuses choses restent floues et indéterminées tellement nous sommes complexes. Il est ainsi souvent difficile de répondre, lors d'un entretien d'embauche, sur ses véritables qualités et défauts. Certes, il ne faut pas faire d'impair par rapport au poste convoité, mais il existe aussi de réelles difficultés à se positionner en mettant des adjectifs « tranchés » et francs sur sa personne.

Connaître sa condition physique est plus facile, puisqu'elle est directement quantifiable : poids, masse graisseuse, pulsations cardiaques, etc. Il suffit, pour cela, d'aller chez le médecin qui, à partir de quelques indicateurs précis et chiffrés, sera en mesure de nous donner un état des lieux.

Connaître la façon dont je suis perçu par les autres est beaucoup moins évident. Les indicateurs ne sont pas objectifs et quantifiables comme ci-dessus. Certaines personnes peuvent apprécier certains individus, mais pas d'autres, chacun ayant ses propres critères affectifs. De nombreux critères sont subjectifs et difficiles à analyser.

Dans la figure 4.1, on observe trois facettes :

- La facette 1 qui est ma propre perception de mon être dans son entier. Je me vois ainsi mais ce n'est pas une vérité objective. Les autres ne voient pas ce que je voie. Il y a une partie de moi secrète et il y a une partie de moi qui ne correspond à la réalité. Il s'agit d'une idée que je me fais de ma personne mais qui ne correspond pas à la réalité absolue.
- La facette 2 est la facette de visibilité commune sur ma personne. Cette vérité semble objective puisque la lecture que j'ai sur ma personne correspond à la lecture qu'ont les autres sur mon moi.
- Et enfin la facette 3 que je ne peux voir et qui concerne la partie visible qu'ont les autres sur ma personne. Cette partie est la plus intéressante et aussi la plus complexe à intégrer aussi. En effet, comment le cerveau peut-il accepter un jugement extérieur non apparent et parfois contraire à ce qu'il voit lui-même ? C'est un peu comme si on vous disait que c'est le vert qu'il faut voir alors que l'évidence montre du rose. Le cerveau n'est pas « câblé » pour accepter une telle contre-vérité. Le fait de ne pouvoir se voir entièrement, limite forcément l'objectivité sur son propre jugement.

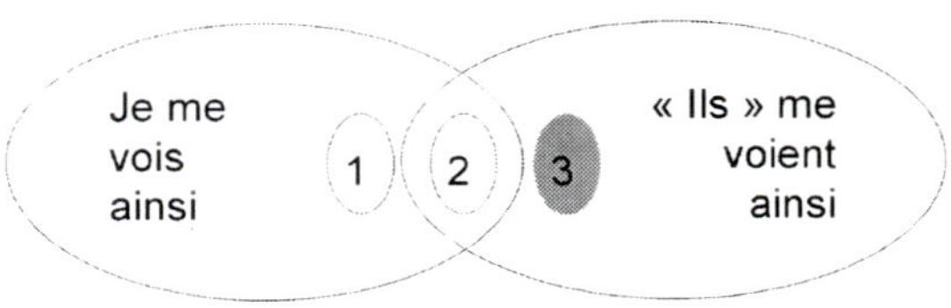

Figure 4.1 Les trois perceptions

4.2 Intégrer et recouper les critiques miroirs

Le cas est cependant loin d'être désespéré puisque chacun d'entre nous entend, au fil du temps, des adjectifs qui reviennent régulièrement : « Toi, t'es comme ça », « T'es comme ci », « T'en fait trop », « T'en fait pas assez », « Tu parles trop vite », « Tu articules peu », etc. Ces remarques sont fréquentes et si nous les prenons un peu en compte, notre cerveau peut opérer une mutation pour changer. Malheureusement, nous y sommes la plupart du temps hermétiques puisqu'elles viennent souvent de notre entourage et que nous le connaissons trop. Nous le connaissons tellement qu'il n'impacte plus notre pensée comme il pourrait le faire si c'était une première rencontre. Nous ne sommes ainsi plus conscients de la valeur de ce qui est dit, si bien que les remarques entrent par une oreille et ressortent par l'autre. **La difficulté réside donc dans la prise en compte réelle de ces critiques et de la mise en place d'actions concrètes pour changer sa personne.**

Cette notion de « prise en compte » pour modifier son comportement est une clef essentielle du développement interculturel et tous les commentaires que les amis, parents, collègues de travail, bilans de compétences peuvent dire sur nous sont à prendre très au sérieux.

Une deuxième solution pour se connaître est de se décentrer par l'esprit, en se positionnant comme observateur sur sa personne à chaque instant. Imaginez que vous possédiez un troisième œil, placé à environ un mètre au-dessus de votre tête, qui aurait la capacité de voir et d'analyser tout ce que vous faites : observer vos mimiques, votre gestuelle, vos attitudes et corriger ainsi le nécessaire en essayant de vous remettre en permanence en question. Pas facile, mais ô combien puissant si l'effort est fait régulièrement !

Pour aller encore plus loin dans la compréhension de son comportement interculturel, il est important de définir son profil social.

4.3 Quel est mon profil social ?

4.3.1 Définition, positionnement et objectifs

Le profil social correspond à la façon dont chaque individu se comporte en société. Est-il en retrait dans un groupe ou plutôt au-devant de la scène ? A-t-il besoin des autres pour exister, pour se prouver quelque chose, ou est-il plutôt solitaire ? Est-il souvent négatif, critique ou plutôt positif, constructif ? etc.

Les variables de positionnement social sont multiples et complexes et il serait difficile de construire une matrice qui les mélangerait toutes. Cependant, deux variables évidentes prédominent dans nos relations personnelles. Le « Moi égocentrique » qui est soit fortement prononcé, soit effacé, et le « besoin social » qui est ici aussi, plus ou moins prononcé en fonction des individus.

L'objectif de mieux cerner son profil social est d'adapter son mode de communication afin de le rendre le plus efficace possible dans toutes les situations. Comprendre son profil social et celui de son interlocuteur, permet une mise en phase rapide pour des relations riches et intenses.

Cette compréhension de l'autre, associée à cette recherche permanente d'adéquation dans la communication interpersonnelle, doit jouer un rôle fédérateur pour chaque style social que nous rencontrons (*cf.* figure 4.2). Un bon communicateur aura toujours tendance à attirer les autres plutôt qu'à les éloigner et ce, même dans une autre culture que la sienne.

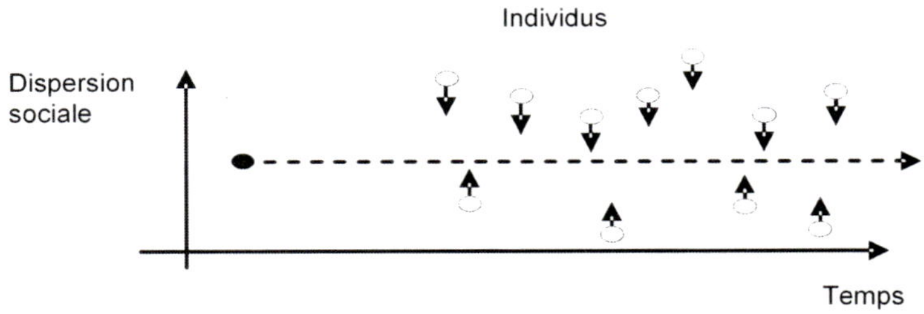

Figure 4.2 Le profil adapté crée l'attractivité

4.3.2 Le Moi égocentrique

Chez les personnes qui ont un fort « Moi égocentrique », le « je » est dans toutes leurs phrases. Ils parlent pour prendre possession de l'espace-temps qui leur est accordé et se mettent en avant. Ils ont tendance à ne pas écouter les autres car ils pensent à eux avant tout. Dans une conversation, ils coupent souvent la parole aux autres pour exprimer leurs propres avis.

À l'inverse, les personnes ayant un « Moi égocentrique » faible auront tendance à « laisser faire », laisser aller la mouvance, quitte à la suivre par la suite. Le « je » est souvent remplacé par le « nous » ou le « il ».

4.3.3 Le besoin social

Chez les personnes qui ont un fort besoin social, les autres sont indispensables à la justification de leur existence. Les contacts sont intenses et la communication fréquente. Le bureau est toujours ouvert pour un accueil souvent chaleureux et sympathique. À l'inverse, les personnes qui ont un faible besoin social sont plutôt isolées. Elles n'ont rien à prouver aux autres et sont cartésiennes dans leur façon de penser.

4.4 Construire son profil social

Sur une feuille vierge, représentez deux axes comme indiqué sur la figure 3.4. Notons qu'il n'y a pas de bon ou de mauvais profils sociaux, mais seulement une façon d'entrer en relation avec les autres pour échanger. Certes, il sera plus difficile de communiquer avec une personne introvertie qu'avec une personne extravertie, mais la facilité de communication n'a jamais traduit la qualité ou l'intelligence d'une personne.

4.4.1 Positionnement du Moi égocentrique

Placez-vous à droite (en dessinant un cercle) si vous parlez souvent de vous en disant « je », à gauche dans le cas contraire : où est votre Moi égocentrique ? (*Cf.* figure 4.3.)

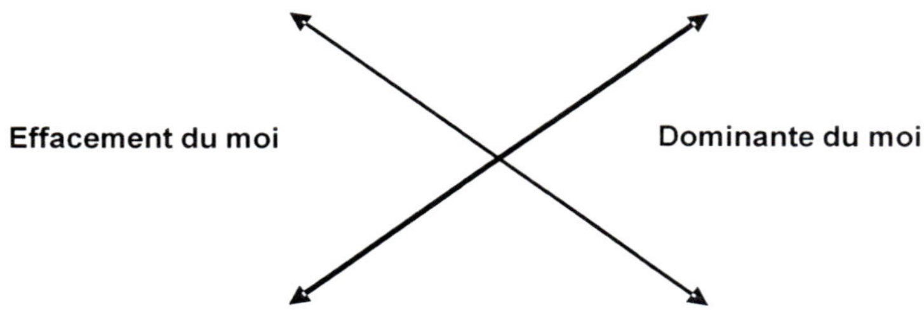

Figure 4.3 Où est votre Moi égocentrique ?

4.4.2 Positionnement du besoin social

Placez-vous en haut (en dessinant un autre cercle) si vous avez besoin des autres de façon régulière, si vous faites partie d'associations ou de clubs divers, si vous avez besoin de quelqu'un avec vous pour aller à la machine à café, en salle de sport, etc. Placez-vous en bas dans le cas contraire, c'est-à-dire si vous êtes « sans les autres » pour faire (*cf.* figure 4.4). Si vous fermez régulièrement la porte de votre bureau pour travailler, vous êtes sûrement un de ceux-là.

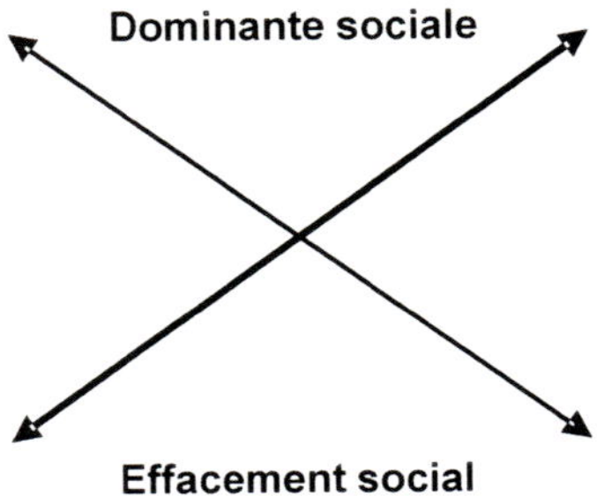

Figure 4.4 Quel est votre besoin social ?

Puis reliez vos deux cercles par une seule ellipse comme représentée ci-dessous (*cf.* figure 4.5). Dans certaines situations, vous pourrez dessiner une deuxième ellipse, plus petite cette fois-ci, qui correspond à votre personnalité dans certaines situations. Nous aurons donc une grande ellipse qui correspond à votre dominante sur le schéma, puis une plus petite qui correspond à votre tendance.

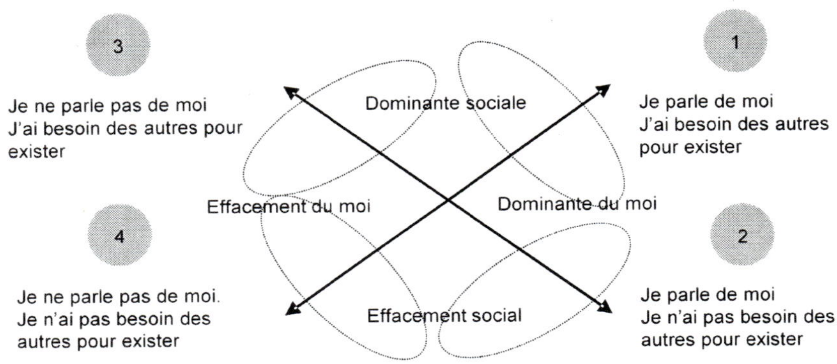

Figure 4.5 Profil social

Vous trouverez le positionnement de chacune des sept cultures représentées dans ce livre schématisé comme ci-dessus. Attention cependant à bien considérer ce positionnement initial comme empirique.

La représentation graphique est réalisée, en tout premier lieu, sous une forme stéréotypée du pays qu'a le visiteur et non sur la personnalité de la personne que vous allez rencontrer. Ce graphique est réalisé en fonction de la tendance culturelle du pays mais nombre d'autres paramètres sont à prendre en compte pour valider vos propres idées. Il devra donc être abandonné au profit d'un autre plus précis, après la rencontre avec votre interlocuteur.

Si vous avez dessiné une ellipse pour vous-même qui correspond à celle de votre interlocuteur étranger, la communication sera simple puisqu'elle se fera sur la même longueur d'ondes. Les caractères identiques s'entendent en effet généralement bien sur des périodes de rencontre courtes (je ne dirais pas la même chose au sein d'un couple qui doit vivre des années ensemble).

En revanche, si vous avez dessiné une ellipse différente, il faudra rechercher et adopter son profil social pour qu'une cohérence verbale et non verbale s'installe avec l'interlocuteur étranger.

4.5 Mettre en perspective ses forces et ses faiblesses

La compréhension de votre positionnement doit permettre une meilleure analyse de votre personnalité, de vos points forts et de vos points faibles. Il ne s'agit pas de « s'automutiler » mais d'être attentif à la façon dont j'interagis avec les autres pour mieux communiquer.

En complétant le tableau 4.1, essayez d'indiquer l'origine de vos points forts et faibles. Par exemple, si votre point fort est la capacité à monter sur scène, les origines peuvent être multiples : vous avez fait du théâtre, des études de commerce, vos parents voulaient que vous chantiez, vous avez vécu en pensionnat où chacun devait faire sa place, etc.

Connaître ses origines permet de mieux se connaître et de mieux matérialiser ce que l'on est, car une force ou une faiblesse personnelle ne vient jamais de nulle part. Ce sont des expériences de vie, associées à notre caractère, qui forgent chez nous ce que nous sommes actuellement. Si nous savons d'où nous venons, nous saurons mieux où aller...

Tableau 4.1 Origines de vos forces et faiblesses

Forces	Origines	Faiblesses	Origines
-	-	-	-
-	-	-	-
-	-	-	-
-	-	-	-

4.6 Gérer son stress et ses émotions

Le stress est la traduction d'une forme d'anxiété qui apparaît face à une situation non habituelle associée à un sentiment d'insécurité. L'instinct de survie et la protection de l'espèce jouent alors ici pleinement son rôle et le corps humain agit, en tout premier lieu, pour se protéger et sortir vivant de cette situation.

Les conseils cités ci-dessous proviennent surtout de mes expériences des années quatre-vingt-dix avec le professeur Billard de l'Hopital Guy de Chaulliac de Montpellier. C'est en effet cet éminent professeur qui m'avait suivi dans mon expédition sur la traversée de l'Hymalaya d'Est en Ouest en reliant les dix camps de base des huit mille mètres du Népal. Chose que j'avais réussi avec beaucoup d'entraînement, mais aussi de chance, en quatre-vingt-trois jours.

À l'étranger, le stress a souvent tendance à se manifester très rapidement car de nombreux éléments ne sont pas maîtrisés. La volonté d'optimiser son temps, le fait d'être loin de chez soi et la complexité de l'environnement font que l'anxiété apparaît dès les premières étapes.

Le stress est globalement positif puisqu'il active notre cerveau et notre corps pour forcer l'action. En situation difficile ou anormale, un processus corporel complexe s'organise afin que des substances comme l'adrénaline, le cortisol et la noradrénaline soient générés en quantité suffisante pour augmenter nos réflexes et la réceptivité de nos sens. Sous l'effet de la vasoconstriction, nous devenons alors plus forts et nous sommes capables de faire des choses incroyablement difficiles voire impossibles en temps normal.

Cependant, le stress devient rapidement négatif et invalidant s'il est présent en permanence dans notre corps. Ces substances secrétées de façon constante vont perdre – à l'identique des antibiotiques – leurs pouvoirs bénéfiques et vont créer un déséquilibre fonctionnel pouvant provoquer l'hypertension, l'insomnie, les ulcères, ou pire encore, les infarctus et peut-être même certains cancers.

Dans une situation de stress intense, qui peut parfois durer plusieurs semaines, voire plusieurs mois pour des voyages à répétition et dans le cas d'affaires internationales complexes et tendues, le stress est un élément qu'il faut savoir maîtriser. Voici à ce sujet quelques techniques pour adopter un comportement serein dans de telles situations.

- Apprendre à respirer correctement afin d'avoir une respiration ventrale dite abdominale. Profiter des périodes passées dans les avions, des transits dans les aéroports pour maîtriser cette respiration fondamentale pour le contrôle de soi.
- Prendre du recul en rassemblant tous les faits. De nombreux problèmes ne sont pas de vrais problèmes... Il est surprenant de constater que lorsque nous mettons toute notre énergie à la recherche objective de faits, notre appréhension diminue et devient moins forte. Le projet, le contrat que nous avons entre les mains est un ensemble, un assemblage de plus petits éléments.
- Décider et agir après avoir mesuré globalement tous les impacts de nos décisions. Bien qu'il y ait toujours une part de risque, la décision force l'action et c'est un homme d'action que l'on attend dans une telle situation.
- Savoir composer avec l'incertitude en vivant un jour à la fois. Composer avec l'incertitude, c'est avancer sans avoir parfois toutes les données. À l'identique de l'alpiniste qui, au cours d'une ascension en paroi, va pousser sur la pointe de ses pieds pour découvrir une prise qu'il n'avait pas vue initialement, le manager obtiendra les données complémentaires au cours de sa progression au fil du temps. Quant au passé, inutile d'y penser, il y a assez à faire avec le futur...
- Être positif avec soi-même et les autres. On ne fait pas confiance et on ne suit pas quelqu'un de triste et de négatif. À quand remonte la dernière fois où nous avons acheté un produit à un commercial qui avait la tête d'un jour d'enterrement ?
- Pratiquer une activité physique de compensation associée à une hygiène de vie saine. Contrairement à ce que l'on pensait au siècle dernier, le corps et l'esprit ne sont pas dissociés. Certains centres nerveux possèdent une intelligence autonome qui interagit avec le cerveau en lui renvoyant régulièrement des informations. Il en est de même pour le cœur qui communique de façon bidirectionnelle avec lui. Les organes doivent donc être en bonne santé pour un équilibre optimal.

4.7 Relativiser sa solitude

4.7.1 Apprendre à appréhender sa solitude

Dans tous les déplacements à l'étranger, les échanges sont souvent fructueux grâce à la rencontre d'une multitude de gens différents et passionnants. Mais il arrive aussi d'être régulièrement seul le soir ou entre les différents rendez-vous. Nous sommes souvent seuls face à nous-mêmes, à nous repasser mentalement les films de nos derniers entretiens et de nos derniers échanges.

Cette solitude n'est pas à confondre avec l'isolement que beaucoup de personnes vivent : l'isolement de se retrouver sans famille, sans amis et sans possibilité de communiquer avec d'autres personnes même en habitant dans une grande ville. Cet isolement se nourrit d'indifférence et il est beaucoup plus fort, plus sournois, que l'isolement ponctuel et professionnel que l'on peut connaître lors de ses déplacements. La vraie solitude conduit inévitablement à une grande souffrance psychologique et ouvre la porte à différentes maladies physiques ou psychosomatiques.

La « solitude » ponctuelle, que nous connaissons parfois, est plutôt une solitude intérieure non destructrice et faisant partie d'une situation clairement définie. Contrairement aux idées reçues, elle peut souvent être bénéfique puisqu'elle nous met au pied du mur, face à nos responsabilités et nos engagements.

Le problème n'est pas d'être seul, mais de se sentir seul. L'homme par nature n'aimant pas le silence, attachera une connotation négative au sentiment de solitude, plutôt que de le considérer comme facteur de ressourcement et de sérénité.

4.7.2 Apprendre à apprécier le silence

La solitude permet de se retrouver avec soi-même. Associée à des périodes de silence assez longues, elle peut être source de plénitude à condition de la percevoir comme telle. Le silence n'est pas du vide, comme on pourrait le penser, mais plutôt un élément dense et compact pour qui sait l'apprécier. C'est d'ailleurs cette densité, cette force invisible qui permet une réflexion profonde sur les événements et sur soi-même.

Pour un voyageur international, la solitude est non seulement relative mais elle est aussi positive car elle permet une réflexion approfondie avant toute prise de décision. Elle permet aussi de se décentrer et facilite la mise en perspective sur soi-même et sa famille, quand il se trouve à des milliers de kilomètres de là.

Le meilleur outil que je connaisse et que je pratique pour cela est la méditation. Il y a tant d'intensité et de variétés quand nous voyageons : decalages horaires, rencontres culturelles multiples, situations constament différentes, que le fait de chercher l'équilibre par l'opposé ne peut être que salutaire.

Partie II
Techniques fondamentales pour un comportement optimal

Après avoir lu cette partie II, vous serez en mesure de :

- mieux cerner comment et pourquoi une culture existe et évolue dans le temps ;
- communiquer de façon efficace avec des partenaires étrangers ;
- être plus convainquant dans ses relations au quotidien ;
- développer un sens managérial poussé avec une forte notion de leadership si vous avez à piloter une équipe internationale.

5
Intégrer et comprendre les piliers culturels

5.1 Pourquoi des piliers culturels ?

Les piliers culturels sont une modélisation et une conceptualisation des aspects psychologiques d'une culture. Ce sont des fondamentaux sur lesquels s'appuie toute culture pour exister, pour s'organiser, pour se structurer et évoluer dans le temps. Ils permettent aussi de mieux comprendre ce qu'est une culture, de la rendre plus simple et donc plus accessible pour tous.

En les utilisant régulièrement quand on se rend dans un pays étranger, les actes, les comportements sont plus simples à décoder. L'intégration se fait plus rapidement. Ces clefs de lecture sont indispensables pour gagner du temps et limiter le choc culturel, d'où l'impérieuse nécessité de les comprendre et de les maîtriser…

Attention cependant à ne pas considérer ces clefs de lecture comme immuables et parfaites dans la visibilité qu'elles apportent. Ce sont des outils qui doivent être considérés comme tels.

Certains piliers, comme celui du temps par exemple, sont très visibles et facilement observables. Il est en effet facile de constater que les Allemands sont très stricts sur l'heure des rendez-vous alors que les Français sont plus souples. Si le pilier du temps est clairement identifiable pour la plupart d'entre nous, d'autres sont plus fins et beaucoup plus difficiles à intégrer.

Afin de ne pas compliquer le décodage culturel et désorienter ainsi le lecteur dans son apprentissage interculturel, je n'ai retenu que cinq piliers fondamentaux :

- les comportements face au temps ;
- les comportements individualistes et collectivistes ;
- les comportements liés à la façon de communiquer en société ;
- les comportements face à l'autorité ;
- les comportements face à l'avenir.

5.1.1 Les comportements face au temps

Depuis toujours, l'homme vit et bouge par rapport au temps. Le temps des saisons, le temps de la cueillette, le temps de dormir, le temps de manger, le temps de se reproduire... Son temps a été structuré dès son apparition sur la Terre, où les jours, les nuits, les saisons l'ont contraint à vivre sur un mode cyclique relativement binaire : travailler le jour, dormir la nuit.

Les Grecs glorifiaient le passé et basaient tout sur lui. Cette société ne savait pas mesurer le temps et ne s'y était jamais vraiment intéressée, surtout jusqu'au Ve siècle avant J.-C. Contrairement aux croyances, Chronos[12] n'a jamais été une divinité importante pour les Grecs.

Il en est de même pour les Égyptiens qui ont cependant inventé la clepsydre (horloge à eau) sous le règne du roi Thoutmosis Ier. Les Égyptiens faisaient couler lentement un liquide dans un vase gradué pour calculer le temps passé. Le temps semblait éternel comme les dieux. La vie et la mort étaient comparables au jour et à la nuit avec une alternance parfaite et régulière dirigée par Rê, le dieu Soleil.

La société occidentale, dominée principalement par l'église monothéiste, a inculqué la croyance d'un bonheur éternel dans un paradis, ou une souffrance éternelle dans un enfer, qui se trouvent quelque part dans les cieux. La mesure du temps n'existe pas en tant que telle dans la Bible, mais le fait de prier pendant son existence, afin d'avoir la vie éternelle, donne une consistance au temps. L'église s'intéresse au temps zéro, au moment de la création de l'Homme, pour se donner une substance et s'élever comme un « être » à part entière et non pas comme un mammifère qui descendrait d'un singe selon la théorie de Darwin.

12 Attention à ne pas faire d'amalgame entre Cronos, le père de Zeus, le fils d'Ouranos et Chronos, le temps.

L'Asie du Sud-est, avec le bouddhisme en particulier, considère le temps comme un cycle de réincarnations successives. Le bouddhisme ne consiste pas en la croyance d'une divinité extérieure, mais en la recherche d'un bien-être personnel à travers une méditation et une philosophie saine de la vie. Il ne s'intéresse pas au début de la création de l'Homme mais plutôt à une recherche d'équilibre permanent. Le bouddhisme ne considère pas le temps passé ou futur mais uniquement le temps présent. Pour lui, c'est le temps de l'attention qui compte, ici et maintenant. Prendre possession de son être, ressentir toutes les sensations. L'homme doit observer son esprit et toutes les images qui passent dans sa tête et, comme un cheval fougueux, il doit apprendre à se calmer et à s'orienter vers une forme de sagesse et de sérénité. Le bouddhisme est aussi fortement lié au principe du non attachement aux choses matérielles et aux êtres qui sont source de souffance en leur absence.

À partir du XIXe siècle, le temps s'est déformé avec l'évolution industrielle et l'apparition de la lumière électrique. L'homme a étiré son temps sur la nuit pour vivre plus longtemps éveillé. Il parvient ainsi progressivement à maîtriser le temps et organise ses activités sociales en se débarrassant peu à peu des contraintes du temps naturel.

Après cette révolution temporelle, on ne croyait plus pouvoir étirer le temps tellement la lumière électrique l'avait fait. Mais c'était mal connaître la nature humaine et tout a encore changé dans des proportions inimaginables.

◆ Le progrès a pris la place du paradis dans la quête de l'homme...

Des technologies extrêmement modernes comme Internet et le téléphone portable sont arrivées dans nos foyers. Cette fois-ci, elles n'ont pas étiré le temps, mais l'ont complètement déformé et disloqué. On n'hésite plus ainsi à appeler ses interlocuteurs, le soir, aux heures des repas, en vacances, le week-end. On n'hésite plus non plus à contacter son entourage par des messages Internet, SMS, au beau milieu du jour ou de la nuit... Il faut tout, tout de suite et il n'y a plus de différence entre l'urgent et l'important. Tout est urgent, tout est important. Il faut gagner du temps et notre ère est devenue l'ère de l'instantané.

Plus le pays s'est industrialisé rapidement, plus l'Homme a été contraint de comprimer le temps pour faire plus de choses en moins de temps. Notre horloge parlante enregistre ainsi plus de 300 000 appels quotidiens de personnes inquiètes d'avoir « la bonne heure ». Les différentes cultures (comme de nombreuses cultures africaines ou moyennes orientales) qui n'ont pas su adopter cette contraction du temps, connaissent aujourd'hui une évolution industrielle globalement faible.

Dans les sociétés occidentales, des différences de temps existent mais elles sont moins flagrantes, plus subtiles à percevoir. Par exemple, les Français commenceront généralement leurs réunions avec quinze minutes de retard, ce qui est impensable pour les Américains ou encore les Allemands.

Pour une même heure donnée, l'organisation sociale peut-être aussi complètement différente et le temps ne signifie pas la même chose à 19 heures en Angleterre, qu'à 19 heures en France. Pour le premier, tout le monde aura dîné alors que pour le deuxième, pratiquement personne... Après 21 heures, le Français hésitera à appeler ses amis proches pour ne pas déranger, après 21 heures en Chine, c'est le bon moment pour les appeler.

La perception du temps a aussi des répercussions très concrètes sur notre façon de consommer et d'épargner. Une culture qui a une perception sur le long terme épargnera et investira pour construire sur l'avenir, pendant que l'autre agira en faisant des dépenses immédiates ou encore des investissements à très courts termes.

La notion de temps n'est pas donc une chose innée mais bien culturelle, avec une répartition des moments sociaux et d'intimité différente en fonction des cultures. Bien que chacun pense que son temps est le bon pour vivre pleinement et sainement, aucune culture ne détient la vraie référence temporelle.

Lors d'une de mes conférences chez Thalès, François Dupont, directeur export, me disait qu'il avait noté aussi qu'après sept années passées en Inde, il avait perdu la notion du temps car il n'y avait là-bas pratiquement pas de saisons. Ces dernières sont en effet de réels marqueurs temporels. Elles permettent aussi de remonter plus facilement le passé pour savoir ce que nous avons fait durant telle ou telle année.

◆ Le temps structure une partie de notre comportement

Pour Edward T. Hall, célèbre anthropologue américain né en 1914, il existe deux conceptions du temps : l'une « monochronique » ou temps linéaire, appelée aussi temps ruban, et l'autre « polychronique » ou temps spatial.

La conception linéaire du temps

Le temps se déroule devant soi comme un ruban (*cf.* figure 5.1). Les tâches sont traitées de façon séquentielle, les unes après les autres, avec un respect impératif des délais. L'agenda est l'outil fondamental dans l'organisation de son propre futur et il est rempli au fur à mesure, à deux ou trois semaines à l'avance, voir plus... Le travail n'a de valeur que lorsqu'il est abouti. Les notions de : management par objectif, mission accomplie, réception de recette, deadline dans un projet, prennent ici tout leur sens. Seuls les résultats comptent... La notion de contrat entre complètement dans le cadre d'une culture à temps linéaire car il correspond à quelque chose d'abouti, de fini au moment de sa signature (vision illusoire pour certaines cultures qui ne vivent pas avec ce type de temps).

À noter que certaines cultures sont à temps linéaire strict, d'autres à temps linéaire distendu, les premières n'acceptant aucun retard dans les réunions, les rendez-vous, les autres s'accordant généralement 15 à 30 minutes de battement entre les tâches qui restent néanmoins séquentielles. C'est ainsi que, comme cité précédemment, les réunions en France commencent systématiquement avec du retard (15 minutes en moyenne) contrairement à l'Allemagne, l'Angleterre ou encore les États-Unis. Le meilleur étant toujours pour la fin, j'ai même souvenir d'un programme de formation interculturel que je faisais au Japon et où les participants me demandaient systèmatiquement ce qu'il m'était arrivé alors que j'étais toujours à l'heure ! Au Japon, je vous conseille d'arriver 10 à 15 minutes avant pour être bien perçu et ne pas perturber vos interlocuteurs dans leur emploi du temps. Les cultures à temps linéaire sont orientées sur la tâche à réaliser, le temps se consume, ne s'épargne pas et chaque date, chaque année qui passe est passée pour toujours. Dans ces cultures, les enfants ont dès le plus jeune âge un cahier de texte avec un emploi du temps précis. La première chose que l'on écrit le matin au tableau est... la date !

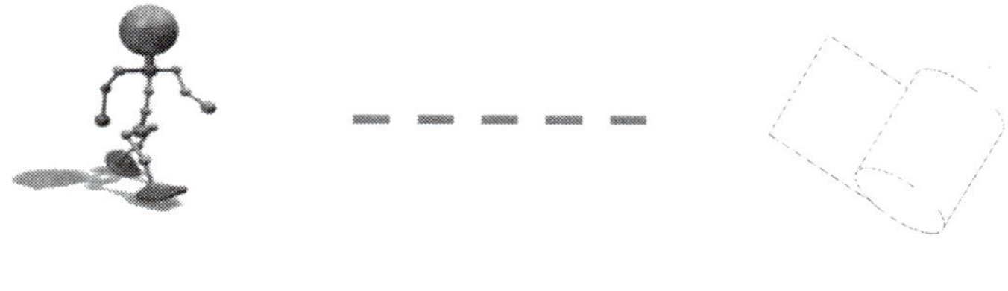

Figure 5.1 Les tâches sont linéaires

La conception spatiale du temps

Il est possible de faire plusieurs tâches à la fois, de façon superposée, désordonnée, sans réel début, ni fin (*cf.* figure 5.2). Contrairement à la culture à temps linéaire, l'objectif final n'est pas le but ultime et les délais ne sont qu'indicatifs. Il n'existe pas d'agenda – aussi inconcevable que cela puisse paraître pour un occidental – mais seulement un carnet ou des feuilles pour noter parfois les quelques points essentiels.

C'est la qualité du temps qui est en train de s'écouler, ici et maintenant, qui est importante. C'est l'être qui est privilégié et tout est orienté vers la relation. Ainsi, une visite amicale impromptue est toujours accueillie de façon favorable car c'est la surprise qui créée l'événement et qui est perçue de façon positive. « Sur ce sujet, je fais toujours rire les participants à mes séminaires quand je leur dis que je téléphone à mes parents pour aller manger chez eux la semaine suivante. Cette prise de rendez-vous avec des membres proches est, pour la culture à temps spatial, tout simplement inconcevable, voire ridicule. »

Cette absence de structuration du temps fait que les difficultés, lors d'une négociation, peuvent arriver soudainement sans aucune prévision. Tout est parfois à refaire, même ce qui avait déjà été prévu dans le contrat et soi-disant conclu. La signature d'un accord dans un projet est donc longue et fastidieuse, tout en étant minée d'imprévus impensables à prévoir pour un Occidental. Il n'est pas rare alors qu'une lassitude s'installe dans un tel processus.

Le temps est le même pour tous... mais sa perception est fortement différente...

Les jours se succèdent et les saisons se répètent, le temps suit un cycle toujours identique et perpétuel, matin-midi-soir, jour-nuit. Pour le temps spatial, il inclut en plus plusieurs dimensions : le rapport à la Nature, la relation au mythe du commencement et du recommencement, la relation à un espace qui peut être hors du temps.

La tradition orientale implique un lien souvent fort avec la nature et celui-ci se reflète souvent dans le langage et dans la façon d'agir. Elle a développé un sens empirique du temps d'une extrême subtilité. Claude Larre (fondateur de l'Institut Ricci et cofondateur de l'École européenne d'acupuncture), parle à ce propos de « la saveur du temps » chez les Chinois. Les arts, la poésie reflètent cette manière de savourer le temps. L'aspect du positif/négatif et du Yin-Yang caractérisent respectivement le commencement et la fin. La notion de temps se confond avec celle de l'alternance.

Cette perception spatiale du temps fait, par exemple, qu'il n'y a pas de métronome dans les musiques chinoises et japonaises. Contrairement à nous autres occidentaux, les Asiatiques ne doivent pas trouver forcément le morceau de musique « attirant et percutant » d'emblée pour l'acheter. Il s'agit plus d'une découverte progressive, d'une histoire qui forme un tout.

Même chose dans les concerts, où le début est le moment de toutes les émotions : le chanteur arrive sur scène avec des effets spéciaux de plus en plus travaillés pour séduire son public. C'est ce début, souvent fort et percutant, qui va conditionner la dynamique et le succès du concert. Il en est de même pour le repas en France, où l'apéritif doit être une mise en bouche agréable. Puis vient l'entrée, le plat, le dessert et cela dans un ordre linéaire strict sans aucun retour possible une fois les plats retirés. Le salé laisse la place au sucré et c'est ainsi depuis des siècles.

Dans une conception spatiale du temps, le repas est circulaire : l'on viendra se resservir plusieurs fois dans différents plats jusqu'à plus faim. Le plateau sur la table sera parfois rond et mobile pour faciliter les points d'entrée vers les plats. Rien n'est donc linéaire et il n'y a pas d'ordre établi.

Dans ce type de culture, votre patience sera souvent votre meilleure arme...

5.1.2 Le temps source de stress ?

Pourquoi se stresser pour une tâche qui ne peut se finir le jour même alors que demain est pareil qu'aujourd'hui ou encore qu'hier ? Le stresseur numéro un dans nos sociétés occidentales est bien le temps et il est surprenant de voir des cultures à temps spatial sans stress, tout du moins comme nous le considérons, nous autres Occidentaux. Le stress ne semble pas exister et c'est ce qui va dérouter, en tout premier lieu, le négociateur international à temps linéaire. Ainsi il n'est pas rare que le partenaire soit en retard au rendez-vous sans prévenir du moment auquel il viendra. Il n'est pas rare de discuter de tout et de rien alors que le temps nous presse. Il n'est pas rare non plus d'attendre une heure une commande au restaurant pour ne pas avoir finalement le plat commandé. Et enfin, il n'est pas rare que des employés ne viennent pas au travail pour tous types de raisons. Rien ne semble avoir d'importance...

Cette absence de stress est très perceptible après seulement quelques jours dans le pays. Le fait d'« aller lentement » est plutôt perçu comme une valeur positive, liée à la prudence, à l'esprit mûr, à la maîtrise de la situation.

Certains dictons orientaux vont même jusqu'à affirmer que le premier qui prend la parole dans une négociation a une forte probabilité de la perdre.

Les différentes expressions des cultures à temps spatial telles que : « Réfléchir deux fois avant d'agir » ; « Allez doucement, ne vous impatientez pas » ; « Marchez lentement » ; vont bien évidemment à l'encontre d'un « Bon appétit » ou encore « Impossible n'est pas Français » qui engagent l'action et la réussite.

Figure 5.2 Les tâches sont superposées

Pour le peuple hindou, il n'y a pas de stress dans l'attente. Il ne s'impatiente pas parce qu'il ne s'accroche pas à un futur incertain, les éléments semblent glisser sans adhérer. Les Occidentaux ressentent davantage de stress devant le temps qui est plutôt, à leurs yeux, une ressource limitée que l'on peut aisément gaspiller si on y prend garde.

Ainsi en France, si dans une salle d'attente d'un cabinet médical, le temps d'attente acceptable est de 0 à 40 minutes, le temps de « l'énervement » de 40 mn à 1 heure 15 et celui de la rupture est au-delà d'1 heure 15, en Inde, il n'existe pas de phases de ce type. Le temps d'attente est toujours le temps acceptable et si le médecin n'ausculte pas aujourd'hui, c'est sûrement qu'il avait autre chose de plus important à faire... Il n'y a pas de phase progressive d'énervement et donc de stress mais plutôt une résignation passive sans jugement sur le médecin. « J'ai dû, à ce titre, plusieurs fois me retenir afin de ne pas m'en prendre aux médecins qui s'abstentaient soudainement de leur cabinet alors que j'étais venu les voir pour me faire soigner. ».

◆ Dans notre culture, la lenteur est un gage d'inefficacité

Dans notre vie quotidienne en Occident, on associe toujours l'attente avec l'anxiété. Un homme lent est souvent accusé d'impolitesse ou d'irresponsabilité car il sort du cadre « temps pressé ». L'administration est la première visée et sa lenteur traduit son incapacité. La SNCF est une des compagnies ferroviaires les plus précises au monde et pourtant les sondages montrent encore une insatisfaction des usagers vis-à-vis du temps.

À l'étranger, les Français donnent l'impression d'un contrôle du temps relâché (même si on pourrait croire, *a priori*, le contraire). Dans leurs interactions avec les négociateurs internationaux, ils sont souvent accusés d'être systématiquement en retard. La ponctualité des Français dépend de leur appréciation de l'importance de l'événement. Les rencontres conviviales (dîner au restaurant, invitation à la maison, rencontre entre amis), ont toutes un retard de 15 minutes au moins.

Il n'en est pas de même avec les Américains, qui sont obsédés par le temps et le « time is money » est bien réel. La valeur prisée est la rapidité et il faut toujours aller plus vite comme l'indique le proverbe : « He who hesitates is lost », « Celui qui hésite est perdu. » Pire encore, l'expression deadline dans les projets, signifie la mort au-delà de cette limite temporelle. Un retard de 5 minutes engendrera des excuses obligatoires ; 15 minutes, des excuses justifiées ; 30 minutes représenteront une insulte. Même chose pour les Allemands et les Anglais qui prônent l'exactitude et qui se sentent humiliés après une attente de 10 minutes seulement.

Les repas et les réunions doivent aussi être très courts. Nous sommes ici dans une perception du temps linéaire rigide où cette conception du temps semble faire partie intégrante de la psychologie de l'Homme.

Avec les Chinois, si une réunion est prévue à 14 h 30, il vaut mieux être à l'heure. Cela ne veut pas dire qu'eux-mêmes le seront, mais s'ils ne nous trouvent pas quand ils arrivent, ils attendront peu de temps et repartiront pensant que nous n'avons pas pu nous libérer.

Dans certains cas, les Chinois peuvent être très à l'heure et même en avance. Ce qui va régler leur ponctualité, c'est plutôt l'intérêt des relations interpersonnelles (les inférieurs envers les supérieurs, les juniors envers les seniors, etc.) ou des intérêts personnels (pour des réunions concernant l'augmentation du salaire, le logement, etc.). Comme en France certes, mais avec beaucoup plus d'aléas et d'incertitudes.

En France, si vous invitez un Chinois, celui-ci aura tendance à arriver plutôt que l'heure prévue pour respecter ses hôtes ou encore donner un coup de main dans la cuisine, ce qui se fait parfois en Chine.

◆ La perception relative du temps linéaire et spatial

Si les Américains considèrent les Français comme ayant une conception spatiale du temps, en revanche les Chinois les considèrent comme « à temps linéaire ». Nous constatons donc ici une perception opposée de notre culture en fonction de qui l'observe. Pour être cohérent dans cette analyse du temps, il faut prendre en compte toutes les cultures les unes à côté des autres et les comparer comme dans le tableau ci-dessous. D'une façon générale, il semble que le temps linéaire soit plus adapté à une contraction du temps et donc une évolution industrielle rapide mais beaucoup d'incertitudes demeurent encore vis-à-vis de cette affirmation qui n'engage que son auteur (*cf.* tableau 5.1).

Tableau 5.1 Perception décroissante du temps le plus linéaire au plus spatial

Pays	Indice
États-Unis	+++
Allemagne	++
Angleterre	++
Russie	+
France	+-
Japon	-
Chine	--
Inde	---

◆ Organisation du temps dans la réalisation d'un projet

Si un projet s'organise généralement de façon séquentielle, il est pris en charge de façon différente en fonction des cultures.

Prenons comme exemple, la réalisation d'un projet logiciel :

- Une culture à temps linéaire assignera une personne à ce projet. Elle organisera son travail en séquences liées les unes aux autres de façon chronologique. Un planning clair et précis sera établi et donnera une visibilité totale sur le projet. Il sera aisé de voir, à tout moment, où en est le projet par une simple consultation de la personne et des dossiers.

- Une culture à temps spatial assignera plusieurs personnes qui travailleront à d'autres projets en même temps. Chaque individu prendra en charge une partie du logiciel. Le planning sera fixé à l'avance mais personnes ne saura s'il pourra être respecté. Alors que la société informatique occidentale aura plutôt tendance à faire réaliser un développement informatique, en se basant sur un ou deux ingénieurs avec des étapes linéaires A, B, C, D, la culture à temps spatial fera des blocs B, A, C, E par exemple... en prenant différents ingénieurs qui par la suite se regrouperont pour un assemblage final. Quand l'échéance est proche, toutes les parties du projet sont associées tant bien que mal et ce n'est qu'à quelques heures de l'échéance, sous la pression de l'autorité, que tous les responsables arrivent à s'ajuster.

Dans une culture à temps spatial, il est donc difficile de suivre de façon chronologique un projet. Un observateur à temps linéaire aura souvent l'impression qu'il traîne interminablement en voyant l'échéance s'approcher.

🗝 Les clefs pour réussir avec le pilier interculturel du Temps

- Être patient... et prendre du recul sur la situation en essayant de la voir sous un angle le plus large possible...
- Observer le temps comme valeur culturelle. Être conscient des différences et les apprécier en tant que tel.
- Ne plus donner de dates approximatives sur les tâches les plus simples, mais organiser une base temps précise pour mesurer les écarts. Par exemple, ne plus dire, « Merci de m'envoyer un fax pour la semaine prochaine ou le mois prochain » mais donner une date précise : « J'attends votre fax pour le mercredi 8 novembre au plus tard ». Engager toutes les actions avec des dates précises à échéances plus ou moins longues et observer chaque retard en analysant les causes.
- Pour des tâches plus importantes ou encore des projets industriels, demander une date de fin et un engagement ferme sur celle-ci. Vos interlocuteurs auront ainsi plus de difficultés à justifier leur retard et n'auront, en tout cas, pas l'excuse d'une date imposée par le client avec une échéance toujours trop courte. Dans une culture à temps spatial, dès les premiers écueils, cette excuse est systématiquement employée et cette technique permet de la contrer.

- Il ne faut cependant pas s'étonner des retards éventuels fréquents, qui ne sont généralement que de quelques jours. Rester calme car l'agacement n'est évidemment pas compris et donc très mal perçu dans une culture à temps spatial. Cette démarche de l'engagement sur une date proposée n'est évidemment possible que si celle-ci est proche de celle à laquelle nous avions pensé initialement. Dans le cas contraire, si nous forçons leur temps en demandant une date rapprochée, le projet sera parfois transmis dans les temps mais pas tout à fait comme nous le pensions... La qualité sera variable en fonction de la compétence et du professionnalisme du fournisseur, mais surtout de ce qu'il a à faire pour ses autres clients.
- Dans tous les cas, en plus des courriels réguliers pour connaître l'état d'avancement des projets, il faut maintenir un contact verbal fréquent. Rappelons-nous que la relation prime sur la tâche et que le projet n'a de sens que pendant sa réalisation.

◆ Pour les rendez-vous

N'ayant pas d'agenda, l'interlocuteur avec une culture à temps spatial répond souvent « oui » lorsqu'on le contacte un mois à l'avance pour le rencontrer. Donnez alors une semaine où vous serez dans son pays. Même si ce rendez-vous n'est pas noté par l'interlocuteur (il n'a pas d'agenda), ce premier appel téléphonique est nécessaire pour une prise de contact. Il permet de découvrir les titres et les noms des personnes à contacter. Il permet aussi d'envoyer de la documentation par courrier ou par courriel, de mentionner un site Internet et surtout de montrer l'intérêt à le rencontrer lui plutôt qu'un autre, etc.

La date précise du rendez-vous doit ensuite se prendre une semaine à l'avance, donc bien après la réservation de votre billet d'avion. Il ne faudra pas oublier de la confirmer deux jours avant en indiquant que vous avez préparé différents éléments pour cette rencontre (votre interlocuteur aura ainsi un peu plus de scrupules à vous poser un « lapin », quoique...). Il est important de retéléphoner le matin du rendez-vous pour être sûr qu'il sera là, surtout dans le cas où ce rendez-vous nécessite un grand déplacement. Il faut, par exemple, prendre le prétexte de savoir s'il a un vidéoprojecteur pour une présentation illustrée, ou encore, s'il sera seul ou pas afin de pouvoir préparer la documentation en conséquence.

Cependant et même avec toutes ces précautions, les changements de dernière minute sont fréquents et déroutants. Si c'est le cas, si l'interlocuteur est absent alors que nous nous sommes rendus sur place, il faut le faire appeler au téléphone par sa secrétaire et reprendre immédiatement un autre rendez-vous le jour qui suit ou le surlendemain. Il n'est pas nécessaire de laisser une brochure car il pourrait ne plus être intéressé pour un entretien, prétextant qu'il a lu la brochure et qu'elle ne lui correspond pas.

Malgé toutes ces précautions, je me suis fait avoir de façon significative deux fois ! Une fois en Chine, arrivé sur place dans l'entreprise au sud de Pékin, une des responsables me disait qu'il y avait eu un désistement général de tous les participants le matin même de la formation. Alors que je venais de faire neuf mille kilomètres.... Une autre fois en nouvelle Calédonie où le patron avait changé la date quelques heures avant la formation alors que j'étais dans l'avion... Ces deux histoires se sont bien terminées, heureusement.

Dernière chose enfin, dans cette notion du temps, les délais liés à la bureaucratie. Ils sont de plusieurs semaines en Russie à plusieurs mois en Inde... Cet élément est vraiment à prendre en compte dans certains pays...

5.2 Les comportements individualistes et collectivistes

Le fait qu'une culture soit collectiviste ou individualiste exerce une influence sur différents aspects de la vie en société. Dès le plus jeune âge, l'être apprend ce qu'est la vie sociale. Elle peut être intense dans le cas de familles nombreuses ou lorsque les parents sont constamment en liaison avec d'autres individus (des amis, des collègues dans des clubs...). Elle peut être limitée, si l'enfant est unique et si, au cours de son développement, les échanges sont réduits aux seuls copains d'écoles... Dans ce cas, l'enfant apprend très rapidement à penser en termes de « je... ». Le Moi envahit tout son être et développe ainsi un ego fort.

5.2.1 Les caractéristiques d'une culture individualiste

Chacun doit s'occuper de lui-même et de sa famille proche. La famille est limitée au couple, aux ascendants et aux descendants directs. L'identité est basée sur l'individu, son bonheur et sa réussite personnelle. L'intérêt collectif passe toujours après et les liens entre les personnes sont souvent très faibles.

L'individualiste est centré sur lui-même et les autres ne sont que des « outils » pour servir ses propres intérêts. Sa carrière est prioritaire et son degré de dépendance vis-à-vis du groupe est relativement faible. Cette distance donne de l'espace pour plus d'actions et permet de relever des défis personnels. L'harmonie sociale n'est donc pas forcément sa règle et les individus qu'ils côtoient ne seront considérés comme réellement utiles que s'ils apportent quelque chose à son développement personnel.

La prise de décision est généralement rapide car la concertation est directe sans être forcément toujours transparente. La communication est à contexte faible et l'individu doit se prendre en charge très tôt car sa réussite ne tient qu'à lui et à lui seul. La gestion de carrière repose avant tout sur la performance individuelle et donc la réalisation d'un objectif final. À la fin de l'année, le protocole veut que chaque salarié ait un entretien avec sa direction ou son chef direct pour faire le point sur sa performance et son bien-être dans l'entreprise.

L'individualisme n'est pas forcément mauvais puisqu'il en ressort une recherche du dépassement de soi avec une responsabilité personnelle sur ses actes. Il rend cependant complexe les relations car il instaure forcément des jeux de pouvoir ou chacun « tire la couverture » à soi. À l'extrême, il crée aussi des arrivistes sans morale.

Parallèlement à cette volonté de prouver sa performance au sein de l'entreprise, les employés éprouvent souvent un besoin de trouver du temps libre pour leur épanouissement dans leur vie personnelle. Ainsi, les RTT ont été bien accueillies par la majorité de la population alors qu'elles engendraient automatiquement une baisse de la productivité avec la perte de millions d'heures travaillées. Toutefois, cette façon de faire est une spécificité bien française, car la France est en effet le seul pays au monde qui utilise l'argent public pour moins travailler.

Dans une culture individualiste, le contrat est le liant fondamental. Tous les rapports, les règles d'échanges entre employés et directions, entre clients et fournisseurs, entre partenaires sont régis par des liens juridiques fixés par des contrats. Ce sont des documents de références de la plus grande importance pour structurer et maintenir des échanges loyaux. En cas de non-respect des règles fixées par le contrat, la partie flouée n'hésite pas à attaquer juridiquement l'autre partie signataire. Il s'agit d'un automatisme dans une culture individualiste souvent très maladroite avec le consentement mutuel.

Il en est de même pour la rupture du contrat de travail entre employeurs et employés et les Tribunaux des Prud'hommes ont ainsi encore de beaux jours devant eux...

Les constantes des cultures individualistes sont les suivantes :

- L'individu passe avant le groupe.
- La coopération entre individus est souvent tendue.
- Il y a absence de communication entre les services.
- Les jugements s'effectuent sur l'efficacité des actes et non sur la loyauté.
- Le conflit est jugé productif et les projets avancent par confrontation des idées (les réunions sont des lieux d'échanges intenses).
- L'avancement (rémunération, promotion) est fonction de l'individu.
- Le salarié attache beaucoup d'importance à son indépendance et à son bien-être.

Remarquons enfin que plus le pays est riche et plus il est composé d'êtres individualistes.

La décision politique de l'enfant unique appliquée en Chine a aussi créé de l'individualisme.

5.2.2 Les caractéristiques d'une culture collectiviste

A contrario de la culture individualiste, la culture collectiviste se caractérise par la recherche d'un rôle social au sein de l'entreprise, une gestion de carrière liée à la loyauté vis-à-vis de son corpus social ainsi que l'ancienneté. Le collectivisme se définit comme « une orientation collective vers des objectifs communs ». L'organisation est un ensemble où les membres construisent des relations et où chacun doit avoir un rôle précis à jouer pour le développement du groupe.

La qualité de vie ne peut augmenter que si on fait passer le bien de la communauté avant le sien. Dans une société collectiviste, où les contacts sociaux sont intenses et où la communication doit se maintenir coûte que coûte, le « non » n'est jamais le bienvenu. Le « oui », employé dans ce cas, voudra dire « oui, je vous ai bien entendu » et rien d'autre. Il s'agit ici d'un processus adaptatif : pas de conflit, pas de vague même si les deux interlocuteurs sont en opposition de phase sur leurs idées[13].

13 J'ai ainsi souvenir, qu'au cours d'une réunion de travail dans une société industrielle à Pékin, où le chef de service imposait ses directives, m'être entretenu avec l'un de ses employés en lui exprimant mes doutes sur la pertinence des propos évoqué en réunion plénière. « Moi aussi j'ai des doutes, me répondit-il, mais c'est lui le chef ! » Ce jeune employé savait donc qu'il allait dans le mur mais à aucun moment, il n'aurait osé contredire les propos de son chef.

Alors que dans les cultures individualistes, la confrontation est souvent nécessaire pour faire avancer les choses, elle est impensable dans une culture collectiviste. Le processus combatif habituel doit alors faire place à la diplomatie et même parfois, à l'hypocrisie pour dénouer des situations délicates.

Dans un pays collectiviste, l'ordre donné par un supérieur n'a pas besoin d'avoir du sens pour être exécuté.

Ce qui est important c'est d'exécuter l'ordre, un point c'est tout.

En Inde du nord, un jeune homme avait placé une cale devant la roue du bus alors que celui-ci était stationné dans le sens de la montée. Étonné, je montrais cette situation incroyable au chauffeur. Après quelques secondes, il me souriait sans dire au jeune homme de changer le sens de la cale. Pour lui, le plus important était qu'il ait obéi à son ordre quand il lui disait de placer la cale quand le bus s'arrêtait. Le sens de celle-ci, devant ou derrière la roue, n'était que secondaire.

Tous les pays qui possèdent une culture de la famille nombreuse inculquent des valeurs collectives avec une distance hiérarchique forte (mais ce ne sont pas les seuls).

Les différences entre les valeurs associées au collectivisme et à l'individualisme sont souvent la cause de nombreuses incompréhensions réciproques dans les rapports internationaux entre pays riches et pays pauvres.

◆ La force d'une culture collectiviste

Dans le monde industriel qui nous entoure, il est impossible aujourd'hui de fabriquer un objet technique, aussi simple soit-il, en partant de zéro. Nous utilisons forcément quelque chose, des outils, de la matière, qui a été construit ou apporté par quelqu'un d'autre, voire par des milliers de personnes.

Prenons l'exemple du marteau, aussi basique soit-il :

- tout d'abord le manche en bois qui vient d'un arbre coupé par un bûcheron ;
- puis cet arbre a été transporté par un camion ;
- puis par un bateau ;
- puis sûrement à nouveau par un camion jusqu'à une scierie et ainsi de suite…

Pour la partie métallique du marteau, il a fallu non seulement extraire la matière mais aussi en faire une forme à travers une presse. Or le camion qui a transporté le manche du marteau tout comme la presse pour faire la forme de la masse, sont eux aussi, le produit d'une usine qui a construit les bateaux et les presses. Mais les usines sont, elles aussi, le fruit d'ouvriers maçons, etc. Nous cernons bien dans cette démonstration, que c'est la somme d'un ensemble de compétences, qui, mises bout à bout ont permis à l'homme de construire son univers industriel.

C'est bien l'univers collectif qui développe de la richesse et qui permet de fabriquer des objets extrêmement complexes comme des ordinateurs, des avions, des voitures, des téléphones portables, etc. Plus les hommes sauront s'organiser ensemble, plus ils auront la capacité de développer des produits de plus en plus complexes (*cf.* figure 5.3).

La force d'une culture collectiviste est donc là. Si Infosys, société informatique indienne dont le siège est situé à Bangalore, a pu passer de quelques employés à 140 000 en moins de 25 ans, c'est parce qu'elle a su mettre du process dans une organisation collectiviste. Si la Chine a pu évoluer dans des proportions inimaginables, c'est parce qu'elle a su faire de même[14]. Le collectif a une puissance bien supérieure à l'individualisme, à condition toutefois, que le sens de la marche soit le bon.

Or, tout n'est pas rose car il suffit que le guide se trompe pour que tout le monde suive et se trompe aussi. Il y a donc des ratés avec certains leaders, certes, mais le processus semble cependant bien enclenché.

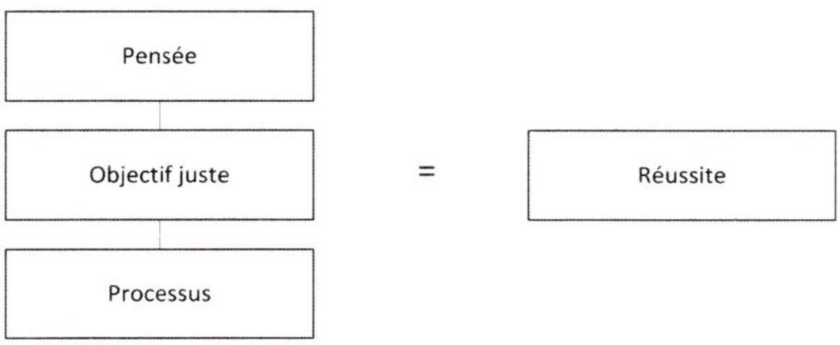

Figure 5.3 La puissance collective

14 Au cours d'un de mes voyages en Chine, j'ai accompagné un reporter sur un chantier et nous avons découvert des conditions de travail difficiles mais surtout un savoir vivre ensemble surprenant. Les chantiers de construction fonctionnent jour et nuit en deux équipes composées de 600 à 1 500 personnes. La nuit, l'équipe est généralement restreinte pour faciliter la circulation des grues et la montée de charges importantes. Les équipes travaillent entre 12 et 16 heures par jour et viennent de la campagne. Les ouvriers n'apparaissent pas dans les villes et dorment sur place. Les chantiers sont fermés par des balustrades et c'est une microsociété qui s'organise ainsi pour plusieurs mois.

◆ Les constantes d'une société collectiviste sont les suivantes

- L'individu naît dans une famille élargie (cousins, oncles, tantes...) ou le groupe le protège en échange de sa loyauté.
- L'identité est fonction du groupe social d'appartenance. Le groupe construit et structure les membres qui y sont associés et non l'inverse.
- L'enfant apprend à penser en termes de « nous » très rapidement et dans le cas contraire, frères et sœurs s'en chargeront !
- L'harmonie est la règle et les affrontements directs sont souvent évités.
- La communication est souvent à contexte fort. On ne dit rien, ou presque, mais on se comprend.

Tableau 5.2 Classement des différents pays, du plus individualiste au plus collectiviste

Pays	Indice
États-Unis	+++
Angleterre	++
France	++
Russie	+
Allemagne	-
Japon	-
Chine	--
Inde	---

Les clefs pour réussir avec le pilier interculturel du collectivisme

- prendre en compte le chef ;
- l'inviter en France et le recevoir dignement ;
- établir des liens de confiance forts ;
- s'en occuper pendant toute la durée de son séjour.

◆ Dans le cas d'une sous-traitance de projets

- former le chef du projet et non les techniciens ;
- lui faire prendre conscience de l'ampleur du projet ;
- lui expliquer la notion de qualité demandée (1 μ n'est pas 1 mm) ;
- lui montrer les impératifs vis-à-vis de ses propres clients.

5.3 Les comportements liés à la façon de communiquer en société

5.3.1 L'Implicite : source d'incompréhension et de confusion

Le linguiste russe Roman Jakobson est le premier linguiste du XXe siècle à s'être intéressé à la notion de contexte, ou encore de sous-entendu, dans la communication verbale. Il a développé certaines théories sur le contexte et sur l'ensemble des conditions extérieures aux messages qui influencent sa compréhension.

Si un négociateur international dit par exemple à son fournisseur : « Ceci est un projet ambitieux et nous avons peu de temps pour le réaliser. Je compte donc sur vous pour aller vite et me sortir quelque chose de fini. », il y a fort à parier qu'il a compris quelque chose certes, mais sûrement pas la même chose que le négociateur. Les différents termes employés : « ambitieux », « peu de temps », « aller vite », « fini », peuvent être interprétés de mille façons différentes et correspondent finalement à rien, pris à l'état brut.

Que signifie en effet être « ambitieux » pour un Russe, un Japonais ou encore un Anglais ? Qu'est-ce que « peu de temps » pour un Indien et un Américain ou encore un Allemand ? Tous ces éléments ne permettent pas une communication de qualité puisqu'ils sont relatifs et prêtent en permanence à confusion.

La signification d'un message est donc la résultante d'un cumul d'informations plus ou moins précises et de sous-entendus. Ces derniers sont souvent nombreux dans un contexte donné et il est donc plus difficile de se comprendre. Edward T. Hall nous indique que dans la signification d'un message verbal transmis d'un émetteur vers un récepteur, il y a généralement deux éléments (*cf.* figure 5.3) :

- de l'information ;
- du contexte ou encore du sous-entendu.

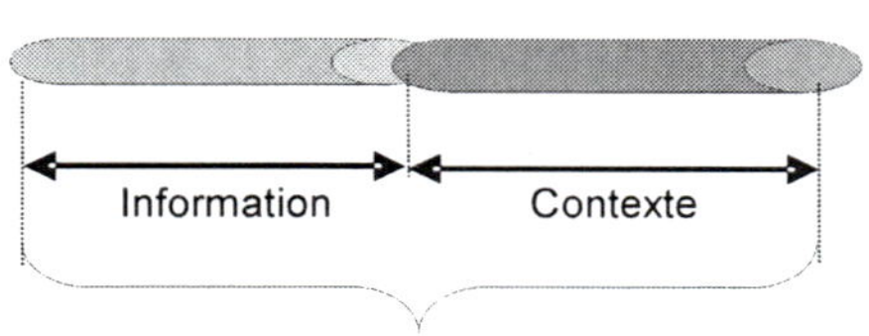

Figure 5.4 Signification du message

La notion de contexte est aussi un correcteur automatique d'erreurs qui permet une vision globale de la situation. Si nous prenons par exemple les mots suivants :

- ltteers ;
- coshe ;
- ttoal.

Pris séparément, ils n'ont aucun sens. Certes, une forme de décodage est possible mais rien n'est sûr. Est-ce vraiment « lettres » qui est inscrit, ou encore « chose » et « total », pris séparément, de nombreux doutes persistent...

En ajoutant du contexte, les mots reprennent toutes leurs significations, même si l'environnement est complexe et déformé :

« Sleon une édtue de l'Uvinertisé de Cmabrigde, l'odrre des ltteers dnas un mtos n'a pas d'ipmrotncae, la suele coshe ipmrotnate est que la pmeirère et la drenèire soit à la bnnoe pclae. Le rsete peut êrte dans un dsérorde ttoal et vuos puoevz tujoruos lrie snas porlblème. »

Cet ajout de contexte autour des mots permet désormais d'affirmer avec certitude, que « Ltteers » signifie bien « Lettres », « Coshe » signifie « Chose », « Ttoal » signifie « Total ».

Au sein d'une même culture, un jeune couple qui se connaît peu, communiquera beaucoup avec des mots pour se faire comprendre. *A contrario*, un couple marié depuis 20 ans se connaîtra tellement bien, qu'il n'aura plus besoin de se dire beaucoup de choses pour se comprendre.

Par exemple « Je souhaite exprimer une gêne quelle qu'elle soit à ma nouvelle amie. Je prendrais beaucoup de temps à expliquer précisément ce que je ressens afin d'être le plus précis possible et ce dans le seul but de donner une connotation vraie de ma pensée. Après seulement quelques années, cet effort d'ajustement ne sera plus nécessaire, par le simple fait d'une meilleure connaissance des émotions de l'un et l'autre. »

On dira qu'une culture qui communique avec des messages contextuels est implicite et qu'une culture qui communique avec des messages non contextuels est explicite.

Un autre élément qui vient s'ajouter en plus du contexte est la différence de signification des mots entre les cultures des pays. Un message simple peut très bien être parasité par un contexte non partagé.

5.3.2 Communication et histoire des nations

Une des cultures les plus explicites qui soit est la culture américaine. Les Américains vivent sur un vaste espace et n'ont pas connu la guerre sur leur territoire depuis la Guerre de Sécession. L'esprit *cow-boy*, la conquête de l'Ouest font qu'ils ont toujours bénéficié d'une certaine abondance de richesses et qu'ils n'ont jamais été contraints de cacher tous leurs biens de peur de se le faire prendre.

Ainsi, à partir du XVIIIe siècle, il suffisait de quelques bouteilles de whisky, de quelques fusils ou encore de tuer quelques Indiens pour devenir propriétaires de centaines d'hectares. La terre était là, présente et il leur fallait la prendre. Tous les blancs s'entraidaient pour toujours plus de territoire avec un fort esprit conquérant.

À cette époque, le fait de cacher quelque chose dans ses propos, le fait de limiter une discussion avec ses pairs n'avait aucun sens et c'était surtout la notion de partage qui primait.

Aujourd'hui encore, l'architecture des entreprises en open space où tout le monde se côtoie, où le PDG peut être au milieu même de ses salariés est une bonne illustration des cultures explicites.

Cette communication directe, sans tabou est largement utilisée dans les relations de tous les jours. Dire combien on gagne, parler de son patrimoine, montrer son ambition, ne pas faire de différence entre sa vie privée et sa vie professionnelle quand on est un homme politique, semblent être des choses complètement naturelles.

◆ Du côté des Français

Pour la France et les Français, l'histoire et la géographie du pays sont totalement différentes. Le pays est beaucoup plus restreint, les terres n'ont pas été conquises et les Français ont connu des cycles de guerres rapprochés. La rareté de la richesse a donc structuré très tôt son esprit et le dicton « pour vivre heureux, vivons cachés » prend, avec cette démonstration, tout son sens.

Cependant, la France est un pays riche et les Français fonctionnent surtout sur le principe du cartésianisme. Avant de parler, ils ont généralement besoin de structurer leur discours. Ils aiment utiliser les chiffres et les tableaux dans leurs démonstrations, mais sont souvent peu regardants sur leurs sources. Il suffit, pour cela, d'observer les hommes politiques qui brandissent toujours des chiffres dans leurs débats télévisés et qui se trouvent systématiquement contrecarrés par leurs adversaires faute de preuve fiable.

Ils essaient de rendre le discours ou la conversation intéressants pour attirer l'attention de l'auditoire. Ils parlent pour séduire plus que pour convaincre, pour plaire plus que pour prouver. La forme est plus importante que le fond et même dans leurs recherches scientifiques, ils montrent leur résultat avant d'en fournir les preuves. Ils utilisent régulièrement le « parce que » au lieu du « donc, nous en déduisons que... ».

Quand les Français prennent part à une conversation, ce n'est pas pour écouter mais plutôt pour tenter de trouver les faiblesses de l'autre culture et de convaincre que la France est meilleure à tous les niveaux... Cette constante de comportement à l'international fait que nous sommes souvent considérés comme des gens arrogants et ce pratiquement partout sur la planète.

La notion de silence

Le silence dans la communication est souvent perçu comme une menace dans la culture française. Dans une voiture par exemple, si deux personnes se connaissent peu et restent silencieuses, un malaise s'installera rapidement. « Pourquoi ne me parle-t-il pas ? Qu'ai-je donc fait ? » Il faut ainsi toujours trouver des sujets de conversation, même stériles car le silence est une chose qu'il faut toujours combler.

Ce phénomène est encore plus vrai dans l'ascenseur et nous nous sommes tous retrouvés, un jour ou l'autre, mal à l'aise face à une personne sans quoi savoir lui dire.

Le fait de combler à tout prix les silences fait que les cultures à contexte fort pensent que les Français sont fiers et ne prennent pas la peine de faire attention aux autres, ce qui n'est pas toujours faux certes, mais ce qui vient surtout du fait de notre mal être face aux silences.

La charge contextuelle et la structure grammaticale

Il existe aussi une corrélation forte entre la notion d'explicite et la structure grammaticale de la langue utilisée. Par exemple, si l'Allemagne est placée juste après l'Angleterre et les États-Unis dans le tableau 5.2, c'est parce que sa structure grammaticale impose que le verbe soit souvent placé à la fin des phrases. Cette structure l'oblige, en plus de son côté rigoureux, à être exhaustif et précis dans ses propos.

Tableau 5.2 Du plus explicite au moins explicite des sept pays sélectionnés

Pays	Indice
États-Unis	+++
Angleterre	++
Allemagne	++
Russie	+
France	+ -
Japon	-
Chine	--
Inde	---

🗝 Les clefs pour réussir avec une culture implicite

Dans une culture implicite comme la Chine ou l'Inde, tous les éléments entourant la relation doivent être pris en compte afin d'éviter des impairs qui pourraient devenir fatals. Il est très difficile de savoir ce que l'autre pense et il faudra du temps et plusieurs rencontres pour commencer à se découvrir et ainsi y voir plus clair.

Il faut rapprocher les hommes avant d'aborder les affaires. Les relations extraprofessionnelles sont cruciales et il est important d'être ensemble après le travail (souvent autour d'un verre dans un bar). Il faut aussi développer son intelligence de compréhension en se transformant en capteur à haute sensibilité. Chaque rictus, chaque mimique doit nous interpeller. Pourquoi a-t-il fait ça ? À quel moment ? Devenir habile dans le décodage des messages cachés ou déformés, c'est aller chercher derrière ces pensées.

Mais il faut surtout utiliser la technique du « quoi-pourquoi ? sans alternative ».

La culture implicite s'exprimant peu, il faut tout comprendre sans rien dire. Or dans un environnement où tout nous est étranger, cette démarche est impossible. Il est donc nécessaire de communiquer d'une façon ou d'une autre, mais comment faire pour ne pas paraître trop arrogant à travers ses questions, comment faire pour ne pas paraître trop curieux ?

Tout d'abord, il faut passer par différents niveaux d'écoute et se centrer sur la situation.

De quoi s'agit-il exactement ?

- Il faut cerner le contexte et savoir qui est concerné exactement.
- Puis se centrer sur l'autre : que ressent-il ? Qu'est-ce qui est important pour lui ? Que vit-il ?
- Se centrer ensuite sur soi : qu'est ce que j'éprouve ? Quelles sont mes impressions à l'égard de mon interlocuteur ? Qu'est-ce qui peut me conduire à une interprétation de ses paroles ?

La relation se développera à condition de ne pas rester « centrée » sur un même niveau. Il est utile d'être conscient du niveau sur lequel on se trouve afin de naviguer de l'un à l'autre.

Pas d'alternative mais des reformulations construites sur les propos de l'interlocuteur. Par exemple :

Exemple A

Si l'interlocuteur dit : « Je souhaite que vous me donniez plus de ressources pour ce projet. », il ne faut pas répondre « Quel est le montant que vous souhaitez, 20 000, 50 000 dollars ? » mais uniquement « C'est-à-dire, qu'entendez-vous par ressources supplémentaires exactement ? » (*cf.* figure 5.5).

C.A.D. ?

C'est-à-dire ?

Figure 5.5 Reformuler en permanence

Exemple B

Pour un délai ce sera la même chose.

Si l'interlocuteur dit : « Je n'aurai pas le temps de finir cette production. », il ne faut pas répondre « Je suis prêt à vous donner plus de temps, combien souhaitez-vous ? Une semaine, deux semaines supplémentaires ? » mais plutôt « C'est-à-dire, qu'entendez-vous par pas le temps de finir cette production ? »

Pourquoi agissons-nous ainsi ? Pourquoi répondons-nous toujours avec des propositions de solutions, au lieu de creuser les propos de son interlocuteur ?

Pour trois raisons majeures :

- parce que nous voulons solutionner au plus vite le problème et nous voulons être force de proposition ;

- parce que nous ne voulons pas laisser partir la conversation sur d'autres pistes non productives, parler pour ne rien dire ;
- et enfin, parce que nous n'aimons pas les silences dans une discussion et que dès que notre interlocuteur est un peu long à répondre, nous prenons la parole (n'est-ce pas finalement ce que veut notre interlocuteur ?).

Cette façon de faire est une grave erreur et ne facilite en rien la communication avec une culture contextuelle. Comme les notions d'honneur et de position sociale dans la société sont essentielles et que toutes les relations avec l'autre ne doivent en rien vexer ou tronquer le Moi de chaque interlocuteur, la réponse à une alternative formulée de façon réflexe sera toujours transcrite par un « Oui » qui ne sera en rien une vraie réponse.

Les gestes, les postures et les comportements sont dictés par une politesse qui peut nous paraître excessive voire même fausse ou hypocrite. Dans ces cultures, la communication indirecte respecte un protocole que nous sommes parfois très loin de pouvoir cerner. La communication verbale donne une notion de flou que nous ressentons très rapidement tout en ne sachant que faire pour être plus clair. Ainsi beaucoup de « oui », « peut-être », « d'accord », « c'est intéressant », auront tendance à nous désarçonner.

En utilisant régulièrement le « c'est-à-dire » sur tout ce qui peut être sujet à interprétation, nous supprimons cette notion de floue. De plus, nous restons focalisés sur les propos de notre interlocuteur ce qui évite tout égarement et nous permet surtout d'aller en profondeur dans sa pensée. Nous comprenons le « quoi ? », c'est-à-dire le sens même de ses propos (*cf.* figure 5.6).

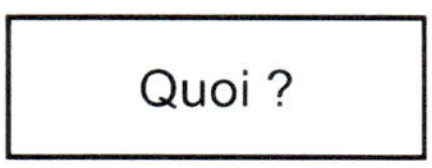

Figure 5.6 Comprendre le sens des propos

En reprenant les exemples ci-dessus :

Exemple A

Si l'interlocuteur dit : « Je souhaite que vous me donniez plus de ressources pour ce projet », répondre « C'est-à-dire, qu'entendez-vous par ressources supplémentaires exactement ? »

L'interlocuteur : « nous avons un technicien qui est malade et il faut le remplacer impérativement par un de vos hommes. »

Exemple B

Pour un délai ce sera la même chose.

Si l'interlocuteur dit : « Je n'aurai pas le temps de finir cette production », répondre « C'est-à-dire, qu'entendez-vous par pas le temps de finir cette production ? »

L'interlocuteur : « Il me faut une semaine supplémentaire si vous voulez le projet vraiment terminé comme vous le souhaitez. »

Les deux exemples ci-dessus montrent bien qu'il est nécessaire d'aller plus loin pour comprendre son interlocuteur et qu'à un « Quoi ? » est toujours associé un « Pourquoi ? » (*cf.* figure 5.7)

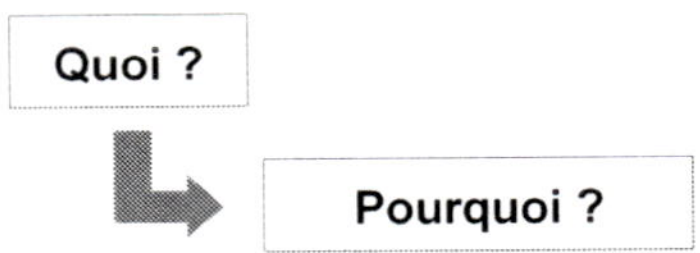

Figure 5.7 Aller plus loin

Ces questions ne sont pas suffisantes, et voici d'autres formulations à éviter.

Exemple A

« C'est-à-dire, qu'entendez-vous par ressources supplémentaires exactement ? ».

« Nous avons un technicien qui est malade et il faut le remplacer impérativement par un de vos hommes. »

Ne pas répondre : « Écoutez, ce n'est pas mon problème, moi je vous ai payé pour que ce soit fait dans les temps, un point c'est tout. », mais cherchez plutôt le pourquoi de son remplacement impératif.

Répondre alors : « Vous pouvez m'en dire plus, pourquoi cette notion impérative avec ce technicien ? »

« Et bien parce que c'est le programmeur… »

En procédant ainsi, non seulement nous communiquons davantage avec une culture implicite mais en plus, nous savons de façon précise quelles sont les difficultés à surmonter.

Exemple B

« C'est-à-dire, qu'entendez-vous par pas le temps de finir cette production ? »

« Il me faut une semaine supplémentaire, si vous voulez que le projet soit terminé comme vous le souhaitez. »

Ne pas répondre « Vous vous moquez de moi, je veux ce projet pour le 8 décembre un point c'est tout ! », mais plutôt rechercher le pourquoi de se retard soudain.

Répondre alors : « Vous pouvez m'en dire plus, pourquoi cette demande soudaine d'une semaine supplémentaire alors que nous étions fixés le 8 décembre et que vous étiez d'accord ? »

« Eh bien parce que nous avons eu un souci dans la presse aluminium... »

Bien que la fiabilité de la presse ne soit pas notre problème, nous connaissons la nature même de ce retard et nous serons plus à même d'y trouver une solution avec le partenaire.

Il ne s'agit pas de se plier aux bonnes paroles de notre client, fournisseur ou encore partenaire, mais bien de mieux communiquer pour réussir dans ses projets à l'international. La recherche de la communication optimale doit être une de nos priorités.

◆ Avec les cultures explicites la problématique est tout autre

Les difficultés dans une négociation avec une culture explicite comme avec les Américains, ou les Scandinaves, sont assez faciles à prévoir. Bien avant toute rupture de relation, il y a toujours des personnes du groupe opposé pour dire de façon claire ce qui va ou ce qui ne va pas.

Les points de blocage sont généralement expliqués et confrontés. Les détails du contrat peuvent être repris point par point et il n'est pas rare cependant de s'attarder sur des éléments qui peuvent nous sembler stériles. Dans une culture explicite tous les éléments sont cités et expliqués. La difficulté réside donc dans le tri de l'information réellement utile.

Alors qu'avec les cultures implicites, il faut développer sa capacité de perception, avec les cultures explicites il faut développer sa capacité d'analyse.

J'ai personnellement des souvenirs d'étudiant à ce sujet, où certaines études de cas faisaient jusqu'à cent pages et où seulement quelques-unes étaient réellement utiles (nos professeurs seraient-ils des gens à culture explicite ?)

Dans une culture explicite, il n'est pas rare de revenir sur des éléments soi-disant acquis depuis longtemps et qui ne devraient donc plus être à l'ordre du jour. Par exemple : dans un projet de construction de pont validé et signé depuis longtemps, on n'hésitera pas à revenir sur la genèse de l'utilité de ce pont, les difficultés à motiver les riverains, des difficultés pour réunir le budget nécessaire alors qu'il serait plus judicieux de parler des travaux eux-mêmes.

Avec une culture explicite, il faut :

- parler comme eux, avec des faits et des chiffres précis, être direct en les regardant droit dans les yeux ;
- aller à l'essentiel sans chercher les sous-entendus de nos interlocuteurs (il n'y en a généralement pas) ;
- leur apporter un maximum d'informations en amont pour qu'ils puissent choisir les éléments pertinents. Jouer la transparence au maximum.

5.4 Les comportements face à l'autorité

Les comportements vis-à-vis de la hiérarchie sont multiples et souvent personnels (on aime ou pas l'autorité, on la craint ou on ne la craint pas) mais ceux-ci sont aussi culturels, c'est-à-dire qu'en fonction des cultures, on rencontre des tendances de considérations uniformes de la hiérarchie.

Selon les cultures, les subordonnés acceptent plus ou moins la hiérarchie. Certains la souhaitent fortement, d'autres n'en veulent pratiquement pas. La distance hiérarchique se mesure donc à la perception qu'ont les subordonnés du pouvoir de leur chef. C'est à partir de cette perception même que les subordonnés auront tels ou tels comportements.

◆ Définition

La distance hiérarchique correspond au degré d'inégalité entre les individus, c'est-à-dire à la distribution des rôles et des activités. Cependant l'autorité ne pourra exister que si elle rencontre la soumission.

5.4.1 Origines de la distance hiérarchique

Les origines de la distance hiérarchique sont nombreuses :

- La taille de la population. Il existe un lien entre une faible population et une distance hiérarchique courte et inversement.

- La richesse d'un pays et la distribution des revenus : l'inégalité dans la répartition du pouvoir et dans la répartition de la richesse.
- Le poids de l'Histoire joue également un rôle. L'héritage de l'Empire romain se manifeste encore de nos jours et tous les pays d'origine latine présentent une distance hiérarchique élevée.

5.4.2 Influence de la distance hiérarchique sur l'organisation sociale et institutionnelle

La distance hiérarchique joue sur l'ensemble des paramètres d'une organisation sociale et donc d'un pays :

- Pour le fonctionnement du système politique. La centralisation du pouvoir s'adapte bien avec une distance hiérarchique élevée.
- Pour le fonctionnement des religions. Les religions monothéistes s'adaptent mieux à une distance hiérarchique élevée. Un seul dieu, une seule vérité.
- Pour le fonctionnement des activités. Une tendance assez « moutons » avec peu d'initiatives.

Les institutions des pays à distance hiérarchique élevée vont chercher à créer la sécurité et à éviter les risques.

5.4.3 Distance hiérarchique courte ou longue

◆ Les types de hiérarchie

Dans les entreprises, le nombre d'échelons, c'est-à-dire le nombre d'étages, dans l'organigramme de l'entreprise est significatif. Une organisation pyramidale avec de multiples étages, un encadrement important et des secrétaires pour faire barrage, signifie une culture avec une distance hiérarchique élevée.

En tant que consultant international, il me suffit de quelques minutes pour appréhender la distance hiérarchique dans l'entreprise, ne serait-ce que dans le comportement du PDG lors de mes différentes prestations.

Ainsi pour un déjeuner avec un PDG dans une structure française, russe, chinoise ou encore indienne, celui-ci proposera généralement l'invitation à l'extérieur de l'entreprise. Il prendra sa voiture de fonction, conduite par son chauffeur, pour m'emmener dans un bon restaurant. Les déjeuners seront rares et relativement protocolaires.

Pour le déjeuner avec un PDG dans une structure anglaise, allemande ou encore américaine, les déjeuners seront souvent pris dans la cafétéria de l'entreprise, parmi tous les salariés sans aucune distinction. Les bons restaurants ne seront pas oubliés mais ils seront moins fréquents. La relation sera plus directe et moins formelle.

Les entreprises à distance hiérarchique élevée sont très attachées aux manifestations symboliques telles que :

- la voiture de fonction avec des cylindrées différentes en fonction des postes ;
- le bureau cloisonné avec sa surface adaptée ;
- la secrétaire particulière ;
- l'accès à des hôtels luxueux lors des déplacements ;
- les droits de dépenses ;
- etc.

Si en France il est courant que le PDG soit protégé par un rempart d'assistantes, nombre de dirigeants américains, comme Craig Barrett, CEO d'Intel, sont aussi accessibles que d'autres managers.

Ce respect de la hiérarchie explique aussi pourquoi les vendeurs français ne choisissent pas de s'adresser à un niveau hiérarchique supérieur au leur dans les sociétés prospectées. N'étant pas habitués à un traitement égalitaire, ils feront appels à d'autres collaborateurs internes comme le chef de service, de *business unit* ou la direction elle-même, s'il faut rencontrer l'équipe gouvernante de la partie adverse.

Une distance hiérarchique forte induit aussi une perception négative du vendeur par l'acheteur. La considération du vendeur n'a jamais été bonne (déjà à l'époque des Grecs, le dieu Hermès était le dieu des commerçants et des voleurs). Au Japon, en Chine, en Inde mais aussi en France, le négociateur international aura toutes les peines du monde à obtenir un contact intéressant si sa société n'est pas de notoriété internationale ou s'il n'a pas de contact efficace sur place.

◆ Les styles de management

Modéliser les styles culturels de management n'est pas chose aisée mais nous retrouvons certaines constantes :

- Un management dans un pays collectiviste est non seulement à distance hiérarchique élevée mais aussi très souvent paternaliste. Le respect du « père » et l'interdiction de commenter les ordres donnés, comme en Inde, en Chine, au Japon et en Russie.

- Un management dans un pays semi-collectiviste comme l'Allemagne à distance hiérarchique élevée, est basé sur un management de routine. Mais les grandes décisions se font avec la participation de tous et en particulier des syndicats.
- Un management dans un pays individualiste à forte distance hiérarchique comme la France est souvent en figures imposées, même si on veut faire croire aux employés à une forme de management participatif. Il s'agit finalement d'un style paternaliste mais qui est cependant modéré par l'individualisme des subordonnés.
- Un management dans un pays individualiste à faible distance hiérarchique, comme l'Angleterre et les États-Unis, est souvent en style consultatif. Les grandes décisions sont la résultante du groupe.

Que se passe-t-il lorsqu'un manager d'une organisation multinationale est envoyé dans un autre pays ? La réponse est variable en fonction de sa politique managériale évidemment, mais nous voyons ici que diriger une équipe tout en ne prenant pas en compte les particularités sociales et culturelles de chacun a bien peu de chances d'aboutir. Ou il faudra beaucoup d'efforts au manager pour arriver, somme toute, à un résultat médiocre.

Dernier élément, il est beaucoup plus facile d'imposer que de faire accepter... Un manager qui « passe » donc d'une organisation à faible distance hiérarchique vers une organisation à forte distance hiérarchique a généralement plus de facilité que l'inverse.

5.5 Les comportements face à l'avenir ?

La perception de l'avenir est très variable en fonction des cultures. Certaines voient en elle un futur meilleur, une amélioration significative de leur condition de vie, d'autres au contraire, sont plutôt pessimistes et font tout pour limiter cette avancée inexorable vers l'inconnu. Elles s'arrangent d'ailleurs pour que leurs règles et leurs lois restent immuables, même si l'environnement impose des modifications rationnelles. La planification est donc l'un des premiers outils qui sera utilisé par ces cultures pour que rien ne bouge ou presque.

Ainsi, les pays riches comme le Japon, l'Allemagne et la France qui sont sur des territoires plutôt restreints et qui ont connu des difficultés économiques dans leur histoire, dues en particulier à des guerres à répétition, ne souhaitent pas un avenir meilleur mais plutôt une conservation de leurs acquis. L'avenir étant une source de peur et d'angoisse, ils essaient au maximum de maintenir la situation stable en s'opposant à tout ce qui arrive de l'extérieur.

« Faire ainsi voter les Français qui ont un fort degré d'aversion à l'incertitude[15], sur un projet de Constitution européenne dont ils ne connaissaient ni les tenants, ni les aboutissants, ne pouvait donner qu'un résultat négatif. Le 29 mai 2005, les Français ont rejeté à 54,67 % le projet de Constitution européenne... »

Pour ce qui est des États-Unis qui ont toujours été un pays « entrepreunerial » dans l'âme, non seulement la prise de risque pour le changement est nécessaire mais elle est aussi fortement appréciée.

Face à un mur, l'Américain aura donc tendance, la plupart du temps, à foncer droit dedans. Ce n'est qu'après qu'il mesurera la taille de la bosse et utilisera le pansement qui correspond le mieux (à moins que cela ne produise une hémorragie comme la gestion du conflit Irakien...). Cependant la puissance américaine peut se le permettre, puisque ses ressources sont considérables et que les impacts d'une mauvaise orientation sont limités.

◆ *Go for it !*

Face à une même épreuve, le Français portera davantage la discussion sur la densité de l'air qui se trouve devant le mur ainsi que les matériaux possibles qui ont été utilisés pour sa fabrication. Finalement, la non-action sera votée à l'unanimité après que l'administration locale, puis départementale et enfin régionale ont validé la pertinence de la non-action.

Bien évidemment, le schéma est caricatural, mais l'observation de la position française, face aux évènements internationaux ces vingt dernières années, montre que toute caricature a aussi sa part de vérité.

Le conservatisme qui vient du latin conservare, « maintenir une loi, maintenir une coutume » est composé de servare qui vient de préserver, garder sans rien toucher. Or il semblerait que cette notion de servare est ancrée dans nos gènes de Français, avec le refus systématique de changer quoi que ce soit, même si la raison est là face à nous. Nous préférons rester aveugles face à l'évidence, à la raison, à la logique plutôt que mettre en place des changements somme toute inévitables, face à l'évolution du monde.

Les quelques événements de ce début du XXIe siècle montrent, une nouvelle fois, notre fort degré d'aversion à l'incertitude face à l'avenir. Ainsi, nous nous opposons à la recodification du droit du travail, alors que la législation

15 Geert Hofstede (psychologue reconnu d'origine néerlandaise né en 1928) emploiera ce terme de « fort degré d'aversion à l'incertitude » pour tous les pays qui ont peur de l'avenir.

et la multiplication du nombre de textes ont rendu, depuis longtemps déjà, ce Code de 2 000 pages illisible. À noter que la première loi date de 1841 !

Certains manifestent contre la restructuration des régimes spéciaux de retraites, alors qu'ils coûtent chaque année cinq milliards à État et que tout le monde sait qu'il y a des abus notoires et que ceux-ci sont financés par les contribuables.

Nous voulons une Sécurité sociale qui finance la totalité de nos problèmes de santé et ne pas entendre parler de coûts, alors que 80 % de nos consultations médicales sont associées à une prescription médicamenteuse (elles ne sont que de 40 % à 50 % dans beaucoup d'autres pays).

Les exemples sont multiples et il ne s'agit pas ici de les énumérer tous. Mais cet immobilisme engendre des conséquences graves pour la pérennité de notre niveau de vie et donc de notre avenir. Quelle sera alors notre responsabilité face à nos descendants ?

5.5.1 Les autres pays ont une vision forcément différente

Dans les pays en voie de développement qui connaissent une forte progression économique, les perceptions du futur sont tout autres. La richesse et le bien-être n'ont pratiquement jamais été au rendez-vous, alors le développement économique d'aujourd'hui fait que l'avenir est source d'inspiration et d'optimisme sans limite.

Tout le monde surfe sur la vague, du plus vieux au plus jeune. Même si certaines personnes âgées regrettent l'ancien temps, elles sont conscientes et contentes de voir une telle dynamique dans leur pays. Relayé par les médias, il semble que tout soit enfin rose et pour longtemps.

5.5.2 La relation à l'avenir dans les entreprises (*cf.* tableau 5.3)

- **Les entreprises à faible degré d'incertitude**

- Le changement est un élément sein et positif, tout le monde l'accepte. Il n'y a pas d'opposition systématique aux différentes décisions prises, bien au contraire.

- La flexibilité de l'emploi : il est normal que les ressources humaines fluctuent en fonction de l'activité économique. Il faut embaucher quand l'activité est florissante et débaucher quand la situation est plus difficile. Tout le monde l'accepte et comprend les principes économiques de base.
- Le droit de se tromper et le pouvoir de recommencer. C'est l'action qui prime. Certes il faut des résultats, mais c'est celui qui est dans l'action qui est souvent perçu de façon positive dans les organisations.

◆ Les entreprises à fort degré d'incertitude

- Tout le monde s'accroche à son poste. « Moins je fais de vagues, mieux je me porte. » L'engagement dans l'action n'est pas une bonne chose car elle met à découvert et souvent en première ligne.
- Le « ratage » d'une mission, d'un projet ou plus simplement d'une action, sera exploité par beaucoup sous toutes ses formes pour être critiqué.
- Le changement est perçu avec de l'hostilité même s'il est rationnel pour les employés et l'entreprise. Il provoque des réactions en chaîne difficiles à maîtriser.

◆ Comportements face à la peur de l'avenir

- Calculer les coûts d'un projet au lieu d'en calculer ses gains. La question réflexe type est « Combien ça coûte ? » au lieu de « Combien ça rapporte ? »
- Juger, critiquer en permanence, au lieu d'utiliser la raison objective et le recul. L'affirmation type est : « Oui c'est bien ce que vous dites, mais... ».
- Voir dans les détails au lieu de voir d'une façon globale.
- Difficulté à prendre du recul, faible tolérance à la frustration.
- Rechercher le moins cher en permanence au lieu de rechercher l'efficacité et la qualité.

La peur de l'avenir limite le peuple dans ses projets en les inhibant. Il s'agit d'un « penser petit » qui crée souvent des attitudes et des comportements limitant l'action et la vision à long terme.

Économiquement, ce type de comportement ne semble pas adapté à une économie qui demande des prises de décisions rapides souvent associées à des engagements importants sans possibilité de revenir en arrière.

Socialement et en ce qui concerne notre avenir sur cette planète dont les richesses s'épuisent rapidement, ce type de comportement permet des réflexions poussées sur des structures complexes. En donnant du temps au temps, il permet de solutionner des situations à multiples variables. Ainsi, les cultures qui ont peur de l'avenir sont peut-être les cultures qui, demain, trouveront des solutions efficaces dans la gestion de nos ressources.

Tableau 5.3 Du plus fort au plus faible degré d'incertitude

Pays	Indice
États-Unis	+++
Angleterre	++
Chine	++
Inde	+
Russie	+ -
Allemagne	-
France	--
Japon	---

Les échanges nationaux et internationaux sont régis par des lois, par des contrats, des règles. Qu'en est-il en fonction des piliers culturels vus ci-dessus ?

Pour les pays individualistes à forte aversion à l'incertitude comme la France, chacun est différent, les règles et les lois sont donc multiples. L'aversion à l'incertitude fait qu'elles sont en plus très détaillées et évoluent peu dans le temps. Elles sont donc explicites, écrites et nombreuses – plus de 10 500 lois et 130 000 décrets sont en vigueur en France[16]. Il paraît que nul n'est censé ignorer la loi, il paraît !

Pour les pays collectivistes à faible aversion à l'incertitude comme l'Inde, la Chine et dans une moindre mesure l'Allemagne, le collectivisme rend les règles moins nombreuses puisqu'elles s'appliquent à un groupe et non aux individus. L'aversion à l'incertitude rend les règles implicites à contexte fort. Les règles sont faites en fonction de la situation géographique, du produit et du moment. Elles sont donc souvent imprécises. Le contrat n'est pas une finalité en soi et peut être adapté en fonction des nouvelles situations.

16 Source : rapport public 2012 du Conseil d'État.

Pour les pays individualistes à faible aversion à l'incertitude comme les États-Unis et l'Angleterre, les règles et les lois sont multiples mais changent régulièrement. La jurisprudence adapte les textes en permanence et à moins d'être juriste, il n'est pas toujours facile de s'y repérer.

Pour les pays collectivistes à forte aversion à l'incertitude comme le Japon et dans une moindre mesure la Russie, les règles ne sont pas nombreuses mais toutes écrites et scrupuleusement respectées. Le Japon est d'ailleurs une des seules cultures qui soit à la fois implicite dans son langage et explicite dans ses écrits.

6
Construire la relation internationale

Comment souhaitons-nous être perçus ?

Que voulons-nous qu'on dise de notre personne une fois le rendez-vous terminé ?

Que nous sommes un vrai professionnel, que nous avons du charisme, en un mot que nous sommes l'homme ou la femme de la situation... Certes, mais les réussites n'arrivent pas comme cela sur un plateau... La construction d'une relation de qualité peut tout à fait s'apparenter à la construction d'un bien industriel où les notions de processus, de compétences, de savoir-faire, sont les clefs de voûte d'une réalisation réussie. L'homme n'est certes pas une machine, mais sa communication nécessite forcément des processus et des règles tellement il est parfois aisé de dire tout et son contraire.

6.1 Préparation à une rencontre interculturelle

Pourquoi, dans une épreuve sportive l'échauffement est-il considéré comme naturel et nécessaire, alors que dans les affaires l'échauffement est souvent oublié ?

Pour éviter tout claquage, toute désillusion dans les relations d'affaires, une bonne préparation est indispensable. Plus les bonnes questions du « Pourquoi ? », du « Comment ? » de la rencontre, auront été correctement abordées en amont, plus le risque d'erreurs sera minimisé.

Il faut créer une cohérence entre son entreprise et son image :

- Tout d'abord, en étant congruent avec soi-même, c'est-à-dire en accord entre ce qu'on éprouve et ce qu'on fait chaque jour. Analyser les valeurs de son entreprise, ses missions et sa vision de l'avenir. Observer en quoi ses pensées personnelles sont en accord avec la politique de l'entreprise qu'on représente. Se demander : **« Que perçoit alors réellement le partenaire entre la marque que je représente et ce que je suis en tant qu'ambassadeur de cette marque ? »**
- La marque de l'entreprise ne représente parfois rien dans le pays du partenaire ciblé. Ce n'est qu'à travers nos relations, nos échanges qu'il se fait sa propre opinion. Lorsque la relation se structure et s'installe, la finalisation de l'accord passe souvent par des voyages dans les unités respectives. Si nous sommes l'image miroir de l'entreprise, sans déformation, le client confirmera l'accord et signera le projet. Si l'image est déformée, à son niveau ou au niveau de l'entreprise, le partenaire peut douter de la pérennité du projet et remettre la relation en cause.
- Afin que les relations restent harmonieuses, il est fondamental que l'image des hommes et des unités qu'ils représentent soit homogène.

Il convient de se poser les questions listées dans la check-list suivante, avant la première rencontre afin que nos partenaires se sentent bien pendant l'entretien. Cela évitera des situations gênantes de part et d'autre. Il ne s'agit pas, par exemple, d'arriver en costume cravate alors que la plupart des autres participants n'ont pas de cravate ni de veste[17]. Ou encore de leur serrer la main alors que cela ne se pratique pas du tout…

Check list à consulter avant toute rencontre :

- Qui rencontrons-nous ? Quelle est sa nationalité ? Que savons-nous de sa culture ?
- Comment s'habiller ? Comment se présenter ? Comment utiliser les cartes de visite ?

17 Quoique considéré comme le pays du luxe et du savoir vivre, le Français avec une cravate correspond souvent à l'image qu'on attend de lui dans une rencontre professionnelle.

- Quelle image stéréotypée se fait-il du Français ? Quelle importance accorder aux mots, aux gestes et aux regards ?
- Comment est structuré le site Internet de sa société ? Quelles sont les valeurs qu'elle a souhaité mettre en avant et pourquoi ?

Les questions sur le degré de formalisme de la relation :

- Quels sont les rituels ? Où aller chercher l'information ? Quelle est la durée des présentations ?
- La ponctualité est-elle un critère déterminant ?
- Les cadeaux sont-ils appropriés ? Doit-on les accepter ? Comment les accepter ? Y en a-t-il à proscrire ?
- Comment sera perçu le fait d›éviter le regard de l'interlocuteur ou au contraire adopter un regard direct ? Quelles sont les actions à entreprendre pour qu'il vive une expérience supérieure à ses attentes ? Qu'est-ce qui pourrait le surprendre agréablement ?
- Les pauses et les intonations sont-elles perçues comme embarrassantes ou constructives ? Comment lui montrer que nous nous intéressons à sa culture, à lui, à son entreprise ? Quels types de documents lui présenter ? Pourquoi ?
- Que pouvons-nous évoquer ? Que devons-nous passer sous silence ? Comment allons-nous ouvrir l'entretien ? Quel est l'objectif de cette rencontre ? Savons-nous comment le type de sujet qu'on souhaite lui présenter est généralement abordé dans sa culture ?
- Qu'attendons-nous de lui ? Qu'attend-il de nous ? Que pouvons-nous faire pour lui faciliter la vie ?
- Quelle est la langue que nous allons utiliser ? La maîtrise-t-il correctement ? La maîtrisons-nous correctement ? Avons-nous sélectionné le bon interprète ?
- Comment allons-nous faire pour savoir, à tout moment, où nous en sommes dans le processus de négociation ? Quelles sont les étapes à construire avec lui ? Est-il d'accord sur le processus que nous souhaitons mettre en place ?
- Comment allons-nous terminer l'entretien ? Quelles seront les prochaines étapes ?

6.2 Les sept techniques de communication efficace à l'international

6.2.1 Supprimer le contexte (*cf.* figure 6.1)

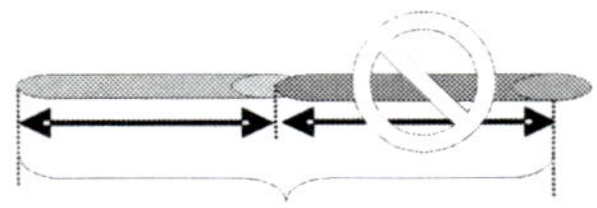

Figure 6.1 Supprimer le contexte

Ne dites plus :

« Ceci est un projet ambitieux et nous avons peu de temps pour le réaliser. Je compte donc sur vous pour aller vite et me sortir quelque chose de fini. »

Mais plutôt :

« Ceci est un projet à trois millions d'euros et nous avons dix mois pour le réaliser. Je compte sur vous pour que la première phase de lancement soit faite avant la fin du mois de mars pour être dans les temps. »

Il s'agit de rendre son message le plus explicite possible en transmettant un maximum de chiffres dans sa communication quotidienne (*cf.* tableau 6.1).

Tableau 6.1 Quelques règles pour une bonne communication ?

Ne dites plus	Mais plutôt
Efficace	Avec 0,1 % de taux de retour 0,1 ppm Une seule plainte par jour Cinq appels de prospection téléphonique
Projet important	Projet à 2 millions de dollars Projet avec 100 ingénieurs Projet qui nous permettra de rentrer chez ce client
Bougez-vous !	Reprenez systématiquement contact avec tous les clients anglais cette semaine. Prenez l'avion pour aller le revoir et faites-le s'engager sur le contrat par une signature. Faites au moins trois appels de prospection par jour. Demander la recette du projet pour la semaine 10.

Ne dites plus	Mais plutôt
Plus de motivation	Soyez présent à la réunion du lundi. Soyez force de proposition avec au moins une idée pour la semaine prochaine. Faites-nous une présentation des contrats signés sans remises. Engagez-vous sur une quantité.
Soyez plus précis	Remplissez correctement toute les cases du formulaire en lettres capitales. N'oubliez pas de noter toutes les spécifications du projet dans le rapport. Soyez à l'heure à vos rendez-vous. J'ai vu cinq fautes dans votre lettre, utilisez systématiquement votre correcteur d'orthographe.
Professionnel	Une offre écrite avec l'insertion d'un plan de façon systématique. Une confirmation par courriel après chaque appel téléphonique. Un dossier couleur pour chaque participant. Tous les documents seront rangés par chemise et aucun papier ne traînera sur le bureau. Une ponctualité exemplaire.

6.2.2 Parler en mode pondéré et non en mode séquentiel rapproché

En Occident, nous pratiquons souvent des échanges verbaux à travers un mode séquentiel rapproché. Avec un débit verbal de l'ordre de 180 mots par minute dans la langue française, nous ne laissons que très peu de silence, non seulement entre les mots mais aussi entre les différents échanges avec notre interlocuteur (*cf.* figure 6.2). Le mode action/réaction est en permanence sur *on* et la réflexion vient en parlant. On pense et on parle en même temps. Certes, les erreurs sont fréquentes, mais il n'est pas gênant de dire à son interlocuteur : « Ce n'est pas ce que je voulais dire » ou encore « oui, mais tu vois, plus encore que ça, il s'agit vraiment de... » pour corriger les incompréhensions. Dès que A a fini, B enchaîne. B enchaînera même parfois avant la fin de A s'il n'écoute vraiment pas. Dans notre langue française et contrairement à la langue allemande, le verbe est placé en début de phrase, ce qui fait que nous coupons souvent la parole pour répondre à notre interlocuteur. Le silence est donc quelque chose de pratiquement inconnnu dans la langue française.

Figure 6.2 Les échanges verbaux en mode séquentiel rapproché

Dans une culture contextuelle, le mode séquentiel n'est pas approprié car les propos de l'interlocuteur sont souvent chargés de non-dits (*cf.* figure 6.3). Il faut donc faire une pause, un silence pour intégrer la phrase et son contexte. L'intégration du contexte nécessite ce temps de réflexion supplémentaire pour comprendre ce qu'il y a derrière les phrases, les mots. Même si ce mode paraît *a priori* lent, il permet surtout une communication plus réfléchie, plus approfondie. Chaque mot est chargé d'une consistance plus profonde, d'un engagement sur l'acte. Ce mode de communication correspond à un mode ponctué.

Figure 6.3 Les échanges verbaux en mode ponctué

6.2.3 Savoir écouter

« Les hommes qui disent des choses importantes et vraies ne sont pas très nombreux. Ceux qui écoutent sont encore plus rares. »

Zunder

Cette expression maintes fois répétée pendant notre éducation et dans toutes nos relations professionnelles est finalement difficile à comprendre, car nous avons l'impression de savoir écouter puisque nous sommes dotés de cette faculté depuis notre naissance. Or il n'en est rien et ce point est si fondamental dans la relation interculturelle qu'il est nécessaire de le développer de façon plus précise et exhaustive.

Pendant l'écoute, un flux d'énergie (symbolisé par un double trait dans les figures 6.4 et 6.5) traverse en permanence notre esprit et essaie de ramener les propos de notre interlocuteur vers notre expérience personnelle. Notre ego fait que nous voulons parler de nous alors que celui qui parle a envie d'être écouté et compris.

Porter (un psychologue américain) traduit cela comme une attitude négative car elle correspond à une interprétation des faits, par une volonté permanente de vouloir répondre à la place de l'autre sans le laisser terminer ses phrases. Nous avons même la fâcheuse tendance d'apporter un jugement de valeur en évaluant ce qui est bien, convenable, faisable pour lui et cela, à travers nos propres expériences. Par exemple : « Si vous dites ceci, c'est que vous pensez sûrement comme ça », ou encore « Vous dites ça parce que vous pensez que nous allons... » Or il n'en est peut-être rien, nous comprenons même parfois l'inverse de ce que souhaite exprimer notre interlocuteur.

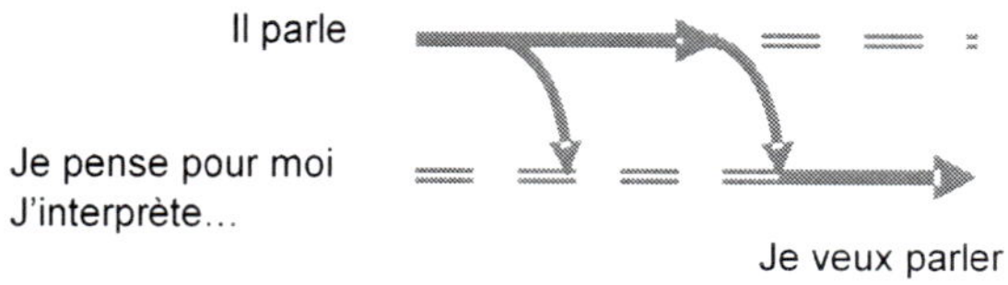

Figure 6.4 Fausse écoute

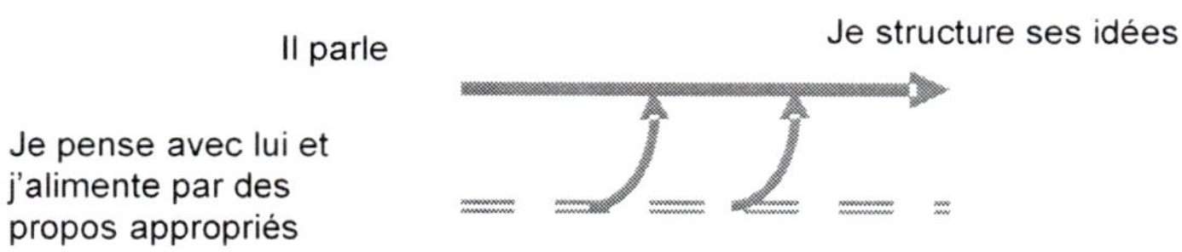

Figure 6.5 Écoute compréhensive

Pour éviter tout malentendu, le récepteur doit veiller à respecter certains principes s'il souhaite développer une réelle écoute pour son interlocuteur.

◆ Tout d'abord, éviter de présupposer savoir ce que l'autre veut dire

À partir du moment où le récepteur anticipe intérieurement ce que l'autre dit, il n'est plus en situation d'écoute mais en situation de traitement de l'information. Son cerveau prépare donc une réplique qui ne sera qu'approximative puisqu'elle répond au début de la phrase entendue, qui lui a servi dans l'élaboration de cette même réplique. L'émetteur perçoit, de plus, un manque d'attention qui peut être extrêmement frustrant pour lui.

◆ Le mot n'est pas la chose nommée

Les mots ont, indépendamment de leur définition dans le dictionnaire, une signification propre à chaque culture et à chaque individu. Or pendant l'écoute, le récepteur crée un sens à partir des images intérieures, des associations qu'il fait, des sentiments qu'il éprouve. Les mots sont ici un raccourci de la réalité intérieure à laquelle il se réfère.

Le récepteur doit donc être conscient qu'il complète ce qui a besoin d'être complété à l'aide de son imagination, afin que l'ensemble ait un sens pour lui. Afin d'éviter une trop forte interprétation de la réalité, il est impératif de poser des questions d'investigations qui identifieront la vraie pensée de l'émetteur :

- « Que voulez vous dire par... ? »
- « À qui, à quoi vous référez-vous lorsque... ? »
- « Pouvez-vous me donner un exemple... ? »
- « Qu'entendez-vous par... ? »

◆ Surmonter les obstacles à l'écoute

Voici ce qu'il faut éviter pour cela :

- S'identifier à l'autre : « Je suis incapable dans ce cas-là, de prendre du recul. Je ne suis plus en position d'audit puisque je vis les émotions de l'autre. »
- Comparer : « Il fait mieux, moins bien, untel fait comme cela... » Il ne s'agit pas de comparer mais bien de s'abandonner à l'autre pour le saisir dans son entier.
- Conseiller : la situation d'écoute demande toute l'attention. Si je suis occupé à donner des conseils, je n'écoute pas.
- Juger, critiquer. Nous ne sommes pas à la place de notre interlocuteur, nous ne devons pas non plus jouer au « petit juge ».
- Avoir toujours raison : « Je n'écoute pas ce que dit l'autre puisque j'ai raison. »
- Ne pas être disponible : « Je suis préoccupé par autre chose, je n'ai pas le temps... »

La clef de la compréhension

La compréhension est le contraire de l'interprétation. Elle suppose de ne pas juger à travers ses propres références, mais se mettre à la place de son interlocuteur, recueillir des informations sur ce qu'il exprime, pour saisir au mieux sa pensée, questionner, faire parler, aller au fond des choses et prendre son temps.

Pendant l'écoute, le flux d'énergie qui traverse en permanence notre esprit doit alimenter les propos de notre interlocuteur. La notion d'empathie a ici tout son sens. Écouter activement, c'est aussi parler pour structurer la pensée et les propos de son interlocuteur.

Par exemple, un fournisseur étanger avec un client :

- Le fournisseur : « Je n'arriverai pas à l'objectif de pièces demandées pour ce trimestre. »
- Le client : « C'est-à-dire ? »
- Le fournisseur : « Je ne pourrai qu'en produire 900 au lieu des 1 000 demandées. »
- Le client : « Quelle est l'origine de cet écart ? »
- Le fournisseur : « Un opérateur absent. »
- Le client : « Que comptez-vous faire pour pallier cette situation ? »
- Le fournisseur : « Je ne sais pas vraiment. »
- Le client : « Je ne suis pas à votre place, tout ce que je sais c'est que vous êtes le seul à maîtriser le nombre de pièces fabriquées. Vous devez me dire exactement ce que vous allez faire afin que je puisse vous quitter en toute confiance. »

C'est en opérant une segmentation et en le faisant réfléchir sur les vraies données du problème que notre interlocuteur se remettra en question. Il suffira ensuite d'y remédier à travers la mise en place d'un plan d'action concret, négocié ensemble, mais dont il doit rester maîtriser seul les commandes. C'est par nos attitudes de compréhension mutuelles que nous aurons la capacité à faire émerger le vrai problème et à le résoudre correctement.

« Poser le problème, c'est déjà le résoudre », disait Albert Einstein.

6.2.4 Construire une forme externe

La technique que nous allons voir est souvent pratiquée par les orthophonistes. Elle permet de mettre en œuvre une communication de qualité pour des personnes qui ont des difficultés à s'exprimer. Le patient souhaite en effet dire quelque chose, mais n'arrive pas à le formuler pour se faire comprendre. Son interlocuteur perd souvent patience et répond à sa place, ou pire encore, s'en va.

Une frustration permanente et intense subsiste donc dans la tête du patient qui se construit des blocages qui seront difficiles à dépasser. Même si nous ne sommes pas ici dans une thérapie médicale, cette méthode fonctionne parfaitement face à des difficultés de compréhension culturelle.

Tout d'abord, il ne faut plus considérer la communication comme le schéma traditionnel que nous connaissons depuis notre plus jeune âge et qui correspond à une partie de ping-pong entre un émetteur et un récepteur (*cf.* figure 6.6). Ce processus de communication est très simple à comprendre puisque c'est l'émetteur qui envoie un message et le récepteur qui le reçoit, le perçoit, le décode dans sa culture, l'interprète et le traite. Puis le signal retourne dans l'autre sens : un récepteur qui devient alors émetteur et inversement.

La vraie communication interculturelle doit prendre une autre dimension, une autre forme pour aboutir à un échange de qualité. Il s'agit ici de se représenter mentalement un réservoir placé entre les deux interlocuteurs et que chacun va alimenter au fur et à mesure de la discussion (*cf.* figure 6.7). Le traitement de l'information ne s'opère en interne dans l'esprit mais à travers une forme inventée par l'esprit qui se trouve entre les deux interlocuteurs.

Toute l'astuce dans le succès d'une communication entre deux cultures fortement différentes est de traiter l'information à l'extérieur de soi. Cette construction mentale évite alors toute prise de position personnelle et donc tout jugement de valeur. En prenant et en enlevant des éléments, l'échange devient rapidement de qualité, à condition toutefois de bien avoir cette image de réservoir en tête et de s'entraîner un peu.

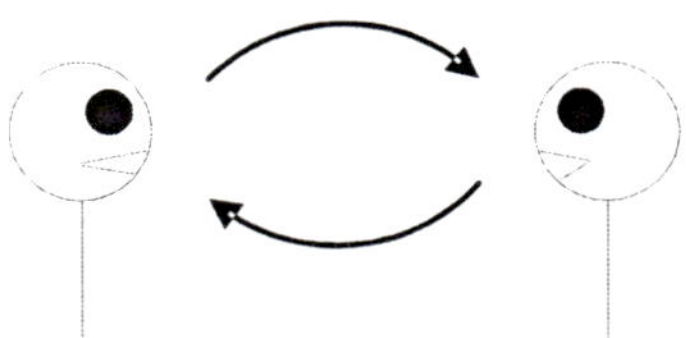

Figure 6.6 Schéma classique

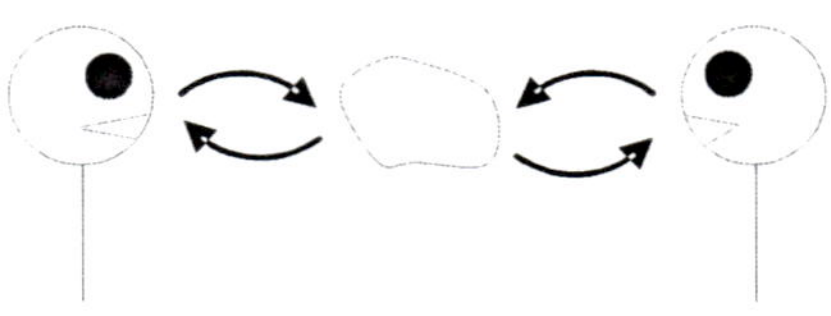

Figure 6.7 Schéma avec réservoir

6.2.5 Métacommuniquer

Le terme « méta » signifie « sur, au-dessus de » : métaphysique, métaplan.

Il s'agit ici de communiquer sur la communication. En effet, pendant les échanges verbaux, il se peut qu'ils y aient certaines incompréhensions, mais celles-ci ne doivent pas bloquer la relation puisque l'objectif est bien d'arriver à une collaboration fructueuse (*cf.* figure 6.8).

Cela semble évident, mais prendre l'habitude de le rappeler en début d'entretien démontrera à vos interlocuteurs que vous avez une certaine humilité et surtout une volonté d'avancer avec eux. Cela permettra aussi d'excuser certaines erreurs de langage qui, dans certains cas, auraient pu offusquer ces interlocuteurs dès les premières minutes de l'entretien.

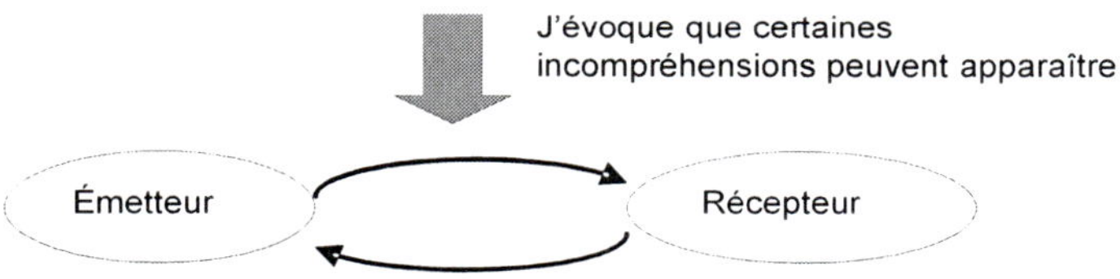

Figure 6.8 Métacommuniquer

Voici un exemple de ce que vous pouvez dire en début d'entretien :

« Avant de commencer, je souhaite que vous sachiez que notre objectif est d'arriver à une collaboration fructueuse. Nous avons une culture différente et sûrement des perceptions différentes. Il se peut qu'à un moment ou à un autre, je dise quelque chose qui vous perturbe ou qui vous gêne dans la perception de notre collaboration. Sachez que ce n'est pas du tout mon intérêt et que je n'ai qu'un objectif : construire ensemble une relation durable et de qualité. »

6.2.6 Supprimer la communication « tranchée »

◆ Dans la communication verbale

Les utilisations du : « Oui », « Non », « D'accord », « Pas d'accord », « Mais », « Cependant »... sont appréciées de façons différentes en fonction des cultures. Il faut alors essayer de maîtriser leur portée et leur impact.

Par exemple les Indiens, ne diront jamais « Non » en tant que tel, car ce mot est jugé trop brutal et ils utiliseront des moyens détournés pour nous faire comprendre qu'ils refusent notre proposition ou qu'ils ne peuvent répondre à nos attentes. Dès lors, le « Oui » prend un tout autre sens, car certes, il fait plaisir, mais son sens n'est pas aussi tranché que dans notre culture. Il peut très bien vouloir dire : « Oui, je vous ai compris, mais c'est finalement non pour collaborer ensemble. ».

Les cultures à temps linéaire, individualistes veulent généralement avancer vite par des discussions ouvertes et tranchées. Il s'agit de confronter ses idées, poser beaucoup de questions aux uns, aux autres, pour mieux cerner l'objectif. La confrontation des idées alimente les échanges et participe à la productivité au sein de la discussion. Elle est forcément nécessaire pour partager les avis et aboutir à un résultat.

Les cultures à temps spatial, collectivistes, vont à l'inverse de cette pratique. Pour elles, confronter ses propres idées revient à les imposer sans les partager. La confrontation est aussi très risquée puisqu'elle peut mettre en évidence les manques de compétences ou de connaissances de certains participants. Le processus se doit donc d'être plutôt adaptatif, c'est-à-dire en venant se greffer sur un élément pour l'enrichir et non pour le contrer. Personne ne déjugera personne, même si les débats sont improductifs. L'important est de conserver une harmonie entre les participants plus qu'un résultat très productif.

◆ Dans la communication non verbale

Il en est de même pour la communication non verbale où les cultures adaptatives ont souvent des attitudes qui peuvent être difficiles à cerner. Cette nonchalance apparente est souvent déstabilisante et irritante mais elle permet de se protéger contre toute analyse d'observation. Le rire exprime plus souvent la gêne et le malaise que la joie comme en Europe. Ainsi un couple chinois qui ne s'est pas vu depuis longtemps ne montrera aucun sentiment si les retrouvailles ont lieu en public (pas d'embrassade, pas d'étreinte).

6.2.7 Prendre son temps avec une culture collectiviste et implicite, allez vite dans les autres cas

Ce titre peut paraître déplacé dans une économie de marché où le temps est compté, mais nous ne devons en aucun cas négliger les relations personnelles et les sentiments de notre partenaire s'il est issu d'une culture collectiviste et implicite. C'est en grande partie sur ces éléments que se basera la réussite de la négociation.

Les compétences et les expériences professionnelles sont forcément nécessaires mais elles passeront souvent après la relation interpersonnelle que l'on aura été capable de construire avec son partenaire. Si nous arrivons à développer une relation amicale et de confiance, nous serons en très bonne voie pour qu'il devienne un partenaire fiable et efficace.

Ce type de culture se base principalement sur les sentiments et non sur les compétences de l'individu. C'est le savoir-être qui prime, devant le savoir. La perception de la vérité, de l'engagement, du bon, du mauvais, sera guidée par les sentiments.

Pour ce qui est d'une culture explicite et individualiste, l'efficacité sera liée à la pertinence des informations lui seront amenées en amont. Plus les informations seront utiles et rapides, plus la relation sera efficace.

6.3 L'accueil et la gestion du partenaire en France

6.3.1 Savoir accueillir

Savoir accueillir un partenaire exigeant, c'est savoir tout mettre en œuvre pour que l'expérience qu'il va vivre avec nous soit très satisfaisante. Mais les attentes d'un partenaire sont plus ou moins faciles à comprendre et à satisfaire. Son niveau d'exigence est peut-être très élevé et son échelle de valeurs complètement différente de ce qu'on peut imaginer. Un « roi » du pétrole, qui possède une armée de domestiques qui s'inclinent à chacun de ses passages, attendra peut-être quelque chose de similaire dans ses déplacements. À l'inverse, un patron de la « Net économie » américaine attendra une relation directe et franche, sans fioriture. La difficulté majeure réside donc dans cette notion de satisfaction des attentes où il faut comprendre son partenaire et y répondre de façon adéquate (*cf.* figure 6.9).

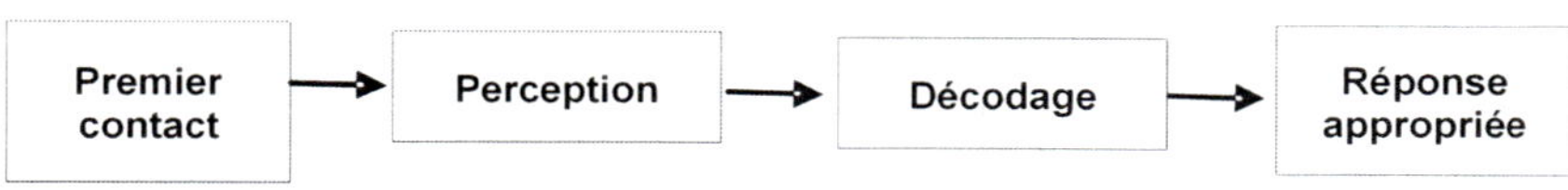

Figure 6.9 Processus de perception

Maslow, dans sa pyramide, part des besoins physiologiques primaires et explicites comme manger, boire, dormir, pour aller ensuite vers des besoins beaucoup plus complexes que sont les besoins de réalisation de soi qui intègrent, à ce niveau, une forte part d'irrationnel. Or, plus le besoin est irrationnel et plus il est difficile de le cerner pour le satisfaire[18].

6.3.2 Pourquoi être irréprochable dans son accueil ?

Parce que l'homme d'affaires voyage de plus en plus et que son niveau d'exigence augmente !

Plus nous vivons des expériences différentes et plus nous devenons des experts pour capter et analyser le monde qui nous entoure. Pour les hommes et femmes d'affaires internationaux qui voyagent régulièrement sur tous les continents, le nombre d'expériences est décuplé. Ces personnes se déplaçant généralement dans des endroits de très haute qualité (hôtel de standing, résidence particulière) et vivant des expériences riches et variées, le cumul des expériences agréables va créer, pour la plupart d'entre eux, une exigence de plus en plus forte.

Toutes ces expériences, dites de confort, qui apportent un environnement agréable lors de déplacements professionnels, sont rapidement appropriées par l'individu. Si l'expérience est vécue fréquemment, elle est intégrée comme une situation normale, le cerveau ayant la faculté d'intégrer les acquis positifs et d'oublier le reste.

6.3.3 Parce que nous vivons des expériences émotionnelles de qualité

Le XXIe siècle est l'ère de la communication et de l'information. Le monde moderne nous propose des millions de produits, tous meilleurs les uns que les autres, afin d'éveiller toujours plus nos sens et nous faire passer ainsi à l'acte d'achat. Afin de trier, sélectionner tous ces produits, notre cerveau a développé un sens de l'observation et du détail jamais atteint jusqu'alors. Il met en permanence nos sens en éveil et ce sont les fabricants, qui, à travers la pléthore de produits proposés, les aiguisent au plus haut point.

18 Alors que je déjeunais avec le vendeur de Roll's Royce à Paris, celui-ci m'annonçait qu'il venait de réaliser sa première vente de l'année grâce à un ancien client qui souhaitait l'aider dans la réalisation de son objectif. Ce dernier avait déboursé la modique somme de 400 000 € ! Le client n'avait pas de besoin rationnel direct, il a seulement voulu faire plaisir au commercial parce qu'il en avait les moyens.

Ainsi, comme notre pouvoir d'achat est limité, même pour les plus riches, nous opérons une sélection implacable entre les bons et les mauvais produits, ce qui force chaque fabricant à faire toujours mieux et moins cher. Le rapport qualité prix est souvent le ratio fondamental, sauf dans le monde du luxe où d'autres paramètres moins rationnels interviennent.

Parce que les produits sont multiples et que la possibilité nous est donnée de choisir, nous devenons exigeants, très exigeants avec les produits, les services et les gens qui nous entourent :

- Exigeant avec ce que nous entendons : il nous faut désormais un son THX au cinéma, avec les meilleurs effets sonores. La bande cassette qui « avait du souffle » n'est déjà plus dans la plupart des esprits. Le son doit désormais être clair, net, sans parasite. Il doit nous faire vibrer, nous procurer de véritables sensations.
- Exigeant avec ce que nous voyons : les images projetées doivent correspondre à la réalité. Même la science-fiction doit avoir l'air réelle, ce qui est loin d'être facile. Les trucages, les effets spéciaux doivent être travaillés pendant des mois pour satisfaire notre œil et déjouer ainsi la subtilité de notre cerveau qui va rechercher la moindre faille pour critiquer ce qu'il a perçu. Aujourd'hui, la qualité des écrans plasma et LCD connaît une croissance exponentielle avec une image irréprochable. Ici aussi, le caméscope numérique a balayé d'un seul trait la cassette VHS.
- Exigeant avec ce que nous touchons : l'ergonomie de chaque objet est étudiée dans le moindre détail. Nous n'acceptons plus d'avoir un téléphone portable « un peu gros » âgé de seulement deux ou trois ans. Nous n'acceptons plus, non plus, d'avoir un siège qui ne soit pas extrêmement confortable, qu'il s'agisse de notre salon, du train ou de la voiture.
- Exigeant avec ce que nous sentons : les odeurs sont à l'honneur ! Il n'y a pas une publicité qui évoque les produits d'entretien sans parler d'odeur. Le parfum français connaît aussi un développement international très important.
- Exigeant avec ce que nous goûtons : nous sommes passés de 1 000 à 10 000 références de produits au rayon épicerie dans les grandes surfaces de distribution en moins de dix ans. Dès qu'un produit alimentaire sort sur les rayons, il faut qu'il soit décliné en d'autres formes de *packaging*, en d'autres goûts. Ces milliers de références éveillent en permanence notre palais.

Par la pléthore de l'offre disponible, nous sommes tous devenus des consommateurs d'émotions. Le cerveau doit être alimenté de sensations en permanence et le XXIe siècle est un monde exigeant où tout va très vite.

Un distributeur automobile de marque allemande me relata l'expérience suivante : Monsieur X avait l'habitude de changer de voiture tous les deux à trois ans. La politique commerciale du distributeur était de remettre un bouquet de fleurs à Madame et une bouteille de Champagne à Monsieur, à chaque fois que le couple achetait une voiture neuve. Un jour, alors que le concessionnaire était en rupture de stock de Champagne, il ne put offrir qu'un bouquet de fleurs à Madame. Le client fut très choqué de ne pas avoir sa bouteille et fit un esclandre en menaçant l'entreprise par des jurons. La bouteille était devenue un dû !

Être irréprochable dans son accueil c'est donc être en mesure de se mettre à un niveau de satisfaction clientèle en n'oubliant aucun détail. C'est comprendre les us et coutumes du client afin de répondre parfaitement à ses attentes. C'est faire un effort de tous les instants pour lui être agréable.

Mais aussi... c'est avoir la faculté de comprendre ce qui lui fera plaisir et d'agir de façon efficace, avant même qu'il ait fait l'effort de poser la question :

- Pour un serveur dans un restaurant, ce sera par exemple remplir le verre de l'hôte avant même qu'il en ait fait la demande.
- Pour un professionnel dans une entreprise, ce sera : commander son taxi, apporter les chiffres clefs dont il aura besoin pour appréhender la transaction, ou encore lui prêter un échantillon pour faciliter sa réflexion...

6.4 Les fondamentaux du repas d'affaires[19]

Chaque jour dans le monde, des millions de contrats sont signés pendant les repas d'affaires. Si la nécessité de se nourrir est universelle, la façon de prendre un repas change radicalement d'un pays à l'autre. De nombreux pièges existent et quelques rudiments, quelques éclairages sur des us et coutumes culinaires, éviteront bien des écueils.

6.4.1 Pour un déjeuner ou un dîner dans le pays du partenaire

Il est possible de proposer un lieu et une date en sachant que c'est généralement celui qui est dans son pays qui doit inviter le premier (cette façon de faire semble internationale). Cependant, si c'est nous qui prenons

19 Pour plus de détails, reportez-vous au pays en question.

l'initiative et que le partenaire accepte, voici ce qu'il faut faire et ne pas faire :

- Avant de réserver une table, il est souvent judicieux de demander à sa secrétaire de contacter son homologue afin de mieux cerner les quelconques réticences ou les plats favoris de la partie invitée.
- Envoyer un plan par courriel avec des indications utiles pour se garer ou pour venir s'il ne connaît pas le quartier est toujours un plus. L'idéal est de l'inviter dans un bon restaurant proche de ses bureaux, afin qu'il ait l'occasion de le faire découvrir par la suite à ses différents collègues. Ici aussi, nous aurons pris soin de contacter, en amont, la secrétaire du contact pour connaître les bons restaurants du quartier et ceux qui n'ont pas encore été fréquentés par lui.

🗝 Les quelques questions clefs pour réussir son invitation

- À qui ai-je affaire ?
- Quel est son niveau d'exigence ?
- Connaît-il la gastronomie de mon pays ?
- L'apprécie-il ou préfère-t-il des plats de son pays ?
- Ai-je des points gastronomiques en commun sur lesquels je peux capitaliser ?
- Quel est l'enjeu du contrat à signer ?

En ce qui concerne la géostratégie de la table au restaurant, les niveaux hiérarchiques identiques seront généralement l'un en face de l'autre sur une table rectangulaire étroite. Pour une table rectangulaire large, ronde ou encore ovale et dans le but de mieux communiquer, il sera plus judicieux de s'asseoir l'un à côté de l'autre avec le convive le plus important placé à droite de celui qui invite (*cf.* figure 6.10).

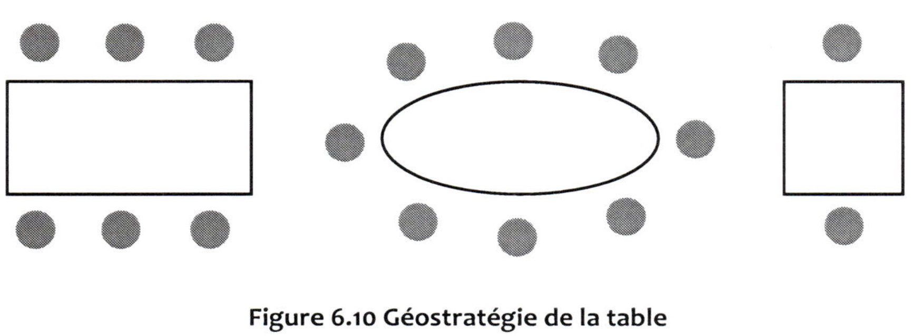

Figure 6.10 Géostratégie de la table

Afin de pallier tout retard ou tout incident, les numéros de téléphones portables des convives auront été notés dans l'agenda et l'on aura vérifié qu'ils fonctionnaient bien dans le pays.

Nous ne les appellerons que s'ils ont un retard significatif supérieur à une heure, non pas pour leur dire qu'ils sont en retard, ce qui pourrait paraître irrespectueux dans certaines cultures, mais plutôt pour être sûr qu'ils ont bien noté l'adresse du lieu de déjeuner si c'est nous qui leur avons proposé. Cela permettra de savoir ce qu'ils font.

Quand tout le monde est là et si c'est nous qui invitons, il est de bon ton de faire un speech pour que tout le monde se sente intégré. Commencer par les remerciements et la bienvenue à tous de manière concise. Donner une ou deux anecdotes sur le site (son histoire, les clients connus, les originalités du lieu). Ils seront fiers de voir que nous nous intéressons à leur culture.

Si les personnes sont debout, le speech sera de trois à six minutes au maximum. Si elles sont assises, celui-ci pourra être un plus long en fonction des objectifs fixés. Il est rare cependant de parler affaire en tout début de repas puisque celui-ci correspond à un moment de détente, tout du moins en apparence. Si certaines personnes sont nommées pour l'implication ou le succès d'une affaire, que penseront les autres qui sont présents et qui écoutent ? Attention aux susceptibilités de chacun. Il vaut mieux parfois ne citer personnes que de prendre le risque d'en froisser plusieurs.

Toutes les promesses faites au restaurant seront tenues, notamment les envois de fax ou les différentes documentations demandées.

Après le repas et si nous avons été invités, il est normal de remercier, de façon verbale, puis par courriel, ses hôtes. Après le courriel de remerciement et si le client n'a pas donné signe de vie dans les trois jours, il est de bon ton de reprendre contact pour conserver une relation partenaire.

◆ Ce qu'il ne faut pas faire

- rester silencieux, car le banquet est un lieu d'échange ;
- monopoliser la parole, car l'échange est bien une relation bilatérale ;
- montrer ses affinités politiques : le jeu est dangereux, car tout le monde ne peut être du même bord ;
- porter des jugements de valeur tranchés, car tout le monde ne juge pas de la même manière ;

- juger négativement les autres, les projets, car le dénigrement est rarement payant ;
- contredire de façon systématique, ricaner ;
- faire en sorte de montrer sa supériorité, parler fort.

◆ Ce qu'il faut faire

- faire parler tout en mesurant le degré d'intérêt que porte son interlocuteur à ses propos ;
- enrichir les débats, apporter des exemples concrets, des anecdotes ;
- être positif, intéressé, ouvert, curieux, tous ces éléments ne seront pas preuve de naïveté mais plutôt d'ouverture.

6.4.2 Pour l'organisation d'un banquet important en France ou à l'étranger

C'est à partir de ce que nous recherchons à atteindre que nous serons en mesure de déterminer le budget et surtout le type de réception que nous souhaitons. Attention à ne pas « jouer petit », car notre propre image y sera forcément associée. En cas d'erreur sérieuse, il sera très difficile, voire impossible de remonter la pente par la suite.

Qu'en est-il de des convives ? Sont-ils habitués à ce genre de manifestation ? Vont-ils régulièrement à des banquets importants ?

Si oui, leur niveau d'exigence sera très élevé et il sera beaucoup plus difficile de les satisfaire. Il faudra non seulement faire preuve d'originalité afin de les surprendre et les marquer, mais il faudra aussi créer une ambiance conviviale pour qu'ils se sentent bien :

- Trouver le lieu en phase avec l'objectif recherché.
- Donner un rôle à chaque personne qui a prévu de nous aider. Être un coordinateur efficace avec un esprit d'équipe positif.
- S'il y a des hôtesses, être ferme sur les comportements à adopter. Pas de grignotages, de chewing-gums, de cigarettes, même pendant les pauses.
- Donner l'instruction de cesser toute activité ou tout bavardage entre collègues afin de montrer de la disponibilité à l'arrivée des convives. Si nécessaire, gérer les cartes d'invitation à l'entrée avec des hôtesses.

- Exigez une attitude discrète mais présente et aidante à la fois.
- Montrer leur les toilettes, le bar, la piscine, le parking, le vestiaire, l'infirmerie, etc. afin qu'elles soient en mesure de répondre à toutes les questions des convives. Elles auront bien évidemment le sourire car il n'y a rien de plus désagréable que quelqu'un qui ne nous sourit pas, ou pire encore, qui se montre las de vos questions.
- Baliser le chemin d'accès à la réception. La signalétique sera claire et en bon état.
- Envoyer des plans avec des horaires et des numéros de téléphone au cas où les convives auraient un contretemps.
- Structurer le parking pour que l'endroit soit organisé et sûr avec un gardien.
- Prévoir des parapluies, des pancartes avec numéros pour les voitures avec chauffeurs.
- Prévoir un vestiaire suffisamment grand pour ne pas froisser les manteaux. Montrer que le vestiaire est surveillé.
- Proposer aux convives des badges de couleur ou en forme de drapeau en fonction des pays pour que chacun se connaisse rapidement.
- Ici aussi, quand tout le monde sera là et si c'est nous qui invitons, nous ferons un speech pour que tout le monde se sente intégré. Commencer par les remerciements et rester concis et positif à la fois.

6.4.3 Pour un déjeuner ou un dîner en France

◆ Proposer un lieu et une date

- Offrir le choix entre deux adresses correctement sélectionnées et équilibrées. Mais attention, un restaurant sans cachet donnera aux convives le sentiment d'un manque de considération, un restaurant trop chic et ils auront l'impression d'être achetés. Si c'est la première fois qu'ils viennent en France et qu'ils ne veulent pas choisir après la proposition de l'alternative, sélectionner un restaurant avec un buffet afin qu'ils choisissent et qu'ils voient les plats au préalable.
- Avant de réserver une table, il est, ici aussi, judicieux de demander à sa secrétaire de contacter son homologue afin de mieux cerner les quelconques réticences ou les plats favoris de ses invités.

Si les convives ont un retard supérieur à 30 minutes :

- Les attendre au bar avec un verre d'eau plutôt qu'un verre d'alcool. Demander à la réception qu'elle vous les amène si l'entrée n'est pas visible depuis le bar.
- Valider tous les paramètres de la table réservée avant leur arrivée (position dans la salle, loin des toilettes, de l'entrée, du comptoir, des points de passage...).
- S'il y a des femmes avec vous, présenter Monsieur à Madame et non l'inverse.
- Commencer par présenter la personne de votre équipe la plus importante si vous n'êtes pas seul.
- Ne pas dire « Enchanté » mais tout simplement « Bonjour Monsieur ou Bonjour Madame ».
- Penser à la géostratégie de la table.
- Et enfin, la banquette sera proposée systématiquement aux convives, mais nous la prendrons finalement.

◆ La sélection du menu

Il est judicieux de prendre le maître d'hôtel pour allié et de lui demander conseil. Nous ne sommes pas toujours censés connaître les spécialités de la maison ou les arrivages du jour. Dans la sélection des plats, il est possible voire souvent recommandé, de prendre le même plat que nos convives chinois, indien, russe, japonais. Avec des Américains, ce sera tout le contraire. Le sujet n'a pas d'importance avec un Allemand ou un Anglais.

◆ La sélection du vin

L'image du Français comme grand connaisseur de vin fait que c'est à lui que revient presque toujours la responsabilité de choisir « la » bonne bouteille. Attention cependant aux convives spécialistes... Nous risquons parfois de ruiner la relation en gâchant le mets de nos hôtes avec un vin médiocre et en nous montrant un piètre connaisseur...

Commencer par leur demander s'ils préfèrent un blanc ou un rouge. Quand ils ont donné leur réponse, il est judicieux de sélectionner deux vins en montrant son hésitation. Demander alors conseil au sommelier, mais jamais à vos invités car ils pourraient être mal à l'aise s'ils n'y connaissent rien. Trancher finalement d'un ton assuré (bonne chance...).

Celui qui a choisi le vin, le goûte, sans snobisme mais de gestes sûrs et harmonieux, de la façon suivante :

- prendre le verre par le pied ;
- le remuer doucement pour voir le vin s'accrocher aux parois ;
- observer la couleur ;
- humer les arômes puis goûtez-le, en le faisant rouler dans votre bouche ;
- valider ou non la bouteille... Ne pas en faire trop devant des invités étrangers qui pourraient prendre cela comme du folklore pour leur en mettre plein les yeux.

◆ Pendant le repas

Éviter de sortir un stylo, un carnet de note, une documentation, une calculatrice : aucun papier de travail sur la table mais plutôt une écoute vraie et attentive. Attention à ne pas citer de noms de personnes dans un lieu public ou encore évoquer des sujets trop sensibles.

◆ À la fin du repas

En fonction des cultures, la fin du repas se gère différemment. Cependant, comme dans la conclusion d'un discours, il faut veiller à ne pas trop se relâcher. Pas de bonnes blagues entre amis (car ce n'en sont pas), pas de réflexions déplacées vers le personnel. Mais aussi :

- pas de cigarettes, encore moins de cigares surtout avec une femme ;
- pour le déjeuner, quitter le repas 15 minutes après le café car la plupart des convives auront déjà trouvé le repas long (sauf pour les Russes dans certains cas) ;
- pour le dîner, contrairement à la coutume française qui finit rarement un dîner d'affaire avant 23 h 30 ; avec des étrangers, il est souvent bon ton de ne pas rester après 22 heures ;
- pour le cocktail, il n'y a pas de règle de départ mais il ne faut pas faire jouer le pique assiette en finissant les quelques restes qui ont échappé à la foule ;
- au moment du départ, dire que vous avez été heureux de faire la connaissance de vos hôtes et que vous espérez avoir le plaisir de réitérer cette expérience.

◆ Gestion de l'addition

Afin qu'ils se sentent à l'aise jusqu'à la sortie du restaurant, il ne faut pas montrer la note du restaurant à ses invités, ni s'y attarder par une lecture détaillée. Le summum est de payer à un moment opportun, sans que les invités n'aient vu quoi que ce soit.

Si ce n'est pas le cas, ne pas payer en espèces. Les invités peuvent se sentir achetés quand ils verront les billets sortir du portefeuille. Il en est de même pour un règlement par chèque où ils verront la somme indiquée.

Ne jamais vérifier la note qui a été amenée à table, nos invités observeraient le moindre rictus sur notre visage pour essayer d'interpréter vos sentiments vis-à-vis du montant. Vérifier la note uniquement après avoir quitté ses invités, à la sortie du restaurant ou le soir si nous avons travaillé ensemble l'après-midi. Si il y a une erreur, reprendre contact avec le restaurant et agir en conséquence.

◆ Après le repas

Toutes les promesses faites au restaurant seront tenues. Après le repas d'affaires et si le client n'a pas donné signe de vie dans les trois jours, il est de bon ton de reprendre contact.

6.5 Sensibiliser tous les collaborateurs du projet

Bien que les étrangers qui visitent l'entreprise soient souvent vus avec un œil et une arrière-pensée suspecte par le personnel, il est important de briefer tout le monde sur l'importance d'être cordial et souriant devant les visiteurs. Combien de fois ai-je pu constater la rudesse d'un regard qui n'avait pas lieu d'être. Le « bonjour » avec un sourire de bienvenue doit être automatique pour tous.

En ce qui concerne les protagonistes du projet, il est important qu'ils intègrent au plus tôt toute la dimension de celui-ci, ainsi que les limites à ne pas dépasser.

J'ai ainsi souvenir d'un ingénieur électronicien, qui tout content d'être « sorti » de son bureau d'études avait, après quelques verres de vin, proposé une petite modification technique sur le produit car son voisin lui semblait sympathique. Malheureusement, cette modification technique n'était pas du tout prévue dans le chiffrage initial et venait grever la marge du contrat de façon significative, mais la bourde était faite...

Non seulement chaque collaborateur devra connaître la dimension du projet en ayant un maximum d'informations sur celui-ci, mais aussi, connaître les limites à ne pas dépasser, chacun devant rester bien dans son rôle.

7
Le comportement interculturel dans le « haut de gamme »

La France est à la première place du luxe mondial avec plus de 25 % de part de marché dans les vins et spiriteux et près de 23 % dans les parfums et cosmétiques totalisant un exédent commercial de 13,8 milliards d'euros. Le poids de l'Asie dans les exportations connaît une croissance constante depuis 2000.

Cet ouvrage se devait donc d'aborder ce sujet et il s'agit d'évoquer ici l'univers du luxe, mais aussi l'univers de l'excellence et de l'exigence dans le cas d'une relation interculturelle à haut niveau.

Notre premier contact doit être d'une qualité irréprochable. Ne gâchons pas cette entrée en matière cruciale pour le bon déroulement de la suite. Le partenaire haut de gamme fonctionne souvent sur le registre émotionnel et c'est là qu'il nous attend. L'expérience qu'il va vivre avec nous et notre entreprise doit être d'une qualité supérieure à ses attentes initiales.

Pour cela, il est important de connaître, de façon anticipée, la perception qu'il a de notre pays, de notre entreprise et de notre fonction. Un client surpris de façon favorable ne nous oubliera pas.

7.1 L'accueil dans l'entreprise

La différence fondamentale entre un accueil dit « classique » et un accueil dit « haut de gamme » est un niveau d'exigence augmenté avec une faible tolérance, pour notre partenaire, aux imperfections de l'environnement qui l'entourent (environnemental, matériel et humain).

Les explications qui suivent entre donc dans le détail, car tous les détails deviennent importants à ce niveau. Le premier contact doit être d'une qualité irréprochable. Il faut avoir conscience que si sa première impression est négative, il sera beaucoup plus difficile pour notre interlocuteur de revenir, par la suite, à une impression positive. Changer sa pensée initiale, c'est passer par un processus de remise en question personnel, c'est-à-dire entre autre, par le fait d'admettre que la première impression n'était pas la bonne.

Voici les différents éléments à respecter :

Le logo de l'entreprise est clairement identifié, les façades sont fraîches, tous les éléments sont correctement en place.

Notre partenaire ne doit pas attendre à la banque d'accueil plus de trois minutes avant d'être abordé ou d'être servi par le personnel de l'entreprise.

L'hôtesse d'accueil doit interrompre un instant sa conversation au téléphone, pour saluer la personne qui vient d'entrer et dire qu'elle va rapidement s'occuper de lui. Il est accueilli de manière polie, courtoise, et souriante.

L'entrée est impeccable et dispose d'un cendrier pour éteindre sa cigarette si nécessaire. Les portes vitrées et les poignées n'ont aucune trace de doigts ou autres.

Le coin accueil propose des sièges confortables, d'aspect neuf. La table est propre, les revues sur l'entreprise et les magazines sont d'actualité et en bon état. Ils sont rangés dans un casier prévu à cet effet et non en vrac sur la table.

Aucun objet parasite ne se trouve dans le hall d'entrée : pas de boîte, pas de paquet, de balai, d'escabeau oubliés. Seuls des posters de qualité et encadrés, ou des produits de l'activité de l'entreprise sont exposés dans le hall.

L'hôtesse d'accueil est discrète et efficace. Elle ne parle jamais trop fort à ses collègues aux alentours ou au téléphone. Sa voix est posée et agréable. Elle doit toujours être habillée de façon impeccable.

Elle doit souhaiter la bienvenue au partenaire de manière sincère par un bonjour « Bonjour Monsieur ou Madame, que puis-je faire pour vous ? » de façon posée et courtoise, en souriant et en regardant son interlocuteur dans les yeux, sans insistance.

Après avoir collecté le contact du rendez-vous et en ayant pris soin de prendre le nom de la personne sans l'écorcher, elle le prévient que son rendez-vous est arrivé et invite la personne à s'asseoir par la phrase type « Monsieur Durand arrive, si vous voulez bien vous asseoir en l'attendant ».

Elle propose un café ou un thé. L'hôtesse est discrète pendant l'attente, pas d'appel aux collègues, pas de bavardages autres que professionnel. Pas de dénigrements, pas d'histoire sur un client ou une situation mal vécue. Les partenaires étrangers parlent peut-être très bien le Français et dans tous les cas, c'est une chose qu'il ne faut pas faire !

Si le partenaire est attendu dans l'entreprise, son nom est mentionné sur un panneau d'affichage avec un message de bienvenue. Si le séjour dure plusieurs jours, il faut nommer quelqu'un pour s'occuper de toute l'intendance, qui n'oubliera pas de transmettre son numéro de téléphone au cas où il ait un besoin quelconque.

7.2 L'accueil dans le hall

Les 20 premières secondes (l'ambiance générale), les vingt premières paroles (ce que vous allez dire), et enfin les vingt centimètres du visage (sourire sincère, bonjour courtois, aimable, avec une voix posée, regard clair, accueillant, franc et non agressif) sont fondamentaux.

Lorsque nous le rejoignons dans le hall et si notre visiteur a des bagages à la main ou des mallettes de démonstration, il est serviable de le soulager.

D'un point de vue vestimentaire, notre costume est fait sur mesure et non froissé, chemise avec col sans bouton, boutons de manchette classiques, chaussures sur mesure. Pas de collier apparent, ni de gourmette. Les bagues sont discrètes. Pour les femmes, tailleur-pantalon sombre avec un haut clair ; talon pas trop haut ; maquillage et bijoux discrets ; cheveux attachés et parfum léger.

Il faut s'adapter rapidement au débit verbal du partenaire ainsi qu'à l'intonation de sa voie. Analyser s'il est pressé et de combien de temps il dispose. Il faut lui demander s'il souhaite se reposer s'il vient d'arriver en France.

Il faut essayer de faire le plus de choses possibles par anticipation. Agir avant que son partenaire y pense, nous sommes ici sur un haut niveau de professionnalisme (*cf.* figure 7.1).

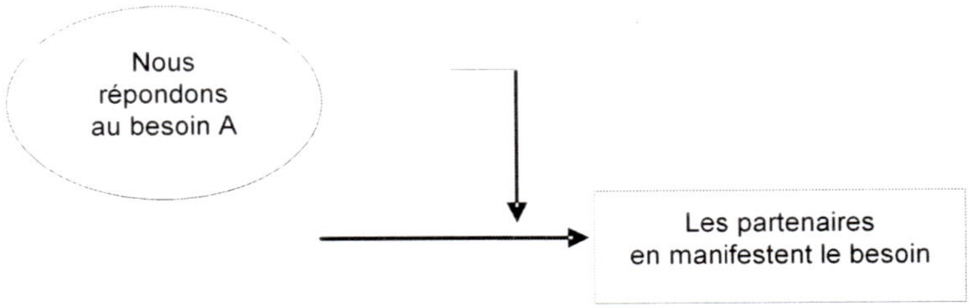

Figure 7.1 Supprimer l'effort

Pour un serveur restaurant, cela se traduit, par exemple, par le remplissage régulier de la corbeille à pain afin que le client n'ait pas à faire le geste de lever le doigt pour demander du pain. Mieux encore, il ne doit pas faire l'effort d'y penser, car le pain est constamment là, proche de lui quand il en a besoin.

Dans un rendez-vous d'affaires, c'est appeler un taxi sans que votre visiteur en fasse la demande pour repartir à son hôtel. C'est lui faire préparer un ensemble de documents qui l'aide à mieux comprendre l'entreprise d'accueil.

Dans tous les cas, attention à ne pas faire de remarques qui pourraient le froisser : tact et finesse sont les maîtres mots.

Si notre partenaire fait des choses qui ne sont pas conformes à ce qu'on attend de lui mais qui sont sans conséquence, il ne faut pas le lui faire remarquer. Par exemple : marcher sur la pelouse alors que normalement il ne faut pas le faire, s'asseoir à une place dans une salle de réunion qui ne lui était initialement pas réservée, se garer sur une place de parking initialement réservée, poser sa valise dans un endroit qui gène le passage, répondre à son téléphone portable en parlant fort, etc.

Tous ces actes sans conséquences sur le bon fonctionnement de l'entreprise ne doivent pas s'accompagner de réflexions de notre part ou de celle des collaborateurs. Si une correction est nécessaire, il convient de trouver les arguments qui « passent » bien.

Tous les collaborateurs doivent être en phase avec les valeurs de l'entreprise. Lors d'une visite d'entreprise, les employés doivent circuler rapidement dans les couloirs pour montrer une dynamique et une clarté dans l'assignation des taches de chacun. Même s'il n'est pas facile de mettre tout le monde en mouvement, une simple note de service pour notifier la présence d'une personnalité dans l'entreprise le jour j, peut parfois suffire.

7.3 Comportement lors du déjeuner ou du dîner

Chaque pays a ses particularités culinaires et vous ne pouvez pas inviter n'importe qui, n'importe où, mais voici cependant quelques constantes comportementales à adopter vis-à-vis d'un client haut de gamme en plus de ce qui a été vu dans le chapitre concerné :

- Sélectionner un restaurant que vous connaissez ou que vous aurez visité auparavant. Repérer les tables mal disposées. L'idéal est de choisir un restaurant connu au niveau international tel que le Ritz, le Bristol, la Tour d'argent ou encore l'Arpège.
- Faire réserver la table à son nom et non au nom de l'entreprise.
- Indiquer précisément le nombre de convives lors de la réservation.
- Demander à ce qu'aucun prix n'apparaisse sur les menus.

Une fois au restaurant :

- Faire asseoir ses invités par un geste de la main en commençant par les femmes et laisser les garçons de salle faire la suite.
- Commander une bouteille de champagne en début de repas pour qu'ils goûtent à la tradition française.
- Faire distribuer les cartes du menu, quinze minutes avant la fin prévue de l'apéritif. Expliquer la constitution de la carte en devenant le guide gastronomique. Votre invité n'a pas à faire son menu car il attend des conseils, des orientations de votre part.

7.4 Comportement pour la préparation de son hôtel

Avant arrivée de votre visiteur et si sa chambre est réservée, lui laisser un mot manuscrit de bienvenue avec un présent de l'entreprise, si cela est possible. Donner toutes les indications complémentaires à ce que donne déjà l'hôtel. Si ces hobbies sont connus, lui donner un prospectus en conséquence. Indiquer les établissements premiums aux alentours, qui peuvent agrémenter son séjour (restaurants, bars...). N'oubliez pas de mentionner leur site Internet.

En fonction du nombre de jours de présence dans l'entreprise, il est judicieux de remettre un planning avec les soirées prévues et préciser la tenue vestimentaire adéquate pour chaque type de soirée.

7.5 Une relation d'intimité encore plus forte

La notion de comportement et de savoir-être est incontournable dans un accueil haut de gamme. Pour « bien passer » dans le haut de gamme, il faut à la fois être proche de ses partenaires par des gestes amicaux et un zeste d'humour et à la fois éloigné, par de la retenue et de la maîtrise afin que chacun reste bien à sa place.

8
Les comportements clés dans le management d'équipe pluriculturelle

L'internationalisation des entreprises liée au développement des nouvelles technologies de l'information et de la communication permet de faire travailler ensemble des individus de différentes nationalités. Il n'est plus nécessaire d'être physiquement au même endroit pour constituer une équipe qui fonctionne avec une forte synergie.

Toutefois, chaque individu reste unique et la gestion d'une équipe pluriculturelle et plurigéographique n'est pas une mince affaire. Croire en des dieux différents, en des valeurs différentes, avoir d'autres normes, d'autres repères, complique la création d'une dynamique de groupe que tout manager a pourtant envie de créer. Cette densité de variables multiples fait que les incompréhensions, les tensions et les clivages apparaissent à tout moment, surtout quand on s'y attend le moins et cela quelles que soient les décisions ou les non-décisions prises.

Nous n'évoquerons ici que le côté comportemental du manager :

- soit dans la gestion d'équipe pluriculturelle ;
- soit dans le cas où il est muté dans une équipe monoculturelle et c'est, dans ce cas-là, où il sera le seul étranger.

Cette notion de comportement est si fondamentale dans le management d'équipe, qu'un chapitre entier lui est consacré.

Malheureusement, aujourd'hui encore, de nombreux managers expatriés ne font qu'un « copier-coller » de leur management et cela quels que soient le pays et l'équipe en place. Ils pensent que la recette du management est universelle et qu'il suffit donc de la dupliquer pour y arriver. Les résultats d'un tel comportement sont souvent très mitigés. Ils sont, dans tous les cas, moins bons qu'avec une prise en compte des différences culturelles de chaque collaborateur au sein de l'équipe.

Ces mêmes collaborateurs voient souvent un manager « pigeon voyageur », muté dans leur pays pour une promotion et souvent pour une durée déterminée de deux ou trois ans. Ils se disent qu'en se pliant à l'ingérence de la maison mère et aux exigences du manager qui vient d'être muté, tout en étant discret, cela devrait bien se passer... Ce comportement de laisser-faire et de « plier l'échine », fait que le manager est malheureusement très loin de l'exploitation saine du potentiel de chaque collaborateur et de son équipe.

8.1 Les qualités comportementales d'un manager international

Le manager international, à la différence d'un manager qui gère une équipe monoculturelle identique à la sienne, pilote des hommes et des femmes qui n'ont pas du tout les mêmes origines que lui. Il en résulte souvent des incompréhensions multiples et des divergences opposées à sa propre façon de penser. Les clefs de lecture et de décodage sont beaucoup plus complexes et sortent parfois complètement de sa logique et de sa raison même pour des actes quotidiens.

Quelles sont alors les qualités clefs à développer pour limiter cette disparité ?

8.1.1 Tout d'abord comprendre les collaborateurs

Il s'agit de parler la même langue qu'eux. Lorsque nous sommes mutés dans un autre pays, il n'y a pas d'échanges réels et profonds sans langage commun. Certes, la connaissance de la langue peut rester basique, mais ignorer la langue de ses collaborateurs, c'est aussi la dédaigner. Même si l'Anglais est souvent le véhicule commun que nous avons tendance à utiliser, il est judicieux de connaître quelques mots de la langue maternelle des collaborateurs pour leur montrer de l'intérêt. Si la sélection des collaborateurs est encore possible – dans la constitution d'une nouvelle équipe par exemple – on veillera à ce que tout le monde puisse communiquer sur une base langagière commune.

8.1.2 Être tolérant à la frustration pour limiter le choc culturel

En pilotant des modes culturels différents, les résultats attendus ne seront jamais conformes dans leur totalité. La façon de faire n'est forcément pas la même que dans son pays d'origine et de nombreuses différences seront facilement observables. Cependant, plus nous limiterons la critique en passant outre le pourquoi du comment systématique, plus nous serons à même d'adapter notre comportement et de mieux intégrer les différences.

Il ne s'agit pas d'aller « contre » mais plutôt « avec », tout en orientant l'ensemble de l'équipe dans le sens de nos objectifs. J'ai souvent observé que les managers respectés étaient ceux qui, en tête à tête lors d'audit, ne me faisaient aucune réflexion sur des détails mais plutôt sur des ensembles globaux. Ils ne s'arrêtaient pas aux personnes, mais aux faits et aux différentes possibilités de changer les choses.

8.1.3 Développer sa résilience

La résilience est une caractéristique mécanique qui définit la résistance aux chocs d'un matériau. Dans une situation de management interculturel, les chocs sont permanents et à l'instar d'un matériau, le manager doit savoir encaisser les chocs qui viennent de toute part.

On dira qu'il y a adaptation résiliente quand :

- Le manager sait diminuer son niveau émotionnel, c'est-à-dire son niveau de détresse psychologique.
- Le manager a la capacité de reprendre la pleine possession de ses moyens et sa place sociale dans l'entreprise, et cela malgré la permanence des coups.

La résilience se développe en intervenant sur soi-même afin d'éviter toute détérioration psychologique à long terme, mais aussi en se construisant une forme de carapace à travers un réseau social, extraprofessionnel, familial qui puisse compenser ces fortes perturbations psychologiques. Il s'agit, ici, de supprimer les facteurs de risques environnementaux qui pourraient conduire à une mésadaptation et donc amplifier le phénomène de détresse.

Développer sa résilience, c'est considérer ces situations difficiles comme des situations qui forcent le changement vers une situation nouvelle et donc une opportunité, ou encore un défi. Ainsi, cette croyance induit un comportement positif, une forme de contrôle sur les événements, de croyance en soi qui fait que le protagoniste ne manifeste aucun désordre psychosomatique, bien au contraire.

8.1.4 Développer l'empathie culturelle

S'intéresser à l'histoire, à la culture en les respectant et en montrant qu'on connaît bien ces sujets, permet de forger des liens et une considération encore plus forts. N'avons-nous pas été surpris et marqué, de notre côté, quand un étranger nous parlait de nos mœurs, de nos coutumes ou encore de notre histoire avec des détails que nous ne connaissions mêmes pas ?

Les Chinois nous étonnent d'ailleurs régulièrement par la connaissance de notre littérature. Attention cependant à ne pas trop surestimer les différences culturelles par rapport aux autres différences liées aux générations, aux couches sociales, aux secteurs d'activités...

8.1.5 Se construire une flexibilité mentale

Il s'agit d'adopter un comportement suffisamment flexible pour reconnaître plusieurs vérités dans l'aboutissement d'un résultat final identique (cf. figure 8.1). Comme disait F. Scott Fitzgerald : « L'intelligence est la capacité d'avoir deux idées contradictoires en tête et de continuer à fonctionner. »

Si nous utilisons tous des voitures avec la même finalité, se déplacer d'un point A à un point B, il ne faut pas croire qu'elles sont construites et pensées de la même manière. Les bureaux d'études de Ford aux États-Unis sont-ils les mêmes que ceux de Toyota au Japon ? Leurs ingénieurs ont-ils le même comportement en réunion, les mêmes réflexions face aux problèmes de design et de conception ? Sûrement pas et pourtant, ces deux géants de l'automobile font d'excellentes voitures !

La flexibilité mentale donne donc cette souplesse qui permet d'avancer dans l'incertitude du résultat tout en sachant que les vérités sont souvent multiples. Elle permet aussi un juste équilibre dans la délégation et l'autonomie.

Cette composante ne fonctionne que si nous sommes précis sur les résultats mais souples sur les méthodes. Attention cependant à ne pas mettre en place des résultats et des points de contrôles à trop longs termes, faute de ne pouvoir revenir en arrière, ce qui risque de mettre le projet en échec.

Cependant, dans tous les cas, il n'y a pas de problème, aussi compliqué soit-il, qui pourra être résolu sans aucune décision.

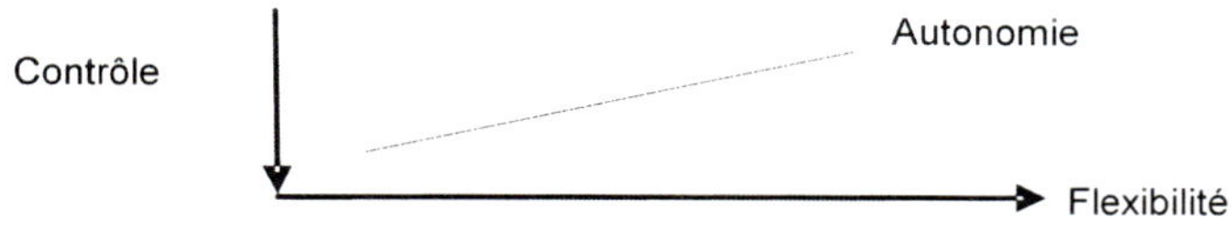

Figure 8.1 Contrôle et flexibilité

8.2 Comment appréhender une situation totalement différente à l'habitude ?

Le problème n'est pas de savoir si l'homme peut s'intégrer en situation multiculturelle, mais comment il peut le faire. Quel est son processus d'adaptation, comment apprécie-t-il les différentes situations pour s'y intégrer ?

Si les qualités du manager vues ci-dessus, facilitent grandement l'intégration de son propre management dans une équipe culturelle, il n'en respecte pas moins un processus d'intégration constant qui peut se définir en quatre étapes bien distinctes. Comprendre et intégrer ces quatre étapes facilitera encore plus l'intégration de la différence.

Étape 1 : confrontation

Lorsque l'individu entre dans une situation inconnue, la confrontation est la seule manière d'appréhender et de vivre le phénomène. Il est en effet impossible de se préparer avant puisqu'on ne sait pas ce qu'on va vivre. Cela reviendrait à parler du goût d'une pomme sans en avoir jamais goûté ! Pour la gestion d'une équipe qui nous est totalement inconnue, vivre l'expérience est donc la seule façon de l'appréhender.

Étape 2 : imprégnation

Il s'agit ici de mesurer toute la dimension des interactions de l'équipe et de cerner les jeux de pouvoir en passant du temps avec elle. En quoi est-elle différente de ce que je connais ? Ai-je intégré toutes les variables qui la constituent ? Cette phase est généralement difficile pour des gens pressés, qui veulent tout expliquer avec leur rationalité. Il faut laisser le temps au temps, s'immerger pour mieux appréhender.

Étape 3 : réaction

En fonction de mes actes, l'environnement réagit-il conformément à mes attentes ? Si oui, suis-je capable de comprendre les mouvements internes de l'équipe ? Y a-t-il des phénomènes « diachroniques » (qui se répètent et observables) ? Est-ce que je peux faire corps avec l'environnement qui m'entoure ou m'est-il totalement étranger ? Dans quelle mesure et jusqu'où, puis-je faire un apprentissage par essai/erreur

Étape 4 : adaptation

Jour après jour, le manager trouve de nouvelles techniques pour mieux appréhender les situations. L'espace révèle ses codes, ses schémas et ce qui pouvait paraître totalement étranger au début, semble de plus en plus clair.
Le degré d'acceptation de la situation semble aussi avoir changé. Ce que le manager trouvait inacceptable, inadmissible, incompréhensible ne l'est plus aujourd'hui...

8.3 L'intégration de la différence culturelle dans le management

Prenons le cas d'un manager anglais qui a tendance à faire participer un grand nombre de ses collaborateurs à la prise de décision sur les sujets difficiles. Chacun ayant envie de s'exprimer en Angleterre, la décision finale est généralement un mix des propos de tous. Il lui suffit alors de transmettre la nouvelle orientation de façon plus ou moins informelle aux collaborateurs pour qu'elle soit rapidement mise en place et respectée par tous.

Quelques mois après, ce même manager intègre des collaborateurs russes et continue à faire des réunions avec le même style de management que précédemment. Curieusement, les décisions prises en réunion ne sont pas appliquées par les Russes qui ne changent rien à leurs habitudes. Pourtant, tout était clair et ils semblaient convaincus par ces nouvelles orientations.

Que se passe-t-il ?

Pour les Russes, l'ordre doit être transmis de façon écrite et protocolaire pour être considéré comme tel. Croire que tout est réglé en disant simplement les choses avec transparence dans une réunion n'engage pas l'action. Ce pauvre manager anglais pouvait donc attendre longtemps...

Comment alors motiver les uns sans démotiver les autres ? Comment être autoritaire et directif pour certains, tout en étant souple et participatif pour d'autres ? Comment travailler sur la performance individuelle alors que d'autres préfèrent optimiser la relation de groupe ? Et enfin, comment construire une perception d'équipe identique afin que l'objectif soit clair et accepté par tous ?

Dans l'un de mes derniers ouvrages Du management au leadership[20], je démontrais qu'il était possible de démultiplier la puissance d'une équipe, à condition de la fédérer autour d'un objectif commun et de créer une « âme » au sein du groupe. La construction de celle-ci doit se faire autour d'une vision et des valeurs partagées.

Toutefois, les valeurs, les normes, les repères sont différents pour chaque individu d'une équipe multiculturelle et le manager se doit donc de construire l'ensemble de ses éléments avec son équipe. Plus l'individu sera impliqué dans la construction de son groupe, de sa mission, de sa vision et de ses valeurs, plus il sera motivé pour avancer avec et non contre les orientations de son équipe.

Certes, tout n'est pas facile à mettre en œuvre et le manager devra souvent adopter une attitude de caméléon face à ses collaborateurs, en faisant du management situationnel : un management par culture et par environnement. Il devra aussi intégrer leurs vraies valeurs, leur façon de penser afin de mieux les comprendre et d'agir en conséquence.

Dans tous les cas, ne pas oublier que :

- Je dois changer ma façon de faire par rapport à mon pays d'origine et montrer mon ouverture à travers une écoute attentive de mes collaborateurs. Je dois accepter que les autres puissent être différents.
- Je dois déclencher des actions pour faire avancer mon équipe dans le sens que je souhaite. Sans action, il n'y a pas de fédération d'équipe, pas de synergie possible.
- Je dois créer des impacts chez mes collaborateurs, marquer leur esprit en les impliquant et en les stimulant régulièrement.
- Une méthode de management n'est jamais universelle et ce n'est qu'en construisant avec mes collaborateurs, un nouvel ensemble d'éléments partagés, que je pourrais les mettre en mouvement vers un objectif et des orientations communes.

À noter cependant et bien que tout soit à faire, qu'il existe une constante universelle qu'il faut garder à l'esprit : « Dans le management tout ce qui se mesure et se voit a de la valeur, le reste doit être mis de côté… »

20 Éditions Le génie des glaciers, 2007.

8.4 Mieux comprendre la typologie des structures d'entreprises

Les organisations peuvent être classées en partant de deux éléments principaux : l'organisation du pouvoir (distance hiérarchique) et de ses activités (aversion ou non à l'incertitude). Ces deux éléments sont fondamentaux dans la structuration de toute organisation :

- Une distance hiérarchique courte avec une faible aversion à l'incertitude, comme aux États-Unis par exemple, donne une organisation transversale avec des pouvoirs décisionnels distribués. Le manager doit veiller à déléguer régulièrement en responsabilisant chaque collaborateur. Le partage du pouvoir permet la motivation commune vers un objectif final.
- Une distance hiérarchique forte avec une faible aversion à l'incertitude, comme en Inde par exemple, donne un modèle d'organisation identique à une famille dynastique. Le manager doit montrer sa force et sa ténacité. Il doit utiliser son autorité pour asseoir son pouvoir.
- Une distance hiérarchique courte et une forte aversion à l'incertitude, comme en Allemagne, donne une organisation qui ressemble à une mécanique qui fonctionne par habitude. La manager partage une partie de son pouvoir tout en montrant qu'il en tient les ficelles. Il montre le chemin qui est clair pour tous.
- Une distance hiérarchique forte et une forte aversion à l'incertitude, comme en France ou au Japon, donne une organisation bureaucratique pyramidale.
- Le manager doit veiller à montrer le chemin tout en conservant tous les pouvoirs. Il assoit son autorité et engage les autres à participer sur des tâches plus tactiques que stratégiques.

Les actions qui sont mises en place doivent être visibles à travers :

- Son savoir-être, c'est-à-dire le comportement face à l'équipe. Il est directement associé aux valeurs que nous allons construire avec l'équipe. Il faut être patient et pédagogue dans ses messages et s'arranger pour que le degré de patience de tous soit augmenté afin que chacun puisse prendre le temps de se comprendre et s'apprécier.
- Son savoir-faire, c'est-à-dire la façon dont les connaissances vont être mises en œuvre. En donnant un sens au travail, nous améliorons l'efficacité de chacun et de l'organisation. C'est une mission, une vision et

des valeurs partagées qui vont induire un nouveau comportement chez les collaborateurs et non pas les objectifs et la stratégie de l'entreprise comme le montre la figure 8.2.

Construire une âme dans son équipe, se fait en tout premier lieu, à travers des valeurs porteuses de sens pour chacun.

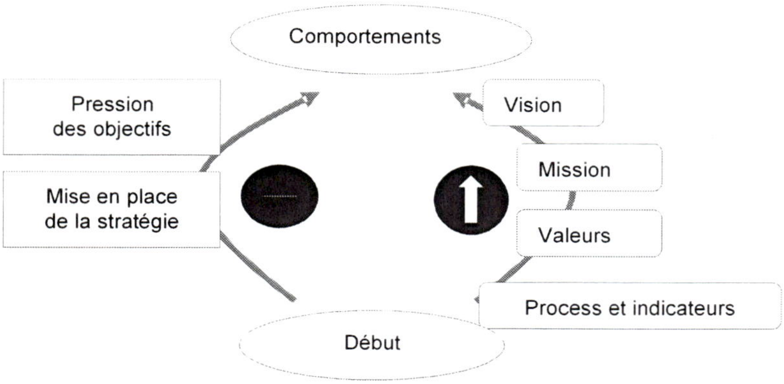

Figure 8.2 Les deux chemins du comportement

Tous ces éléments sont fondamentaux pour agir sur les comportements de tous et sur son propre comportement de manager. C'est pourquoi nous allons voir en détail la construction de la mission, de la vision et des valeurs d'une équipe pluriculturelle.

Dernier élément enfin, et non des moindres, toutes ces actions diminuent la vision du pigeon voyageur arriviste vue ci-dessus. Travailler avec son équipe sur la construction de ces éléments, donne de la consistance et du relief au manager. Elle démontre une envie d'avancer et de partager avec tous et non uniquement la progression de soi-même.

8.5 Comment construire une mission, une vision et des valeurs communes ?

En tenant compte des différences et des styles sociaux de chaque collaborateur, il faut construire une mission globale et individuelle au sein du groupe. Pour cela, il convient d'être prêt à subir des revendications à forte dominante identitaire et aussi à être perturbé dans les processus d'organisation et de fonctionnement de l'équipe.

Cependant et même si la perte de temps semble inévitable en amont, il est nécessaire de prendre le temps de partager les différents points de vue. Mettre au point des modes opératoires communs supprimera forcément les frictions.

Par expérience, voici les temps approximatifs nécessaires :

- pour définir la mission de l'équipe : de 1 à 4 heures étalées sur une semaine (discussion ouverte avec le supérieur direct, la direction générale et l'équipe) ;
- pour définir la vision de l'équipe : de 1 à 4 heures étalées sur une semaine (discussion ouverte avec le supérieur direct, la direction générale et l'équipe) ;
- pour définir les valeurs de l'équipe : 4 à 8 heures sur une journée (discussion ouverte avec l'équipe – validation par la direction générale si nécessaire).

8.5.1 Pourquoi une mission ?

La mission est la raison d'être de l'entreprise. La formulation de la mission permet notamment de spécifier les valeurs de l'entreprise et d'en faire des leviers pour créer un sentiment d'appartenance à une équipe. Il ne s'agit pas de faire coexister simplement des individus entre eux mais de créer une synergie efficace à travers une identité d'appartenance. Ici plus encore que dans une équipe monoculturelle, l'équipe a besoin de repères communs pour se construire des similarités.

Attention : la formulation de la mission ne doit pas être générique mais spécifique car si l'équipe existe aujourd'hui, c'est bien grâce à des particularités qu'il faut savoir faire ressortir. Pour qui l'équipe existe-t-elle ? Qu'est-ce qui justifie son existence ? En quoi est-elle différente de ses concurrents ?

◆ La mission de l'équipe est un outil de management

Parce qu'elle est la raison d'exister de l'équipe, elle doit être connue par tous et prononcée fréquemment dans les réunions, surtout quand la performance et les résultats ne sont pas conformes aux attentes. Le manager doit avoir le réflexe d'en reprendre les spécificités, ce qui oblige chaque individu à travailler dans le sens souhaité. La faire respecter scrupuleusement traduit une exigence de sa part.

◆ Définir ensuite la vision au sein de votre équipe

À partir de la vision globale de l'entreprise, nous positionnons la projection de notre équipe.

8.5.2 Pourquoi une vision ?

Une vision correspond à une projection future, un idéal de ce que l'équipe désire être. Il s'agit en fait d'un but, le plus souvent non quantifié, et très difficile à atteindre. Donner une vision à une organisation, c'est lui donner une direction, une orientation générale.

Cette orientation est assimilée à un guide qui réduit l'incertitude du futur et donne de la consistance au travail de tous les jours. Réduire les incertitudes, c'est aussi réduire les tensions individuelles et collectives génératrices de stress. Le manager doit se comporter positivement fasse à l'avenir. Une vision claire et précise de ce qu'il souhaite être et faire avec son équipe peut lui permettre de projeter ainsi son équipe en avant.

◆ Choix d'une vision

Nous constatons à quel point la vision est un élément essentiel du management des hommes. Elle desserre la pression du court terme et donne de l'espace à l'ensemble de l'équipe pour faire sereinement ce qu'elle a à faire au quotidien. Elle montre aussi que nous savons où va l'entreprise en représentant non seulement une cible enthousiasmante à atteindre mais en fournissant aussi une représentation collective du succès.

◆ Que voulons-nous atteindre au final avec notre équipe ?

Que voulons-nous que notre équipe soit dans l'idéal ? En imaginant que la croissance de l'activité de l'entreprise soit, chaque année, conforme aux attentes, quelles sont ses perspectives ? Dans deux ans ? Dans cinq ans ?

La vision doit être formulée par une phrase qui traduit un objectif à long terme, difficile à atteindre et pas toujours quantifié.

Quelques exemples :

- être leader sur le segment des roulements à bille en Chine ;
- être numéro un du Champagne en Russie ;
- être reconnu comme le spécialiste de la fibre optique aux États-Unis.

◆ Définir les valeurs de l'équipe que nous allons afficher

À partir des valeurs de l'entreprise, il faut maintenant positionner les valeurs de son équipe. Cependant et quelles que soient les valeurs finales qui seront choisies par l'équipe, elles devront être corrélées à celles de l'entreprise. Ainsi, si l'entreprise travaille sur un profil dynamique, novateur, il faut que l'équipe, à travers ses propres valeurs, suive cette ligne de conduite.

8.5.3 Pourquoi des valeurs ?

Le style de management va influer directement sur la manière dont les collaborateurs vont réagir. Le comportement du manager doit donc être associé à des valeurs claires et précises pour tous. Elles vont permettre, non seulement d'insuffler une culture qui caractérise l'esprit de toutes les différences, mais aussi, donner envie à chacun de travailler ensemble. Elles favorisent l'engagement de tous en construisant une identité légitime et pérenne.

Énoncer les valeurs ne garantit pas que ce qui en découle est vertueux et légitime, mais elles offrent un ensemble de points de repère et de règles comportementales qui favorisent l'identité d'une équipe que souvent rien de culturel ne rapprochait initialement (soit entre les collaborateurs eux-mêmes, soit entre le manager et ses collaborateurs).

Sans valeurs, une organisation est un ensemble diffus de cultures hétérogènes. Elle n'a pas d'âme et ce n'est une simple mécanique de production mercantile. Personne n'y est vraiment attaché et elle se grippera dès la première difficulté rencontrée ! Les hommes compétents s'en iront et les mauvais, sans alternatives, resteront...

◆ Attention au lyrisme !

De nombreuses études ont montré qu'il existait souvent un fossé entre le discours du manager et la réalité perçue par ses collaborateurs. Construire des valeurs, ce n'est pas mettre des guirlandes sur un sapin, mais plutôt établir une éthique d'équipe forte à laquelle chaque membre de cultures différentes sera fier d'adhérer.

◆ Choix des valeurs

Afin d'obtenir une adhésion générale, les valeurs seront construites et écrites avec les collaborateurs. À l'identique de la mission et de la vision de l'équipe, les valeurs doivent être fédératrices de sens. Elles doivent faire émerger le caractère du groupe et porter ainsi son image. Pour qu'elles soient retenues et comprises, le nombre de valeurs doit être limité à trois ou quatre et celles-ci doivent être le plus hétérogène possible entre elles.

Le manager ne doit pas se laisser piéger par le flot de valeurs, à vouloir les saisir toutes, il n'en saisit aucune... Tous les managers d'équipe ont envie de développer des valeurs telles que le respect des hommes, l'harmonie dans le travail, la liberté d'agir, la sagesse, l'équité, l'égalité face au règlement, etc., mais compte tenu de leur nombre et de leur diversité, elles n'ont plus aucune force dans l'organisation quand elles sont toutes employées.

En choisissant trois ou quatre valeurs, la situation est totalement différente, il est possible de leur donner vie et de les mettre en situation afin qu'elles fédèrent l'équipe et donne un sens au travail. Elles seront utilisées quotidiennement, à tous niveaux, que ce soit en interne ou en externe et c'est aux managers d'en montrer l'exemple dans ses relations et actions quotidiennes.

Les valeurs choisies doivent faire partie intégrante du mode de vie de chacun !

◆ Exemples de valeurs

- Respect – Action – Légalité
- Compétence – Autonomie – Ténacité
- Courage – Fidélité – Bonheur
- Anticipation – Contribution – Compétitivité
- Liberté – Fraternité – Compréhension
- Perfectionnisme – Exigence – Loyauté
- Fidélité – Respect – Engagement
- Sérénité – Aventure – Empathie
- Élégance – Connaissance – Performance
- Créativité – Persévérance – Vitalité
- Sagesse – etc.

Supposons que la valeur « respect » soit sélectionnée. Cette valeur sera réduite à néant si le manager ne respecte pas ses partenaires et encore moins ses collaborateurs en interne. Instaurer une valeur « Respect » sous-tend la maîtrise de soi, la cordialité mais aussi plus finement, la galanterie quotidienne et le tact à travers tous ses propos prononcés dans la journée.

Les valeurs choisies doivent agir sur le comportement de tous !

Les valeurs sont le fondement de toute organisation, elles obligent à une communication et à une veille régulière quant à leur application et leur acceptation.

Comment définir des valeurs ?

Les valeurs se construisent avec l'équipe. Ce ne sont pas vos valeurs mais les valeurs de toute l'organisation dont il s'agit, construites par et pour elle.

Il existe trois catégories de valeurs : les valeurs finales, les valeurs instrumentales et enfin les contre-valeurs. La valeur finale est liée à une finalité de l'action, elle se traduit souvent par « Qu'est-ce qui est le plus important dans ma vie ? ». La valeur instrumentale est une valeur intermédiaire qui permet d'arriver à une valeur finale. Par exemple : la valeur « curiosité » permet un enrichissement sur une culture, mais la curiosité n'est pas une fin en soi. C'est la connaissance de cette culture qui est une fin en soi. La valeur instrumentale est donc un instrument, une façon d'agir et de penser pour arriver à ses fins. La contre-valeur est ce qui est totalement refusé par notre façon d'agir, par exemple l'hypocrisie pour certains alors que d'autres s'en accommodent très bien.

Pour ce faire, les valeurs seront élaborées en deux exercices :

- Le premier exercice consiste à faire décrire à chacun, de façon libre et par écrit en quelques minutes, un personnage qui les a le plus marqués soit dans un livre, soit dans un film (peu importe qu'il soit connu ou non). Ces écrits sont ensuite mis de côté sans commentaire particulier.
- Le deuxième exercice consiste à travailler par métaplan[21]. Chaque participant décrit, par écrit, trois adjectifs qui semblent le caractériser le plus (laisser cinq minutes pour une réflexion approfondie). Chaque adjectif est écrit sur un papier autocollant style « post-it » et le choix est ensuite justifié verbalement par une présentation individuelle où chacun se lève et va afficher ses trois « post-it » sur un tableau.

Classement des valeurs

Le classement des « post-it » est donc un regroupement de valeurs finales, instrumentales ou contre-valeurs. Il se fera sur trois colonnes distinctes. La difficulté de l'exercice est de jouer ici le rôle d'animateur afin de regrouper, de

21 Le métaplan consiste à afficher toutes les réponses, de façon ordonnée, sur un tableau.

façon homogène, les adjectifs semblables. Les regroupements doivent être validés avec toute l'équipe et le vote à main levée permet d'aller rapidement à l'essentiel.

Après avoir réalisé cet exercice commun, il est nécessaire de revenir au premier exercice. Chaque collaborateur reprend les adjectifs cités pour son personnage marquant : il en donne sa définition et note celle du dictionnaire. Il en analyse la différence et apporte les corrections nécessaires. Il justifie ensuite pourquoi il a pensé à ces valeurs, puis essaie de faire une corrélation de ses propres valeurs avec celles qui viennent d'être définies en groupe.

Quelles sont les valeurs fondamentales à retenir ?

Ensuite, par équipe de cinq personnes maximum il s'agit de faire émerger trois ou quatre valeurs fondamentales parmi toutes celles qui sont affichées et pour lesquelles des groupes apparaissent déjà. Dans le cas où la discussion est trop longue sur un choix de deux valeurs, on votera à nouveau de façon démocratique dans l'équipe.

Si un membre de l'équipe manifeste son désaccord, il conviendra d'analyser la pertinence de ses propos et de veiller à ce que cette valeur ne présente pas un obstacle majeur (alors qu'elle doit être un levier !). Dans le cas contraire, un nouveau vote démocratique sur le maintien ou non de cette valeur après que chacun ce soit, à nouveau, exprimé, est effectué.

Une nouvelle fois, toutes les valeurs de toutes les équipes seront affichées au tableau et s'engagera une discussion ouverte avec arguments et preuves à l'appui. On sélectionnera tous ensemble les trois ou quatre valeurs à retenir puis chacun donnera son avis sur cette sélection. Procéder au vote démocratique en cas de conflit trop important est souvent le meilleur moyen de mettre fin au débat, ou encore de sortir de l'impasse.

Si l'animation du manager est pertinente, la mise en place de ces valeurs doit être un lieu riche d'échanges et de constructions entre les cultures. L'important est que l'engagement de tous, sur les valeurs sélectionnées, soit réel et sincère.

Le comportement du manager doit toujours être lié à ces valeurs qui ne sont pas forcément les siennes. Les contraintes sont donc fortes puisqu'il s'agit de suivre un chemin d'attitudes et de réflexions qui n'est pas naturel. Par exemple, si l'une des valeurs choisies est la valeur « précision », le manager devra être précis dans ses formulations, mais aussi dans ses horaires et toute tâche qu'il aura à faire. D'une façon générale, il devra être cohérent aux yeux de son équipe par rapport à cette notion de précision.

Et enfin pour finir, le manager devra se poser ces questions :

- Comment les valeurs traduisent le comportement de mes collaborateurs ?
- Comment un partenaire, en contact avec mes collaborateurs, peut-il voir « transpirer » ces valeurs dans la relation ?
- Par quelles actions, par quel comportement ?

8.6 Un management orienté sur la tâche ou sur la relation ?

Il n'y a pas de vérité absolue dans cette démarche de management mais les cultures qui sont fortement orientées sur la relation, comme les pays de l'Extrême et du Moyen-Orient, ont besoin de communiquer souvent pour travailler et se repérer dans l'organisation.

A contrario, les cultures occidentales comme les États-Unis, l'Angleterre ou encore l'Allemagne, attendent un management basé sur la logique et les faits. Les promotions internes sont effectuées selon les résultats de chacun et non sur une quelconque ancienneté ou encore relation hiérarchique avec un tel ou un tel.

En ce qui concerne la France, elle semble être plus mitigée et c'est un mix des deux qui fonctionne le plus souvent.

8.7 Comment avancer avec son équipe dans l'incertitude ?

Dans le management d'équipe multiculturelle avec un contexte extérieur ouvert sur l'international, l'incertitude est partout. Le manager doit alors s'adapter en permanence et sa raison doit gérer ses émotions.

Il doit avancer pas à pas et observer les réactions des uns et des autres. De même, il sera présent au milieu de son équipe et non un manager fantôme qui ne communique que par courriel avec ses collaborateurs.

C'est l'observation des réactions de chacun qui doit servir de base à une communication et à une gestion optimale.

Les règles élémentaires sont les suivantes :

- Définir une étape intermédiaire accessible pour tous. La nuit, voir un phare au loin quand on est sur un bateau est beaucoup plus rassurant que de ne rien voir du tout.

- Estimer la distance jusqu'à laquelle on a un contrôle, puis laisser faire jusqu'à l'atteinte de l'objectif, à condition bien sûr, que l'objectif puisse être validé à quelques semaines.
- Anticiper l'effort et les priorités d'actions associées. Beaucoup se laissent porter par la vague en attendant d'avoir une meilleure visibilité. Ici, il faut que les collaborateurs participent activement en étant force de proposition.
- Se rappeler que seule l'action libère du stress et des contraintes.
- Évaluer les progrès de l'équipe dans les premiers jours et donner du feedback pour montrer son intérêt et son attachement au projet. Plus la direction sera présente en support, plus l'équipe sera dynamique et performante.
- Corriger si nécessaire, mais sans être trop critique sur les cultures à forte relation sociale.
- Consolider la dynamique si la performance est bonne. Ne rien changer, mais encourager pour faire durer.
- Procéder étape par étape, à court terme vis-à-vis des autres, à long terme à titre personnel.

8.8 Comportement à tenir pour donner de la reconnaissance

Face à une culture collectiviste, le manager doit toujours faire attention à ne pas mettre trop en avant un collaborateur en particulier. Celui-ci peut, en effet, se sentir gêné vis-à-vis des autres, surtout si cette reconnaissance a lieu au cours d'une réunion.

Ce que souhaite le collaborateur avant tout, c'est une reconnaissance utile pour le groupe et non pour lui-même. Cela n'empêche pas, cependant, d'inviter le collaborateur méritant en aparté dans son bureau et de le féliciter en face à face. Cette démarche est toujours appréciée si elle est faite avec discernement et discrétion vis-à-vis du groupe.

Face à une culture individualiste, le problème ne se pose généralement pas, à condition toutefois que la reconnaissance ne soit pas exagérée et qu'elle soit légitime dans les actes et les faits.

Dans une culture à distance hiérarchique forte, la reconnaissance ne doit pas être trop fréquente, faute de ne plus pouvoir gérer son collaborateur par la suite. Il risque, en effet, de se prendre rapidement pour quelqu'un d'excellent avec un niveau bien supérieur aux autres. Non seulement il deviendra de moins en moins gérable face à des ordres qui n'iront pas dans son sens, mais il pourra aussi perturber l'ensemble de l'équipe. Cependant, les cultures à distance hiérarchique forte font rarement ce type d'erreurs, bien au contraire.

En ce qui concerne les cultures qui ont peur de l'avenir, le mérite rassure et diminue les aléas du futur.

8.9 Comportement à tenir pour corriger les points de faiblesse

Comme pour le mérite, sauf que dans une culture collectiviste, la remontrance peut être parfois très mal perçue. Alors qu'un collaborateur d'une culture individualiste, a tendance à « laisser passer l'orage », le collaborateur d'une culture collectiviste peut faire preuve d'une extrême sensibilité. Même si l'envie s'en fait parfois fortement sentir, le manager doit plutôt se contenir que se libérer nerveusement sur un collaborateur. Un tel comportement exige bien évidemment une forte maîtrise de soi.

Face à une culture à forte distance hiérarchique, la remontrance renforce souvent l'autorité et permet de recadrer les choses. La remontrance peut être aussi perçue comme un élément positif au sein de l'équipe, car elle mesure souvent dans ces moments difficiles, le charisme et l'envergure du manager.

Attention cependant :

- À ne pas faire entrer le collaborateur dans une spirale négative où tout devient mauvais. Ce type de comportement risque fort de déstabiliser son management et par ce biais, la cohésion de l'équipe.
- À ne pas considérer la diversité culturelle comme un risque qu'il faille minimiser au risque d'amplifier le clivage culturel avec le collaborateur.

Partie III
Sept pays, sept cultures

Après avoir lu cette partie III, vous serez en mesure :

- De comprendre le positionnement de chaque pays au sein de l'économie mondiale. Pourquoi et comment en est-il arrivé là ?
- D'intégrer les comportements clefs pour chacune des cultures présentées afin de mieux communiquer avec elles.
- De comprendre comment nous sommes perçus afin de montrer une image inverse et donc surprendre vos interlocuteurs favorablement.
- De développer un savoir-être en ligne avec les attentes de la culture de notre interlocuteur, afin de construire des projets de collaboration fructueux.

◆ L'organisation des chapitres

L'organisation de cette partie est divisée en sept pour les sept pays clefs représentés : l'Allemagne, l'Angleterre, l'Inde, le Japon, la Russie, les États-Unis, la Chine.

Afin de faciliter les comparaisons entre les pays et dans le but d'avoir un accès direct à l'information souhaitée, la structure des chapitres pour chaque pays est identique à savoir :

- **Paragraphe 1**. Une présentation historique permet de mieux comprendre le pays et ses origines. Seuls les points clefs sont repris. Il ne s'agit pas d'un livre d'histoire mais bien d'un apport de connaissances complémentaires à une meilleure lecture culturelle sur le pays en question. En apprenant ces quelques points historiques, vous montrerez à votre interlocuteur que vous avez une connaissance de l'histoire de son pays.

- **Paragraphe 2**. La politique internationale actuelle, la démographie, la géographique, le climat, les langues, les religions, la gastronomie et les fêtes traditionnelles sont décrites. Ici aussi, ces points essentiels sont à connaître sur le pays et à garder en mémoire.
- **Paragraphe 3**. La position du pays en tant qu'acteur économique mondial et la façon de fonctionner de ses acteurs. Comment communiquent-ils ? Comment travaillent-ils ? Comment raisonnent-ils ? Ces éléments vous permettront d'intégrer et de comprendre la façon de fonctionner de vos interlocuteurs.
- **Paragraphe 4**. Les outils pour mieux travailler ensemble. Qu'il s'agisse de négocier ou d'échanger des informations, il y des façons de faire et règles à respecter.
- **Paragraphe 5**. Les perceptions croisées sur d'autres cultures.
- **Paragraphe 6**. Et enfin les comportements clefs à adopter dans la réception de son hôte étranger dans son pays.

Ce livre est un livre-outil, en faire un bon usage, c'est aller plus vite dans ces relations afin de construire des relations fructueuses...

Ce livre apporte une perception croisée des cultures les unes entre les autres afin de :

- Pouvoir piloter une équipe multiculturelle, avec une perception réelle et fine des uns sur les autres. À partir de ces éléments, il est plus facile de comprendre ce qui peut créer ou freiner une émulation de groupe.
- Comprendre la concurrence internationale sur un projet à l'étranger. Par exemple, si vous êtes sur un projet Russe en concurrence avec un Chinois, que pense le Russe du Chinois et en quoi puis-je alors me différencier ? Pour faciliter la lecture des paragraphes de croisement de perception culturelle et pour aller plus en profondeur dans ces notions de compréhension, je vous invite à lire les deux perceptions (Perception d'un Russe sur un Chinois et inversement, par exemple).

9
Au pays du Soleil levant

Chiri mo tsumoreba yama to naru.

Poussières entassées font montagnes ou encore *Les grandes choses se font petit à petit.*

Les Japonais ne pensent pas et n'agissent pas comme les autres asiatiques. Ils ont réussi à envahir la moitié de l'Orient et de l'Extrême-Orient en moins de trois ans et restent le seul peuple de la planète à avoir subi deux bombes atomiques.

Le Japon possède de multiples contradictions extrêmement difficiles à cerner pour les Occidentaux. À la fois « zen » et stressés pour atteindre le succès, à la fois traditionnels et avant-gardistes face au monde qui les entoure, les Japonais ont une culture hybride à double facette opposée : séculaire et futuriste. Le Japon est un pays envoûtant, et tout occidental qui y met les pieds, est marqué pour la vie.

9.1 De la féodalité à la puce électronique

Un peu d'histoire pour mieux comprendre…

Depuis 4 000 ans avant J.-C., le Japon a une histoire chronologique avec des parties bien distinctes les unes des autres. Si l'on étudie un temps soit peu cette civilisation ancestrale, on remarque qu'elle a toujours été en retard par rapport aux autres grandes civilisations. Même en ce qui concerne l'écrit puisqu'il n'apparaît qu'au Ve siècle de notre ère, soit 4 000 ans après son apparition en Occident.

À la fin du XIXe siècle et contrairement aux pays européens qui connaissent une évolution culturelle progressive depuis l'époque du Moyen Âge, le Japon passe sans transition d'une ère quasi-féodale à une ère industrielle moderne. L'histoire se répétera par deux fois, dont la deuxième période après la seconde guerre mondiale où le pays va connaître une destruction quasi-totale de ses infrastructures. Il se redressera alors en moins de vingt ans, pour passer au deuxième rang mondial par son PNB et au premier rang pour le revenu par tête d'habitant.

À chaque fois, la cassure est nette mais contrairement à toute attente, elle ne déstabilise en rien la culture japonaise. Bien au contraire, en dissociant l'économie de ses propres valeurs fondamentales et de ses racines, le Japon s'approprie le modernisme et se construit une entité bipolaire extrêmement performante : d'un côté, des coutumes ancrées dans la tradition et dans l'immobilisme, de l'autre un Japon dont les institutions et l'économie réagissent à la vitesse de l'éclair.

La scission habile et surtout la forte capacité intellectuelle à gérer ces extrêmes opposés entre tradition et modernité, ont placé le Japon dans les toutes premières places en tant que puissance économique mondiale.

9.2 Les différentes époques importantes du Japon

◆ Époque de Nara (710-794)

La culture chinoise devient de plus en plus importante et apparaissent des moines bouddhistes, une nouvelle classe sociale qui devient très influente auprès de la cour de l'empereur.

◆ Époque de Heian (794-1192)

Durant cette période, la capitale impériale est établie à Heian Kyo qui deviendra le futur Kyoto et qui restera la capitale du pays jusqu'au XIXe siècle. Après avoir rompu ses relations diplomatiques avec la Chine, le Japon développe une civilisation proprement japonaise. Malheureusement le pays a du mal à trouver ses repères et entre dans une guerre civile sanglante. Le gouvernement impérial doit faire face aux différentes rebellions et décide d'employer des guerriers professionnels qui travaillent déjà pour des armées privées que détiennent certaines grandes familles du pays. Ils seront nommés « Samouraï ».

◆ Époque de Edo (1600-1868)

Inspirés du confucianisme, les liens personnels entre les Japonais sont fortement hiérarchisés et charpentent la vie sociale avec :

- la morale et le respect de la hiérarchie ;
- un système de classes sociales très compartimentées ;
- et enfin, un pays très fermé à toutes les influences extérieures, ce qui lui permettra de rester une des rares nations non occidentales à ne pas subir le colonialisme.

◆ Ère Meiji (1868-1912)

Cette époque fut marquée par une ouverture sur le monde et par un énorme bond en avant. C'est ici le premier point pivot, où le Japon passe en quelques années d'une société médiévale arriérée à un état moderne.

◆ La capitulation du Japon

Le 2 septembre 1945, le Japon capitule quatre mois après l'Allemagne. Cette capitulation annonce la fin totale de la seconde guerre mondiale mais il aura cependant fallu deux bombes atomiques, sur Hiroshima et Nagasaki, pour que l'empereur Showa, allié d'Hitler, arrête sa poursuite contre les Américains dans l'Océan pacifique.

Vaincu pour la première fois de son histoire, le Japon est traumatisé par cette défaite. En 1947 et sous l'égide des États-Unis, une nouvelle Constitution japonaise est adoptée. Le pays s'engage dès lors à renoncer à la guerre, à garantir les droits fondamentaux de l'homme et à maintenir un régime démocratique. En 1952, le Japon se retrouve libre et les zaibatsu les conglomérats d'entreprises qui travaillent dans différents secteurs de l'économie et qui appartiennent à la même structure familiale, se reconstruisent.

9.3 L'île aux bonsaïs

9.3.1 La politique japonaise

Le Japon est, depuis 1889, une monarchie constitutionnelle héréditaire où les Empereurs sont les symboles de l'État. Chaque Empereur reçoit à son sacre, les trois attributs du pouvoir qui sont : l'épée à sept branches, le miroir et le joyau (un collier). Même s'il n'a que des fonctions représentatives honorifiques, à l'exemple de la reine d'Angleterre, l'Empereur se doit d'être présent à toutes les grandes cérémonies.

La constitution actuelle du Japon est entrée en vigueur le 3 mai 1947. Elle a été élaborée par le général MacArthur qui a pris le pouvoir de l'Empereur pour le donner au peuple et instauré ainsi le suffrage universel.

Aujourd'hui, la Diète représente le corps législatif composé de deux chambres (basse et haute), le cabinet représente le pouvoir exécutif et la cour suprême ainsi que les tribunaux représentent le pouvoir judiciaire.

Le Parti libéral démocrate (PLD) est le parti qui a dominé l'échiquier politique depuis la seconde guerre mondiale. Il a connu de grosses difficultés au cours de son histoire mais il est aujourd'hui revenu en première place à la chambre basse japonaise.

9.3.2 La démographie

La population Japonaise représente 128 millions d'habitants avec un taux d'urbanisation de 67 % de son territoire et une densité de 351 habitants au km^2, soit trois fois plus qu'en France et autant qu'en Inde. La population est de plus en plus vieillissante seulement 1,4 enfant par femme contre 2 en France, ce qui traduit des difficultés sur le plan économique et social. D'après les différentes études et n'ayant pas d'immigration comme en Europe ou aux États-Unis, la population japonaise devrait diminuer pour n'être plus qu'à 60 millions d'habitants en 2051.

9.3.3 La géographie

Le Japon est un archipel constitué de quatre îles principales : Hokkaido, Honshu, Shikoku et Kyushu et de plus de 3 000 petites îles pour un total de 30 000 kilomètres de côtes. Le pays est essentiellement constitué de reliefs montagneux dont le célèbre volcan, le Mont Fuji situé à 3 776 mètres d'altitude. Les nombreux terrains en pente servent à l'agriculture et les reliefs sont encore peu habités. Malgré une concentration forte de la population dans certains endroits, comme dans la ville de Tokyo ou l'île d'Hokkaido, d'autres zones sont encore très boisées et restent sauvages avec une faune nombreuse et variée.

9.3.4 Le climat

L'étirement important du Japon donne des différences de climat significatives entre le nord et le sud. Plus on va vers le Nord et plus l'hiver est long et froid alors que l'été y est chaud. Plus on va vers le sud dans les archipels d'Okinawa, plus le climat y est tropical.

9.3.5 Les religions

Le Japon a deux religions principales, le shintoïsme et le bouddhisme. Bien qu'un grand nombre de personnes se disent aujourd'hui athées, la plupart suivent encore des rites et des coutumes shintoïstes et bouddhistes.

La religion bouddhiste vient de l'Inde (*cf.* paragraphe Inde et religion) alors que la religion shintoïsme vient du Japon. Elle est née des mythes de l'histoire ancienne, lorsque les Japonais pensaient que des divinités existaient dans la Nature, dans les arbres, les montagnes, la mer ou le vent. De nombreuses demeures japonaises ont encore aujourd'hui une petite « étagère consacrée aux dieux » pour les offrandes.

Le christianisme s'est également introduit au Japon avec les missionnaires espagnols et portugais au milieu du XVIe siècle, mais ils ne sont que quelques pour cent aujourd'hui à pratiquer cette religion.

9.3.6 Sushis, brochettes, et bien plus encore

La cuisine japonaise est très variée mais fondamentalement différente de ce que nous connaissons. Le principe fondamental de la gastronomie japonaise est que tous les ingrédients doivent être frais. Les Japonais raffolent des produits de la mer et en consomment même parfois au petit-déjeuner. La tradition culinaire est considérée comme un art dans la culture japonaise et la présentation, comme la préparation, doivent répondre à des critères aussi bien esthétiques que gustatifs. Les Japonais mangent aussi beaucoup de légumes dont de nombreuses variétés inconnues en Occident.

◆ Quelques plats japonais

- Les sushis : fines tranches de poisson cru posées sur un riz amalgamé et relevé au wasabi (raifort japonais). La variante en petits rouleaux entourés d'algues séchées, s'appelle le maki.
- Les tonkatsus : friture de poulet ou de veau, très fine et servie avec une sauce à élaborer soi-même.
- Les miso soup : la soupe qui accompagne presque tous les repas.
- Les tempuras : friture de poissons, crevettes, légumes, émincés de poisson ou de fruits de mer, servis en entrée.
- Les yakitori : brochettes de poulet, de champignons ou de saumon,
- Les nouilles : soba ou udon, accompagnées ou non de tofu (pâte de soja).

◆ Quelques boissons typiques

- Le saké qui est appelé ninonshu au Japon et qui désigne tous les types d'alcool. Celui qui est connu en Occident est celui qui est à base de riz fermenté. Il se boit frais ou tiède.
- Le thé qui est la boisson la plus consommée au Japon et servie gratuitement dans les restaurants.
- La bière japonaise : boisson alcoolisée la plus populaire. C'est une bière blonde légère qui se boit glacée.

9.3.7 Le réseau de transport japonais

Le réseau de transport japonais est considéré comme le meilleur au monde. Les chemins de fer sont extrêmement performants et des trains de dernière technologie sont utilisés pour relier les différentes villes à grande vitesse. Ce réseau est connu pour son exactitude dans les horaires et son service remarquable. La plupart des villes ont aussi un métro, sans compter le transport aérien et maritime qui joue aussi un rôle très important pour le transport entre les îles. Bien qu'assez cher dans l'ensemble, ce maillage est tellement performant que de nombreux Japonais voyagent dans leur pays avec les transports en commun.

9.3.8 Les fêtes nationales

Aujourd'hui, le Japon est le pays qui détient le plus de jours fériés durant l'année. Voici les principales fêtes :

- *Oshôgatsu* : fêtes du nouvel an qui se déroulent sur trois jours, du 1er au 3 janvier.
- *Seijin no Hi* : le deuxième lundi de janvier. C'est le rite de passage à l'âge adulte qui est fixé à 20 ans, âge de la majorité.
- *Setsubun* : coutume ancestrale basée sur le calendrier lunaire et qui a lieu le 3 février et marque l'arrivée du printemps.
- *Kenkoku Kinen no Hi* : depuis 1966, le 11 février est officiellement le jour anniversaire de la fondation de l›État japonais par l›empereur Jimmu (660 avant J.-C.).
- *Hina matsuri* : le 3 mars les petites filles exposent de précieuses poupées sur une sorte de présentoir en escalier.
- *Shunbun no Hi* : cette fête marque l›arrivée du printemps et se situe généralement entre le 17 et le 24 mars.

- *Midori no Hi* : des milliers de bénévoles sont mobilisés pour planter des arbres, nettoyer des sites naturels.
- *Kempô Kinembi* : le 3 mai de chaque année est fêté au Japon le jour anniversaire de la constitution de 1947. Exceptionnellement, la Diète nationale est ouverte au public.
- *Kokumin no Kyujitsu* : le 4 mai est le jour officiel de repos des Japonais.
- *Kodomo no Hi* : le 5 mai, ancienne fête chinoise qui correspond à la fête des enfants et plus particulièrement celle des garçons.
- *Golden week* : « semaine en or » ou golden week qui regroupe quatre fêtes différentes et pour laquelle la plupart des entreprises sont fermées (du 29 avril au 5 mai).
- *Tanabata* : fête chinoise qui correspond au septième jour du septième mois lunaire et lors de laquelle des feuilles de bambou sont décorées.
- *Umi no Hi* : fête nationale qui a pour but de sensibiliser les citoyens japonais à l›importance de la mer pour la nation.
- *Obon* : fête bouddhiste des ancêtres. C'est la plus importante période des vacances avec la golden week.
- *Shûbun no Hi* : le 23 septembre correspond à l'arrivée de l'automne. Ce jour-là, les Japonais se réunissent en famille pour visiter les tombes des ancêtres.
- *Taiiku no Hi* : le second lundi du mois d'octobre, de nombreuses manifestations sportives ont lieu dans tout le pays afin de rappeler l›importance du sport pour le développement d›un corps sain et d›un esprit sain.
- *Bunka no Hi* : Le 3 novembre, de nombreuses manifestations culturelles, célébrant la vie, la liberté, la paix et la culture, se déroulent dans tout l›archipel japonais.
- *Shichigosan* : les années 3, 5 et 7 sont importantes dans la vie d'un enfant. Le 15 novembre, ces enfants âgés de 3, 5 et 7 ans vont avec leurs parents dans un sanctuaire pour réciter des prières.
- *Tennô Tanjôbi* : le 23 décembre est la date anniversaire de l›empereur régnant Akihito. C'est un jour chômé par tous les Japonais.
- Noël : le 25 décembre n'est pas un jour férié au Japon mais une tradition moderne qui se développe de plus en plus. C'est aussi un jour de romantisme pour les amoureux…
- *Omisoka* : c'est le dernier jour de l'année. Les Japonais se réunissent en famille pour accueillir la nouvelle année, nettoient leur maison à fond et installent les décorations du nouvel an.

9.3.9 La superstition

Les Japonais sont très superstitieux et il ne faut surtout pas se moquer d'eux sur les objets de superstition. On trouve de l'eau qui nous fait devenir riche jusqu'à l'œuf qui nous garde en bonne santé. Il est aussi possible de faire des vœux à de multiples endroits avec des objets plus surprenants les uns que les autres.

9.3.10 Le karaoké

Comme en Chine, le karaoké est devenu une véritable institution au Japon. De nombreux Japonais s'entraînent régulièrement et chantent très bien. Vous aurez peut-être à chanter, au cours d'une soirée, devant toute une assemblée. Pas de panique, plus vous chantez mal et plus vous serez apprécié. C'est en effet une grande preuve de courage d'avoir osé chanter (aussi mal) devant tout un ensemble de personnes inconnues et vous ne pourrez que gagner des points dans leur estime si vous vous comportez ainsi !

9.4 L'âge de raison : investir partout sur la planète

Le séisme du 11 mars 2011 a plongé le Japon dans la récession mais ses industries phares comme l'électronique, l'optique ou encore l'automobile sont reparties de façon significative. Ces entreprises ont su s'adapter tout en faisant face à la concurrence internationale. Aujourd'hui encore, la Bourse de Tokyo dépasse celle de Paris, de Londres, de Berlin et talonne celle de Wall Street. Il est vrai cependant, que même si le Japon est présenté comme le troisième pays économique mondial après les États-Unis et la Russie, il n'a pas tous les atouts d'une grande puissance :

- Tout d'abord par la superficie du pays et son éloignement des autres grands nœuds industriels mondiaux. Ses reliefs importants poussent la majorité de ses habitants à « s'entasser » dans les villes à l'est, où le nombre d'habitants au kilomètre carré devient intenable.
- Le manque de ressources naturelles qui le rend dépendant des fluctuations économiques et en particulier des hydrocarbures. Et ceci et encore plus vrai avec l'arrêt de certaines de ses centrales nucléaires où le Japon a décuplé ses commandes de gaz naturel.

- Le Japon fait face au continent asiatique et subit son influence froide en provoquant de fortes chutes de neige et de graves inondations sans oublier les catastrophes naturelles comme les séismes, les éruptions volcaniques ou encore les typhons.
- Enfin son rôle international et son budget militaire sont limités (dans un but défensif uniquement).

9.4.1 La raison de sa réussite à l'international

L'homme n'ayant absolument aucune défense naturelle face à ses prédateurs, il s'est construit un monde moderne pour devenir plus fort et maîtriser tous les éléments. Les Japonais, privés de toute richesse naturelle sur leur petit territoire, semblent avoir fait la même chose dans leur développement économique. En se rendant, de plus, totalement dépendant de son commerce extérieur pour évoluer, le Japon a su construire sa grandeur.

◆ La culture entrepreneuriale

Aujourd'hui encore, 75 % de ses importations sont des produits bruts et des denrées agricoles. Pour obtenir des devises et continuer à exister, le Japon a donc une impérieuse nécessité de vendre toute sa production sur la planète. Afin de faciliter ses échanges, il a placé toute son industrie sur la côte Est de l'île, face à l'océan Pacifique.

Même si l'esprit entrepreneurial n'est pas le même qu'aux États-Unis, les performances du Japon sont toutes aussi impressionnantes. Cela est dû, en particulier, à deux capacités principales :

- d'une part, celle d'entreprendre et construire de grands groupes industriels et financiers comme Toyota ou encore Sony ;
- d'autre part, celle de faire travailler en sous-traitance des milliers de TPE sans pression écrasante comme ce qu'on peut connaître avec la grande distribution française[22]. Ces petites entreprises emploient, à elle seules, plus de 70 % des salariés du Japon.

Les Japonais sont très disciplinés et une certaine harmonie règne, non seulement dans les entreprises, mais aussi en dehors. En ce qui concerne la circulation par exemple : le klaxon n'est pratiquement pas utilisé et il y a relativement peu d'embouteillages, comparés aux grandes capitales asiatiques. Leurs origines confucianistes, la surface de leur territoire et leur

22 Sur ce sujet, une de nos grandes marques françaises de distribution a connu un échec cuisant au Japon, en partie à cause de méthodes de pression inacceptables dans la chaîne des fournisseurs japonais.

attachement au collectif, ont créé une cohésion de groupe aussi bien dans l'optimisation de l'organisation sociale que dans la création de richesse.

Ce sont aussi de gros travailleurs, avec des temps de travail qui s'élèvent à plus de 2 000 heures par an, contre 1 600 heures aux États-Unis. La pression dans les objectifs est considérable et le code d'honneur fait que les Japonais ont une forte volonté de réussir dans tout ce qui est entrepris.

◆ L'industrie

L'industrie japonaise, totalement détruite à la seconde guerre mondiale, a dû se reconstruire entièrement. Elle a connu, jusqu'à la fin des années quatre-vingts, une croissance extrêmement soutenue de l'ordre de 10 % qui s'est ralentie par la suite. Aujourd'hui, le Japon est la deuxième plus grande puissance industrielle du monde loin cependant derrière les États-Unis23. Ses secteurs prioritaires sont l'automobile (Toyota est le deuxième constructeur mondial, en nombre de voitures pour les particuliers et fait désormais plus de bénéfices que Général Motors et Daimler Chrysler réunis), la sidérurgie, l'électronique et la construction navale (après les Coréens mais devant la Chine).

Le Japon est aussi un pôle de développement économique et scientifique très important. De nombreuses entreprises exercent dans le domaine de la recherche et de nombreux brevets sont déposés chaque année.

Le Japon place de plus en plus ses pions à l'extérieur du pays

Les disponibilités d'une balance commerciale constamment excédentaire facilitent l'expansion du Japon à l'extérieur de ses frontières. Cela est facilité par une présence planétaire des produits japonais qui sert de levier pour le déploiement de ses investissements à l'étranger. Les entreprises japonaises se sont ainsi multipliées dans les pays riches et pauvres. La Chine, puis l'Inde, sont devenues des cibles prioritaires.

9.4.2 Les concepts clefs de la société

La société est basée sur des concepts clefs sociaux qui traduisent les comportements à adopter pour être « en règle » avec les attentes de la société japonaise.

23 Les États-Unis ont accédé au rang de première puissance industrielle du monde dès la fin du XIXe siècle. En 1913, ils représentaient déjà plus du tiers de la production industrielle mondiale.

- *On* : l'interrelation sociale. L'obligation que l'on doit aux uns et aux autres par le simple fait d'exister et de profiter de tout ce qui nous entoure.
- *Giri* : L'obligation du retour. Tout ce que l'on reçoit doit être redonné d'une manière ou d'une autre. Conserver la face c'est trouver le juste équilibre du donner/recevoir envers la famille, la société et l'entreprise. Si telle n'est pas le cas c'est Haji.
- *Haji* : c'est la honte. Perdre la face, ne pas être capable d'assumer la situation seul. À ce titre, il vaut mieux ne pas employer l'anglais si ses interlocuteurs japonais le parlent mal. Il est judicieux de se faire accompagner par un interprète que l›on ne regarde pas quand on parle à ses hôtes.
- *Shibui* : on pourrait le traduire par « l'âpreté du goût ». C'est le raffinement derrière les choses qui ont une apparente rudesse ou banalité.

Les Japonais aiment l'ordre et la propreté. Ils détestent l'imprévu, les retards et la manifestation ostentatoire des émotions. Ils n'aiment pas non plus voir les autres se moucher, fumer ou encore s'agiter. Si en France, serrer la main pour dire bonjour ou au revoir est très répandu, au Japon, ce n'est pas dans les habitudes. Une simple inclinaison de tête suffit et on évitera tous les contacts à connotation intimiste (taper sur l'épaule, se permettre certaines familiarités avec les femmes). Cependant, les hommes d'affaires japonais sont habitués à serrer la main des Occidentaux et cela ne les gène en rien lors d'une première rencontre.

9.4.3 Le changement rapide dans l'harmonie : *Nemawashi*

Nemawashi est un processus informel qui permet de conserver l'harmonie dans le changement. Sans harmonie, *Nemawashi* disparaît et c'est le désordre puis le chaos. La traduction littérale de *Nemawashi* est « Tourner autour des racines ». *Nemawashi* s'applique tous les jours, aussi bien dans la vie privée que dans la vie professionnelle car il correspond à une universelle harmonie dans le changement.

Si dans la forme, *Nemawashi* est un processus de cohésion de groupe qui ressemble fortement à celui du teambuilding occidental, dans le fond il s'agit de développer une réelle volonté d'harmonie dans les interrelations personnelles. Inutile de faire vivre l'aventure outdoor à toute l'équipe pour mieux se connaître. Pas besoin de sauter à l'élastique ou de dormir sous une tente en montagne avec ses collaborateurs. Il s'agit ici de travailler sa paix intérieure, la maîtrise de son vocabulaire afin que chacune de ses phrases soit respectueuse et donne de la « face », ou encore de la valeur, à chaque individu de l'entourage. Le *Nemawashi* est un processus d'adaptation harmonieux (et non de confrontation) des êtres les uns envers les autres pour changer et évoluer.

Cependant, ce terme n'est jamais prononcé par le manager d'entreprise car il traduirait un effort de sa part et non une composante de son être à part entière. Il doit donc être appliqué, un point c'est tout !

Dans la forme, le *Nemawashi* est apparenté à la construction du Teambuilding occidental à savoir :

- cibler les personnes à interroger ;
- élaborer une stratégie en fonction des objectifs à atteindre ;
- impliquer tous les collaborateurs du projet ;
- travailler les points de divergences et les intégrer dans les décisions ;
- exposer toutes les idées ;
- écouter attentivement chaque interlocuteur pour qu'il exprime le fond de sa pensée ;
- construire l'harmonie.

9.4.4 La notion de « face »

Dans l'organisation sociale des Japonais ancestrale, basée sur l'harmonie, la notion de « face » reste très importante. Le « non » est rarement employé dans les échanges verbaux puisqu'il exprime soit une incapacité à satisfaire une demande (*Haji*), soit une opposition d'engagement dans une action. Dans certains cas, le fait même de refuser peut être considéré comme une forme d'humiliation insoutenable et c'est la pire des choses qui puisse arriver à un Japonais. Il ne faut donc pas être surpris si les interlocuteurs japonais ont une tendance à ne jamais dire « non », mais plutôt « oui, je vous ai compris », tout en restant à l'extérieur du sujet.

La confrontation verbale pour faire avancer les projets et à laquelle les Occidentaux sont habitués dans les échanges de point de vue, fait alors place au Japon à des propos flous, ambigus et le plus souvent difficiles à cerner.

Les occidentaux avancent par confrontation, les Japonais par adaptation.

L'objectif est donc de se contenir dans tous les types d'échanges, même si cette retenue est parfois extrêmement difficile à appliquer compte tenu de l'évidence des faits. Pour cela, il faut appliquer leurs techniques en répondant régulièrement : « C'est intéressant » ou encore « nous allons y réfléchir » au lieu d'un « non » qui pourrait mettre fin de façon anticipée aux différents échanges. Il ne faut pas non plus poser des questions qui engageraient nos interlocuteurs dans une impossibilité de répondre autrement que par la négative. Si le sujet bloque, il faut en changer et s'arranger pour y revenir par un autre moyen ultérieurement.

◆ Et si vous devez former des Japonais...

Cette volonté de conserver la face en toutes circonstances limite forcément les échanges interactifs pourtant nécessaires dans les formations. Mais si les participants avouaient leur incompréhension, cela reviendrait à dire que le formateur est mauvais, d'où une perte de face devant l'auditoire. Si en tant que partenaire d'entreprise, vous devez former du personnel japonais, il est important de vérifier ce que chacun a pu réellement comprendre. Cela ne sera possible que pendant les pauses, en face à face, à travers quelques questions astucieusement posées. Attention, la plupart du temps vous risquez d'être surpris... mais c'est la seule façon de revenir sur les notions qui n'ont pas été bien acquises.

Faire miroir avec son interlocuteur japonais, sans toutefois se « tatamiser »

Faire miroir avec son interlocuteur, c'est lui montrer notre volonté d'entrer dans ses rites et ses codes sans chercher à être plus Japonais que lui ni chercher à le singer de façon systématique. Il s'agit simplement de s'asseoir quand il s'assoit, d'insister quand il insiste, de prendre une distance quand il en prend une, toutes ces mimiques devraient lui plaire et le rassurer puisqu'il constatera vos efforts pour le séduire.

L'analyse graphique du profil social japonais (*cf.* figure 9.1) montre d'abord un « profil 3 », c'est-à-dire des Japonais avec peu d'ego mais avec un fort besoin d'interrelations sociales.

La notion de « Nous » est fondamentale et les Japonais ont tendance à suivre les décisions prises sans contester. Puis vient ensuite un profil social 2 avec une tendance autoritaire dans certains cas, surtout pour les managers.

Dans le profil social 2, il est important de ne pas se laisser impressionner. Face à une personne jouissant d'un charisme exceptionnel ou encore d'une considération toute particulière due à sa position sociale, l'interlocuteur étranger doit être sûr de lui tout en conservant une certaine humilité. Dans bien des cas et afin de pallier des différences de niveaux, il est judicieux de se déplacer avec un supérieur équivalent au niveau rencontré.

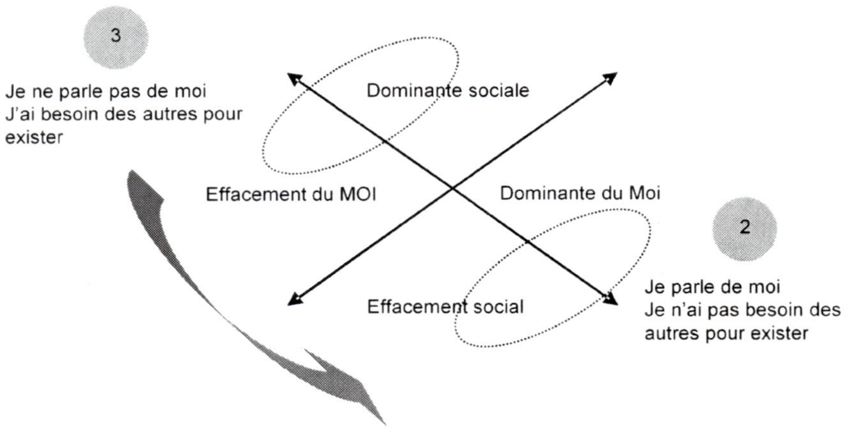

Figure 9.1 Profil social du Japonais

Pour satisfaire le profil social 2, l'interlocuteur Japonais doit mener la conversation

En posant des questions ouvertes régulièrement, nous lui donnons l'occasion de s'exprimer. Attention cependant à bien mesurer son niveau de tolérance à l'échange verbal, il ne s'agit pas ici d'insister quand il ne souhaite plus s'exprimer.

Pour satisfaire le profil social 3, l'interlocuteur doit participer à la conversation

Une négociation doit être animée par des documents, des schémas, des photos, ou des séquences filmées par exemple. Le Japonais aime la nouveauté et la technologie, en utilisant tous les médias à disposition, il prendra part de lui-même au débat.

Toujours rester poli et courtois même dans les situations tendues

Ne jamais s'emporter (ce qui revient à une perte de face ou encore de self control) mais plutôt ajourner si les différends persistent. Alors qu'en France, la décision s'impose au bout de la deuxième visite, au Japon, se voir plusieurs fois avant toute décision, ne pose aucun problème.

◆ Et même si...

Si l'affaire n'aboutit finalement pas au bout du compte, remerciez les toujours (même si on souhaiterait plutôt « se lâcher » à ce moment-là), en leur disant que vous les comprenez par rapport à leurs différentes orientations (même si cela n'est pas du tout vrai). Les occidentaux n'ayant pas l'habitude d'appliquer ce type de comportement, les Japonais se souviendront longtemps de vous et la décision japonaise finale peut parfois, d'un seul coup, se retourner en votre faveur. Si ce n'est pas le cas, il sera toujours possible de reprendre contact dans le futur.

9.4.5 Comment refuser sans faire *Haji* à nos interlocuteurs japonais ?

Ne pas blesser son interlocuteur, ne pas lui faire perdre pied surtout devant un groupe de collaborateurs, doit être une préoccupation quotidienne dans toutes les relations d'affaires. Voici quelques astuces pour ne pas faire trop d'impairs :

- Tout d'abord ne pas le mettre dans une situation complexe en porte à faux vis-à-vis de ses collaborateurs.
- Ne jamais répondre par « Non » mais plutôt par une phrase du type : « Ce ne sera pas facile de réaliser ce que vous demandez », ou encore « Il m'est difficile de modifier ce point de négociation ».
- Il est important de justifier votre choix, en impliquant régulièrement la politique d'entreprise ou la direction générale afin de montrer vos contraintes, par exemple : « Malheureusement notre direction générale a changé ses prix cette année » ou encore « Malheureusement notre politique d'entreprise ne nous permet pas de faire ce que vous nous demandez. »
- Il faut adopter une attitude humble et s'excuser dans le cas d'une incapacité de satisfaire ses interlocuteurs étrangers.
- Il faut toujours rester courtois et enchaîner sur d'autres sujets pour détendre l'atmosphère.

9.4.6 Le comportement d'achat des Japonais

Le Japonais a une pensée très pragmatique et responsable quand il fait ses achats au quotidien. Il se dit que si ce n'est pas Japonais – alors que cela peut être fabriqué par un Japonais – il n'est pas sain d'acheter ce produit pour lui et son pays. Cependant et surtout avec la jeunesse d'aujourd'hui, la notion de marque devient prioritaire et passe devant le nationalisme.

Le consommateur japonais a aussi la critique « facile ». Il s'informe, compare et ne semble jamais satisfait. Ce pays ayant connu des mutations très rapides dans l'évolution de son économie, il recherche en permanence de la nouveauté et la mode[24] « bat son plein ».

Contrairement à la Chine, il ne lui faut pas le produit le moins cher, mais plutôt le produit nouveau ou encore le gadget original, d'une qualité correcte (son niveau d'exigence est assez élevé). Bien qu'il soit porté vers la nouveauté, le consommateur japonais veut être rassuré dans le suivi de son produit avec un SAV efficace. Hormis le comportement d'achat patriotique, la deuxième difficulté pour une entreprise exportatrice est de monter une structure de suivi produit, souvent sur place, pour se développer au Japon.

9.5 Saké, mode d'emploi

Tout d'abord pour décrocher un rendez-vous dans une entreprise, il est conseillé de se recommander d'un contact japonais (relation personnelle ou agent), lequel se portera garant de votre réputation et de celle de votre entreprise.

Il est aussi recommandé de contacter d'abord les personnes de « la base », qui feront remonter les informations à leur hiérarchie et qui seront ensuite plus à même de vous indiquer les bonnes personnes à rencontrer.

Le salut traditionnel japonais dans les différentes réceptions se fait souvent en s'inclinant en avant. En fonction du statut de la personne, l'angle d'inclinaison est différent. Ne connaissant pas cette codification extrêmement précise, le salut occidental en serrant la main aux femmes et aux hommes, avec une légère inclinaison de la tête fera largement l'affaire.

Attention à ne pas parler trop fort car les Japonais n'aiment pas cela.

24 Une des premières choses amusantes que remarquent les Occidentaux, ce sont les adoslecentes japonaises qui souhaitent rester petites filles le plus longtemps possible contrairement à la France où l'ado veut être considérée comme une femme.

9.5.1 L'échange des cartes de visite

De nombreuses cartes de visite sont échangées au Japon. Il faut en prévoir en quantité suffisante, soit entre 100 et 200 pour un séjour d'une semaine.

Plus qu'il n'y paraît, l'échange de carte de visite est délicat puisqu'il correspond non pas à un échange de simples petits morceaux de carton mais à un « don » de sa personne. Dans ces conditions, on mesure la délicatesse du geste...

- Sortez votre carte de visite et attendez que votre homologue fasse de même.
- La carte de visite se donne et se reçoit à deux mains tout en inclinant la tête. En effet, tous les objets sont toujours transmis avec les deux mains, même les plus petits ou les plus légers : une documentation, une tasse de thé, une serviette, etc.
- Placez-la au-dessus de la sienne si vous êtes d'un niveau hiérarchique supérieur, au-dessous dans les autres cas. Si vous ne savez pas, placez-la toujours au-dessous.
- Ne le fixez pas quand vous lui parlez car il pourrait se sentir gêné.
- Lisez sa carte tout en montrant un intérêt certain à son titre.
- Laissez-le se présenter, n'hésitez pas à le faire répéter si son nom est complexe.
- Demandez-lui comment il veut être appelé, peut-être a-t-il un diminutif ?
- Retenez bien son nom pour pouvoir le prononcer sans l'écorcher par la suite (le mieux étant de l'écrire dans votre agenda, phonétiquement, pour pouvoir le prononcer correctement au moment opportun).
- Présentez-vous et prenez votre temps car votre nom lui est totalement étranger. Ce qu'il ressent est exactement ce que vous avez ressenti avec son nom.
- Si votre interlocuteur vous montre la face écrite en japonais, c'est qu'il ne l'a pas faite en anglais. Dans ce cas, ne la retournez pas, il pourrait être vexé.
- N'écrivez jamais sur sa carte de visite professionnelle car c'est une partie de lui-même.
- Si vous souhaitez la ranger après quelques minutes, placez-la dans votre portefeuille ou dans votre serviette, jamais dans une poche de pantalon...
- Une fois que vous avez fait le tour de la table et que tout le monde vous a remis sa carte, vous pouvez les disposer devant vous pendant la réunion.

◆ Mais où est le véritable décisionnaire ?

Il arrive souvent que les titres sur les cartes de visite ne soient pas suffisamment explicites pour placer correctement tout le monde dans un organigramme logique. Dans ce cas, il ne faudra pas non plus s'arrêter aux présentations strictes de chaque membre de la délégation, qui aura souvent la fâcheuse tendance à se nommer « manager ». Beaucoup s'en font aussi une règle pour brouiller les pistes sur leur véritable fonction afin de participer aux différentes réunions.

9.5.2 Les réunions au Japon

Si vous allez régulièrement dans la même entreprise japonaise, il n'est pas nécessaire de dire « Bonjour » à tout le monde avec le sourire lorsque vous vous rendez dans les différents services. Cette agitation démontrerait un manque de sagesse et une certaine arrogance de votre part.

Les Japonais ont une conception du temps linéaire extrêmement rigide. Arriver à l'heure, c'est déjà être en retard. 15 minutes en avance, c'est le bon temps... Vos interlocuteurs nippons ne vous respecteront ensuite que si la réunion commence à l'heure exacte et que si vous montrez de la rigueur dans tous vos actes.

Entrez dans la salle de réunion en vous situant dans l'ordre hiérarchique décroissant, en laissant libres les chaises situées en bout de table, traditionnellement réservées aux hôtes.

Cherchez la personne la plus compétente sur chaque sujet et non pas la plus importante, tout en repérant le chef qui reste souvent discret.

Respectez les silences marqués. Il s'agit d'un moment de réflexion qu'il ne faut pas interrompre. Ici plus qu'ailleurs, il faut apprendre à parler en mode pondéré pour montrer de la considération. Ne jamais interrompre son interlocuteur en coupant ses propos.

Prenez en note les points importants. Dans la mesure du possible, amenez une secrétaire qui prendra les notes nécessaires. Dans le cas contraire, inscrivez tous les points abordés par les interlocuteurs. Ne sortez de la salle qu'exceptionnellement, cela est généralement très mal vu.

Si c'est vous qui vous rendez à une réunion, votre place vous sera sûrement précédemment attribuée. Si ce n'est pas le cas, laissez les organisateurs vous indiquer votre place. Si c'est vous qui organisez la réunion, il faut savoir qu'il y a certaines règles à respecter dans le placement de vos convives.

Aux temps des samouraïs, on demandait aux invités de se déchausser et de déposer leurs armes à l'entrée. Ainsi dépourvu de moyens de défenses, l'individu se plaçait généralement dos à un mur pour éviter toute attaque. Cette tradition reste toujours dans les mœurs et les Japonais ont tendance à placer les invités loin de la porte. S'il y a un *tokonoma*[25] ou si la réunion a lieu dans un salon privé avec une cheminée, les personnes les plus respectées seront placées à côté de ceux-ci.

Il faut être toujours placé en face de ses invités à niveau hiérarchique équivalent. Si c'est vous qui êtes invité à une réunion, sachez que le directeur sera placé au dos du tokonoma, en bout de table. Plus les participants sont loin du directeur et plus ils descendent dans la hiérarchie.

Par politesse, il y a plus d'hôtes que d'invités. S'il manque du personnel, vos hôtes inviteront des collègues à la réunion, seulement pour combler le manque, même si ceux-ci n'ont rien à voir avec le sujet.

◆ Les bonnes manières à ne pas oublier

- Lorsque vous prenez la parole, ne fixez pas un individu mais balayez du regard tout l'auditoire. Une nouvelle fois, ne parlez pas trop fort.
- Remerciez toujours les personnes qui vous ont invité en leur disant que c'est un grand honneur d'être ici et en inclinant légèrement la tête.
- Limitez-vous au strict minimum dans les démonstrations de sympathie. Réservez l'humour pour le soir mais pas dans la journée Les présentations doivent être très formelles, sans excès.
- Éteignez votre téléphone portable. Ce serait une insulte s'il sonnait...
- N'allez aux toilettes qu'exceptionnellement pendant la réunion.
- Prenez des notes pour montrer votre intérêt.

Les patrons japonais sont des adeptes du ringi, la recherche du consensus à tous les niveaux hiérarchiques de l'entreprise. Une fois le consensus obtenu, une décision est alors prise.

25 Le *tokonoma* est une petite alcôve au plancher surélevé où l'on expose généralement des calligraphies ou des objets d'art.

9.5.3 La tradition du cadeau

Tout d'abord, ne jamais oublier *Giri*, l'obligation du retour. Tout ce que l'on reçoit doit être redonné d'une manière ou d'une autre, sinon c'est *Haji* (la perte d'honneur). C'est-à-dire qu'un cadeau important et onéreux offert à la première rencontre engage, et met dans une certaine difficulté, votre interlocuteur japonais, car il devra vous rendre l'équivalent. Les cadeaux qui s'échangent doivent donc être de valeurs similaires, dans le cas contraire, ils ont un autre sens qu'il faudra décoder.

Attention à la manière dont votre geste est perçu. Si vous offrez, par exemple, un cadeau de plus grande valeur que celui que vous avez reçu, c'est que vous voulez rompre en mettant votre partenaire dans l'embarras.

Conserver la face c'est trouver le juste équilibre dans le don. Si vous devez aller au Japon pour rendre visite à des fournisseurs, amenez-leur un petit cadeau que vous aurez acheté en France (de 5 à 150 euros avec la marque sur l'emballage d'un grand magasin français comme les Galeries Lafayette par exemple). Lors d'une visite à des futurs clients, la démarche est beaucoup plus délicate parce qu'ils auront la perception d'être soudoyés. Cependant, s'ils vous offrent un cadeau, il est très convenable de leur en donner un en retour lors d'une prochaine visite.

Il est préférable d'offrir des cadeaux en privé ou alors au groupe dans son ensemble pour éviter l'embarras. En privé, le cadeau peut être considéré comme personnel alors qu'en public, il sera toujours donné au nom de l'entreprise. Si, à tout hasard, vous vous retrouvez face à un groupe supérieur en nombre à celui des cadeaux, donnez-les tous au plus haut supérieur du groupe en mentionnant bien que c'est pour toute l'équipe. Ceux-ci seront distribués, ou non, après la réunion, mais au moins vous aurez sauvé votre face...

Les types de cadeaux qui plaisent sont : les fruits frais de saison, les bouteilles de vin associées à une carte postale du vignoble (le Beaujolais nouveau fait fureur au Japon, mais ce peut-être aussi une bonne bouteille de Bordeaux), du Cognac, du chocolat, des livres sur l'art, un stylo Montblanc sans oublier une carte postale de votre région et/ou une photo de votre entreprise.

Dans la mesure du possible, il est toujours mieux de l'apporter et de l'offrir soit même que de l'expédier. Veillez à l'emballage qui a presque plus d'importance que le cadeau lui-même.

Si c'est vous qui recevez un cadeau, remerciez l'offreur en inclinant la tête sans l'ouvrir devant lui (cette façon de faire évite de perdre la face au cas où le cadeau ne plairait pas). Et enfin, si vous l'avez reçu par courrier, remerciez l'expéditeur dès réception par un mot manuscrit envoyé à son entreprise, ou mieux encore, à son domicile. Si vous ne le faites pas, votre interlocuteur pourra penser que vous n'avez pas aimé son cadeau.

Si quelqu'un vous offre un cadeau dans le cadre professionnel et que vous ne comprenez pas l'objet de sa démarche, dites-lui que vous ne pouvez pas l'accepter car le règlement intérieur de votre entreprise l'interdit. Certaines entreprises au Japon commencent d'ailleurs à appliquer cette politique.

9.5.4 Tout commence après 17 heures

Si vos hôtes japonais vous invitent à sortir le soir, il faut accepter dans tous les cas. La soirée est vraiment un moment de libération et les Occidentaux sont souvent surpris par le contraste entre la réunion de la journée et la décontraction du soir. Le lendemain, vous serez aussi saisi par le sérieux de vos interlocuteurs comme si rien ne s'était passé. L'une des clés de succès dans un projet est de vivre des relations extraprofessionnelles avec eux devant un verre de saké.

En ce qui concerne l'humour, les blagues japonaises sont généralement d'un niveau assez bas, mais c'est un moment de détente ! Attention cependant à ne pas aller trop loin même si on a l'habitude de raconter beaucoup de blagues entre amis d'une même culture. Laissez-les venir et observez-les, s'ils commencent, vous pourrez continuer. Cependant, bien qu'ils rient pour n'importe quoi, ils n'ont pas le même humour et les dérapages sont faciles si on s'engage dans cette voie.

9.6 Perceptions croisées

9.6.1 La notion de perception

Il est important de bien comprendre le fonctionnement des Japonais dans leur façon de percevoir les autres cultures. L'intérêt de cerner cette perception est de pouvoir les surprendre, par des actes conformes à leurs attentes dans le milieu professionnel, et non pas à la vision qu'ils peuvent avoir de votre culture. L'objectif est donc de leur faire vivre une expérience qui déclenchera, à coup sûr, une collaboration fructueuse et sincère.

Pour cela, reportez-vous directement à la perception de la culture qui vous concerne puis passez à la conclusion de ce chapitre.

◆ La France...

En 2010, les importations françaises depuis le Japon étaient de 8,8 milliards d'euros contre 5,9 d'exportations. La France est au 24e rang dans les exportations en tant que et au 16e rang en tant que fournisseur26.

Le Japon exporte surtout du matériel informatique et électronique, des voitures, des composants électriques et du matériel de bureau.

En ce qui concerne les importations, on trouve dans l'ordre : les vins, la maroquinerie, les vêtements féminins, les eaux-de-vie, la chimie ainsi que la parfumerie.

◆ ... et les Français

Ah ! La France... Au Japon plus qu'ailleurs, c'est le pays du luxe et de l'élégance. Ce qui est toutefois surprenant, c'est que les Japonais et en particulier les Japonaises, croient que les Français fabriquent ces grands produits de marque pour elles uniquement et non pour eux-mêmes... Certes les Françaises en achètent aussi, mais ne les utilisent que très rarement. Tous ces produits seraient donc fabriqués, en partie pour elles, car les Japonaises pensent que tout le monde sur la planète sait qu'elles suivent la mode.

Les Françaises sont néanmoins bien habillées, mais elles ne correspondent pas aux défilés de mode vus à la télévision au Japon. Elles sont alors souvent surprises, lors de leur voyage en France, de ne pas voir les femmes avec des vêtements de haute couture. Pour elles, les Françaises ont un style et une mode, mais néanmoins décalés et parallèles à la réalité de la perception japonaise. Heureusement pour nous, les Françaises même avec ce décalage, restent à leurs yeux très élégantes...

La France serait-elle devenue à son insu, l'usine de fabrication de mode pour le Japon ?

Les points appréciés par les Japonais sont :

- Les Français sont des spécialistes du savoir-vivre.
- Ils ont le palais fin aussi bien pour la cuisine que pour le vin.
- Ils savent recevoir avec une grande politesse et une grande courtoisie.

---

26 Source : http://www.diplomatie.gouv.fr/

- Ils sont romantiques, avec des femmes très charmantes. Ils sont, à ce sujet, surpris de voir les hommes embrasser les femmes pour leur dire bonjour.
- Ils aiment la vie sans stress compte tenu de tous leurs congés.

Pour les Japonais qui viennent en France, hormis la tournée classique des grands magasins de luxe, ils apprécient nos boulangeries, avec notre pain et nos viennoiseries, ainsi que les terrasses de nos cafés.

Les points de différence sont :

- Les Français sont individualistes et très fiers de leurs créations.
- Ils sont rebelles et qu'ils se révoltent pour un oui ou pour un non.
- Ils font toujours le contraire de ce qu'on leur demande et ce comportement non « suiveur » les rend apathiques et parfois snobs.
- Ils sont assez facilement donneurs de leçons et ils manquent d'humilité.
- Et enfin, ils ont un manque flagrant de connaissances de la culture japonaise.

Dans une collaboration franco-nippone

La perception que les Japonais peuvent avoir des Français est assez paradoxale puisque qu'il y a, d'un côté la haute couture française avec son côté avant-gardiste et de l'autre, le côté traditionnel et campagnard avec la cuisine et le vin. Dans une collaboration, la relation est importante et le Japonais est généralement heureux de côtoyer un Français qui est le symbole du savoir-vivre. Il attend de lui des propositions nouvelles et innovantes avec un certain *french style*.

Cependant, les Français doivent améliorer leur écoute, moins imposer leur vision des choses tout en suggérant des idées. Un peu plus d'humilité devrait non seulement surprendre les Japonais, mais aussi les rassurer dans la collaboration de projet.

◆ L'Allemagne...

Les exportations japonaises vers l'Allemagne ont été de 24 milliards d'euros contre 13 milliards pour les importations, soit une balance excédentaire de 11 milliards[27]. Le Japon est le deuxième partenaire commercial d'Asie pour l'Allemagne, tant sur le plan des exportations que sur celui des importations.

27 Source 2011 : Federal Statistical Office Germany.

Cependant, le montant de 37 milliards d'euros d'échange entre ces deux grands pays reste très faible compte tenu de ce qu'ils réalisent ailleurs sur la planète. Conscients de la faiblesse de leurs échanges, les Japonais et les Allemands ont décidé de se rencontrer plus souvent. Dernièrement, les intérêts de l'Allemagne et du Japon se sont aussi rejoints sur la volonté de réformer le Conseil de sécurité des Nations Unies.

◆ ... et les Allemands

L'image qu'ont les Japonais du mode de vie des Allemands est celle d'une vie planifiée à tous les niveaux, au travail comme dans leur vie personnelle. Les Allemands sont travailleurs et ne laissent rien au hasard, tout est minuté et leur agenda doit être bien structuré. Ce sont des personnes extrêmement sérieuses avec une médecine très avancée. Ils semblent aussi très en avance sur la majorité des technologies de pointe.

Les Allemands semblent cependant rudes entre eux. Ils parlent forts et sont très directs dans leurs échanges, ce qui ne facilite pas l'harmonie de groupe. Ils sont généralement grands, blonds et bien disciplinés. Ils sont aussi bien habillés, mais de façon très classique. Ils aiment se montrer rigoureux en mesurant chacun de leurs gestes. Ils sont très respectueux des lois et les appliquent scrupuleusement.

Ce sont aussi de grands amateurs de vins et de bière.

Les points appréciés par les Japonais sont :

- Les Allemands sont sérieux et leur parole est engagée.
- Ils savent fabriquer du matériel de haute qualité et cela se voit à travers leurs voitures au Japon.
- Collaborer avec les Allemands est une bonne démarche pour faire évoluer ses produits au Japon. Ce sont de très bons collaborateurs pour enrichir ses connaissances sur la technologie.

Les points de différences sont :

- Les Allemands sont trop mercantiles dans leur façon de faire.
- Ils manquent de finesse pour de vraies relations.

Dans une collaboration germano-japonaise

Pour faire des affaires avec les Allemands, il faut prendre rendez-vous très en avance, parfois même jusqu'à trois semaines, voire un mois. Le fait de parler Allemand montre un intérêt certain pour leur culture, leur langue et surtout la volonté de développer un partenariat de qualité. Pour limiter la confrontation des paroles et des sentiments, il faut expliquer clairement ce que l'on veut dans les moindres détails.

Un écrit explicatif relatant toutes les étapes du projet avec les différentes validations intermédiaires les rassurera. Les deux cultures sont complètement en phase pour ce qui concerne l'exigence de ponctualité.

◆ La Grande-Bretagne...

En 2011, le montant total des exportations vers la Grande-Bretagne s'élevait à 8,4 milliards d'euros contre 4,8 milliards pour les importations, soit une balance excédentaire de 3,6 milliards. Les exportations sont surtout des voitures, Toyota en tête, puis viennent les pièces détachées de toutes sortes et enfin des systèmes de communication et de radiocommunication. Les importations sont surtout des médicaments, ainsi que des voitures et de la chimie.

◆ ... et les Britanniques

Les Japonais voient les Britanniques comme des gens plutôt raffinés et calmes. Ils sont aussi très posés et polis avec leur entourage et dans les relations professionnelles. Ils se comportent comme des gentlemen et sont même très pointilleux. Ils ont un mode de vie structuré avec la coutume du thé à 16 heures... Les Britanniques sont des gens pragmatiques avec lesquels il est agréable de travailler. Les Japonais trouvent qu'en Angleterre, il pleut souvent, mais que les Anglais n'utilisent pas vraiment le parapluie pour se protéger.

Les points appréciés par les Japonais sont :

- Les Britanniques sont très bons en sports d'équipes, ce qui montre un fort respect entre eux.
- Ils sont vraiment attirés par la mode et sont en avance sur leur temps (piercings, tatouages, nouvelles chansons, nouvelles musiques, nouvelles tendances de vêtements...).
- Ils sont très accueillants et accessibles. La perception des Britanniques est donc globalement positive à travers leur savoir-être.

Les points de différence sont :

- La police est très présente au Royaume-Uni et les lois sont appliquées à la lettre sans négociation possible.
- Ils ont tendance à pique-niquer chez eux et à ne pas manger à table. Ils ne possèdent pas de rituels et mangent un peu n'importe comment.
- Ils ne peuvent pas roter à table sans s'excuser. Ils sont très maniérés sur de nombreux points comme au Japon.

➭ Dans une collaboration japonaise et britannique

(Voir le chapitre de la perception japonaise sur les Britanniques)

◆ La Chine...

Le montant des échanges entre le Japon et la Chine s'élèvait à 330 milliards d'euros en 2011. La balance commerciale japonaise est déficitaire de 20 milliards d'euros avec 155 milliards pour l'exportation vers la Chine et 175 milliards pour les importations[28]. Si cette balance est globalement équilibrée, c'est en particulier grâce aux exportations record en téléphonie mobile, voiture et autre matériel électronique.

◆ ... et les Chinois

La relation qui existe aujourd'hui entre les Japonais et les Chinois est une relation véritablement industrielle plutôt qu'affective. Vu d'Occident, ces deux cultures semblent identiques alors qu'elles sont complètement différentes. Les Japonais, bien que très respectueux de leur hiérarchie, n'ont jamais eu d'organisation aussi stratifiée et imperméable entre les niveaux hiérarchiques qu'en Chine. La taille de leur pays et le nombre d'habitants au kilomètre carré les ont toujours obligés à avoir une communication directe et courte tout en recherchant l'harmonie et le respect du code d'honneur dans leurs relations. La Chine est encore à leurs yeux, un pays communiste où la main-d'œuvre n'est pas chère. Leur perception est que les Chinois sont bien en dessous du Japon en tant que culture et l'invasion par deux fois de la Chine facilite encore aujourd'hui cette perception d'infériorité.

28 Source 2011 : ministère japonais des affaires internes et de la communication et www.chinatradeinformation.net. et Central Intelligence Agency.

Les points appréciés par les Japonais sont :

- Leur culture est très orientée sur l'honneur et le respect de l'autre comme au Japon.
- Ils sont à l'écoute de l'autre et à l'affût de toutes informations bonnes à prendre.
- Ils travaillent durs et qu'ils ont un certain plaisir à étudier.

Les points de différences sont :

- Les Chinois ont une fâcheuse tendance à beaucoup copier sur les produits japonais très avancés technologiquement.
- Ils sont malhonnêtes et souvent mal éduqués : par exemple, ils crachent par terre (bien que cela se fasse de moins en moins).
- Ils sont impolis et manquent de respect dans la rue, alors qu'ils ont un comportement inverse dans l'entreprise.
- Ils dévoilent très peu leurs sentiments lorsqu'ils s'expriment.

Dans une collaboration sino-japonaise

La collaboration sino-japonaise est extrêmement difficile et les divergences sont nombreuses, surtout sur des sujets géopolitiques. La course aux armements, aux ressources énergétiques et en particulier l'exploitation des gisements de gaz sous la mer de Chine, fait que l'équilibre affectif reste encore très précaire entre ces deux pays.

Cependant, la Chine est un marché gigantesque et les Japonais ont une technologie de pointe. Les relations sont donc forcées et sont sujettes au sursaut d'humeur des politiques. Les Chinois ont davantage de principes à respecter que les Japonais. Ils refusent de travailler avec des Japonais qu'ils ne connaissent pas très bien et dévoilent très peu leurs sentiments. Leurs rires sont difficiles à comprendre car ils correspondent aussi à un mode de communication social et peuvent représenter aussi bien le mal-être que le bien-être. Même pour les Japonais, le rire chinois est difficile à décoder.

◆ L'Inde…

Le Japon connaît une très forte progression de ses échanges commerciaux avec l'Inde. Ce pays ne s'étant ouvert sur le commerce international que tardivement, après les années quatre-vingt-dix. Il n'a pu entrer dans la course des pays producteurs de composants électroniques ou de matériel intégré comme l'ont fait Taïwan, la Corée, le Japon, ou encore la Malaisie. L'Inde se trouve donc aujourd'hui dans l'obligation d'importer ce type de matériel et est devenu une cible pour le Japon avec 7 milliards d'euros d'exportations pour 4 milliards d'importations[29].

◆ … et les Indiens

Les Indiens sont des gens calmes et respectueux qui se mélangent très peu avec les autres. Ils accordent beaucoup de leur temps et de leur dévouement à la religion. Ils ont énormément de respect pour leurs parents, ce qui est une bonne chose. Ils accordent aussi beaucoup de temps à leur formation et en particulier dans des universités étrangères. De nombreux Indiens sont intelligents, notamment dans le domaine des mathématiques. Il semble qu'en Inde, la météo détermine la tenue vestimentaire du jour et qu'on y trouve beaucoup d'éléphants !

Les points appréciés par les Japonais sont :

- Les Indiens sont des gens humbles et discrets.
- Ils ne cherchent jamais à offusquer leurs partenaires par des propos déplacés.
- Ils sont ouverts à l'écoute. Ce sont des gens agréables à fréquenter.

Les points de différence sont :

- Les Indiens ne sont jamais à l'heure.
- Ils ne sont pas souvent fiables et qu'il n'est pas facile de les comprendre.
- Leur cuisine manque de raffinement.
- Ils ne sont pas structurés dans leur façon de faire et l'on ne sait d'ailleurs jamais ce qu'ils font.

➯ Dans une collaboration indo-japonaise

Il est toujours difficile pour deux sociétés implicites de communiquer et de se comprendre. Les Japonais devront mettre, par écrit et le plus souvent possible, ce qu'ils attentent de leurs contacts indiens afin que ceux-ci puissent être sur la même longueur d'onde. Le temps japonais étant rigide, il faudra aussi veiller à valider souvent les différentes étapes dans l'avancement des projets, afin d'être sûr que ceux-ci avancent selon les programmes définis en amont.

29 Source : *Economic Times*, 2011.

◆ Les États-Unis...

La balance commerciale japonaise est fortement excédentaire de 47 milliards d'euros avec 125 milliards pour les exportations vers les États-Unis et seulement 76 milliards pour les importations en 2011[30].

Les États-Unis est le deuxième client du Japon, après la Chine, avec une absorption de 15,7 % de ses exportations totales pour 2011. Avec Fukushima, l'excédent commercial du Japon s'est contracté en 2011. Les exportations de voitures vers les États-Unis, traditionnellement une des principales forces du commerce extérieur nippon, ont diminué de plus de 1 %.

◆ ... et les Américains

A priori, lorsque des Japonais aperçoivent des Occidentaux, ils n'ont aucun doute sur leur origine, car la culture américaine est très présente au Japon à travers les *fast food* ou les films. Les Américains aiment se montrer et parler fort, ils sont loin d'être discrets et sont reconnaissables par leur accent bien spécifique. L'Amérique est une grande puissance mondiale qui essaie de s'imposer et de réguler les tensions internationales grâce à ses importants moyens militaires.

Les Américains accordent beaucoup d'importance aux commémorations et aux différents événements en rapport avec leur passé retransmis à la télévision. Ils sont en général bien appréciés par les jeunes Japonais. L'américain est grand, beau, libre, persuadé de s'autosuffire et d'être le centre du monde.

Ils travaillent beaucoup et sont fiers de ce qu'ils font. Les Japonais qui ont une culture plus centrée sur le travail d'équipe, sont très différents des Américains qui comptent plus sur leurs exploits personnels. Ce sont eux qui ont inventé les hamburgers et les *fast food* dont les Japonais raffolent tant. Ils ont même contribué à la mise en place des *katakana*[31].

Les points appréciés par les Japonais sont :

- Ils s'expriment facilement et sans complexe.
- Ils n'ont pas de tradition ancestrale et qu'ils sont ainsi plus libres de faire ce qu'ils veulent.
- Ils ont un pays gigantesque et varié.

30 Source : Central Intelligence Agency.

31 Forme d'écriture phonétique du Japon, comprenant un alphabet de cinquante lettres, utilisé pour transcrire des mots étrangers.

Les points de différence sont :

- Ils ne font pas l'effort d'apprendre une autre langue que la leur.
- Ils sont parfois arrogants parce qu'ils se croient tout permis.
- Ils ne sont attirés que par l'argent en oubliant le côté humain.

Dans une collaboration américano-japonaise

Parce que les deux cultures sont opposées dans leur façon de penser, il faut que chacune d'entre elles face l'effort de s'adapter à l'autre. Tout d'abord en étant quantitatif afin d'éviter toute interprétation possible et en reformulant régulièrement pour savoir si la signification des messages échangés est justement bien la même.

Puis en acceptant le côté « rentre-dedans américain » et le côté « prendre du recul » Japonais.

Il faut aussi imposer aux Américains des pauses fréquentes, ce qui va forcément donner de l'espace aux débats et donner plus de temps à la réflexion.

La Russie...

La coopération entre la Russie et le Japon progresse de façon très significative. Les échanges russo-japonais ont atteint 24 milliards d'euros en 2011. Les exportations japonaises se chiffraient à 16 milliards et les importations à 8 milliards d'euros.

... et les Russes

Depuis une centaine d'années les relations entre le Japon et la Russie sont régies par un conflit non résolu concernant les îles Kouriles. Bien qu'aujourd'hui propriété de la Russie, alors que Japonaises dans l'âme, ces îles sont au centre d'une polémique qui brouille l'image des Russes aux yeux des Japonais.

En créant des relations culturelles et économiques approfondies de part et d'autre du détroit de Nemuro où se trouvent ces îles, le Japon tente de nouer des liens plus forts avec la Russie.

Cependant, les Russes sont perçus par les Japonais comme des gens fiers de leurs pays, de leurs chansons et de leurs rites. Ils sont durs entre eux et ne semblent pas vraiment fiables. Ce sont de plus, de gros buveurs de vodka.

Le Russe rompt de suite le contrat et il est impossible ensuite de le reconquérir.

Les Japonais ne les trouvent pas très sympathiques et ne les apprécient pas beaucoup.

Pour les Japonais, les Russes sont souvent assimilés à des alcooliques. Ce sont en plus des personnes qui aiment le froid alors que les Japonais auraient plutôt la tendance inverse.

Les points appréciés par les Japonais sont :

- Les Russes ont la réputation d'être très durs en affaire et on ne peut pas leur dire n'importe quoi. Ils ont suffisamment de subtilité et le sens du commerce pour ne pas se faire avoir facilement.
- Les femmes russes sont jolies, grandes et blondes. Ce sujet revient fréquemment dans la bouche des Japonais quand on leur parle de la Russie.

Les points de différences sont :

- Les Russes ne sont généralement pas sympathiques.
- Les entretiens ou rendez-vous sont toujours trop longs.
- Ils boivent beaucoup d'alcool et ne savent plus se contrôler.

Dans une collaboration russo-japonaise

Il faut imposer aux Russes d'être plus structurés et d'expliquer clairement leurs objectifs de collaboration. Il faut leur demander ce qu'ils veulent atteindre au final et les raisons pour lesquelles ils ont souhaité travailler avec cette entreprise japonaise.

9.6.2 En conclusion

Par leur façon de penser et faire, les Japonais se sentent plus proches des Indiens et des Chinois que des Américains, des Russes ou des Allemands, ces derniers étant beaucoup trop directs dans leurs relations interpersonnelles et ne voyant que le côté financier du projet. Quant aux Anglais et aux Français, ils ont à coup sûr, une carte à jouer puisqu'ils sont globalement appréciés par leur façon d'être et de communiquer.

9.7 Konnichiwa, Yokoso

9.7.1 Construisez un planning pour qu'ils ne soient pas seuls le soir

Attention, cette rencontre est souvent la rencontre qu'il ne faut pas manquer... Il est souvent regrettable de constater des choses à moitié faites, ou encore des comportements maladroits, alors que l'investissement financier et humain global est souvent très conséquent. Il est du ressort du responsable de l'organisation de cette rencontre, de tout mettre en œuvre pour que leur voyage soit une réussite tant sur le plan professionnel que personnel.

9.7.2 Comment accueillir vos hôtes japonais dans une entreprise française ?

◆ La préparation

- Envoyer les documentations sur votre entreprise ainsi que des références de clients internationaux si possible.
- Envoyer l'agenda de la rencontre car si les Japonais sont implicites dans les échanges verbaux, ils ont une forte culture de l'écrit où ils deviennent rapidement explicites.
- Donner l'adresse de leur hôtel pour qu'ils sachent où ils seront logés mais faire en sorte qu'ils soient toujours pris en charge dès l'arrivée à l'aéroport. Les différents allers-retours entre l'hôtel et l'entreprise pendant le séjour seront toujours pris en charge par vos soins.
- Organiser les badges et tous les papiers administratifs le cas échéant.

◆ Pendant le séjour

Vous aurez construit au préalable, un planning extraprofessionnel pour accompagner vos hôtes au cours des différents déjeuners, soirées et mêmes weekends si nécessaire. Les Japonais vivent dans un monde d'interrelation sociale et ils ne comprendraient pas de se retrouver seuls, ne serait-ce qu'un soir. Si vous n'avez pas la possibilité d'être avec eux au cours d'une soirée, demandez à un de vos collaborateurs de prendre la main en justifiant sa présence par le fait que, pour cette soirée, c'est bien lui le spécialiste de... (à vous de trouver la bonne parade pour que cela semble naturel...).

Il faut essayer de déjeuner avec eux régulièrement. Le choix de la cafétéria de l'entreprise est souvent judicieux car il permet de gagner du temps et n'est pas mal, vu contrairement à ce que pensent de nombreux managers français.

La visite de l'entreprise doit être conduite par le chef d'atelier et non par vous (ils ne comprendraient plus votre rôle).

Le premier soir, il est préférable de les inviter au restaurant de leur hôtel pour qu'ils puissent se coucher tôt. Pour les autres soirs, réserver un lieu chaleureux et festif car les Japonais aiment vraiment se détendre après le travail. Attention cependant à ne pas être trop familier même si un peu d'humour est toujours possible après quelques verres.

Soyez très aimable et souriant avec le personnel du restaurant, les Japonais le remarqueront. Quand on vous félicite, ne dite pas « merci » mais optez pour « C'est trop d'honneur de votre part » ou encore « J'ai essayé de faire de mon mieux ».

Le dîner doit se terminer au plus tard à 22 heures 30, jamais après 23 heures.

◆ Les weekends

Il en est de même pour les weekends. Vous aurez construit au préalable, un planning extraprofessionnel pour les accompagner au cours de ces deux journées.

C'est au responsable de cette rencontre francojaponaise ou au manager à qui reviendra sûrement « l'honneur » de les avoir avec lui une bonne partie du weekend pour faire du tourisme ou toutes autres activités.

En voiture, sachez que la meilleure place est derrière le chauffeur. Bien évidemment si vous n'avez qu'un hôte pour le weekend, il montera devant avec vous.

Jouez le guide, emmenez-le dans des endroits réputés. Les Japonais adorent les jardins mais sont toujours surpris par le désordre qui règne dans les nôtres.

N'oubliez de prendre des photos devant les monuments en plus de celles prises devant l'entreprise.

◆ Après le séjour

Envoyez toujours un courriel pour les remercier de leur visite et gardez un contact téléphonique régulier.

9.7.3 La réunion en France

En plus des indications données pour des réunions qui se déroulent au Japon, en voici quelques autres pour des réunions organisées dans votre entreprise.

La salle de réunion doit être bien rangée, propre, et sans odeur. Les Japonais sont maniaques sur la propreté. Il faut vérifier la température de la salle, faire préparer du thé, du café ainsi que des viennoiseries. Attention : le thé doit être servi par une serveuse et non par un de vos collaborateurs (ici aussi, ils ne comprendraient plus son rôle).

Vous devez être en nombre suffisant, comme pour une réunion au Japon. Les Japonais ont une culture collectiviste et ne se déplacent jamais seuls. Il est donc important de les recevoir à plusieurs afin qu'ils se sentent considérés. Vérifiez le nombre de documentation afin d'en avoir en quantité suffisante. Disposez-les sur la table face à chaque chaise pour montrer la qualité de l'organisation.

Présentez les participants. Tous les visiteurs doivent connaître les participants de la réunion (notés sur une liste avec leurs fonctions et transmis avec les documentations) afin que ceux-ci aient une plus grande facilité dans la prise de parole, et ce, quel que soit leur niveau hiérarchique. Ne pas hésiter à donner tous les numéros de téléphone utiles (en plus de ceux transmis sur la carte de visite) au cas où les visiteurs souhaiteraient contacter ceux qui n'étaient pas présents à la réunion et qui pourraient avoir un rôle à jouer dans le projet par la suite.

Ajustez les tensions. Il ne faut pas entrer immédiatement dans le sujet mais plutôt parler de différentes choses dans le but de détendre l'atmosphère. Commencez par prendre le café tranquillement sans jouer cependant sur l'humour en début de session. Les Japonais attendent des Occidentaux qu'ils se comportent avec modestie et discrétion, qu'ils s'expriment en mode pondéré avec des silences et sans grands gestes.

Il ne faut pas être familier en manifestant des démonstrations d'affection bruyantes ou pire, en touchant son interlocuteur ou en le fixant longuement dans les yeux. Sont également mal vus le fait de se moucher ou encore de mâcher du chewing gum.

Il est important de respecter scrupuleusement l'ordre du jour prévu, en l'adressant quelques jours à l'avance avec la liste des personnes qui seront présentes et en indiquant les titres de chacun d'entre eux avec leur responsabilité. Il s'agit en fait d'un double de la liste qui sera dans la documentation remise à la réunion).

Respecter les horaires fixés auparavant et connus des visiteurs. Abordez d'abord les points principaux et dans le cas d'un manque de temps, faites un condensé des autres.

9.7.4 Comment accueillir un Japonais dans un restaurant ?

Il faut éviter d'inviter vos interlocuteurs dans un restaurant japonais car ce n'est pas ce qu'ils attendent de vous, sauf s'ils en font la demande32. Choisissez plutôt un restaurant français avec un cadre typique et de qualité, sans toutefois prendre un trois étoiles Michelin. Il faut cependant faire attention à l'hygiène et il est impératif que la table, la vaisselle, les couverts soient d'une propreté irréprochable.

Le restaurant ne sera pas trop bruyant. Les heures idéales seront les suivantes :

- petit-déjeuner : 8 heures ;
- déjeuner : 12 heures ;
- dîner : 19 h 30.

Les Japonais ne boivent pas pendant le repas, mis à part la soupe. Le bon verre de vin ou de bière sera donc servi avant le repas en guise d'apéritif. En fin de repas, le thé ou le café seront aussi très appréciés.

◆ Structure du repas traditionnel japonais

La cuisine japonaise ne nécessite pas une préparation longue et complexe, c'est l'art du découpage qui importe le plus. Elle est basée sur le riz et le poisson. La présentation des aliments doit être en harmonie avec la décoration des plats.

Comme les Chinois, tous les plats sont servis simultanément et on pique dans les différents plats. Que le repas soit festif ou fasse partie d'un cérémonial, les Japonais sont très respectueux des coutumes.

32 Contrairement aux Chinois, ou il faudra opter rapidement pour un restaurant chinois après seulement un ou deux repas purement français.

Au Japon il existe beaucoup de règles avec les baguettes qui sont généralement à usage unique pour une simple question d'hygiène : ne pas les planter dans le riz car cela fait référence à un rite funéraire, ne pas faire de grands gestes avec les baguettes et ne pas les croiser en fin de repas (cependant vous ne devriez pas avoir ces problèmes en France...).

Choisissez un restaurant de poisson !

En les emmenant dans un bon restaurant de poisson, vous limiterez le risque d'insatisfaction. Le poisson accompagné de nombreux légumes devra être le moins gras possible (cuit à la vapeur) car les Japonais ne comprennent pas pourquoi tout est cuisiné avec du beurre ou de l'huile.

Si le menu est composé de viande, sachez qu'ils l'apprécient généralement bien cuite. N'oubliez pas que la viande et les produits laitiers étaient interdits par les préceptes du bouddhisme et ce n'est que depuis un siècle et demi que les plats à base de viande sont entrés dans les pratiques alimentaires japonaises. La notion de souillure est très forte : les abats, le gibier, les pigeons, les escargots ainsi que les fromages aux goûts prononcés sont souvent sources de dégoûts.

Le dessert sera réduit à quelques sucreries qui seront servies avec le thé ou le café à la fin du repas. Ils aiment aussi beaucoup le pain et les viennoiseries françaises qu'ils considèrent un peu comme des gâteaux.

À la fin du repas, qui aura duré 1 heure à 1 heure 30 au maximum, il est évident que c'est à vous de payer la note. Comme nous l'avons déjà dit, le plus judicieux est de le faire hors de leur présence.

◆ Quelques bonnes manières à respecter

Il faut d'abord servir les convives avant de se servir et attendre que la personne qui sert les plats ait tout amené sur la table pour commencer à manger.

10
1,4 milliard de Chinois et moi !

Par le non-agir, il n'y a rien qui ne se fasse.

Lao tseu

◆ La Chine : 4 000 ans d'histoire et de suprématie

Le peuple de l'Empire du Milieu a toujours été en avance sur son temps et il est surprenant de voir qu'un tel nombre de personnes a pu vivre ainsi en harmonie[33]. Avec une organisation sociale structurée et entretenue par une succession de 400 empereurs, la Chine a pu vivre en autarcie sous le règne des grandes familles souveraines pendant presque quatre millénaires.

Deux éléments ont contribué à cette structure homogène :

- ► Tout d'abord la culture et le respect de l'écrit. L'organisation sociale fut stabilisée dès son origine puisque les règles, les comportements, les notions de respect et d'harmonie sociale étaient écrits dans des analectes[34] (une forme de ligne de conduite à suivre et sur laquelle de nombreux empereurs se sont appuyés pour régner). Aujourd'hui encore, les documents se passent de la main à la main avec beaucoup de considération, qu'ils s'agissent de documentations ou de simples journaux.

33 20 millions d'habitants à l'époque de Confucius, 30 millions 500 ans après J.-C.

34 Compilation de discours de Confucius et de ses disciples ainsi que de différentes discussions entre eux.

- Et ensuite la croyance en sa propre supériorité. La Chine n'a jamais pensé conquérir d'autres continents puisque la puissance et le savoir étaient là, à portée de main. La locution« Empire du milieu » (Zhongguo en mandarin) vient des Chinois eux-mêmes. Jusqu'au XIXe siècle, Zhongguo signifiait « le centre du pays » avec au milieu, l'empereur d'où partaient des cercles concentriques (comme des ondulations sur l'eau) et qui absorbaient toutes les régions considérées comme barbares ou encore inconnues.

Depuis la guerre de l'Opium qu'elle a perdu contre les Anglais en 1860 (les Anglais payaient leurs épices en opium qu'ils importaient d'Inde), la Chine a été contrainte de s'ouvrir sur le monde extérieur en cédant d'abord Macau aux Portugais, puis Hong Kong aux Anglais. La Chine prit alors conscience que ces pays lointains, toujours ignorés, même après l'arrivée de Marco Polo en 1278, représentaient des puissances supérieures à presque tous les niveaux à ce qu'elle avait sur son territoire.

La Chine éprouve, à ce moment-là, le très fort sentiment de « l'honneur perdu contre l'Occident ». Cette sensation se renforça 70 ans après, avec l'invasion, par deux fois, des Japonais, en 1931 et en 1937. Ces échecs successifs sur son propre territoire, devinrent rapidement inacceptables pour les Chinois qui perdirent la face devant l'envahisseur.

Au prix de millions de vies sacrifiés, la Chine engagera des efforts surhumains pour retrouver sa suprématie. Elle se débarrassera de la puissance impérialiste (le dernier empereur Pu yi arrêtera son règne en 1911) et considèrera le marxisme comme la clef du développement de la culture occidentale.

Au début du XXe siècle, l'État prend tous les pouvoirs et contrôle l'industrie et la bureaucratie en verrouillant tous les niveaux hiérarchiques. Mao Tsé-Toung consolide le peuple autour de valeurs clés : unité de la nation, notion de groupe et loyauté à l'égard de la communauté. Il engage tous les individus à suivre ses valeurs sous peine de mort à quiconque s'en écartera (la Révolution culturelle et le Grand bond en avant, de 1959 à 1968, feront plus de victimes que ceux de la deuxième guerre mondiale). Les valeurs confucéennes, prônées depuis 2 500 ans sont mises à mal et le changement est brutal. Mais le peuple suit globalement la dictature de Mao (sans avoir réellement le choix...), qui lui semble porteuse de sens puisqu'elle tente de sortir le pays du « moyen âge » et de l'impérialisme. De nombreux Chinois pensent aussi que la Chine, tout comme un pétrolier géant, est lourde à piloter et que ce n'est qu'après de nombreux sacrifices qu'elle retrouvera sa puissance originelle. Aujourd'hui encore, des millions de Chinois sont encore reconnaissants envers Mao, surtout dans le nord du pays.

10.1 Du communisme à l'hypercapitalisme

En 1979, Deng Xiaoping succède à Mao. Il engage, à son tour, une profonde modification de l'organisation de son pays. Par son slogan « Enrichissez-vous », il libéralise le marché, en invitant les sociétés étrangères à entrer dans le pays. Pour faire accepter cette nouvelle orientation capitalistique par son peuple, il joue astucieusement avec les mots en appelant son action, non pas « une économie de marché », mais « une économie planifiée de marché ». La doctrine communiste peut ainsi perdurer et le peuple chinois se transformer.

La Chine prend alors un nouveau tournant et change radicalement de visage en se modernisant à une vitesse incroyable. Elle connaît la révolution industrielle que l'Europe a connue après la deuxième guerre mondiale avec un taux d'urbanisation exceptionnel (il se construit, en volume immobilier, l'équivalent de la ville de Paris tous les quatre mois !). Aujourd'hui la Chine est le premier producteur de produits manufacturés au monde… Elle est aussi le premier consommateur de ciment, de nickel, de cuivre et le deuxième en ce qui concerne le pétrole (malgré de riches gisements pourtant présents sur son sol).

L'activité économique lui donne enfin l'opportunité de prendre une revanche sur le passé et de retrouver la « face » qu'elle avait perdue au travers de toutes ces invasions. Un grand nombre de Chinois est positif sur l'avenir parce qu'il voit son pays évoluer d'une façon fulgurante et que les médias renforcent les messages de prospérité. Tous souhaitent un idéal autre que ce qu'ils ont pu endurer dans le passé et l'Occident fait rêver à tel point que depuis son invasion par les Occidentaux, la Chine veut être le « Miroir de l'Occident » en gardant ses propres caractéristiques, tout en s'efforçant de faire oublier, aux jeunes générations la pauvreté extrême de son proche passé. Pari réussi !

La Chine est au premier rang des pays du monde avec ses 1,4 milliard d'habitants en 2012.

Avec un taux d'accroissement de la population de 0,7 % par an, elle représente aujourd'hui 20 % de la population mondiale. En 2050, le nombre d'habitants sera supérieur à 1,5 milliard d'habitants. La Chine se décrit comme un État multiethnique de 56 nationalités mais 93 % de la population sont des Hans, Chinois de la Chine intérieure dont la Dynastie date de – 200 ans av J.-C. Consciente de l'homogénéisation de sa culture, la Chine a appliqué dans certaines régions, une discrimination positive pour les minorités afin de préserver la culture et la langue des peuples non Hans. En ce qui concerne la religion, le gouvernement chinois favorise l'athéisme mais la façon de penser est orientée par trois philosophies : le confucianisme, le taoïsme, le bouddhisme.

10.2 Les trois philosophies qui orientent la pensée chinoise

10.2.1 Le confucianisme

Confucius, philosophe né vers 500 av. J.-C., a su, à travers ses idéologies, ses relations avec les empereurs et ses déplacements dans tout le pays, fédérer une grande partie du peuple Chinois. Par cette capacité de mobilisation et de séduction (à l'identique de Gandhi en Inde), il a influencé les comportements et les orientations du peuple. Pour Confucius, l'ordre politique et l'ordre social ne faisait qu'un et la classe dirigeante devait garantir la bonne marche de l'État par sa bonne conscience. Le confucianisme n'a jamais pris la forme d'une religion mais plutôt d'une philosophie que la dynastie des Han (200 av. J.-C.) exploitera pour remettre le pays en marche. En 1949, la victoire des communistes efface le confucianisme et la famille, valeur clef par excellence, voit son rôle fortement diminuer. Puis on observe un retournement de tendance au cours des années quatre-vingts, où le Parti communiste chinois « utilisera », tout comme l'avait fait la dynastie Han, le confucianisme pour asseoir sa légitimité.

10.2.2 Le taoïsme

Il est né à la même époque que le confucianisme et a été fondé par Lao Tze. Le *tao* ne s'intéresse pas à l'organisation sociale mais à l'homme en tant que partie de l'Univers. À lui de construire, pour sa vie, une harmonie entre la forme masculine de l'énergie liée au soleil, le yang et la forme féminine liée à la terre, le yin (*cf.* figure 10.1). Le corps est un ami à entretenir, pas un ennemi à combattre. Le sport, la gymnastique, le régime alimentaire, l'hygiène sont des éléments importants pour gérer au mieux ses propres énergies. Aujourd'hui, nous avons en Occident de nombreux adeptes du Tao qui pratiquent le Tai chi et le Qi gong notamment.

Figure 10.1 Le yin et le yang

Bien que Confucius et Lao Tze se soient rencontrés sans réellement s'apprécier, les deux philosophies, taoïsme et confucianisme, sont très complémentaires et harmonieuses entre elles.

10.2.3 Le bouddhisme

Il fut importé d'Inde au milieu du Ier siècle de l'ère chrétienne. La doctrine du Karma (ensemble des activités personnelles dans une vie) par laquelle il faut développer le bien dans la société pour ses vies futures, ressemble fortement aux dires de Confucius. Cependant, le bouddhisme a des difficultés à s'implanter en Chine car il n'apparaît dans aucun texte de Confucius et est complètement inconnu de la population chinoise. De plus, le bouddhisme ne se soumet pas à la hiérarchie de l'autorité et ne reconnaît donc pas la puissance de l'empereur, ce qui est un sacrilège à cette époque. Et enfin, il est aussi une philosophie étrangère et pour les Chinois, tout ce qui n'appartient pas à l'Empire du milieu est barbare. Le bouddhisme sera cependant reconnu au Ve siècle, soit 400 ans après sa naissance…

L'enseignement du bouddhisme repose principalement sur quatre vérités appelées Noble Vérités :

- La première est celle de la souffrance : de notre naissance jusqu'à notre mort, tout est souffrance… être loin des personnes que l'on aime, exprimer un manque pour une chose, etc.
- La deuxième vérité est l'origine de la souffrance à travers la convoitise avec l'envie de posséder, la jalousie, la haine.

- La troisième vérité est celle de la suppression de la souffrance par la suppression de tout désir, de tout attachement aux choses et aux êtres. Cette suppression est totale quand le « nirvāna » (signifiant « soif d'extinction » se concrétisant par la fin du cycle des réincarnations) est atteint.
- Enfin, la quatrième vérité est le respect de la voix du bien, de la bonté et de la compassion.

Ces trois philosophies, confucianisme, taoïsme et bouddhisme permettent aux Chinois d'avoir des modes de relations complexes mais fortes, de saisir l'impermanence des choses et de rester humble quand cela est nécessaire. Ils ont une forte capacité à intérioriser leurs émotions en se mettant à distance de l'événement, tout en étant persuadés qu'à un mal succédera forcément un bien. Cet état d'esprit génère une patience, un optimisme et une sérénité qui n'est pas toujours facile à comprendre avec notre logique cartésienne.

S'ensuivent plusieurs paradoxes comme le collectivisme et l'hyper individualisme, la retenue dans le discours en société et la franchise directe en face à face, la lenteur dans les accords et la vitesse de réalisation, etc.

10.3 La géographie

10.3.1 La superficie et la population

La superficie du territoire chinois est d'environ 10 000 000 km², ce qui équivaut à 18 fois la superficie de la France. Elle est la 4e superficie mondiale (après la Russie, le Canada et les États-Unis). Malgré sa superficie croisant cinq fuseaux horaires, il n'y pas de décalage horaire à l'intérieur de la Chine ! Toutes les villes ce référent à l'heure officielle de Pékin.

La Chine possède les plus longues frontières terrestres, soit 22 000 km, juste devant la Russie (19 000 km). En termes de façade maritime, elle occupe le 11e rang avec 14 500 km. Seulement 15 % du sol est arable (à l'est du pays), soit 1,2 million km² plaçant la Chine au 4e rang derrière les États-Unis, l'Inde et la Russie. La surface cultivée se réduit de jour en jour en raison de l'urbanisation. La Chine se décompose en 21 provinces, 5 régions autonomes, 2 municipalités (Pékin et Shanghai) et environ 2 200 districts. La Chine comptait en 2011, 200 villes de plus d'un million d'habitants dont 12 villes de plus de 4 millions d'habitants, les plus connues étant Pékin, Shanghai et Canton.

Hong-Kong est une région redevenue chinoise en 1997. Contrairement à la République Populaire de Chine, où seulement 5 % de la population chinoise parle anglais (contre 30 % en Inde), la langue officielle y est l'anglais.

Pour ce qui est de Taïwan, la problématique est différente. Si Hong Kong s'est facilement laissée « absorber » par la Chine, il n'en n'est pas de même pour Taïwan qui oppose une résistance farouche à la Chine. Les Taïwanais, eux-mêmes s'identifient de moins en moins à la Chine. Ils étaient 44 % en 1992, ils ne sont plus que 15 % aujourd'hui[35]. Taïwan s'est démocratisé et internationalisé beaucoup plus vite que son voisin chinois et les habitants de Taïwan revendiquent cette différence. Taïwan est pourtant considéré comme une province de Chine Populaire par les Chinois et c'est donc un sujet délicat qu'il faudra éviter d'aborder au cours d'une soirée.

10.3.2 Le climat

On retrouve presque tous les types de climats en Chine. Cette diversité est due à sa position géographique qui s'étend aux extrêmes du nord au sud du Vietnam à la Russie. La plus grande partie du territoire chinois se trouve dans la zone tempérée septentrionale avec un climat tiède et des saisons bien distinctes. Au nord, la saison d'hiver est très rude et dure de décembre à mars. Au sud, la saison chaude et humide dure d'avril à septembre et la température peut atteindre 40 °C. Cette période correspond également à la saison des pluies. L'hiver dure de janvier à mars et il y fait parfois très froid. L'automne et le printemps sont généralement agréables avec une température comprise entre 20 et 25 °C. Cependant il peut faire terriblement humide et froid avec une pluie continue.

10.4 Modes de vie

10.4.1 La gastronomie

La Chine a en commun avec la France et contrairement à tous les autres pays, la gastronomie. On peut distinguer dans la cuisine chinoise, quatre grands ensembles en fonction des régions :

- Le premier ensemble est situé dans la région septentrionale avec Pékin au centre, qui pour s'adapter aux climats rudes, utilise des ingrédients comme le chou en grande quantité, les crêpes, la pâte de haricot fermentée, mais aussi beaucoup de raviolis, des rouleaux de printemps et du poulet. Les modes de cuisson principaux sont la vapeur et la friture.

35 Source : Ministère des affaires continentales de Taïwan.

- Le deuxième ensemble est situé sur la partie orientale, centrée sur Shanghaï, avec de nombreux plats différents qui sont réalisés dans un wok, surtout les plats végétariens. Le wok est chauffé à blanc avant d'y introduire de l'huile. Il a l'avantage de garder les légumes croquants s'ils ne sont pas trop cuits. En fonction du temps de cuisson de chaque ingrédient, l'ordre d'introduction a bien évidemment son importance.
- Le troisième ensemble est situé sur la partie occidentale centrée sur le Sichuan. Les principaux ingrédients sont la viande de porc, la volaille, les légumineux, les pousses de soja et les pousses de bambou. Tous les plats sont fortement épicés avec du piment rouge, de l'ail et du poivre !
- Et enfin le quatrième ensemble est centré sur le sud, dans la région de Canton. La cuisine de cette région est de loin la plus répandue en Occident. C'est le cœur de la cuisine chinoise avec du riz, accompagné de nombreux ingrédients comme du crabe, des langoustes, des huîtres mais aussi, des chiens, des chats, des tortues, des singes, des rats, à peu près tout ce que l'on peut trouver de vivants... Le marché de Canton vaut, à lui seul, le détour... Les mets sont frits ou cuits à la vapeur essentiellement.

10.4.2 Les fêtes nationales les plus importantes

La fête du Printemps ressemble au Noël chrétien. C'est le jour de réunion de tous les membres de la famille[36]. Sa date est variable puisqu'elle tombe le premier jour de l'année lunaire chinoise, soit fin janvier environ. La fête dure plus de trente jours mais l'état a fixé à sept jours les congés à cette période. Repas copieux avec raviolis faits maison (ce prétexte de mettre la main à la pâte est, pour beaucoup, l'unique occasion, dans l'année, de se retrouver), poulet, poisson et fromage de soja, cadeaux à des proches mais aussi grand nettoyage de la maison et achat de vêtements neufs pour commencer cette nouvelle année. Pas de sapin de Noël mais des papiers sur lesquels des vœux sont calligraphiés en rouge, ainsi que deux lanternes rouges suspendues à l'entrée de la maison. Les jeunes ne sortent pas en discothèque, on regarde plutôt en famille une soirée de gala diffusée par la chaîne de télévision nationale. Dans la rue, certains jeunes lancent des pétards qui chassent les démons, mais ils sont de plus en plus interdits pour une raison évidente de sécurité[37].

36 En février 2008, une grande partie de la Chine s'est retrouvée bloquée sous la neige et c'est cependant plus de 180 millions de Chinois qui se sont déplacés pour cette fête !

37 Je ne parle pas ici de quelques pétards mais de plusieurs milliers. Il faut se protéger, souvent avec une serviette, pour éviter d'être brûlé au troisième degré.

- La fête des Lanternes au 15 du premier mois lunaire (soit février ou mars selon les années). Cette coutume date de la dynastie Han et est issue d'un rite bouddhique. Tous les enfants sortent dans la rue avec les lanternes.
- La fête des morts a lieu début avril.
- Le 1er mai, à l'occasion de la Fête du travail, les entreprises prennent une semaine de vacances.
- Le 5 du 5e mois lunaire (en juin), les Chinois célèbrent la fête des Bateaux dragons en organisant des courses.
- La fête nationale a lieu le 1er octobre et les entreprises s'arrêtent pendant une semaine.

Il y a plus de 2 500 ans, la Chine a déterminé, avec le cadran solaire primitif, le solstice d'hiver du 23 décembre. Après ce jour, les journées deviennent plus longues et dans le Tao, l'aspect yang se rehausse débutant un nouveau cycle. Il est donc considéré en Chine comme un jour favorable.

10.4.3 La façon de s'habiller

Le col Mao et le costume de travail bleu se retrouvent encore beaucoup dans les campagnes mais il disparaît totalement dans les villes[38]. Les tenues strictes aux couleurs neutres comme le costume gris et le tailleur, sont d'usage pour les hommes et les femmes lors des rendez-vous d'affaires. Les femmes doivent éviter des talons hauts, des robes courtes et un excès de maquillage.

Quoi qu'il en soit, la société chinoise étant fortement dominée par les hommes, les Chinois se sentent mal à l'aise avec les femmes occidentales dans les affaires. Ils ont des difficultés à cerner leur rôle et leur place. Une tenue stricte, un peu masculine comme le tailleur-pantalon est donc souhaitable.

Après le travail, et en dehors du cadre formel, la tenue peut être plus décontractée, sans être excentrique toute fois.

38 J'ai constaté une évolution fulgurante du code vestimentaire depuis ma première venue en 1989, ou la tenue de Mao est désormais presque impossible à trouver à Shanghai ou à Pékin.

10.5 Tradition et contrefaçon

La Chine est surnommée, depuis les années quatre-vingt-dix, « l'Atelier du monde » car de nombreuses entreprises sous-traitent la fabrication de produits manufacturés et ainsi réduisent considérablement leurs coûts. La plupart des usines ont à disposition une main d'œuvre en grand nombre, permise par le plus grand exode rural jamais observé de l'histoire. Les conditions de travail sont souvent sujettes à de vives critiques de la part d'observateurs étrangers. L'industrialisation et le développement du pays se font souvent aux dépens du monde agricole et rural avec des milliers de révoltes paysannes consécutives à des expropriations immobilières ou autres (les médias restent cependant sous le contrôle du parti communiste et n'y apparaissent donc jamais).

10.5.1 La contrefaçon

La langue chinoise est composée de sinogrammes dont la prononciation peut varier sans en changer le sens. Il n'y a pas de logique combinatoire si bien qu'on ne sait jamais « lire le Chinois » mais on connaît un certain nombre de caractères pour le comprendre (il en faut environ 2 000 à 3 000 sinogrammes pour lire le journal). Si dans la plupart des cultures, l'apprentissage de la lecture se fait sur un an ou deux, il en est tout autrement pour apprendre à lire le chinois. En effet, les petits Chinois passent en moyenne quatre à cinq ans à apprendre par cœur les sinogrammes et cette période est relativement douloureuse puisque ce sont des signes qu'il faut en permanence répéter sans logique combinatoire comme notre alphabet. C'est en partie par cet apprentissage qu'ils vont développer fortement leur mémoire et surtout apprendre à reproduire à l'identique ce qu'ils ont vu. La notion de « triche » par la copie n'a donc pas de sens dans cette culture puisqu'elle correspond au fondement même de l'éducation dans l'apprentissage de la lecture. Si la Chine est devenue l'atelier du monde aussi rapidement, c'est qu'en plus de l'absence totale de répression de la copie industrielle, reproduire à l'identique une pièce – comme un sinogramme dans l'apprentissage de la lecture – ne pose aucun problème.

Selon une étude[39] de la Chambre européenne de commerce réalisée en 2010, 90 % des 200 entreprises interrogées connaissent des violations répétées de brevets et marques.

39 Article paru dans *Les Échos* du samedi 24 novembre 2007, page 7.

Pour 27 % d'entre elles, le non-respect des droits de la propriété intellectuelle est un grave problème. Pire encore, 38 % des entreprises pensent que Pékin cherche à contourner activement les engagements pris devant l'OMC.

La contrefaçon mondiale vient pour 80 % de Chine et seulement 5 % d'Inde. Les marques de luxe françaises sont toutes atteintes par ce fléau et là non plus, les politiques ne semblent pas actifs pour changer quoi que ce soit puisque ce sont eux qui louent la plupart les bâtiments commerciaux !

10.5.2 Le comportement face à l'argent

L'argent est roi... C'est-à-dire qu'il dirige le pays entier. Si vous êtes un Chinois riche, vous avez tous les droits et ils sont acquis. Vous avez le droit de marcher sur les autres puisque vous en avez les moyens. Relayés par les médias et les success-stories quotidiennes de certains hommes d'affaires chinois (souvent proches du parti communiste), tous pensent à l'argent et rêve d'un Eldorado pour enfin s'en sortir. Dans les campagnes, beaucoup quittent leurs familles, femmes et enfants pendants des mois, pour les villes où l'espoir de faire fortune est grand.

10.5.3 Le mariage

Le mariage est une convention sociale mais ici aussi, c'est l'argent qui régit le couple. Il naîtra un enfant unique sous peine d'une forte amende pour le deuxième (cette politique avait été mise en place par Deng Xiaoping en 1979 et est globalement respectée en ville mais elle ne l'est que très partiellement dans les campagnes. Les enfants sont encore la meilleure assurance retraite pour les plus pauvres lorsqu'ils ne pourront plus travailler.)

L'enfant unique « petit empereur » aura un destin tracé très rapidement par ses parents. Il n'est pas rare d'envoyer, à l'âge du primaire, des enfants en pension dans une école reconnue pour réussir. L'enfant est un sujet de conversation apprécié et les Chinois aimeront voir une photographie de vos propres enfants.

Si la chasteté est globalement respectée avant le mariage, l'adultère est fréquent par la suite et répond à un modèle historique de réussite sociale[40].

40 Au cours d'un de mes déjeuners avec le Directeur des programmes MBA de Pékin, celui-ci m'avoua que 70 % de ses élèves de formation continue avaient des relations extraconjugales. Hommes et femmes confondus.

10.5.4 La superstition

Il existe des superstitions beaucoup plus fortes qu'en Occident et qu'il est donc bon de connaître.

Il n'y a pas souvent de 4e étage, de 14e étage, de 24e étage, etc., dans les immeubles car la prononciation du chiffre 4 est similaire à celle du mot « mort ». Ce chiffre n'apparaît donc pas dans l'ascenseur.

Le chiffre 8 se prononce « ba » et est proche de « fa » qui veut dire prospérité est bon présage pour celui qui l'utilise. Ce n'est pas un hasard si les jeux olympiques de Pékin seront inaugurés le 8 août 2008. Certains n'hésitent pas à acheter une fortune leur plaque d'immatriculation en 8. Courant 2006 une plaque d'immatriculation a été vendue 21 000 euros à Canton car elle portait le nombre 888[41] !

Le chiffre 9 est aussi un bon chiffre parce qu'il a la même sonorité que le mot « durable ». Acheter un bien le 9 du mois, il durera longtemps.

Il ne faut pas balayer chez soi, pendant les cinq premiers jours de l'année lunaire, afin de ne pas jeter le bonheur et la fortune.

Il ne faut pas casser d'assiette sans prononcer la phrase « sui sui ping an », (la paix qui dure longtemps), afin de conjurer le mauvais sort.

Il ne faut pas laisser tomber les baguettes car cela peut porter malheur. Il ne faut pas, non plus, les laisser piquer dans le riz car c'est une offrande à la mort.

Ce sont les principales superstitions que vous retrouverez dans tous le pays, d'autres existent bien sûr, mais de façon régionale.

10.5.5 Les relations sociales

La bivalence individualisme/collectivisme est bien réelle en Chine et elle apparaît dans les relations en fonction de l'appartenance à un corpus social que lui seul saura reconnaître et apprécié. Le collectivisme a construit des hommes avec une très forte réserve à sortir du lot, un manque d'initiative flagrant. Les relations sociales sont organisées sous forme de ramifications avec en permanence des « donnés » pour des « rendus ». Ces échanges constants font que de nombreux Chinois s'investissent de façon personnelle dans de multiples relations et que cette notion de lien prend tout son sens ici.

41 Source : Caradisiac.

En Chine, il existe deux niveaux de relations sociales :

- un niveau très distant où le respect disparaît comme par enchantement ;
- un niveau très proche, où l'implication est très forte et les relations sincères. Les Chinois donnent leur temps et une partie de leurs ressources pour satisfaire ceux qui sont dans leur cercle.

Contrairement à ce que l'on pourrait penser, les Chinois dans la rue sont donc très individualistes. À l'extérieur de leur réseau de connaissance, ils vont agir en ignorant complètement les autres. Ils les poussent dans le train ou dans le métro sans attendre qu'ils sortent, ils ne les respectent pas dans une file d'attente en passant devant, ils ne s'excusent jamais, même après une forte bousculade. Ils n'ont absolument aucun sentiment pour les autres et peu importe ce qui leur arrive[42]. Ils les ignorent et n'ont qu'une ambition : réussir dans ce monde où l'argent et la compétition sont les seules choses qui semblent désormais avoir un sens. Tous rêvent d'un idéal à l'occidentale, mais ils sont cependant très fiers de leur pays et ne pourraient le critiquer.

Ils sont aussi conscients qu'ils ne peuvent réussir à titre individuel et ils deviennent donc dépendants les uns des autres avec une sociabilité extrême quand cela s'avère nécessaire. Ils se regroupent dans un réseau de relation spécifique appelé *guangxi*, qui est constitué d'un ensemble d'individus sur lesquels ils vont pouvoir compter pour évoluer. Il s'agit d'un ensemble d'échange de services, plus ou moins forts, avec des engagements et intérêts réciproques significatifs.

Quand les engagements prennent fin parce qu'il n'y a plus d'intérêt à rester ensemble (projet terminé entre autre), le guanxi prend également fin pour renaître éventuellement, même plusieurs années après, si d'autres engagements et intérêts apparaissent.

En s'efforçant de bien comprendre la complexité des *guangxi* et en construisant le vôtre, de façon judicieuse, vous ouvrirez beaucoup de portes.

Il est clair dans ces conditions, qu'il ne faut surtout pas sous-estimer l'intérêt d'être présenté à votre interlocuteur par différents intermédiaires qui ont déjà acquis sa confiance. Les présentations et les recommandations sont fondamentales.

42 J'ai vu, un jour, une vieille femme tomber de son vélo au milieu de la rue et se blesser sans que quiconque viennent l'aider à se relever.

◆ Un exemple de comportement collectiviste

La Chine n'aurait pu connaître une évolution immobilière aussi forte si elle n'avait pas employé ses propres méthodes. Le travail exécuté est monumental et peu d'occidentaux sont conscients de la tâche. Ainsi je me suis rendu avec un reporter français sur un chantier et nous avons découvert des conditions de travail difficiles mais surtout un savoir vivre ensemble surprenant. Les chantiers de construction fonctionnent jour et nuit en deux équipes composées de 600 à 1 500 personnes. La nuit, l'équipe est généralement restreinte pour faciliter la circulation des grues et la montée de charges importantes. Les équipes travaillent entre 12 et 16 heures par jour et viennent de la campagne. Les ouvriers n'apparaissent pas dans les villes et dorment sur place. Les chantiers sont fermés par des balustrades et c'est une microsociété qui s'organise ainsi pour plusieurs mois. Le salaire moyen est de 80 euros[43] environ ce qui correspond à un salaire relativement correct pour le monde rural chinois.

Le comportement collectiviste fait que les Chinois, à parti du moment qu'ils sont interpellés, essaieront toujours de vous aider même s'ils ne savent pas comment faire. Leur poser une question dans la rue (pour une direction par exemple) engendre donc souvent une réponse. Il est cependant impossible de savoir si elle est juste ou non... L'objectif étant alors de la poser à plusieurs personnes pour en faire une synthèse décisionnelle.

◆ Les relations multistrates

Ce mode de fonctionnement construit des relations très codifiées (*cf.* figure 10.2). Les Chinois sont complexes à comprendre socialement car ils fonctionnent sur deux modes distincts pour n'en faire plus qu'un par la suite. Tout d'abord le Guanxi qui correspond au profil 3, c'est-à-dire la recherche d'une existence par rapport aux autres. Les Chinois ont besoin de se positionner en permanence. Mais hors de leurs réseaux, ils auraient plutôt tendance à appliquer le profil 2, c'est-à-dire un autoritarisme fort sur ce qu'ils croient être vrai (les exemples du Tibet et de Taïwan en sont des preuves flagrantes). Et enfin, l'orientation générale et de montrer au monde que les Chinois sont les meilleurs (la preuve par les Jeux olympiques en 2008).

43 Salaire moyen 2012.

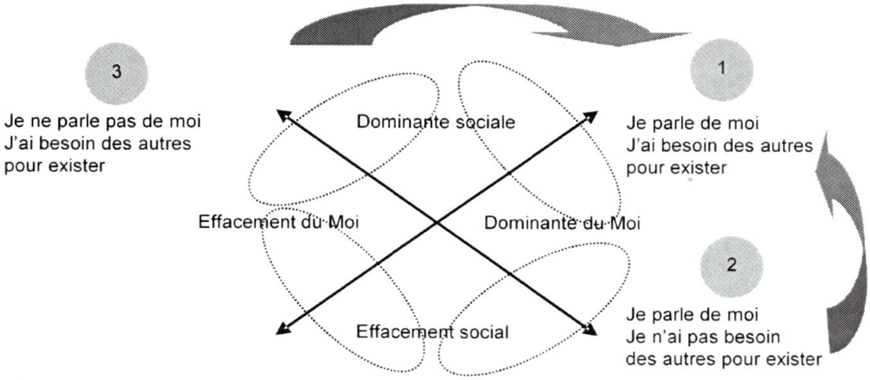

Figure 10.2 Profil social du Chinois

10.5.6 L'évolution vers l'individualisme

Le collectivisme a fait que la nation a dû subvenir aux besoins de base des citoyens : logement, éducation, soins médicaux, récompense égale pour tous.

Dans les années soixante, la révolution culturelle, où chacun était obligé de se surveiller et de se méfier de l'autre[44], a rendu les gens absolument uniquement préoccupés d'eux-mêmes. Dans les années quatre-vingts, la libéralisation du travail et du marché a opéré une mutation fulgurante des Chinois vers une forme d'individualisme même si une entraide très forte subsiste. Aujourd'hui, deux nouvelles variables majeures viennent s'ajouter à ce changement : l'enrichissement du pays. Il existe en effet une forte corrélation entre la richesse d'un pays et la notion d'individualisme. La Chine n'y échappe pas avec ses 1,1 million de Chinois millionnaires en dollar[45]. La politique de l'enfant unique mise en place en 1979, fait que cet « enfant roi » devenu adulte aujourd'hui est individualiste et exigeant. Sans sœur et frère, la notion de collectif n'a jamais eu aucun sens pour lui.

44 Il m'est arrivé de perdre une fois mon portefeuille et de le récupérer, par chance, à la police du quartier. Alors que j'étais dans le service de sécurité, la police m'a directement mis en relation téléphonique avec celui qui l'avait trouvé. Ce dernier, n'ayant que très peu confiance en sa police, avait demandé d'être appelé par son propriétaire pour être sûr qu'il ne disparaîtrait pas dans la nature...

45 Source : *La Tribune*.

Cependant et même si la Chine vit une mutation fulgurante du groupe vers l'individuel, la notion de collectif ne semble pas avoir dit son dernier mot. Tout d'abord à l'école, parce que les enfants apprennent très tôt les notions de travail d'équipe, d'intégration, tout en comprenant les attentes de chaque individu en tant que membre d'un ensemble. La connaissance des protocoles, des rangs, des statuts, le respect des coutumes de la communauté sont acquis dès le plus jeune âge. Puis à travers les communautés de travail ou règne une culture autoritaire qui prône la centralisation du pouvoir et la notion de communautés. Appelés *danwei* (prononcé « danouié »), ce sont des unités qui gèrent l'ensemble de la vie des Chinois :

- le logement ;
- le droit de travailler ;
- le droit d'avoir un enfant ;
- le droit de se marier...
- en un mot, le droit d'exister !

Même si ces *danwei* ont disparu dans les très grandes villes, ils restent encore présents dans les milieux ruraux. Parallèlement aux *danwei*, les syndicats d'immeubles sont un peu comme nos syndics, à cette différence qu'ils ont tous les pouvoirs pour connaître l'ensemble des faits et gestes de chacun.

Le collectivisme se retrouve aussi en entreprise où toutes ces valeurs sont renforcées. Les membres doivent honorer le groupe et l'entreprise pour laquelle ils travaillent en maintenant une organisation harmonieuse. Cette notion de groupe n'est pas sans créer de problème puisqu'elle dilue la responsabilité de chacun et ne permet pas aux partenaires étrangers d'avoir une emprise sur elle. En cas de litige, la faute ne peut être ciblée et c'est donc la faute de tout le monde et personne à la fois. Il n'est pas facile, dans ces conditions, de placer des étapes de progrès, tout du moins avec une rationalité occidentale. Toutefois, de nombreuses choses sont en train de changer et il semble que cette notion de responsabilité soit de moins en moins diluée dans certaines entreprises.

Nous constatons ici que les interactions entre individualisme et collectivisme sont beaucoup plus complexes qu'elles en ont l'air, mais que la Chine semble savoir s'en accommoder à sa manière. Car même si elle progresse en matière de sécurisation juridique pour répondre aux besoins de l'ouverture économique – elle fait partie de l'OMC depuis 2001 – il ne faut pas s'attendre à un bouleversement des mentalités.

La Chine ne fait qu'emprunter des méthodes et des techniques de l'Occident pour les adapter librement à ses objectifs de développement. La Chine fera donc du droit et du capitalisme, mais à sa façon et la relation de confiance constitue, non seulement un contrepoids aux lourdeurs bureaucratiques, mais aussi une garantie de réalisation du contrat.

10.5.7 La notion de « face »

Dans tous les rapports avec les Chinois, la notion de face est primordiale. Elle peut être traduite, dans notre culture, par une notion d'honneur et de respect mutuel avec en plus, une reconnaissance sociale de son interlocuteur. En veillant en permanence à ne pas entamer la dignité de leurs interlocuteurs, les Chinois, par crainte de se déstabiliser mutuellement, n'expriment que très peu leurs sentiments de façon directe et ouverte. Le « non » est donc très rare puisqu'il signifie l'incapacité de satisfaire une demande, une mise en porte à faux embarrassante de la relation.

Au lieu de cela, ils avanceront des réponses ambiguës telles que « peut-être », « nous ne sommes pas sûrs », « nous y penserons » ou encore « nous verrons ».

La confrontation des idées et des opinions à travers des échanges tumultueux, comme dans les réunions occidentales, fait place à des échanges d'adaptations, ambigus et souvent complexes. Il est plus important de conserver une ambiance favorable que de travailler dans une logique rationnelle, que ce soit dans une réunion de travail, dans un échange avec des collègues ou dans une négociation. Il faut alors apprendre à se noyer dans les détails, tourner autour du pot, rester flou, même quand on a tort ou qu'ils ont tort, même si le discours paraît parfois insensé ou infondé.

Dans un face à face avec un partenaire chinois, la discussion devient tout autre est peut-être alors beaucoup plus franche. Dire que l'on est pas satisfait, montrer de façon directe ce qui va est ne va pas est tout à fait possible.

Si le chef chinois a tort... il ne sera jamais contredit par ses subordonnés.

Les disputes en public sont évidemment à bannir, pas de scandale ou d'esclandres bruyants en présence d'autres Chinois. L'objectif est de se contenir, même si cette retenue est parfois extrêmement difficile compte tenu de l'évidence des faits[46]. Il faut attendre de pouvoir régler l'affaire en privé, à l'abri des regards et des oreilles indiscrètes et toutes ces démarches sont évidemment longues et complexes car non linéaires dans la progression.

Si malencontreusement vous mettiez vos interlocuteurs Chinois dans l'embarras, ils se contenteront souvent d'escamoter la question en répondant par un sourire signifiant qu'ils sont gênés et qu'il est donc temps de passer à autre chose. N'attendez pas pour changer de sujet, si celui-ci était important, arrangez-vous pour y revenir sous une autre forme par la suite. Mais rassurez-vous, il y a fort à parier que votre voisin de table Chinois vous fera connaître les raisons du mal-être au cours du repas.

10.5.8 La tradition du cadeau

Bien que cela soit une tradition bien ancrée, offrir un cadeau en Chine est toujours une situation délicate. Le cadeau a une signification très forte puisqu'il engage celui qui l'accepte à rendre l'équivalent sous une forme ou sous une autre. Le cadeau est donc un liant qui joint les deux parties et en offrant un cadeau, à votre hôte chinois, vous lui avez tout simplement signifié que vous souhaitiez travailler avec lui. Attention cependant à ne pas lui offrir quelque chose de trop important qu'il ne puisse pas vous rendre. Il se sentirait manipulé et ce ne serait pas bon signe pour la suite de vos affaires.

Comment vont-ils percevoir le cadeau que vous allez leur remettre ? Est-il suffisamment gros ? Suffisamment séduisant ? Afin que celui qui l'offre ne perde pas la face, au cas où il ne plairait pas, le cadeau ne s'ouvre jamais en public. Cependant, les Chinois sont habitués à ce que les Occidentaux l'ouvrent dès qu'ils le reçoivent et ils ne le prennent pas forcément mal.

Il est préférable d'offrir des cadeaux en privé ou alors à tout le groupe dans son ensemble pour éviter l'embarras. En privé, il peut être considéré comme personnel alors qu'en public, il sera toujours donné au nom de l'entreprise. Si, à tout hasard, vous vous retrouvez face à un groupe supérieur au nombre de cadeaux, donnez-les tous au plus haut supérieur du groupe en mentionnant bien qu'il est destiné à toute l'équipe. Ceux-ci seront distribués, ou non, après la réunion, mais au moins vous aurez sauvé votre face...

46 Si vous avez une entreprise en Chine et que vous souhaitiez licencier un collaborateur Chinois, la méthode la plus simple est de lui fixer des objectifs difficiles à atteindre. Lors d'une réunion sur ses objectifs et en présence de l'équipe, il sera alors facile de le mettre en porte à faux devant les autres collaborateurs. Il n'est pas nécessaire d'aller loin et d'attendre longtemps avant qu'il s'en aille de lui-même...

Les cadeaux les plus appréciés sont :

- Les invitations à déjeuner ou à dîner qui vous permettront, en plus, de lier des liens et de mieux les connaître.
- Des photos encadrées, de votre interlocuteur et de vous-même, lors d'un précédent voyage. Ils adorent montrer à leurs pairs qu'ils ont des relations importantes, surtout avec des Occidentaux.
- Des stylos haut de gamme type Montblanc, nous avons vu précédemment l'importance de l'écrit.
- De l'alcool fort et en priorité du Cognac français si vous êtes Français.
- Et enfin, tout ce qui peut-être lié aux passe-temps de vos hôtes chinois. Si vous êtes invité à titre personnel aux domiciles de vos hôtes (ce qui sera rarement le cas, tout du moins au départ[47]), n'oubliez pas un paquet pour chaque enfant (jouets, sucreries). Ne donnez pas quelques euros ou dollars, se serait perçu comme une insulte. Si vous êtes dans un grand centre urbain, vous pouvez aussi apporter des fleurs coupées à la maîtresse de maison (attention cependant à ne pas le faire dans les campagnes et éviter la couleur jaune, signe de séparation).

Et enfin, sachez qu'il est illégal de faire des cadeaux aux fonctionnaires du gouvernement.

10.5.9 Les salutations

◆ Dans une relation d'affaires

Incliner la tête est la salutation commune mais vous pouvez aussi serrer la main, tout en vous inclinant un peu. Attendez cependant que ce soit votre interlocuteur qui vous tende la main et non l'inverse. Il est nécessaire de se limiter au strict minimum dans les démonstrations de sympathie. L'humour chinois n'est évidemment pas l'humour des autres cultures et il est toujours délicat de jouer sur ce registre (voir le paragraphe correspondant).

Les présentations doivent être formelles et cadrées, ni plus, ni moins. Vous recevrez de nombreuses cartes de visite en début de rencontre et vous en donnerez également beaucoup. La carte de visite se donne et se reçoit à deux mains tout en s'inclinant. Elle est considérée comme une partie de soi-même et doit donc être très respectée. En recevant la carte de visite,

47 L'endroit s'y prête rarement puisque la surface d'habitation est généralement très petite et que les rencontres entre amis se font plus au restaurant que chez eux, contrairement aux habitudes occidentales.

examinez-la soigneusement pendant quelques instants avant de la ranger. Pensez à en apporter en quantité suffisante (entre 100 et 200 pour un séjour d'une semaine). Dans la mesure du possible, faites traduire votre carte professionnelle en chinois ou demandez à une personne qui parle chinois (mandarin) de traduire votre nom de famille et de l'inscrire en caractères chinois sur votre carte.

De votre côté, n'écrivez jamais sur la carte de visite professionnelle de votre hôte. Si vous souhaitez la ranger, placez-la dans votre portefeuille ou dans votre pochette de chemise, jamais dans une poche de pantalon. Rappelez-vous que c'est une partie de lui que vous avez entre vos mains... Vous pouvez aussi disposer les différentes cartes devant vous pendant la réunion. Remarquons que de nombreux Chinois se donnent des prénoms occidentaux parce qu'ils savent, par expérience, la difficulté que nous avons à retenir les leurs (ne dites pas, en lisant leur carte, que c'est un prénom de chez vous...). Les strates hiérarchiques sont claires car chacun se nomme par son titre : Manager Lin, Directeur Lin, etc. Faites de même quand vous leur adressez la parole.

Si vous allez régulièrement dans les mêmes entreprises chinoises, ne dites pas « Bonjour » à tout le monde avec le sourire en allant voir les différents services. Cette agitation démontrerait un manque de sagesse de votre part.

◆ Dans une relation de tous les jours

Il peut paraître ainsi surprenant, en tant qu'étranger, de ne pas être salué ou remercié dans bien des endroits. Mais chacun a son rôle et si vous avez été salué à l'entrée du restaurant, il n'est pas nécessaire que le reste des employés fasse de même. Dans un restaurant, le rôle des serveurs est très servile. Ne soyez alors pas surpris si une serveuse ne vous salue pas alors que vous êtes seul et qu'elle vous apporte un plat.

La perception du « bonjour[48] » est aussi très différente en fonction des circonstances. Ainsi, si vous avez un bureau en Chine et qu'une personne vous apporte le journal tous les matins, elle n'éprouvera pas la nécessité de vous dire « bonjour » car sa tâche est répétitive chaque jour. Pourquoi alors dire « bonjour » alors que la situation est identique à celle d'hier ? Cette façon de faire est surtout vraie dans le nord de la Chine, moins dans le sud.

48 À noter que la perception des Chinois sur la politesse est tout autre puisqu'ils se considèrent extrêmement polis et serviables en toute circonstance.

◆ Les sujets de conversation à aborder

Attention aux réflexions et aux jeux de mots qui n'auront pas du tout la même signification dans le contexte chinois.

Il est possible de poser des questions sur la politique ou l'économie du pays si on le fait sur un ton amical et qu'elles montrent un intérêt sincère pour le sujet. La tragédie de la place Tienanmen demeure toutefois un sujet très délicat qu'il faut éviter d'aborder au cours d'une conversation courante.

10.6 Mieux travailler ensemble

De nombreux Français considèrent les Chinois comme de redoutables négociateurs et attaquent les discussions tête baissée. Les Chinois sont alors très forts à ce moment-là, puisqu'ils savent jouer avec le temps comme nul autre. Mais dans la plupart des cas, la finesse ou l'esprit de ruse que l'on attribue aux Chinois est souvent fausse.

Cependant ils savent être très tolérants et arrivent à conserver une distance par rapport aux événements avec beaucoup de sérénité et patience. On peut résumer cette philosophie à l'histoire du héros Yugong qui déplace, pierre par pierre, une montagne et qui se dit : « Si je n'y arrive pas, mon fils ou mon petit-fils ou mon arrière-petit-fils y parviendra. » Il n'est pas besoin d'être constant dans l'effort, ce qui se fera, se fera, le reste n'est qu'agitation de l'esprit...

Ils sont convaincus de l'impermanence des choses et persuadés qu'à un mal succédera forcément un bien, ce qui nous perturbe forcément dans notre façon d'agir. De toute évidence, développer une connaissance opérationnelle de la culture chinoise nous permettra de négocier de façon plus efficace.

Les Chinois nous trouvent arrogants. Ils le sont parfois aussi, à cette différence près qu'ils acceptent d'autres façons de faire dans les méthodes et des objectifs.

Ce n'est ni par la qualité technique, ni par l'amélioration de leur compétitivité commerciale que les entreprises occidentales peuvent vraiment faire la différence en Chine. Travailler et réussir dans ce pays dépend davantage d'un savoir-vivre que d'un savoir-faire.

Le niveau technique est la condition nécessaire pour réussir en Chine, mais il est réputé déjà acquis s'agissant des produits occidentaux. Les Chinois sont beaucoup plus sensibles aux prix, mais contrairement à certains préjugés, la compétitivité commerciale ne constitue pas la panacée. Le bagout, la gestion de l'incertitude et l'habileté relationnelle sont de meilleures armes que des prix sacrifiés. Savoir négocier, c'est d'abord savoir trouver les bons *Guangxi*, les « alimenter », « les divertir », « les séduire » par son image, sur la forme, et pas forcément sur le fond.

« Les Chinois sont de grands gamins, joueurs et indisciplinés. Avec toute cette masse financière qui arrive dans leur pays, c'est un peu comme ci on leur avait donné une carte bleue et le code avec. »

10.6.1 Construire une entente cordiale

Le savoir-vivre, qui institue qu'on ne traite en Chine qu'entre gens de bonne compagnie, fait que la phase préliminaire est censée être utilisée pour apprendre à se connaître et à s'apprécier. Cette étape peut prendre parfois beaucoup de temps et il est illusoire de penser revenir avec un contrat signé après un seul déplacement. Plusieurs voyages seront donc nécessaires pour dépasser le caractère économique et instituer une vraie relation humaine. C'est à travers cette relation saine qu'aboutira normalement la signature d'un contrat, même si les conditions exigent que plusieurs candidats soient en lice.

Attention alors à tous les rendez-vous que l'on veut souvent très technique pour démontrer une certaine supériorité, à l'importance accordée au texte du contrat et à l'énergie dépensée dans la précision de sa rédaction. Tous ces éléments prennent souvent le pas sur les efforts de courtoisie, de convivialité et d'ouverture qu'il faut déployer inlassablement en Chine pour mériter la confiance des Chinois.

Cette entente cordiale impliquera des sacrifices qui surprendront de nombreux Occidentaux, mais la recherche de solutions et de compromis permettra de maintenir cette entente.

◆ Des étapes claires et précises, oui mais...

Ne parlez pas trop et trop fort au début, ne riez pas à gorge déployée et ne faites pas trop de gestes.

La première étape

Elle vise à déterminer chez la partie adverse les points négociables et non négociables. Durant cette phase, les Chinois sont très habiles pour dégager une vision globale et synthétique de la situation. Vous rencontrerez parfois quelques stratégies de provocation ou de blocage pour analyser vos réactions et votre résistance nerveuse. Il n'est pas rare que les accords de la veille soient remis en question pour mieux cerner votre flexibilité et ainsi vos limites.

Au moment d'élaborer une présentation, prévoyez le même temps pour la traduction. Parlez clairement en ralentissant légèrement votre débit et faites une pause après deux ou trois phrases pour permettre à l'interprète de donner une traduction exacte. Dans la mesure du possible, servez-vous de cartes et de graphiques pour illustrer les points essentiels. Les Chinois sont des visuels et l'expression « un dessin vaut mille mots » prend ici tout son sens.

Afin que tout le monde travaille sur les mêmes documents, vous veillerez à apporter plusieurs copies de tous les écrits. Il est très utile d'en faire traduire certains en chinois, surtout ceux présentant vos idées clés. Ne soyez alors pas trop binaire, tranché avec une logique implacable, mais plutôt flou avec un « peut-être » employé régulièrement. Utilisez des références reconnues internationalement et surtout surprenez-les tout en restant humble sans arrogance (attention aux mimiques d'autosatisfaction ou de moquerie entre collègues, qui se traduisent souvent par un rictus ou un mouvement de la tête et qui ne sont pas toujours faciles à contrôler). Les Chinois, qui savent jouer avec finesse, remarqueront facilement ce type de mimique.

Soyez attentif à être clair et précis sur la première étape, mais pas sur les autres. La négociation doit avancer pas à pas, dans le cas contraire, ils joueront avec vous et votre temps.

Ne dites pas, par exemple, que vous souhaitez terminer la négociation le vendredi avant de prendre l'avion, alors que la réunion a lieu un lundi. Ils feront tous pour faire traîner l'affaire jusqu'à jeudi soir afin que vous soyez dans l'obligation de tout accepter le vendredi matin par l'impératif que vous vous êtes vous-même fixé. Les interlocuteurs chinois tendent à prolonger les négociations bien au-delà de la date limite officielle. Soyez patient, montrez peu d'émotion et ne mentionnez pas de date. À la fin d'une réunion, et si celle-ci se déroule à l'extérieur de l'entreprise, on s'attend à ce que vous partiez avant vos homologues chinois.

Ne donnez jamais d'indication sur le prix que vous pensez acceptable mais demandez plutôt d'abord qu'ils vous fassent leur meilleure offre, en respectant bien le cahier des charges.

Vouloir presser la négociation alors que les Chinois raisonnent à long terme est une faiblesse qu'ils sauront exploiter...

➭ La seconde étape

Elle vise à trouver des accords en tenant compte des forces et des faiblesses de la partie étrangère. En plus de notre arrogance, il faut savoir que nous sommes considérés comme :

- fantaisistes dans l'organisation et l'encadrement du travail ;
- imprécis dans les directives et la définition des responsabilités ;
- imprévisibles dans les actions ;
- manieurs de papier, de fax et de téléphone !

Notre puissant sens hiérarchique nous fait souvent ignorer le rôle et les conseils des « petits ». En Chine, même si c'est le plus haut supérieur hiérarchique qui décide, le pouvoir de nuisance ne dépend pas du rang que l'on occupe et un subalterne peut bloquer une affaire en faisant plus de ravages qu'un personnage haut placé.

De même, rares sont les fois ou le supérieur hiérarchique donnera ouvertement son avis car en passant par des intermédiaires, il pourra se construire un ensemble de fusibles qui pourront sauter en cas de difficultés, d'où l'importance des échelons subalternes.

« L'empereur était entouré d'eunuques et ce sont eux qui dirigeaient... »

10.6.2 Le savoir-faire dans la négociation

Les Français soignent assez mal la période des échanges initiaux, en ayant pour préoccupation majeure « leur » projet, sans attention suffisante aux besoins et contraintes de leurs interlocuteurs. Leur souci est davantage de contrôler si le message qu'ils ont délivré a été apprécié, que de découvrir qui sont exactement les Chinois qui sont devant eux et ce qu'ils peuvent avoir en tête.

Les Chinois ne sont pas rancuniers, mais ils n'oublient jamais rien !

La phase préliminaire doit être une période de contacts ouverts et diversifiés destinés à recueillir le maximum d'informations sur le profil de la partie chinoise, ses motivations à l'égard du partenaire français et l'objectif qu'elle poursuit dans cette affaire. Elle doit permettre d'éclairer la nature du client, du vendeur ou du partenaire (personnalité et statut juridique effectif, lien de dépendance à l'économie dirigée), le nombre et la qualité des acteurs impliqués de près ou de loin dans le projet, les soutiens officiels et officieux dont il dispose, la nature des approbations administratives requises, l'origine du financement, etc. Puisque la plupart des entreprises étrangères sont très peu connues des Chinois, on accorde une importance fondamentale au produit et au charisme de la personne que l'on a devant soi. À ce titre et lors d'une première rencontre, les Chinois apprécient que ce soit le haut dirigeant de l'entreprise qui fasse le déplacement. C'est ainsi une garantie de suivi et de respect.

Les réponses à ces questions aident à déterminer quels sont les vrais enjeux pour la partie chinoise (souvent distincts des objectifs affichés) et donnent une idée des moyens qu'elle est prête à mettre en œuvre pour y parvenir. Le processus décisionnel est lent car « une petite impatience peut ruiner un grand projet » (Confucius) et que « si vous êtes pressés, vous n'y arriverez jamais » (proverbe chinois).

Dans le cadre des négociations, il faut une grande souplesse sur les prix pour démontrer votre volonté de travailler avec eux. Présenter séparément les produits, les travaux de mise en place, la formation, le service et le soutien technique par des prix détaillés leur permet une visibilité qu'ils apprécient. Même s'ils en jouent par la suite en essayant de comprendre vos gains dans cette affaire, ils auront plus envie de vous faire confiance que si vous présentez un prix global sorti d'un chapeau.

Si vos interlocuteurs ne font pas d'effort pour avancer avec vous, c'est qu'ils ne sont pas intéressés ou qu'ils vous testent parce qu'ils sont, au contraire, très intéressés par un partenariat. Il n'est pas toujours facile à ce moment-là, de cerner leur jeu.

Par contre, si vos interlocuteurs durcissent subitement leur position ou s'ils imposent des exigences qu'ils savent impossibles à satisfaire, c'est peut-être le signe qu'il est temps d'arrêter. En faisant ainsi, ils vous obligent à vous retirer et sauvent leur face. Si vous constatez que c'est clairement le cas, retirez-vous, même si c'est votre troisième déplacement en Chine...

10.6.3 Le savoir-être dans la négociation

Il est impératif d'être à l'heure. Arriver en retard dans une réunion d'affaires est considéré comme une insulte. Alors que les Chinois ont une considération spatiale du temps, ils attendent à ce qu'on soit strict sur les horaires.

La bonne attitude à adopter est de se dire que rien n'est impossible en Chine et vous constaterez souvent que les problèmes insurmontables ne le sont plus après maintes discussions. Attention cependant à ne pas perdre son calme dans de telles situations, car les conséquences pourraient être désastreuses.

En cas de conflit manifeste, ne vous prononcez pas à chaud mais reprenez un rendez-vous car les Chinois aiment aussi prendre leur temps quand les choses deviennent confuses. En faisant de même, ils apprécieront cette capacité de recul et de réflexion.

Ne négligez pas l'importance du statut de vos interlocuteurs dans les relations interpersonnelles. Traitez avec déférence les personnes qui sont plus âgées que vous, ou occupent un poste supérieur au vôtre, qu'il s'agisse de vos interlocuteurs ou de vos équipes. Les Chinois observeront aussi votre comportement au sein de votre équipe qui devra être congruent avec vos propos.

La plupart de nos erreurs viennent d'un certain manque de lucidité, autant sur nous-mêmes que sur la partie adverse. Les Chinois sont des pourvoyeurs de signaux à décrypter. Encore faut-il se donner les moyens de les décoder, bien sûr et avant tout, en s'appuyant sur des collaborateurs (internes ou externes à l'entreprise) chinois ou spécialistes de la Chine, mais aussi, en développant une vraie capacité d'écoute et de perception.

Le gros défaut des Français est d'en dire trop sur eux-mêmes, le « moi je » avec nos valeurs républicaines que nous voulons universelles, les aveugle bien souvent. Leur point faible est de ne retenir que les signes explicites et optimistes de la relation.

Un autre défaut couramment répandu parmi les Français, à tous les stades du développement d'un projet jusqu'à sa signature, est le manque de fermeté et de détermination. Les Français ont des états d'âme permanents que masquent à peine la rigidité et l'assurance affichées de leur position. Ce qui est au départ très déroutant pour la partie chinoise, devient vite une arme qu'ils retournent contre nous.

Les hommes d'affaires chinois préfèrent établir un rapport fort avant de clôturer une affaire. Même après que le contrat a été signé, les Chinois continueront souvent à encourager une meilleure offre. Croire que tout est acquis après la signature d'un contrat est un leurre. Un contrat est un document administratif qui pourra être maintes fois remis en cause voire oublié... si nécessaire. Même si toutes des lois commerciales existent en Chine, il reste encore beaucoup à faire pour les appliquer. Le contrat sera rédigé en une seule langue, en anglais, pour éviter plusieurs interprétations en cas de litige. Si le contrat est rédigé en chinois, ils seront experts pour interpréter les clauses à leur avantage et c'est le contrat chinois qui prévaudra.

10.6.4 Le comportement au restaurant en Chine

On reproche souvent aux Français de marquer volontairement un léger retard lorsqu'ils sont conviés, alors arrivez toujours à l'heure (ou en avance !) cela les surprendra, Apportez un cadeau comme une bouteille de Cognac ou de Champagne que vous aurez dissimulé dans un sac.

Le repas est très convivial : les convives se servent dans des plats communs et peuvent choisir ce qu'ils préfèrent. Cependant, la courtoisie veut que vous goûtiez, en premier, tous les plats qui vous sont offerts. Il n'y a pas d'ordre « entrée, plat, dessert » mais un mélange de plats dont il est possible de se servir plusieurs fois. Si le plateau des mets, situé généralement au milieu de la table ne tourne pas, prenez ce que vous pouvez à portée de bras.

Si votre interlocuteur vous propose de goûter un plat, ne refusez pas, même si vous savez pertinemment qu'il n'est pas à votre goût. Prenez-en un peu, avec le sourire, sur le côté de votre assiette pour que votre hôte ne perde pas la face. Vous n'avez pas forcément besoin d'y toucher mais sa face est sauvegardée.

Il est normal, pour un Chinois, de manger la tête dans son assiette, en aspirant les aliments et en faisant beaucoup de bruit. Dans les campagnes, on jette volontiers les os sur la table ou l'on crache par terre (quoique cette habitude ait fortement chuté en 2002 avec la crise du SRAS – syndrome respiratoire aigu sévère).

Quand on se ressert du thé, il faut veiller à servir les autres avant soi. Les autres convives feront de même.

Quand on remplit votre tasse ou verre, il est de bon aloi de tapoter discrètement, deux ou trois fois, sur la table avec l'index de sa main droite et cela en signe de remerciements.

Les femmes ne boivent habituellement pas d'alcool au cours des repas, mais certaines femmes d'affaires aiment marquer leurs différences en trinquant avec les convives.

Trinquer (*ganbei en chinois) est une tradition. Le Chinois n'a d'ailleurs pas l'habitude de boire seul, si bien qu'à chaque fois qu'il prend son verre, il trinque. Il boit souvent jusqu'à un état euphorique sans apprécier réellement ce qu'il boit. L'alcool étant considéré comme une substance liquide qui permet d'atteindre un état second, sans toutefois atteindre* l'état d'ébriété avancé qui serait considéré, dans ce cas-là, comme un manque de maturité. La première fois, c'est le plus haut gradé chinois qui prend l'initiative pour souhaiter une collaboration fructueuse. Ensuite, les convives trinquent avec leurs homologues de même niveau hiérarchique (en se levant et en se déplaçant à côté d'eux). Au cours du repas, certains Chinois n'hésiteront pas à vous inviter à une série de *ganbei* en ayant préalablement remplacé leur verre de bière par du thé (couleur identique) alors que vous buvez toujours de l'alcool. Donc prudence !

Il ne faut jamais refuser de trinquer avec un Chinois qui vous le propose – soit directement au-dessus de la table sans se lever, soit en se levant et en venant vous voir – car se serait une perte de face pour lui. Indiquez simplement, avec vos doigts, ce que vous allez boire dans le verre pour éviter « le cul sec » qui n'aurait que pour résultat de vous brûler l'estomac.

Au moment de régler l'addition si vous êtes invité, il est normal de proposer de payer[49]. En revanche il n'est pas correct d'insister lourdement. Le partage d'addition ne se fait qu'entre très bons amis.

10.7 Les perceptions croisées

◆ La notion de perception

Il est important de bien comprendre la façon dont les Chinois perçoivent les autres cultures. L'intérêt de cerner cette perception est de pouvoir les surprendre, en faisant des actes conforment à leurs attentes dans le milieu professionnel et non à la vision qu'ils peuvent avoir sur la culture en question.

49 Ici aussi c'est un bon moyen de donner de la face à celui qui invite.

L'objectif est donc de leur faire vivre une expérience qui déclenchera, à coup sûr, une collaboration fructueuse et sincère.

Pour cela, reportez-vous directement à la perception de la culture qui vous concerne puis passez à la conclusion de ce chapitre.

◆ La France...

Les exportations Chinoises vers la France représentaient environ 35 milliards d'euros en 2011, contre 13 milliards d'importation, ce qui fait un bénéfice total de 22 milliards pour la Chine. La France et au 10ᵉ rang mondial pour les investissements en Chine[50] (3ᵉ Européen). Il y a 1 800 implantations pour 850 entreprises françaises, soit environ 250 000 employés. La part des implantations est pour 50 % industrielle, 40 % dans les services et 10 % pour l'agroalimentaire.

◆ ... et les Français

Pour des raisons politiques et sentimentales, la France, même si elle est peu connue par un grand nombre de Chinois, bénéficie d'un réel capital de confiance et de sympathie.

Mais contrairement à nous Français, qui avons tendance à nous intéresser peu au déplacement de nos hommes politiques, les Chinois manifestent toujours beaucoup d'intérêts à chaque venue d'hommes d'État dans leurs pays. Ainsi et même si cela semble loin pour la plupart d'entre nous, le déplacement de Jacques Chirac et de Jean-Pierre Raffarin, en pleine crise du SRAS ou encore, la prise de décision ferme, sur le « non » à la guerre en Irak, est encore dans les mémoires de nombreux Chinois qui connaissent la culture française. Ces relations privilégiées ne datent pas d'aujourd'hui puisque le général de Gaulle a été l'un des premiers chefs d'État à se rendre en Chine dans les années soixante et à reconnaître le parti communiste chinois. Cette démarche gaullienne n'a jamais été oubliée et a constitué, dès le départ, un atout important pour la France.

Cependant tous les projets lancés avec les Chinois impliquent une bonne connaissance de leur culture ainsi que de leur histoire. De nombreuses entreprises françaises subissent des échecs, dans ce soit disant Eldorado, parce qu'elles oublient un élément fondamental : le savoir-être ! Nous croyons savoir, nous ne savons pas. Nous croyons que le comportement est un élément mineur, c'est tout le contraire ! Nous croyons que les modes

50 Source 2012 : CCIFC, Mission économique, Banque de France.

de consommation sont tous les mêmes, grave erreur ! Cela est vrai pour Mc Donald's et Coca-Cola, mais qu'en est-il pour les millions d'autres marques diffusées chaque jour dans le monde ?

Sachez que la première fois que vous rencontrerez des Chinois pour affaires, vous passerez un examen de passage sans le savoir. Vous serez testé, en tout premier lieu, sur votre savoir-être car en Chine on ne fait pas d'affaires si on n'a pas confiance et la confiance s'acquiert avec le temps. Afin de ne pas faire d'impairs, il est donc important de savoir comment ils nous perçoivent.

Les points appréciés par les Chinois sont :

- Les Français sont crédités d'un savoir-vivre et d'une culture exceptionnelle, avec une littérature très riche.
- Ils ont la culture du luxe qui démontre un savoir recevoir inégalé.
- Ils sont sympathiques et souvent souriants.
- Ils sont malins pour arriver à leur fin.
- Et enfin ils sont très romantiques.

Les Chinois, comme les Français, sont fiers de leur culture à cette différence près qu'ils ont conscience de la relativité et de l'impermanence des choses, ce qui leur permet de prendre du recul sur les événements et d'être moins binaires dans les décisions.

Les points de différence sont :

- Les Français représentent moins de 1 % de la population mondiale et ils ont, selon les Chinois, une propension à faire parler d'eux et à se comporter comme s'ils étaient l'échantillon le plus représentatif de l'humanité universelle.

Si les Chinois pratiquent le retrait et la discrétion dans les relations, nous « coqs gaulois », nous faisons tout le contraire. Cette opposition entre les deux cultures ne peut que perturber la culture chinoise et même l'agacer la plupart du temps. Nous prétendons être la référence culturelle et nous voulons imposer, souvent sans le savoir et donc sans nous en rendre compte, notre universalisme.

Dans une collaboration sino- française

Les Chinois nous apprécient à condition que nous ne soyons pas expansifs, centrés sur nous-mêmes et donneurs de leçon pendant les réunions et les différentes soirées passées en commun. Ils apprécient notre côté humaniste et le fait que nous sommes peu procéduriers dans notre façon de faire. Nous sommes finalement plus à leurs yeux, de « bons copains », que de véritables partenaires industriels.

Pour séduire les Chinois, il faudra donc montrer du professionnalisme sans arrogance, aller plus vite, de façon plus structurée et surtout avec de la stabilité et de la rigueur.

◆ Les États-Unis...

La balance commerciale des États-Unis avec les Chinois est fortement excédentaire pour les Indiens puisque les importations n'ont été que de 45 milliards d'euros pour 283 milliards d'euros exportés en 2011[51].

Cet écart faramineux n'est pas sans inquiéter les politiques américains qui font tout pour que la Chine réévalue le Yuan afin de limiter les dégâts. Mais cet écart est structurel et il n'a aucune raison de ne pas s'amplifier pour les années à venir.

◆ ... et les Américains

En prônant la démocratie, en soutenant Taïwan comme pays indépendant et en développant des relations amicales avec le Dalaï-lama, l'Amérique irrite régulièrement la Chine.

De plus, l'appel de l'Inde à jouer un rôle compensateur en tant que puissance économique en Asie et les fortes pressions sur la Chine pour réévaluer le Yuan (aligné sur le dollar depuis 1994) afin de compenser en partie la réduction du déficit commercial grandissant avec la Chine n'arrange pas les choses. Cependant et pour la sauvegarde de la stabilité du marché financier international, les États-Unis ne peuvent désormais se passer de la coopération de la Chine.

Les États-Unis sont un modèle pour les Chinois en ce qui concerne leur système capitaliste. Ils aiment le côté sociable et ouvert de l'Américain mais aussi son assurance dans tout ce qu'il fait. Mais cette admiration pour les États-Unis ne date pas d'hier puisque l'anthropologiste Fei Xiaotong qui s'était rendu aux États-Unis dans les années quarante, a relaté un contraste saisissant entre les enfants américains, qui avaient de l'argent pour s'acheter des livres sur Superman, alors que les enfants chinois lisaient des histoires de fantômes qui symbolisaient plus une façon de se plier à l'autorité que de croire en un avenir meilleur.

51 http://stat.wto.org/CountryProfile/WSDBCountryPFView.spx?Language=E&Country=CN.

Si les Américains représentent une forme d'icône, ils lui reprochent cependant leur arrogance et leur vanité qu'ils ne trouvent pas digne d'un pays de cette dimension.

Les points appréciés par les Chinois sont :

- Les Américains, par leurs visites fréquentes de hauts dignitaires, prennent désormais en compte la Chine comme un grand pays qui retrouve dignement sa place.
- Ils ont une vision commune sur la Corée du Nord et de la maîtrise de son nucléaire.
- Ils ont un commun une coopération dans la lutte contre le terrorisme. Les Chinois ont, en ligne de mire, la reconstruction de l'Irak et le pétrole dont ils ont tant besoin.
- Les Américains comme les Chinois, sont travailleurs et intelligents.
- Et enfin, l'Amérique est un peuple riche qui possède beaucoup de voitures et de produits modernes (une forme de modèle économique à recopier).

Les points de différence sont :

- Les Américains font de l'ingérence en s'occupant du problème fondamental du rapprochement de Taïwan avec la Chine. Pourtant, les dirigeants chinois ont indiqué maintes fois aux Américains que la défense de la souveraineté et de l'intégrité du territoire était l'intérêt central de la Chine.
- Ils ne semblent pas avoir le respect du corps et de l'équilibre universel en étant aussi gros (alors que c'est, de plus, un pays scientifique très développé).
- Les Américains sont arrogants en se croyant les maîtres du monde. Par contre, n'ayant pas eu la chance de voir les westerns dans leur enfance, les Chinois ne perçoivent pas le côté *cowboy et aventuriers des Américains.*

Les dirigeants chinois sont marqués à vie par l'accueil réservé par George Bush au Dalaï-lama, le leader bouddhiste tibétain exilé, qui a coïncidé en octobre 2007 avec le congrès du Parti Communiste Chinois, pour la reconduction du président (Hu jintao à cette époque) dans ses fonctions. À leurs yeux, la remise de la médaille d'or du Congrès américain fut une réelle provocation.

Dans une collaboration sino-américaine

Contrairement à la perception française, les Chinois ne perçoivent pas les Américains comme des gens ayant des relations souvent superficielles.

Pour une meilleure collaboration, les Américains doivent être plus humbles dans leurs démarches. Ils doivent aussi prendre en compte les relations humaines. Prendre le temps de se découvrir pour mieux s'apprécier (« à chaque fois qu'ils viennent dans le pays, ce n'est que pour quelques heures de visite. »). Ils doivent aussi prendre en compte que la Chine n'est pas qu'un réservoir de main-d'œuvre et mettre en avant les Chinois dans leur savoir.

Et enfin, ils doivent parler moins fort et moins vite (même avec leurs interprètes que les Chinois observent en permanence pour décoder les sous-entendus, ce qu'ils ont en permanence l'habitude de faire entre eux).

Le Japon...

Bien que la balance commerciale chinoise soit déficitaire de 65 milliards d'euros avec 144 milliards pour l'exportation vers le Japon et 209 milliards pour les importations 2011, l'excédent commercial a tendance à diminuer d'année en année, en partie à cause des importations chinoises considérables en téléphonie mobile, voiture et autre matériel électronique[52].

... et les Japonais

Les Chinois trouvent que les Japonais sont des gens cruels. Non seulement ils ont envahi la Chine par deux fois, mais ils ont aussi pris le savoir des Chinois pour l'adapter à leur propre façon de faire et vivre. De ce fait, de nombreux Chinois haïssent les Japonais. Ils les considèrent comme des ennemis et la situation est souvent tendue entre les deux pays. Malgré tout, le Japon est une puissance économique et le fait de travailler avec eux peut permettre des gains substantiels. Ils font aussi d'excellents films, souvent meilleurs que les films américains. Ils ont aussi d'excellents acteurs comiques.

Pour les Chinois, le Japon est dépassé par la construction de l'empire chinois. C'est un peuple vieillissant avec une culture antique et qui doit désormais laisser la place à la Chine qui s'éveille.

52 Source : http://stat.wto.org/CountryProfile/WSDBCountryPFView.aspx?Language=E&Country=CN

Les points appréciés par les Chinois sont :

- Les Japonais sont très intelligents mais surtout très riches.

Les points de différence sont que les Japonais cherchent souvent à provoquer les Chinois :

- par des hommages réguliers aux criminels de guerre (avec par exemple le temple Yasukuni qui revient systématiquement au centre des débats) ;
- par des relations privilégiées avec Taïwan, qui démontrent le soutien de ce pays contre la Chine ;
- mais aussi par des mesures unilatérales pour préserver son droit d'exploiter les champs pétrolifères et gaziers dans la Mer de Chine orientale.

◆ L'Allemagne...

Les relations économiques germano-chinoises ont connu un essor fulgurant. En 1972, les importations atteignaient tout juste 186 millions d'euros, elles s'élèvent en 2011 à 88 milliards. Quant aux exportations de la Chine vers l'Allemagne, elles se chiffraient à 120 millions d'euros en 1972 alors qu'elles ont atteint 81 milliards en 2011, soit 680 fois plus ! L'Allemagne est le premier importateur européen, et se place ainsi au niveau mondial juste derrière les États-Unis.

◆ ... et les Allemands

Les Chinois voient les Allemands comme un peuple précis et extrêmement brillant en mécanique. Le développement de la Chine fait que les machines-outils allemandes sont fortement demandées. De plus, les Allemands sont crédités d'un sérieux sans faille, les affaires sont toujours très claires. Ils respectent et assument leurs engagements et sont beaucoup plus travailleurs que les Français.

Les points appréciés par les Chinois sont :

- Les Allemands sont des gens très précis dans tout ce qu'ils entreprennent.
- Ils respectent la parole donnée et livrent toujours dans les délais. Ils savent régler tous les problèmes et reconnaissent aisément leurs torts.
- Ils sont très travailleurs et la Chine a beaucoup à apprendre de leur technologie.

Les points de différence sont :

- Les Allemands sont moins chaleureux que les Français.
- Ils sont très individualistes et ne pensent qu'à eux.
- Ils ne sont pas très sympathiques et souvent trop rigides dans leurs façons de penser.
- Ils sont difficiles à cerner car ils s'ouvrent peu aux autres.
- Et enfin qu'ils soutiennent le Dalaï-lama de longue date, ce qui irrite régulièrement les Chinois.

Dans une collaboration sino-germanique

Les Allemands font de gros efforts pour mieux collaborer avec les Chinois, mais ces derniers ont souvent des difficultés relationnelles avec eux. Les Allemands doivent être plus souples et plus amicaux dans les relations. Leur côté blond et charpenté est souvent trop sévère. Il faudrait qu'ils se libèrent après le travail et ne restent pas sur un mode « contrôle continu ». Le sourire et la détente sont les deux premières clefs d'entrée qu'il leur faut développer.

Le Royaume-Uni...

Le commerce avec l'Angleterre est en pleine croissance : les exportations chinoises en direction de la Grande-Bretagne s'élèvent à 52 milliards d'euros en 2011 pour 11 milliards d'euros d'importations.

... et les Britanniques

Les Britanniques sont considérés par les Chinois comme des gentlemen avec leur chapeau melon. Ils sont sérieux mais sont aussi les plus prétentieux et plus hautains des Européens. Ils semblent prendre tout le monde de très haut et se sentent encore supérieurs avec leur colonialisme pourtant dépassé.

Alors que l'empereur Chinois a disparu au début des années 1900 et que nous sommes entrés dans une ère moderne, les Britanniques sont encore très conservateurs avec leur monarchie et leur reine.

Les points appréciés par les Chinois sont :

- Les Britanniques sont accueillants surtout en Angleterre.
- Ils sont à l'écoute. Ce sont des gens respectueux qui n'aiment pas couper la parole.

- Ils ont aussi des valeurs fortes à l'identique des Chinois et ont un réel savoir-vivre qu'il faut respecter quand on se rend dans leur pays.

Les points de différence sont :

- Ils sont relativement lents dans leur prise de décision.
- Ils n'osent pas s'engager et qu'ils reviennent souvent sur des points de détails inutiles.
- Et enfin ils manquent de chaleur et de convivialité dans leurs relations.

Dans une collaboration sino-britannique

Les Britanniques sont précurseurs du capitalisme à l'image de Hong Kong. Les Britanniques ont donc un savoir-faire dans la finance qui est indéniable et à ce titre, les Chinois seront particulièrement prudents, voire méfiants avec leurs interlocuteurs Britanniques. Il est important que ces derniers soient transparents sur les chiffres et sur la façon de procéder afin de les rassurer. Il faut aussi qu'ils essaient d'avoir « moins de manières » quand ils s'expriment.

◆ L'Inde...

Les échanges économiques entre l'Inde et la Chine deviennent de plus en plus importants. En 2011, les échanges entre l'Inde et la Chine se sont élevés à 74 milliards de dollars. Les exportations chinoises vers l'Inde se font surtout dans le domaine électronique et les biens de consommation grand public. La demande indienne est de plus en plus importante de la part des classes moyennes et les importations massives chinoises inquiètent le gouvernement indien.

◆ ... et les Indiens

Les relations Chine-Inde sont relativement complexes, notamment par la proximité de ces deux pays, mais aussi par leurs valeurs historique et religieuse. Les frontières communes ont naguère été sources de conflits, mais leur croissance actuelle comparable les oblige à se respecter mutuellement. Cependant, l'image qu'a un Chinois de l'Inde est plutôt négative. L'Inde est considérée comme un pays sale et instable, avec des rites et des coutumes dépassés.

Les points appréciés par les Chinois sont :

- Les Indiens font attention à ne pas froisser leurs relations en étant humbles et courtois.
- Ils sont à l'écoute et sont souples dans l'application de nouvelles méthodes.
- Ils prennent leur temps pour développer des relations de qualité.
- Ils sont à l'équivalent de la Chine dans l'informatique et les notions de processus.

Les points de différence sont :

- Les Indiens ont tendance à surestimer leur puissance économique alors qu'ils sont loin derrière la Chine.
- Ils n'ont pas les moyens de leurs ambitions.
- Ils ne sont pas souvent fiables dans les projets.
- Et enfin ils manquent cruellement de procédures pour bien travailler.

Dans une collaboration sino-indienne

Voir la partie sino-indienne dans le chapitre 12 intitulé « La plus grande démocratie du monde ».

La Russie…

En 2011, le montant des échanges entre la Russie et la Chine s'élevait à 69 milliards de dollars[53] avec 42 milliards d'exportations et 27 milliards d'importations en 2011.

Les deux pays reconnaissent mutuellement que l'autre partie est un pays d'économie de marché à part entière.

… et les Russes

Le partenariat sino-russe est complexe, à l'identique de celui de l'Inde, mais c'est surtout la Chine qui s'est rapprochée des Russes après la fin de la Guerre froide en 1992, en mettant en place une politique de « bon voisinage ». Voyant la Russie se rapprocher des États-Unis, elle a souhaité rééquilibrer les forces en utilisant la Russie comme instrument compensateur dans le cas d'un conflit sino-américain.

53 Source : *Reuters*.

La Chine souhaite développer ses provinces reculées du nord, Heilongjiang et Jilin ; les échanges sino-russes en sont sûrement un bon moyen.

En 2004, les deux parties ont aussi signé l'Accord complémentaire relatif à la section orientale de la frontière sino-russe, ce qui met fin à un long conflit transfrontalier. Elles ont aussi approuvé le programme d'application du « Traité sino-russe sur l'amitié, le bon voisinage et la coopération » afin de proposer une nouvelle planification et un nouvel objectif pour les relations bilatérales.

Aujourd'hui, la Chine a besoin plus que jamais du pétrole et du gaz russes. Elle est aussi son premier client dans l'armement.

La population chinoise n'a que peu de préjugés sur la population Russe et même s'ils ont en commun plus de 4 300 kilomètres de frontières, il n'y a jamais eu de conflits majeurs entre ces deux grandes nations.

Les points appréciés par les Chinois sont :

- Les Russes sont francs et directs.
- Ce sont des personnes très difficiles dans la négociation. Ils ne savent pas faire de concession et ne sont donc pas de bons partenaires à long terme.
- Les Russes sont en accord avec les Chinois sur le combat contre le terrorisme. Même si cela peut sembler surprenant venant de leur part, il s'agit plus, en fait, d'un jeu à long terme pour éviter que les Russes ne se rapprochent trop des Américains. L'expérience de l'attitude positive des Russes envers les Américains en 2001 les a surpris et marqués. Après la prise d'otage de Beslan en 2004, les dirigeants chinois ont immédiatement témoigné de la sympathie au gouvernement et au peuple russe en fournissant du secours humanitaire.

Les points de différences sont :

- Les Russes manquent de structures et de courage pour remettre leur pays sur la croissance économique.
- Ce sont de gros buveurs de vodka.
- Ils sont rudes entre eux et manquent de savoir-vivre, de finesse et d'humilité. Leur physique est souvent impressionnant et les femmes sont très grandes.

Dans une collaboration sino-russe

Les Russes doivent être plus souples dans leurs négociations. Ils doivent aussi passer plus de temps avec leurs partenaires afin de développer une vraie relation. Et enfin, ils doivent structurer leurs projets en expliquant concrètement ce qu'ils souhaitent faire. Les Chinois pensent qu'ils sont toujours là pour faire un coup, prendre le maximum puis aller sur une autre affaire...

◆ Conclusion

Les Chinois apprécient les Français et se sentent relativement proches d'eux pour le savoir-vivre et le goût pour les belles choses. Pour les affaires, il vaut mieux cependant se rapprocher des Américains qui ont un savoir-faire indéniable en la matière. Il y a beaucoup à apprendre de leur culture pour devenir riche. Bien que les relations soient tendues, les Japonais détiennent beaucoup de richesse et il est donc important de faire des affaires avec eux. Du côté des Allemands, leur rigueur aidera sûrement la chine à fabriquer des produits de meilleure qualité.

Quant aux Russes, les Chinois sont conscients que leurs ressources d'hydrocarbures sont importantes pour compléter celles en provenance d'Angola.

10.8 Une formule service compris

Comment gérer des Chinois en visite dans votre pays ?

La France est le pays du luxe. Vos hôtes chinois s'attendent donc à un traitement « haut de gamme ». Ne les décevez pas, tout en restant humble, il faut les surprendre et ne pas hésiter à montrer sa richesse...

Vos hôtes chinois seront pris en charge dès leur arrivée à l'aéroport et conduits à leur hôtel (luxueux si possible) pour se reposer du voyage et du décalage horaire. Dans la chambre, ils trouveront l'agenda de la journée avec des heures précises de rendez-vous. L'agenda ne sera cependant pas exhaustif pour les autres jours, puisque de nombreuses étapes devront se construire en fonction de l'avancement du projet et des relations. Ils attendent cependant de vous une implication forte pour les accompagner pendant tout leur séjour : le jour, le soir mais aussi le weekend.

10.8.1 Construisez un planning pour qu'ils ne soient pas seuls le soir

Les Chinois vivent dans un monde d'interrelation entre leurs pairs et ils ne comprendraient pas que vous les laissiez seuls, ne serait-ce qu'un soir[54]. Et pourtant, même si cela vous semble une perte de temps considérable, faites leur croire que vous êtes disponible ; cela montrera que vous avez la plus haute considération à leur égard. Ayez le sourire et l'extrême courtoisie de répondre d'une voix posée, sans mimique (ils n'aiment pas les grands gestes) à leurs réponses qui sont généralement peu nombreuses.

Vous aurez construit au préalable un planning extraprofessionnel pour les accompagner au cours des différentes soirées. Attendez-vous à de la complexité sur toutes choses et surtout sur les plus simples.

Quand on vous félicite, ne dites pas « merci » car ce merci peut être interprété comme une reconnaissance personnelle de votre force et donc comme une forme de prétention face à eux. Il vaut mieux opter pour « C'est trop d'honneur de votre part » ou encore « J'ai essayé de faire de mon mieux ».

Si vous n'avez pas la possibilité d'être avec eux au cours d'une soirée, demandez à un de vos collaborateurs de prendre la main en justifiant sa présence par le fait que, pour cette soirée, c'est lui le spécialiste de... (à vous de trouver la bonne parade pour que cela semble naturel...).

Où les emmener ?

Emmenez vos hôtes voir des monuments célèbres comme la Tour Eiffel, la Concorde, le Louvre (sans toutefois les visiter puisqu'ils ne s'intéressent que très rarement à l'art et à l'histoire). N'oubliez pas le quartier de Pigalle !

Allez aussi dans des magasins de luxes comme ceux d'Hermès, Louis Vuitton, Chanel, Dior, etc. Si vous n'avez que très peu de temps, optez plus pour les magasins que les monuments[55].

Si vous pouvez vous rendre à un défilé de mode ou à un vernissage, vous gagnerez des points, à condition toutefois que cela ne dure pas plus d'une heure.

54 Malheureusement, 80 % des cadres exports français sont très mauvais sur ce sujet. Ils ne prennent pas en considération cette gestion des soirées pourtant cruciale dans le succès des affaires (chiffre approximatif constaté lors de mes interventions dans les services exports des différentes PME et groupes internationaux).

55 Toute l'occupation du week-end est en effet basée sur le shoping. Ce qui peut paraître excessif pour nous est tout à fait normal pour un peuple millénaire qui découvre, depuis vingt ans, la société de consommation.

Prenez aussi le taxi pour faire, la nuit, un tour rapide de Paris sans les embouteillages.

Dînez une fois sur les Champs Élysées ou au Moulin rouge, au Lido, ils en parleront à leur retour !

10.8.2 Invitez une délégation chinoise au restaurant

Le processus décisionnel étant lent, ne comptez pas conclure des affaires en une soirée. Sachez que de nombreux Chinois attendront un jour chanceux avant de prendre une décision.

Il est important de savoir qu'en affaires, le dîner est souvent une clé pour faire avancer la négociation (cet aspect est une bonne passerelle pour développer des relations amicales). La Chine est l'un des seuls pays, avec la France, qui apporte autant d'importance au repas, alors profitons-en ! Cependant les Chinois aiment bien manger parce qu'ils ont connu des famines pendant des siècles et qu'aujourd'hui, ces tristes périodes semblent derrière eux. Ils ont su, au quotidien, s'accommoder de protéines animales de toutes sortes et c'est ainsi qu'on retrouve dans leur cuisine un peu tout ce qui est vivant, surtout dans le sud du pays. Aujourd'hui, être bien en chair est donc une preuve de richesse et de stabilité.

Mais beaucoup d'amis chinois me disent justement qu'ils perdent du poids quand ils viennent en France car notre cuisine est très différente de la leur. De plus les menus n'ont pas de photos des plats qui peuvent être servis et il faut donc choisir à l'aveugle.

Afin de réussir au mieux cette épreuve voici quelques conseils :

- Éviter les viandes saignantes, avec toutes les sauces à base de beurre et de crème.
- Opter pour des cuissons à point des viandes et des légumes frits à l'huile végétale ou dans un bouillon. Le canard confit, la fondue bourguignonne, le pot-au-feu sont des plats qui se rapprochent plus de ce qu'ils ont l'habitude de manger.

Attention à ne pas confondre un restaurant chinois en France et un restaurant chinois en Chine. Ils sont totalement différents, mieux encore, certains plats servis en France n'existent pas en Chine. Alors même si vous emmenez votre partenaire chinois *Chez Chen*[56], rue du théâtre à Paris, dans le 15e arrondissement, sachez qu'une bonne partie de sa carte est adaptée

56 Chen a été le premier restaurant chinois à paraître dans le guide Michelin en 1999.

au goût français. Le restaurant chinois en France est plutôt un mélange de cuisine vietnamienne, thaïlandaise et parfois (un peu) chinoise.

Pendant les premiers jours du séjour de vos interlocuteurs chinois, il sera de bon ton de les emmener dans un restaurant français afin qu'ils en parlent à leurs collègues de retour en Chine. Préférez un restaurant avec un buffet à volonté pour qu'ils puissent voir ce qu'ils choisissent. N'oubliez pas de leur laisser la carte de visite du restaurant ou tout autre élément de preuve comme le menu par exemple (si cela est possible évidemment). Par la suite, ils préféreront des restaurants asiatiques. Le repas commence généralement vers 18 heures 30, jamais après 19 heures 30, pour se terminer vers 22 heures au maximum. Sachez que les Chinois trouveront probablement les repas en France toujours trop longs et il vaut mieux les prévenir en amont si vous pensez dépasser 22 heures.

◆ Respectez le protocole pendant le repas

Soyez à l'heure même si ce ne sera pas forcément leur cas. À votre arrivée, saluez toujours le chef en premier. Si vous êtes avec votre N + 1 ou 2, laissez-le passer pour le respect du protocole. Présentez l'ensemble des personnes avec leur titre, si cela n'a été fait en amont, puis arrangez-vous pour que chaque personne soit installée face à son homologue chinois de rang identique.

À table, dans la mesure du possible, l'hôte le plus important doit être assis face à la porte d'entrée de la salle dans laquelle il mange.

Après quelques minutes et quelques mots échangés, votre supérieur ou vous-même, si vous êtes le plus haut gradé de la délégation française, doit faire un speech à ses hôtes sur la future relation et la collaboration fructueuse à venir. Vous n'oublierez pas d'honorer d'abord le plus haut gradé chinois, puis son équipe, de leur présence. Vous porterez un toast en levant votre verre, en inclinant légèrement la tête vers le supérieur chinois et en prononçant Campé (le vrai nom étant *Ganbei*). Dans bien des cas, tout le monde sourira et appréciera votre façon chinoise du *Ganbei*. Vous devrez porter au moins quatre toasts pendant le repas. Informez vos subordonnés qu'il est de bon ton qu'un de vos responsables se lève au moins une fois pour aller porter un toast, non pas avec toute la table, car seul le plus haut supérieur peut se le permettre, mais avec son homologue chinois uniquement (ce qui peut surprendre la première fois – lire aussi paragraphe 10.7.4).

Attention à ne pas oublier quelques cadeaux si la distribution n'a pu se faire avant. Ne sous-estimez pas l›importance des détails tels que les menus sans prix, l›ambiance, le service et les différents rôles à jouer.

11
Travailler avec l'oncle Sam

Il n'y a aucun mal à changer d'avis, pourvu que ce soit dans le bon sens.

Winston Churchill

11.1 La suprématie et l'efficacité

Les États-Unis d'Amérique, plus communément appelés les États-Unis, sont une république fédérale qui regroupe cinquante États. Quarante-huit États sont situés entre le Canada et le Mexique. Les deux autres, l'Alaska et Hawaï, sont respectivement situés à l'ouest du Canada et au milieu de l'océan Pacifique.

C'est en 1492 que Christophe Colomb, après soixante-neuf jours de mer, découvre l'Amérique, probablement une île des Bahamas. Il croit découvrir les Indes et appelle donc les premiers hommes qu'il rencontre, les Indiens. En 1776, les États-Unis d'Amérique sont créés. Après la proclamation de leur indépendance, les colonies s'engagent dans une longue guerre de neuf années contre les troupes loyalistes britanniques qui refusent cette scission. Aidée par les Français et le général Lafayette, l'Amérique sera définitivement indépendante avec le Traité de Paris qui sera signé en 1783.

Pendant les cent ans qui vont suivre, les États-Unis seront au cœur du débat sur l'esclavage qui aboutira finalement à la guerre de Sécession en 1861. La défaite des troupes confédérées sudistes, qui étaient pour l'esclavage et contre les unionistes nordistes à la fin de cette guerre, fera naître le Ku Klux Klan, société secrète xénophobe.

À partir des années 1890, l'économie des États-Unis est l'une des plus puissantes de la planète. L'affaiblissement de l'Europe suite à la guerre de 1914-18 favorise cette domination économique et les États-Unis deviennent un centre d'intérêt mondial.

Cependant, le modèle américain sera mis à mal par la crise boursière de 1929 et ne retrouvera réellement sa prospérité qu'avec le déclenchement de la seconde guerre mondiale. Les États-Unis sortiront vainqueurs et leur puissance sera à nouveau, largement reconnue.

11.1.1 La domination américaine

Dans les années soixante, John Fitzgerald Kennedy, en luttant de manière intensive contre la pauvreté, le racisme et en développant une politique tournée vers l'espace avec la sonde Apollo, va montrer au monde une Amérique jeune et dynamique qui fascine tous les peuples. Avec son sens de la diplomatie et son aplomb face à Nikita Khrouchtchev, il contribuera également au début de la détente Est-Ouest. Cependant, les interventions militaires pour lutter contre le communisme dans les différents pays de la planète seront plus intenses que jamais.

Après la crise des missiles de Cuba en octobre 1962 (les Russes s'étaient installés sur l'île à portée de missiles), la situation s'améliore et les deux superpuissances commencent à engager des négociations afin de réduire la course aux armements mais cela ne prendra réellement effet qu'après les années quatre-vingts.

En visite officielle à Dallas, Kennedy est assassiné le 22 novembre 1963. La même année, l'Amérique entre en guerre avec le Vietnam du nord communiste. Cette guerre durera dix ans et fera deux millions de morts côté vietnamien et un peu plus de deux mille trois cents côté américain.

Le président Richard Nixon rencontre Mao Tsé Toung dans les années soixante-dix afin de créer une alliance contre l'influence soviétique. Il s'agit d'un complet revirement diplomatique puisque les Américains vont se tourner vers une Chine qui prône le communisme depuis la création de son parti en 1921.

Dans les années qui suivront, les États-Unis feront partie de nombreuses actions armées en Amérique latine pour lutter contre l'influence des guérillas appuyées par Cuba et l'Union soviétique. Ils seront aussi présents sur le continent africain pour éviter une mainmise communiste, notamment au Congo.

11.1.2 L'électrochoc

Le 11 septembre 2001, l'Amérique pour la première fois de son existence, connaît l'invasion étrangère en étant frappée, au cœur de New York, par une attaque terroriste. Cette attaque fit trois mille morts et plusieurs milliers de blessés. Ce fut pour l'Amérique et surtout Georges W. Bush, le début d'un nouveau combat. Non pas contre le communisme, l'effondrement du mur de Berlin en 1989 ayant mis fin à la guerre froide contre l'URSS, mais contre le terrorisme et plus particulièrement le terrorisme arabe.

Toutefois, ce dernier est beaucoup plus flou et abstrait à combattre qu'un pays clairement identifié comme l'URSS. En adoptant une politique sécuritaire extrême avec la mise en place d'une lutte intense contre le terrorisme dans plusieurs pays arabes, Georges Bush n'hésite pas à mettre les pieds dans un engrenage qui peu à peu fait naître une scission nette et franche entre l'Orient et l'Occident.

Cela commence en octobre 2001 avec la Guerre d'Afghanistan à la poursuite de Ben Laden, puis en Irak pour supprimer Saddam Hussein. Malheureusement la guerre perdure et les Américains semblent se battre contre toutes les ethnies, qu'ils s'agissent des Sunnites, des Chiites, des Kurdes de la population irakienne ou encore des Talibans qui reprennent peu à peu le pouvoir en Afghanistan.

Les valeurs universelles et démocratiques que voulaient instaurer les États-Unis dans ces différents pays ne semblent pas du tout fonctionner... Pire encore, en jouant sur la crainte de l'autre de façon binaire avec l'Occident contre l'Orient, les extrêmes se développent et se renforcent des deux côtés créant ainsi un phénomène de répulsion plutôt que d'intégration.

Cependant, les États-Unis ne sont pas le miroir des pensées de Georges Bush et tous ne suivent pas sa politique. Chaque État des cinquante États américains jouit d'une certaine souveraineté et possède même des législations différentes. Les États-Unis sont une république fédérale présidentielle bicamériste : le Parlement est divisé en deux chambres, la chambre haute et la chambre basse. Quant aux trois pouvoirs, législatif, exécutif et judiciaire, ils sont séparés. Le président et le vice-président sont élus conjointement, au suffrage universel indirect pour quatre ans. Chaque État a son collège de grands électeurs (nombre à peu près proportionnel aux habitants de l'État) qui le représente.

11.2 Terre d'accueil et de liberté

11.2.1 La répartition géographique du territoire

Les États-Unis comptent plus de 300 millions d'habitants, ce qui représente environ 4 % de la population mondiale. Ils arrivent à la troisième position des pays les plus peuplés, derrière la Chine et l'Inde mais avec une densité beaucoup plus faible puisqu'elle est seulement de 30 habitants au kilomètre carré contre 350 en Inde et 130 en Chine. L'espérance de vie est de 75 ans pour les hommes et de 80 ans pour les femmes. Les États-Unis sont le premier pays d'immigration au monde avec un total de 38 millions d'habitants nés à l'étranger, soit 13 % de la population[57].

Les États-Unis sont le troisième pays le plus vaste derrière la Russie et le Canada, mais devant la République populaire de Chine. Avec 9 400 000 km², la superficie du territoire américain est comparable à celle du continent européen et représente 17 fois celle de la France. Deux États, l'Alaska et le Texas sont plus grands que la France. Ils s'étendent sur 4 500 kilomètres entre la côte atlantique à l'est et la côte pacifique à l'ouest.

Le relief comprend deux massifs montagneux délimitant une immense plaine centrale :

- À l'est, les Appalaches qui font 1 500 kilomètres de long sur 200 à 300 kilomètres de large et ont une altitude moyenne de 2 000 mètres.
- À l'ouest, les Rocheuses d'une longueur de 2 000 kilomètres formées de plusieurs chaînes secondaires et tertiaires enfermant un plateau calcaire. Au nord de ce plateau, on trouve un grand bassin doté de cuvettes (Lac Salé, Vallée de la Mort) et les plateaux de Columbia ; à l'ouest du plateau, la Sierra Nevada prolongée au nord par la Chaussée des Cascades.
- La plaine centrale s'étend des Appalaches aux Montagnes Rocheuses et des Grands Lacs au Golfe du Mexique. La région des Grands Lacs repose sur des cuvettes de différentes profondeurs. Le Missisipi, quatrième plus long fleuve du monde, est le premier en Amérique du Nord avec un peu plus de 4 000 km de longueur. Il traverse dix États, du Minnesota à la Louisiane.

57 http://fr.ambafrance-us.org/IMG/pdf/Les%20Etats-Unis%20en%20chiffres.pdf

Vue la grandeur du territoire américain, presque tous les climats y sont présents. On passe du climat polaire en Alaska au climat le plus chaud dans la Vallée de la Mort. Les chaînes côtières situées à l'ouest limitent les influences océaniques.

11.2.2 La religion

La religion occupe une place importante aux États-Unis. Aucune confession n'a été choisie comme religion officielle, le 1er Amendement de la Constitution sépare l'Église de l'État. Malgré tout, les rapports entre le gouvernement et la religion demeurent très étroits. Avec 80 % de la population qui est croyante et plus de la moitié pratiquante, Bush a largement été élu en 2000 grâce aux mouvements religieux qu'il a su placer de son côté. Les deux tiers des chrétiens américains sont protestants même si l'Église catholique domine dans le nord-est (New York), le centre (Chicago), la côte ouest (Los Angeles) et dans plusieurs villes à majorité hispanique (Miami).

Des communautés juives assez importantes se sont installées dans certaines grandes villes, comme Washington ou New York. Cette religion est particulièrement développée dans l'Utah et l'Idaho. Il existe un mouvement protestant évangélique encore minoritaire au sein de la confession mais qui devient de plus en plus actif au niveau social et politique. Pour résumer, les principales religions sont :

- le protestantisme (57 %) ;
- le catholicisme (28 %) ;
- le judaïsme (2 %).

11.2.3 La gastronomie

Le nombre important d'immigrés permet de rencontrer une cuisine extrêmement diversifiée. Elle se décline en trois repas principaux :

- Le petit-déjeuner, assez copieux, pris entre 7 et 8 heures est composé de pancakes, d'œufs avec du bacon, de céréales, de salades de fruits... Il est souvent décliné en brunch le samedi et le dimanche.
- Le déjeuner pris entre 12 et 13 heures. Il est souvent composé de sandwiches, d'hamburgers, de pizzas ou encore de salades diverses.
- Enfin, le dîner, qui lui est plus varié avec de la viande ou du poisson selon les régions. Il est servi à partir de 18 heures 30 jusqu'à 21 heures mais de nombreuses chaînes de restauration ferment bien plus tard.

Les Américains boivent surtout du soda avec des glaçons mais relativement peu d'alcool pendant les repas. Pour les grandes occasions, certains Américains aiment bien prendre du vin, notamment en guise d'apéritif avant d'attaquer le Coca-Cola avec le plat de résistance.

Quelques spécialités culinaires :

- *hamburger, cheeseburger* ;
- *buffalo wings* ;
- *philly cheesesteak sandwich* ;
- cookies aux flocons d'avoine et raisins secs ;
- tarte à la noix de pécan ;
- *brownies* et *doughnut* ;
- *corn bread* ;
- *peanut butter.*

Quelques boissons typiques :

- les cocktails (Manhattan, Bloody Mary...) ;
- le bourbon ;
- les sodas (souvent à volonté dans les fast foods) ;
- la *root beer.*

11.2.4 Les fêtes nationales et jours fériés

- 1er janvier : jour de l'an ;
- 3e lundi de janvier : *Martin Luther King Day* (assassiné en 1968, l'anniversaire de sa mort est célébré le troisième lundi de janvier) ;
- 3e lundi de février : *President's Day* (jour anniversaire de George Washington, héros de la guerre d'Indépendance et premier président des États-Unis ainsi que celui d'Abraham Lincoln, président pendant la guerre de Sécession) ;
- dernier lundi de mai : *Memorial Day* (créé après la guerre de Sécession, ce jour honore les morts) ;
- 4 juillet : *Independance Day* (commémore la naissance de la nation par la signature de la Déclaration de l'indépendance le 4 juillet 1776) ;
- 1er lundi de septembre : *Labor Day* (fête du travail) ;
- 2e lundi d'octobre : *Colombus Day* (fête de Christophe Colomb) ;

- 11 novembre : *Veterans' Day* (en l'honneur des Américains de la Première guerre mondiale) ;
- 4e jeudi de novembre : *Thanksgiving* (en reconnaissance aux tribus indiennes qui ont appris aux Américains, au début du XVIIe siècle, à cultiver différentes plantes comme du maïs) ;
- 25 décembre : Noël.

Certains jours peuvent être fériés dans un État mais travaillés dans un autre : par exemple en Californie avec le Cesar Chavez Day au 31 mars, ou encore, le Native American Day le 4e lundi de septembre.

Le nombre de jours de congés dans l'année est d'environ 15 pour celui qui débute dans la vie active et peut aller jusqu'à 30 jours en fin de carrière, Sans compter les jours fériés cités ci-dessus.

La fête de Thanksgiving est un des jours les plus chômés aux États-Unis. Le lendemain de cette fête est appelé « le vendredi noir » car les magasins connaissent une activité commerciale très forte. La fête de Thanksgiving est célébrée le 4e jeudi de novembre aux États-Unis et le second lundi d'octobre au Canada. Cette célébration sert à remercier Dieu pour tous les bonheurs de l'année. Thanksgiving est donc synonyme de réunions de familles, de bonne cuisine mais aussi de messes et prières.

11.3 Hamburgers et Coca-Cola, mais pas que ça...

11.3.1 Les États-Unis en chiffres

Avec un PIB d'environ 16 000 milliards de dollars en 2011 et une croissance comprise entre 4 et 5 %, les États-Unis restent l'économie la plus puissante du monde. Cette dernière est liée à de nombreux facteurs dont la richesse naturelle du sol pour l›agriculture et des ressources minières très importantes. Les États-Unis sont aussi le deuxième producteur mondial de charbon, de pétrole, de gaz naturel et d'or. Les secteurs les plus dynamiques sont l'aérospatiale, l'informatique, les biotechnologies et la santé. L'atout principal du pays demeure le secteur tertiaire avec des services bancaires très développés, une production cinématographique de notoriété mondiale et un tourisme en forte croissance.

Le dollar est la monnaie la plus utilisée au monde pour les transactions. Elle est présente dans 84 % des transactions et cette domination monétaire renforce, chaque jour, le pouvoir économique américain même si la dette semble abyssale[58].

11.3.2 Savoir-vivre, propreté et civisme

Les Américains sont très amicaux et polis. D'accès extrêmement facile, ils sont toujours prêts à nous renseigner et à nous aider. L'accueil dans les magasins, les restaurants ou les hôtels est toujours des plus agréables. Ils sont souvent organisés et disciplinés, ce qui leur permet d'être très efficaces.

Grâce à leur sens civique exemplaire, les rues et les lieux publics sont propres. Mais la loi est aussi très stricte pour leur rappeler les bonnes règles de conduite (jeter un mégot de cigarette par terre ou encore traverser en dehors des passages piétons est considéré comme un délit). Même chose pour l'alcool, il devra être transporté dans des sachets opaques.

Les prix affichés en magasin ou dans les bars, restaurants et hôtels ne sont pratiquement jamais les prix réels. Il faut ajouter, dans les magasins, un pourcentage de taxe, qui varie selon les États (environ 6 %). Dans les lieux de consommation, il faut y ajouter le pourboire, *a tip*, pour le service du personnel (15 à 20 % du prix affiché). Il serait très mal vu de ne rien donner puisque c'est généralement la ressource du serveur en plus d'un très petit salaire fixe. Même chose pour les taxis et d'une façon générale, toutes les personnes qui vous aideront.

11.3.3 Les relations sociales

Les Américains sont centrés sur deux choses : le pragmatisme et l'argent.

Ils sont, par culture, toujours dans la compétition et l'action. Ils accordent peu d'importance aux offres complexes et veulent souvent conclure un maximum d'affaires dans un minimum de temps. Ils parlent beaucoup plus de profits nets, de gains substantiels, *profit plans*, que de chiffre d'affaires *sales plans or turnover.*

Ils utilisent aussi constamment l'action comme méthode de réflexion, avec une façon de faire basée sur un principe d'essais/erreurs permanent. Cela n'est évidemment possible que quand les erreurs peuvent être amorties par une puissance de feu suffisamment importante, ce qui est le cas des États-Unis.

58 http://socrates.berkeley.edu/~pog/academic/SMI_29_01_2011.pdf

N'ayant pas la même histoire et surtout la même envergure économique, les Français utilisent le doute comme méthode pour la prise de décision, d'où une totale opposition de phase, sur l'intervention en Irak par exemple.

En Amérique, c'est l'abondance de richesse qui a toujours facilité le développement de l'économie, puisque même avant le XIXe siècle, il suffisait de tuer quelques Indiens et de se déplacer vers l'ouest pour avoir plus de territoire et donc plus de richesse.

Depuis toujours, l'Américain est ouvert, communique assez facilement sur la valeur de ses biens personnels et va directement aux faits, sans retenue puisqu'il n'a jamais connu la rareté[59]. Ce côté *friendship*, que beaucoup trouvent excessif lors d'une première rencontre, n'est pas joué mais bien réel pour un partage de territoire.

L'abondance de richesse, le côté entrepreneurial par nature, fait que la culture américaine n'a pas peur du lendemain, car pour elle « différent » égal source de richesse et non pas danger. Face à un mur, elle aura plutôt tendance à foncer dedans tête baissée et à mesurer ensuite la taille de la bosse pour prendre les mesures qui s'imposent, plutôt que de se demander s'il faut le faire ou pas.

Les prises de risques sont nécessaires et dans tous les cas c'est l'action qui prime (le fameux *Go for it !*). Les Américains veulent des actes concrets plutôt que des conversations qui s'éternisent pour expliquer une situation. La figure 11.1 montre donc une culture qui a besoin d'aller de l'avant sans pour autant consulter qui que ce soit « pour y aller », quitte même dans certains cas, à aller contre des avis d'organismes internationaux.

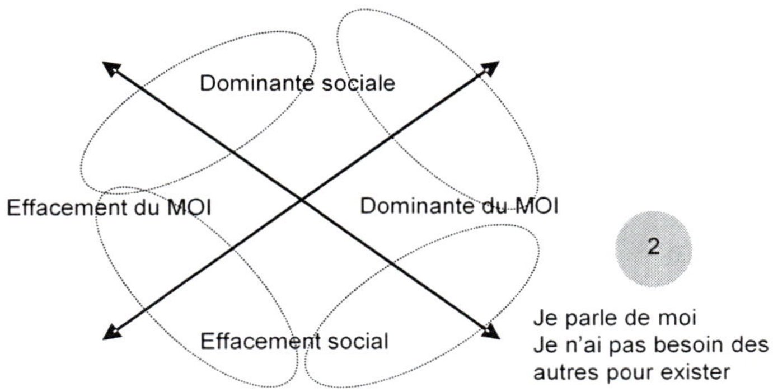

Figure 11.1 Profil social

59 Même s'il est vrai que beaucoup sont encore pauvres face à cette économie de marché qui n'a pu emmener tout le monde dans son sillage.

Georges Bush a d'ailleurs gagné son deuxième mandat en 2004, car il a agi immédiatement après les attentats du 11 septembre en déclenchant la guerre aux Afghans puis aux Irakiens. Aux yeux des Américains, c'était ce qu›il fallait faire pour sauver le pays tout entier et reprendre ainsi la main.

11.3.4 Le rapport au futur

Parce que l'économie américaine a échappé sur son sol aux deux guerres qui ont ravagé l'Europe (1914-18 et 1939-45), elle a pu depuis le début de l'ère industrielle – fin XIXe, début du XXe siècle – connaître une évolution industrielle forte et constante.

Prenons le cas de l'automobile, où Henry Ford, à partir de sa Ford T et pendant plus de cent ans, fera des voitures de plus en plus grosses, de plus en plus lourdes et de plus en plus gourmandes en énergie. À l'inverse en Europe, André Citroën, Louis Renault, Ferdinand Piech concevrons après chaque guerre, des petites voitures pour des petits budgets car de nombreuses familles n'ont plus rien. C'est ainsi que Volkswagen (« la voiture du peuple ») a pu voir le jour avec l'appui du Reich et donc d'Hitler dès 1936.

Certes, le territoire américain est aussi beaucoup plus grand que chacun de ces pays européens, mais il y a fort à parier que les voitures américaines auraient évolué différemment si l'Amérique avait connu les guerres qu'a connues l'Europe.

Par opposition aux Américains, les Français ont peur du futur

À chaque guerre, la rareté des biens en France faisait que tout le monde cachait le peu qu'il possédait. La contrebande était importante, même pour un morceau de viande ou de pain. La délation était constante, d'où l'intérêt d'en dire le moins possible, ne serait-ce que pour ne pas être confondu avec un autre et être fusillé. La rareté de la richesse obligeait donc chacun à en dire le moins possible et à rester sur ses gardes pour conserver ses acquis. Ce comportement se retrouve encore aujourd'hui lors des négociations.

11.3.5 Le rapport au temps

Les Américains accordent une grande importance au temps. Ils ont une notion très linéaire et rigide du temps à l'identique des Anglais et des Allemands. Pour travailler avec eux, il faut commencer par être ponctuel et très précis dans la gestion des horaires. Seules les personnes à statut important pourront se permettre de faire attendre les autres sans que cela soit pris comme un affront, et encore...

Ne pas être à l'heure peut engendrer un rejet délibéré, un signal qui montre que vous êtes désorganisé et que vous ne pouvez pas tenir vos engagements. Si vous avez du retard, il est impératif de prévenir votre interlocuteur car le « quart d'heure français » est très mal vu par les Américains. Attention à les prévenir le plus tôt possible et non cinq minutes avant.

Il est de bon ton aussi de respecter la durée des rendez-vous en commençant par s'accorder sur le temps de la rencontre. Pour cela, demandez de combien de temps vous possédez pour vos présentations, en sachant que le temps accordé est souvent proportionnel à l'importance de l'affaire en cours et aux statuts des personnes rencontrées. Prévoyez un délai de deux à trois semaines au minimum pour organiser vos rendez-vous.

La façon dont le temps est perçu par les Américains démontre l'attitude, l'évaluation des priorités, le statut et l'humeur. Il est bien vu en fin de rencontre, de remercier son collaborateur américain pour le temps qu'il vous a accordé et de fixer ensemble la prochaine étape.

11.3.4 Le rapport à la hiérarchie dans l'entreprise

Dès la naissance, les enfants américains sont formés à poser des questions directes à leurs professeurs[60]. Les échanges sont nombreux et le professeur n'est pas considéré comme une autorité suprême mais plutôt comme celui qui va réussir à les faire avancer personnellement par son savoir. Bien que respecté, il est d'accès facile et souvent disponible, même par courriel ou par téléphone hors des heures de cours. Il propose toujours des plages horaires auxquelles il peut recevoir des étudiants pour discuter ou répondre à des questions. Dans l'entreprise, la hiérarchie semble aussi accessible que ce professeur et il y a relativement peu de barrages de secrétaires. Les échanges sont nombreux et apparemment faciles. N'a-t-on pas vu Georges Bush, habillé en marines avec les soldats en Irak, plaisanter avec eux dans un camp retranché ?

60 Nous sommes loin du système français où le professeur a l'omniscience et où les élèves restent passifs sur leur chaise à l'écouter. J'ai été surpris de voir à quel point les élèves contactaient le professeur par mail après les cours pour échanger sur ce qui avait été enseigné, avec des prises de position parfois nettes et tranchées .

11.3.7 Une perception très centriste

L'Amérique est presque un continent à elle seule, ce qui rend les Américains inconscients des problèmes que suscite la cohabitation multiculturelle entre différents pays comme en Europe. Souffrant d'un complexe de supériorité, les Américains ont une perception étroite du monde environnant et sont incapables de reconnaître les différents modes de socialisation entre les pays. Peter Wildhorn, homme d'affaires américain et habitant en France depuis longtemps, a parfois posé des questions telles que : « Est-ce que tu parles européen ? » quand il se rend aux États-Unis.

11.3.8 L'engagement permanent dans l'action

Les Américains manifestent de l'impatience vis-à-vis du temps « work hard play hard ». L'idée est de tout faire à fond. Il suffit de voir, pour cela, les chaînes d'informations télévisées comme CNN qui diffusent une quantité impressionnante d'informations en un temps record. L'Amérique agit et sa puissance est telle que les différentes erreurs qu'elle a pu commettre, sans avoir forcément pris le temps de considérer le problème dans son ensemble sont rapidement absorbées. Il y a fort à parier que l'impact d'un échec de la guerre en Irak aura de faibles répercussions sur les États-Unis.

◆ La nouveauté et la sensation

Il faut du renouveau en permanence, des films à sensation, plus d'effets spéciaux, plus d'explosions et d'hémoglobine.

◆ Plus grand et plus gros

Tout doit être plus grand et plus gros : les maisons, les voitures, les routes, les attractions...

11.4 Les pièges du *friendship*

Bien que les Américains soient très friendship et explicites dans leur façon de communiquer, la négociation n'en est pas moins pour autant facilitée. Attention aux pièges des relations très amicales et détendues qui font croire que tout est positif alors que c'est souvent l'inverse !

11.4.1 La préparation

Un des premiers points à ne pas négliger pour travailler avec un partenaire américain est de maîtriser l'anglais. Pratiquement aucun américain ne parle le français et l'anglais étant considéré comme langue universelle, ils ne feront pas d'effort pour communiquer dans une autre langue. Pire encore, si vous leur faites répéter une phrase que vous n'avez pas comprise, ils la répéteront à la même vitesse et avec les mêmes mots... Dans ces conditions, n'hésitez pas à vous faire accompagner d'un interprète afin d'éviter les incompréhensions.

Vos partenaires américains auront tendance à préparer soigneusement leurs visites quand ils se rendront chez vous. Ils seront très calés sur les sujets à aborder et auront parfois recours à des experts et des avocats. Faites de même pour ne pas être pris au dépourvu. Attendez-vous également à accueillir plusieurs personnes car les Américains se déplacent parfois avec un ou deux spécialistes.

Pour un projet, assurez-vous d'avoir tous les éléments nécessaires : schémas, études, enregistrements, etc. Comme nous l'avons vu ci-dessus, les Américains vivent dans l'action et n'apprécient donc pas les réponses du style « Nous verrons cela plus tard... » car ils travaillent dans le *Do it now.*

Ils n'aiment pas non plus qu'on leur apporte l'information au fur et à mesure. Ils seront très déçus lors des négociations, si vous leur donnez une information utile au troisième rendez-vous, alors qu'elle était en votre possession depuis le début.

◆ L'accueil

Les Américains ont une façon plutôt décontractée, voire familière de traiter les affaires et de nombreux Français se laissent prendre au jeu en pensant que les contrats seront ainsi faciles à négocier.

À la première rencontre, serrez la main de votre interlocuteur et regardez-le droit dans les yeux. Le contact visuel est une marque importante de respect et il est synonyme d'ouverture et de confiance.

L'échange des cartes de visite en début d'entretien est idéal. Les titres importent peu, c'est plutôt ce que vous allez dire et faire pendant le temps qui vous est imparti qui comptera. En début d'entretien, allez droit au but sauf si vous avez déjà vu votre interlocuteur ou si vous êtes dans sa ville et qu'elle est reconnue pour une particularité quelconque : industrie, sport ou université. Vous pourrez alors aborder ces sujets comme entrée en matière.

Dans les villes universitaires, il y a un fort engouement et une grande fierté pour les équipes sportives des écoles locales. Informez-vous par les journaux locaux disponibles à votre hôtel.

◆ Méfiez-vous de l'apparente décontraction !

Ils vous appelleront rapidement par votre prénom en vous tutoyant (s'ils parlent français) et porteront une tenue vestimentaire décontractée. Attention, ces apparences sont souvent fausses et il ne faudra jamais sous-estimer la position hiérarchique de votre partenaire sur la seule base de sa tenue vestimentaire, ou encore du repas pris avec les collègues au Mac Donald situé en face de la société.

Aux États-Unis et après votre première rencontre, vous pourrez abandonner la cravate si votre interlocuteur n'en portait pas, mais le relâchement s'arrête là. En effet, il ne comprendra pas le port d'une tenue décontractée de la part d'un Européen et en particulier d'un Français.

Évitez donc le jean, le pull ou encore le blouson...

11.4.2 Le déroulé d'une négociation

◆ L'argent est dans toutes les bouches

Le dollar est devenu si puissant et si répandu qu'il est capable de financer, par l'émission de bons du Trésor, le propre train de vie des Américains. Le déficit américain se creuse au rythme annuel de 500 milliards de dollars, plus d'un milliard de dollars par jour ! Mais les liquidités sont telles que l'Amérique attire toujours 80 % des capitaux des placements disponibles sur la planète[61]. Tout est basé sur l'argent et surtout sur les différentes façons d'en tirer un maximum de profit : des fonds de pension comme Calpers[62], qui représentent des milliards de dollars jusqu'aux films de cinéma qui ne seront réalisés que s'ils dégagent plus de X millions de dollars de recettes.

La société américaine tout entière s'est donc construite sur une logique entrepreneuriale et fonctionne, à la différence des sociétés européennes et asiatiques, comme une entreprise. Sa structure est isomorphe, c'est-à-dire qu'elle forme un tout entre le système fonctionnel des entreprises, son économie globale et ses institutions.

61 *Grandeur et Décadence*, 14 avril 2003 par Meursault.

62 Le plus grand fonds de pension américain, CalPers, gère 300 milliards de dollars – Source : *Les Échos*.

Les schémas de pensée et de valeurs des Américains sont liés aux formes de capitalisme moderne les plus avancées. Dès leur naissance, les enfants américains apprennent les valeurs de l'individualisme et sont formés à poser des questions en permanence. Le résultat final donne un individu compétitif et orienté sur son propre développement personnel. Il travaille pour lui et n'a rien à prouver aux autres, contrairement à la culture française où chaque individu travaille aussi pour lui, mais doit en plus se positionner socialement.

Avec la conquête de l'Ouest, les États-Unis ont développé une économie extrêmement rationnelle, qui n'est gênée ni par ses valeurs, ni par son histoire.

Selon l'OCDE, c'est la France qui a le plus fort niveau de réglementation administrative loin devant les États-Unis qui est à la seizième place[63]. Il y a quatre fois plus de lois en France qu'aux États-Unis.

◆ La position des Américains dans les négociations

Ce côté pragmatique et cartésien des Américains leur permet de rester très concrets. Ils considèrent que les réussites et les échecs font partie des négociations et qu'elles doivent se jouer comme un jeu d'échec. Ils éprouvent rarement du mépris pour une personne dans les affaires. Certes, ils ont eux aussi l'esprit critique, mais la différence majeure avec les Français est qu'ils critiquent après que chacun a fait ses preuves ou non. Sans émotion, sans *a priori* « ils donnent la chance à... », c'est-à-dire qu'ils permettent à l'autre de montrer ce dont il est capable avant que ne tombe le couperet du jugement. En France, l'esprit critique arrive beaucoup plus tôt et sape, de façon systématique, tous ceux qui souhaitent ou qui oseraient faire un pas en avant pour sortir du lot.

Tous les Américains pensent que les essais/erreurs sont synonymes d'expériences et une banque n'hésitera pas à prêter deux fois de l'argent à un même chef d'entreprise, même s'il a connu un échec une fois, quand elle pense qu'il a tout le potentiel pour réussir.

Voici à titre d'exemple le processus d'engagement d'un banquier américain dans un projet par rapport à un banquier français (*cf.* tableau 11.1).

63 *Les Échos.*

Tableau 11.1 L'engagement du banquier dans un projet

Banquier américain	Banquier français
Combien ça peut rapporter ?	Combien ça coûte ?
Ce qu'il y a à gagner	Ce qu'il y a à perdre
Engagement personnel	Réflexion avec sa direction
Risque	Sécurité

Pour réussir avec les Américains, mieux vaut être structuré et préparé...

Présenter alors votre sommaire en quatre points :

1. L'objectif de la rencontre.
2. Les bénéfices directs du suivi du cheminement proposé.
3. Le temps de la présentation avec les quelques démonstrations prévues.
4. La validation de ce qui vient d'être dit en leur demandant tout simplement s'ils sont d'accord pour procéder ainsi.

« Bonjour M. Smith, merci de me recevoir dans vos nouveaux locaux, je suis venu vous présenter notre nouvelle perforatrice X300. Mais avant de commencer, je voudrais vous poser quelques questions sur la façon dont vous travaillez avec vos perforatrices actuelles. Ainsi, je serais plus à même de vous présenter uniquement les options qui vous seront utiles et nous irons ainsi directement à l'essentiel.

Disons que j'en ai pour une vingtaine de minutes et vous me direz ensuite si l'on continue ou pas. Est-ce que cela vous va si on procède ainsi ? »

Faite une présentation directe et surtout animée. Présentez tout de suite votre objectif en restant transparent. Essayez d'aller au maximum à l'essentiel avec des chiffres et des exemples concrets. Ne vous lancez pas dans un historique complet de l'entreprise, ce serait une perte de temps. Démontrez vos qualités et utilisez des références américaines si possible. Ne faites pas trop de projections PowerPoint sans démonstration de produit en parallèle. Si possible, impliquez vos interlocuteurs dans des expériences, ils aiment toucher et se rendre compte par eux-mêmes de la véracité de vos propos.

Poussez vos arguments vers ce que vous allez pouvoir faire gagner à vos partenaires. Ils vous écoutent parce que vous êtes, peut-être, potentiellement un gain d'argent pour eux et qu'ici, toujours et encore, « time is money »...

Les Américains n'achètent pas uniquement un produit ou un projet mais un ensemble de services. Montrez-leur votre surface financière, votre capacité de réaction pour intervenir si nécessaire et enfin l'excellence de votre fiabilité.

Une semaine après l'entretien, n'hésitez pas à communiquer par courriel ou par téléphone avec vos interlocuteurs. Cela prouvera, une fois de plus, votre souci du suivi et votre efficacité professionnelle. Ne craignez pas de laisser des messages sur leur répondeur, ils reprendront contact systématiquement.

Leurs relations sont également régies par les aspects juridiques. Dans le cas d'une signature de contrat, il est préférable de s'entourer d'experts juristes car vos futurs partenaires ne travailleront pas sans les leurs. Le contrat étant un élément essentiel aux États-Unis, il ne faudra rien laisser au hasard et vérifier le moindre point qui sera formalisé par écrit. Le contrat sera rédigé en une seule langue, l'Anglais, afin qu'il ne soit pas sujet à interprétations.

Si vous commencez à faire des affaires aux États-Unis, embauchez dans votre entreprise, une standardiste ainsi qu'un interlocuteur qui parlent anglais. Les annonces sur votre répondeur en deux langues afin que votre interlocuteur ne soit pas dérouté. Essayez de prévoir votre remplacement pendant vos voyages ou vos congés, les Américains prennent peu de vacances et apprécieront donc le suivi.

11.4.3 Les repas d'affaires

Comme avec leurs homologues anglais, le repas d'affaires doit être court. Dans l'entreprise, il est généralement de trente à quarante cinq minutes, rarement une heure. Si vous le prenez à l'extérieur de l'entreprise, vous constaterez qu'ils apprécient souvent les restaurants proposant des buffets.

Vous pourrez participer à des *power lunches*, repas entre collègues pour parler objectifs et stratégies et de plus en plus des « petits-déjeuners d'affaires ». Ne vous étonnez pas alors, si on vous donne rendez-vous dans un hôtel restaurant le matin pour prendre le petit-déjeuner avec vous. Dans certains États du Sud, encore très conservateurs et pratiquants, ne vous étonnez pas non plus de devoir réciter une prière avant le repas, main dans la main avec vos hôtes !

11.4.4 Les comportements à éviter

Certains comportements et agissements sont à proscrire aux États-Unis ou en présence d'Américains. Il s'agit aussi bien du monde des affaires que de la vie quotidienne.

En réunion, il est préférable de ne pas parler de religion ou encore de politique. Le sujet « tarte à la crème » est de s'intéresser à ce qu'ils font en famille le dimanche, puis de poursuivre sur leurs hobbies. La plupart du temps, la discussion portera sur le barbecue du week-end dernier ou encore le match de baseball de la veille si ce n'est sur le golf...

Évitez les propos à tendance discriminatoire, qu'ils soient raciaux, sexistes ou sociaux. Pour les hommes, courtiser une femme dans un contexte professionnel est très mal vu. Des milliers de procès sont en cours pour harcèlement sexuel. Si vous faites venir une femme dans votre bureau, vous laisserez toujours la porte ouverte.

Si vous êtes un fumeur, soyez discret. Fumer en public pourrait être considéré comme un manque de contrôle personnel. Aux États-Unis, fumer dans les lieux publics et même dans la rue est parfois interdit.

Aux États-Unis, informez-vous sur les règles du code de la route et respectez-les strictement. Par exemple dans certains États, on peut tourner à droit au feu rouge et dans d'autres non. En cas de non-paiement d'une amende, vous risquez d'être interdit d'entrée ou de connaître des difficultés lors de votre prochain voyage aux États-Unis (et même faire l'objet d'une procédure pénale dans certaines circonstances).

Si la police vous arrête, restez assis au volant de votre voiture pendant que l'officier remplit ses papiers. S'il vous invite à sortir de votre véhicule, faites-le très calmement. Les policiers ne plaisantent pas avec la loi et sont encore restés « cow-boy » dans l'âme.

11.5 Les perceptions croisées

◆ La notion de perception

Il est important de bien comprendre comment les Américains perçoivent les autres cultures. L'intérêt de cerner cette perception est de pouvoir les surprendre, en agissant conformément à leurs attentes dans le milieu professionnel et non selon la vision qu'ils peuvent avoir sur l'autre culture. L'objectif est donc de leur faire vivre une expérience qui déclenchera, à coup sûr, une collaboration fructueuse et sincère.

Pour cela, reportez-vous directement à la perception de la culture qui vous concerne puis passez à la conclusion de ce chapitre.

◆ La France...

En 2011, les échanges commerciaux franco-américains ont progressé de 6,1 %, un rythme de croissance moins soutenu qu'en 2010, sur la base d'un renforcement modéré de nos importations (+ 6,3 %) et de nos exportations (+ 5,4 %) 28 milliards d'importation pour 23 milliards d'exportation. Ces résultats ont contribué à la détérioration de notre balance commerciale : en 2011, la France a enregistré avec les États-Unis un déficit de plus de 5 milliards d'euros, se rapprochant du déficit historique de 2009. La part de marché de la France, 11e client et 8e fournisseur des États-Unis, a confirmé son niveau moyen (près de 2 %), inférieur à celui de ses principaux concurrents européens, Allemagne et Royaume-Uni[64].

◆ ... et les Français

La France reste encore synonyme de mode, de parfum et de gastronomie. Peu d'Américains connaissent son histoire et encore moins sa technologie. Certains se demandent même si en France, il existe des fours à micro-ondes... Pour de nombreux Américains, le Français a cette image indétrônable du beau et jeune homme à vélo, avec une petite moustache, un béret, un polo rayé noir et blanc avec une baguette de pain sous le bras.

Cette image de la France, pays de tradition et de qualité a construit la réputation de luxe des produits français. La ville de Paris est perçue comme une ville calme et romantique où il fait bon vivre. De nombreux Américains rêvent de visiter la France en couple pour vivre ce romantisme « à la française ».

Les points appréciés par les Américains sont :

- que les Français sont des gens sympathiques et intelligents ;
- qu'ils sont cultivés et qu'ils ont une vraie notion du savoir-vivre ;
- qu'ils sont des fins gourmets et ont une très haute connaissance du vin et du Champagne.

Les points de différence sont :

- Les Français sont généralement des amateurs dans les affaires. Ils pinaillent, ils détaillent et n'ont pas de vision globale des projets.
- Ils ne savent pas s'engager. Ils restent la plupart du temps flous et ne sont suffisamment factuels dans leurs démonstrations.

64 Source : Direction Générale du Trésor.

- Ce sont aussi des gens prétentieux et ils n'aiment pas les Américains (le « Non » à la guerre contre l'Irak a été perçu comme un affront à ce sujet car la très grande majorité des Américains se sentait sincèrement menacés à cette époque ont interprété la position de la France comme un « Oui au terrorisme »).
- Ils sont très chauvins, ils disent toujours que tout ce qu'ils possèdent est beau et bien construit.
- Ils sont aussi très radins et ne pensent qu'à eux.

La France est aussi un pays tourné vers le social, avec des grévistes irresponsables qui bloquent le pays (chose impossible à concevoir chez eux), et de surcroît racistes (les images des voitures brûlées en banlieues ont été diffusées plusieurs fois en boucle sur certaines chaînes de télévision lors des émeutes de 2005).

Il est aussi difficile de devenir ami avec eux car, bien que sympathiques, ils ne s'ouvrent pas beaucoup sur les autres et surtout les Américains.

Dans une collaboration américano-française

Les Français sont des gens difficiles à comprendre. Toutes les collaborations conviviales sont pour eux suspectes. Il est nécessaire de maintenir une tension, une forme de rapport de force sans offrir trop d'ouvertures. Si la négociation se déroule sans difficulté, sans plainte, sans accroc, c'est sûrement que les Américains ont gagné plus qu'il ne faudrait. Pour les Français, négocier est un jeu à somme nulle où les deux parties doivent gagner beaucoup...

Pour une meilleure collaboration, les Américains doivent créer un climat de confiance sans trop faire de « rentre-dedans », en prenant de la distance sur le contrat et sur l'argent. Pour les Français, ils doivent oser, être force de propositions avec des choix concrets, factuels et des offres multiples. Supprimer le doute, aller vite, être dans l'action et s'engager...

◆ Le Japon...

La balance commerciale retraçant les échanges entre les États-Unis et le Japon en 2011 est déficitaire. Le montant des importations des produits japonais s'élevait à environ 124 milliards d'euros contre 60 milliards pour les exportations des produits américains vers le Japon, soit un déficit de 64 milliards d'euros[65].

65 http://stat.wto.org/CountryProfile/WSDBCountryPFView aspx?Language=E&Country=US

◆ ... et les Japonais...

Pour les Américains, le Japon est un pays insulaire où la vie est paisible grâce au Bouddhisme et à la culture Zen. Certains Japonais sont très doués pour développer de nouveaux produits, surtout dans le domaine de l'électronique et de l'informatique. Mais le pays est surtout composé d'individus conformistes qui sont davantage des suiveurs que des entrepreneurs. Une fois que l'innovation est trouvée, tout un réseau de petites fourmis sait se mettre en place pour développer la technologie associée. Tous les Japonais se ressemblent, ils se nourrissent essentiellement de riz et sont habillés de la même manière.

Les points appréciés par les Américains sont :

- Les Japonais sont des individus très bien éduqués et c'est d'ailleurs grâce à cette culture du respect que les cercles de qualité ont pu se mettre en place.
- Ils savent être modestes et cela même si leurs voitures ont envahi le marché américain.
- Ils sont timides et ne cherchent donc pas à jouer au plus fort.
- Ils sont ponctuels à l'identique des Américains.

Les points de différence sont :

- Les Japonais ne parlent pas l'Anglais et utilisent souvent leurs interprètes pour faire barrage.
- Ils ne sont pas francs et ouverts dans les relations d'affaires. Ils ont un système hiérarchique sclérosé qui bloque toute relation sincère.
- Ils sont aussi beaucoup trop longs à se décider. Il n'y a pas de transparence sur les différentes phases des projets et il est donc impossible de développer un partenariat concret.

↳ Dans une collaboration américano-japonaise

Étant donné les extrêmes entre les deux comportements, la collaboration est souvent difficile, voir impossible. Les Japonais mettent souvent de la distance dans les relations afin de mieux négocier et ne pas jouer ainsi sur l'affect. Ils semblent aussi complexés par leur taille et par le fait qu'ils ont perdu la seconde guerre mondiale. Par cette absence de communication, les Américains sont méfiants à l'égard des Japonais.

◆ La Chine...

Les États-Unis ont importé pour 382 milliards d'euros de produits chinois contre 92 milliards pour les exportations de produits américains[66]. Les importations chinoises sont donc sept fois plus importantes que les exportations et ce coefficient montre, à lui seul, le déséquilibre sino-américain...

◆ ... et les Chinois

Les Américains ne font pas de différence entre les Japonais et les Chinois, à part qu'ils semblent être plus sales et moins respectueux entre eux. Cependant, le déficit de la balance commerciale américaine avec la Chine, diffusé régulièrement sur les médias, ne donne pas une bonne image des Chinois.

Les points appréciés par les Américains sont :

- Les Chinois sont des personnes réservées et polies.
- Ils sont très travailleurs et ne se plaignent jamais.
- Ils sont discrets et respectueux de leur environnement.
- Ils sont prêts à travailler pour presque rien.

Les points de différence sont :

- Les Chinois ne semblent pas avoir d'émotions.
- Il est très difficile de savoir ce qu'ils pensent : sont-ils satisfaits ou non des propositions lors des projets de collaboration ?
- Ils sont souvent imprévisibles dans leur façon de faire. Le rationnel chinois ne semble pas être le rational américain.

Dans une collaboration américano-chinoise

Dans le cadre des affaires, les relations entre les États-Unis et la Chine associent méfiance et pragmatisme. Elles deviennent cependant de plus en plus compliquées puisque la plupart des Américains voient désormais la Chine comme un sérieux concurrent.

Le problème majeur que connaissent les Américains est la retenue qu'ils doivent s'imposer dans les relations avec cette culture qui associe patience et réflexion. Cette notion d'harmonie confucéenne, où tout doit se savoir sans se dire est peu compatible avec le pragmatisme américain

66 Source du Census Bureau américain.

◆ Le Royaume Uni...

La balance commerciale retraçant les échanges entre les États-Unis et l'Angleterre en 2011 est déficitaire. Les importations de produits anglais s'élevaient à 58 milliards d'euros contre 50 milliards pour les exportations vers l'Angleterre, soit un déficit de 8 milliards d'euros.

◆ ... et les Britanniques

Les Américains apprécient beaucoup les Britanniques, même s'ils les trouvent souvent maniérés dans leur façon de s'exprimer. Le Royaume-Uni est considéré comme une nation plus proche des États-Unis que de l'Europe. Dans tous les cas, c'est un bon allié non seulement pour agir sur la politique européenne mais aussi comme une porte d'entrée sur différents marchés.

L'histoire et la langue sont des vecteurs communs si forts entre les deux pays qu'ils s'affichent souvent ensemble sur l'échiquier mondial. Les Américains trouvent cependant les Britanniques trop conservateurs avec des traditions obsolètes, celles liées à la monarchie par exemple. Ils semblent parfois vivre dans un autre temps et s'embarrassent de formalismes.

Les points appréciés par les Américains sont :

- ► Les Britanniques sont tolérants dans l'acceptation des différences. Contrairement aux Américains, leur flexibilité intellectuelle leur permet d'accueillir des personnes de toutes les origines.
- ► La communication est souvent claire et directe sans tabous.
- ► Ils ont une bonne maîtrise des institutions financières, ce qui leur permet de savoir parler efficacement d'argent dans une économie de plus en plus complexe.
- ► Ils sont sympathiques et ouverts pour aborder tous les aspects d'un projet.
- ► Ils sont humbles et souvent à l'écoute des autres.

Les points de différence sont :

- ► Les Britanniques sont parfois longs à se décider. Ils aiment passer du temps sur des détails et oublient l'essentiel.
- ► Ils changent assez facilement de direction, surtout si la pression est forte. Que celle-ci soit imposée par la direction générale ou qu'elle provienne de contraintes extérieures, il faut donc des rapports constants avec les Britanniques pour être sûr qu'ils suivent les objectifs définis en amont.
- ► Ils manquent aussi parfois de charisme dans des projets ambitieux.

Dans une collaboration américano-britannique

Les Britanniques apprécieront que les Américains prennent un peu plus de temps dans leur réflexion avant d'entreprendre quoi que ce soit. Ils ont besoin de discuter davantage et on ne pourra leur imposer un modèle américain qui ne fonctionnera peut-être pas sur le sol britannique. Les Américains doivent être plus à l'écoute pour agir avec les Britanniques et non selon leurs propres croyances.

◆ L'Inde...

La balance commerciale retraçant les échanges entre les États-Unis et l'Inde en 2011 est déficitaire. Le montant des importations des produits indiens vers les États-Unis s'élevait à environ 36 milliards d'euros contre un montant de 22 milliards pour les exportations des produits américains vers l'Inde, soit un déficit de 4 milliards d'euros.

Les échanges sont surtout basés sur les services avec beaucoup de sous-traitance informatique (call center, support après-vente...).

◆ ... et les Indiens

L'Inde est vue par les Américains comme un pays romantique, très paternaliste et hautement spirituel où l'on rencontre des gourous à tous les coins de rue. Le rationalisme et le pragmatisme à l'américaine font que la culture hindoue leur semble complètement inaccessible.

C'est aussi un pays très pauvre avec une main-d'œuvre à faible coût mais contrairement à la Chine, les Américains sont persuadés que les Indiens peuvent être des alliés précieux pour contrebalancer la puissance chinoise dans le futur. L'Inde n'est donc pas une menace, bien au contraire, elle peut être un instrument d'équilibre à condition toutefois de l'aider dans son développement économique et structurel.

Les points appréciés par les Américains sont :

- Les Indiens sont des gens humbles.
- Ils sont très polis est très respectueux des autres.

Les points de différence sont :

- Les Indiens n'ont aucune notion de rentabilité et d'objectif.
- Ils ont une considération spatiale du temps. Ils prennent leur temps et sont donc peu réactifs.
- Ils changent aussi souvent d'emploi du temps sans prévenir.

↳ Dans une collaboration américano-indienne

Dans le monde des affaires, les Américains sont très méfiants vis-à-vis des Indiens car ceux-ci n'affirment pas clairement ce qu'ils pensent. Ils ont peur des conflits et font tout pour les éviter. Les relations sont rarement transparentes et mêmes souvent fausses.

Cependant, les procédures américaines sont très détaillées et explicites dans les projets, ce qui facilite grandement la coopération. S'il est difficile pour les Américains de comprendre le mode de pensée indien, il est en revanche relativement facile de développer des projets en commun (surtout dans la sous-traitance) à travers la précision des écrits.

◆ L'Allemagne...

Les relations économiques germano-américaines sont plutôt harmonieuses. Les États-Unis sont le premier partenaire commercial de l'Allemagne hors Union européenne et l'Allemagne représente le principal partenaire commercial des États-Unis en Europe. Les exportations allemandes vers les États-Unis ont atteint 86 milliards d'euros et les importations allemandes en provenance des États-Unis se sont chiffrées à 60 milliards.

Les États-Unis représentent le premier investisseur étranger en Allemagne. Fin 2005, les investissements directs américains en Allemagne, étaient de 74 milliards d'euros. À la même période, les investissements directs allemands aux États-Unis atteignaient environ 155 milliards d'euros.

◆ ... et les Allemands

Les Américains ont une vision positive de l'Allemagne et des Allemands.

C'est un peuple qui a su construire son histoire d'après-guerre de façon structurée et efficace. De plus, en reprenant à l'est une partie de son patrimoine, elle l'Allemagne a su s'enrichir de plusieurs cultures.

La qualité allemande est perceptible à travers les voitures qui circulent aux États-Unis. Même si les voitures japonaises détiennent la plus haute marche du podium, les voitures allemandes comme Mercedes Benz sont les voitures de luxes les plus vendues aux États-Unis. Les Allemands sont considérés comme de vrais professionnels, surtout dans le domaine de la mécanique.

Les points appréciés par les Américains sont :

- ► Les Allemands sont droits et respectueux des règles.

- Ils sont très organisés et clairs dans leur façon de penser.
- Ils sont courageux, avec une implication totale dans ce qu'ils font.
- Ils sont aussi francs et directs que les Américains.

Les Américains considèrent les Allemands comme de bons négociateurs qui respectent leurs engagements. Ils ont donc une grande confiance envers ces derniers, ce qui réduit considérablement le temps des échanges dans tous les projets de collaboration.

Les points de différence sont :

- Les Allemands sont souvent trop rigides dans leur façon de vivre et dans leurs protocoles. Il est presque impossible de changer quoique ce soit même si le marché l'impose. Ce manque de souplesse paralyse alors parfois certains projets.
- Ils vont trop dans les détails et ils perdent du temps.
- Ils sont trop méticuleux sur tout alors que certains éléments ne demandent pas autant de minutie.

Dans une collaboration américano-germanique

Les Allemands doivent apprendre à faire confiance et aller plus vite, surtout dans les contrats. Ils doivent accepter et surtout intégrer les différents points de vue dans leurs projets, ne pas hésiter à changer de position si cela peut faire avancer les débats. Quant aux Américains, ils doivent apporter plus de consistance à certaines de leurs propositions afin d'engager la partie allemande avec eux. Le « Go for it » fait toujours peur aux Allemands qui préfèrent travailler par routine plutôt que par essais/erreurs.

◆ La Russie...

Les États-Unis sont un partenaire commercial très important pour la Russie. En 2011, le montant des échanges a atteint 42 milliards de dollars. Les exportations américaines ont représenté 8 milliards de dollars et celles de la Russie aux États-Unis, 34 milliards.

◆ ... et les Russes

Les Américains pensent que dans toute la Russie règne toute l'année un climat sibérien. C'est un pays immense qui fut très puissant et effrayant autrefois mais qui est devenu, au fil du temps, un pays délaissé. Il est aujourd'hui, complètement désorganisé et sa population extrêmement pauvre. La corruption y règne à tous les niveaux, que ce soit dans l'entreprise ou dans les administrations.

Même si c'est une nation qui n'a jamais connu ni le droit ni la démocratie, la Russie est cependant considérée comme un allié crucial car ses méthodes fortes limitent le terrorisme. Elle est aussi perçue comme le partenaire de l'avenir pour agir sur l'Europe et avec qui il est donc important, aujourd'hui, de resserrer des liens. Le pays et considéré comme dangereux par son autoritarisme très fort et une absence totale de liberté.

Les points appréciés par les Américains sont :

- Les Russes sont souvent élégants et aiment faire la fête.
- Ils sont directs dans leur propos. Il n'y a pas de sous-entendus et ils annoncent clairement comment ils vont faire pour y arriver.

Les points de différence sont :

- Les Russes sont facilement corruptibles.
- Ce sont de gros buveurs de vodka et ils sont souvent ivres.
- Ce sont d'anciens espions ou gangsters qui ont travaillé pour l'État (ce rôle leur colle à la peau dans tous les films américains).
- Ils sont violents et qu'il est donc souvent difficile de traiter avec eux.
- Enfin, ils sont très racistes vis-à-vis des autres.

Dans une collaboration américano-russe

Dans le cadre du travail, il n'est pas nécessaire d'avoir des relations depuis longtemps avec les Russes pour pouvoir construire des liens dans le but de faire des affaires, ce que les Américains apprécient. La mentalité russe est cependant difficile à comprendre puisque les deux histoires sont opposées : d'un côté une abondance de richesse avec une grande liberté d'action, de l'autre, une vie rudimentaire avec peu de moyens et une soumission constante à l'autorité.

11.6 Welcome to France

Lorsque vous recevez des Américains, il est professionnel et respectueux de commander un taxi afin de prendre en main ses hôtes dès la descente de l'avion ou du train, afin que ceux-ci n'aient pas à chercher l'entreprise.

Très peu d'Américains parlent le français et ils se perdraient facilement sans cette attention.

Toutes les personnes qui accueilleront vos hôtes, à leur arrivée ou dans les réunions, devront parler correctement l'Anglais. Si un dilemme se présente dans le choix de vos collaborateurs, il vaut mieux privilégier la qualité de l'expression anglaise à la compétence de l'individu.

Si vous n'avez jamais vu vos hôtes, une bonne préparation est cruciale. Obtenir des informations sur eux à travers Internet, la Chambre de Commerce américaine, ou encore d'autres sociétés connexes à l'activité de leur entreprise facilitera les contacts et évitera les mauvaises surprises.

Il est bien vu de toujours confirmer la date et l'heure précises ainsi que l'ordre du jour, 48 heures avant le rendez-vous. Cela montrera l'organisation et le sérieux de l'entreprise, tout en inspirant les prémisses de la confiance. Les courriels et les appels téléphoniques ne seront donc jamais superflus avant de se rencontrer.

Au niveau de l'accueil, laissez toujours un temps de repos à vos hôtes après leur arrivée. Le décalage horaire (*jetlag*) est significatif et les Américains apprécieront une pause de deux heures environ avant de démarrer la réunion.

Ne vous habillez pas de façon décontractée (sauf pour le dîner si vous le souhaitez), même si vous les avez vus ainsi, ils ne comprendraient pas pourquoi.

Arrivé dans l'entreprise, il est important de présenter les personnes avec lesquelles ils pourront être en relation durant leur séjour. L'échange des cartes de visite, avec les numéros de téléphone directs et de portables, rapprochera les contacts.

Évitez d'être dérangé pendant la réunion : appel téléphonique, collègue qui entre dans la salle de façon inopportune, tout cela sera considéré comme impoli mais traduira surtout une mauvaise organisation de votre part.

Le respect entre collègues de travail est généralement très fort. Montrez partout du respect à vos collaborateurs quand vous faites visiter l'entreprise.

Il est aussi de bon ton, en milieu de matinée et d'après-midi, de laisser vos hôtes seuls pour qu'ils puissent échanger entrent eux leurs impressions. Pour cela, dites leur simplement : « Je vous laisse quelques instants entre vous pour faire le point et pour que nous puissions en discuter ensuite », ils apprécieront.

11.6.1 Après le travail

Il est judicieux de les ramener à leur hôtel est de leur laisser un peu de temps pour se délasser et se préparer. Cependant, il faut éviter de leur donner un rendez-vous après 19 heures puisqu'ils ont l'habitude de dîner relativement tôt.

Ils apprécient souvent de boire une bière à l'hôtel avant de partir. Proposez leur cette option avec un rendez-vous à 18 heures 15 par exemple.

Vos hôtes s'attendent à ce que vous vous occupiez d'eux tout au long du séjour. Il faudra les inviter midi et soir afin de développer une relation de travail efficace. Le repas d'affaire s'organise généralement le soir et non à midi, le déjeuner étant plutôt considéré comme une pause qu'un véritable repas. Pour ce dernier, le temps standard est d'une heure maximum, avec un plat chaud et un dessert (si vous proposez un plateau-repas dans l'entreprise, n'oubliez pas le Coca-cola, c'est sacré...).

La pause du midi peut tout à fait se faire dans un restaurant simple et rapide. Évitez cependant les restaurants proposant des abats, des plats en sauces et ne leur forcez pas la main pour qu'ils prennent du vin. L'idéal est de trouver un restaurant avec buffet pour qu'ils puissent goûter un peu à tout.

Le dîner se doit d'être plus informel afin de permettre ainsi de tisser des liens personnels. Les Américains ne sont pas habitués à boire du vin pendant le repas, si vous souhaitez leur faire goûter une bonne bouteille, vous pouvez très bien le faire en apéritif, aussi surprenant que cela puisse paraître !

Ils apprécieront de se laisser aller au *french style* que vous leur proposerez. Il est judicieux de choisir un restaurant où les cartes des menus existent en anglais, ou encore sont facilement traduisibles. Le « foie gras de canard mi-cuit au piment de Jamaïque granité au muscat de l´Ermitage » vous créera quelques difficultés de ce point de vue ! Le summum est de connaître un restaurant avec un serveur ou mieux encore, un sommelier qui parle anglais

Le dîner ne doit pas s'éterniser après 23 heures. Ce *timing* aura même été délimité lors de la réunion pendant la journée pour montrer à quel point vous êtes organisé (ce qui est exactement le contraire de la perception qu'ils peuvent avoir des Français...).

12
La plus grande démocratie du monde

Commencez par changer en vous ce que vous voulez changer autour de vous.

Gandhi

Depuis 1990, l'Inde a changé de façon impressionnante. D'un des pays le moins développé de la planète, il est devenu un pays dominant dans de nombreux domaines. Après la Chine et le Japon, l'Inde est désormais la 3e puissance asiatique et la 10e économie mondiale. Avec une croissance de son PIB de 7 % par an et une jeunesse en plein essor, le pays est en train de devenir un acteur économique important :

- premier producteur mondial de thé, de films et de logiciels ;
- deuxième producteur de fruits, de légumes et de ciment ;
- quatrième producteur de produits pharmaceutiques en volume.

Le marché indien est une véritable mosaïque de cultures et de religions. Les contrastes sont extrêmement marqués et de nombreux étrangers connaissent un choc culturel quand ils y viennent pour affaires et pour la première fois.

L'Inde est un pays surprenant où très riches et très pauvres se côtoient à quelques mètres sans aucune animosité, ni agressivité. Chacun semble être à la place qu'il mérite. La notion de caste, la religion avec ses réincarnations successives permettent cette incroyable stabilité[67].

67 Ce sujet est vaste et complexe et peut interpeller le lecteur. Il est longuement développé dans mes formations.

Le voyageur côtoiera sûrement des homologues de très hauts niveaux diplômés de grandes écoles américaines comme Harvard, Watford ou encore le MIT. L'Inde est d'ailleurs un des rares pays que je connaisse (avec Israël) où l'on rencontre, surtout dans les services recherche et développement, un nombre impressionnant de personnes très qualifiées à tous les niveaux de la hiérarchie.

Il constatera aussi sûrement, dans la rue, une pauvreté extrême qu'il ne peut imaginer tant qu'il ne l'a pas vue. Même si ce ne sont que quelques aperçus entre son hôtel et ses différents lieux de rendez-vous, il ne pourra rester indifférent aux différentes images qui lui « sauteront » parfois à la figure. Les bruits, les couleurs, les odeurs, la foule, l'extrême misère, la saleté et la splendeur des temples, la maladie, la mort, la joie, les danses, tout cela dans une même journée... Non, je ne connais pas d'Occidentaux qui soient ressortis intacts de cette Inde si envoûtante, pour peu qu'il ait fait en plus, quelques pas dans la rue.

12.1 Une civilisation multiethnique

La civilisation de l'Indus, l'une des plus anciennes du monde, est apparue il y a plus de 5 000 ans. Celle-ci vivait principalement dans la vallée du Gange, riche en eau et en flore de toutes sortes. Durant le deuxième millénaire avant J.-C., différentes tribus, appelées tribus aryennes, arrivent en provenance de l'Asie centrale et se mélangent aux autres, surtout dans le nord du pays.

Puis furent les invasions arabes au VIIIe siècle, suivies par les Turcs au XIIe siècle et enfin les marchands européens au XVe siècle.

En 1664, les Anglais fondent la Compagnie des Indes orientales et en 1858, l'Inde devient une colonie de la couronne britannique. Ce n'est qu'en 1947 qu'elle retrouvera son indépendance. L'Inde aura ainsi connu une dominante hindouiste pendant 1 500 ans puis islamique pendant 600 ans et le cours passage des Britanniques (100 ans), n'aura pas eu le temps d'influencer la culture indienne qui baigne dans des images de divinités toutes plus surprenantes les unes que les autres.

Un des apports fondamentaux de la colonie anglaise fut sa langue justement, qui parmi les 180 langues différentes du pays, a su se faire une place de choix avec l'Hindi. Elle est, sans nul doute, un des éléments « clef » du développement de l'Inde d'aujourd'hui.

Le sud et le nord sont très différents et c'est ce qui choquera le visiteur qui aura l'occasion de voyager dans ces régions. Au nord, on voit de nombreux édifices musulmans, dont le fameux Taj Mahal, non loin de Delhi. Le relief est contrasté entre plaines, montagnes et désert. Le teint de la population est relativement foncé et les relations entre individus sont plus dures et parfois plus tendues que dans le sud. Au sud, le pays compte de nombreux édifices dravidiens[68] et le relief est assez plat. Le teint de la population est beaucoup plus clair. L'approche des Indiens du sud est généralement plus facile et conviviale.

Pour une première visite dans un pays où le contraste est déjà extrêmement marqué par rapport à l'Europe, il est donc conseillé de commencer par une ville comme Bangalore plutôt que Delhi ou Calcutta.

Même si la population indienne n'émet pas de rancune envers ses anciens colonisateurs anglais, elle a exprimé le souhait de changer le nom de certaines de ses grandes villes en particulier avec l'arrivée des nationalistes hindous au début des années 2000. Bombay s'appelle désormais Mumbai, Madras Chennai, Calcutta Kolkata et Bénarès Varanassi.

◆ Ce petit homme qui n'avait rien : le Mat Hama Gandhi

Il s'agit d'un petit homme de 1 mètre 60 environ qui possédait en tout et pour tout une toge blanche et un bâton pour canne et qui a chassé, en quelques décennies, une des plus grandes puissances de la planète. Il est important de revenir sur cette époque car l'Inde tout entière lui ressemble.

C'est en 1919 que Gandhi, de retour d'Afrique du Sud, entame son combat pacifiste pour l'indépendance de son pays. Il a fait ses études d'avocat à Londres et connaît bien la mentalité anglaise ainsi que la loi. Ces deux facteurs seront fondamentaux dans le succès de son combat contre les Anglais.

En jouant sur des symboles clefs et en défiant ouvertement les autorités britanniques sans utiliser la violence, Gandhi appelle à la désobéissance civile et au boycott des produits anglais. Il va très rapidement fédérer le peuple indien qui va le prendre comme l'homme providentiel pour chasser l'envahisseur.

- ► Afin de déstabiliser l'industrie cotonnière de Birmingham, Gandhi commence par tisser ses vêtements lui-même et demande aux Indiens de faire la même chose.

68 Structures pyramidales tronquées, généralement blanches, composées de nombreux petits étages d'environ 80 cm de hauteur avec de multiples divinités hindous.

- Puis il entame la « marche du sel » sur plus de 300 kilomètres. Il demande aux Indiens de se procurer librement le sel dans les marais salants, qui appartient normalement à l'empire britannique.
- Et enfin, il fait quelques grèves de la faim pour sensibiliser le pays quand des grèves interethniques éclatent. Considéré comme un dieu vivant, ses grèves de la faim ont un réel impact sur la société indienne.

Gandhi prône la non-violence tout en étant actif dans la non-action. Afin de ne pas tenter l'armée anglaise par des prétextes de rébellion, Gandhi demande aux Indiens de ne pas réagir aux coups de bâtons des Anglais. Cette attitude est une arme redoutable puisque n'ayant ainsi aucune réaction du côté indien, les Anglais perdent rapidement pied. Des journalistes pro-indépendance relaieront des messages forts auprès de l'Angleterre notamment en relatant le fait que des Anglais frappent les Indiens alors que ceux-ci ne sont pas violents.

En 1947, la combinaison des facteurs cités ci-dessus associée à la destruction de l'Angelettere par les Allemands vont faire que les Britanniques vont plus se concentrer sur la reconstruction de leur pays et libérer ainsi l'Inde. À partir de cette date, las d'avoir été longuement dominé, l'Inde devient indépendante et s'enferme économiquement pendant cinquante ans. Les droits de douane augmentent de plusieurs centaines de pourcent et ce pays non communiste devient le plus autarcique du monde. Pendant cette période, l'Inde, comme le Népal, n'attireront que les soixante-huitards qui refusent le capitalisme. Pondichéry et Katmandou en seront les repères clefs.

Dans les années quatre-vingt-dix, criblée par des dettes abyssales à cause de ses importations d'hydrocarbures qu'elle n'a pas dans son sol, l'Inde est contrainte de s'ouvrir sous la pression du Fond monétaire international. Elle engage alors le processus inverse qu'elle avait elle même mise en place en 1947. Elle supprime une bonne partie de ses quotas restrictifs ainsi que les droits de douane. Sa monnaie devient brutalement favorable aux investissements étrangers.

Mais cette ouverture est tardive – plus de douze ans après la Chine – et les investisseurs sont moins nombreux que prévus. D'autant plus que le pays reste confronté à des problèmes d'infrastructures, de pauvreté et de conflits ethniques et religieux.

Même si les Indiens ont été colonisés par les Français, les Hollandais, les Portugais et par les Anglais pendant cent ans, ils ne se sont pas laissés envahir par d'autres coutumes que les leurs et baignent toujours dans les images de leur propre culture et leur religion.

Avec l'art tout d'abord où le cinéma, la musique et la danse possèdent ses propres caractéristiques L'industrie cinématographique indienne est la plus dynamique au monde et produit chaque année plus de 800 longs métrages (deux fois plus de films qu'à Hollywood). Mais ici aussi, le contraste culturel cinématographique étant si fort, peu de films arrivent en Occident. Quant à la danse, elle est souvent une forme de rituel qui raconte une histoire. Ici aussi, impossible de comprendre la danse sans connaissance culturelle approfondie.

La colonie anglaise a laissé des traces bien visibles comme l'architecture et les trains qui roulent toujours et sont entretenus de façon très sommaire. Que ce soit à New Delhi avec sa place centrale (Connaught place), à Bombay avec sa gare principale Churchgate ou encore à Calcutta avec son mémorial, l'Angleterre est encore bien présente.

12.2 Un patchwork culturel impressionnant

Si la densité de population dans le pays est inégale, le progrès social l'est aussi. L'Inde figure parmi les pays les moins urbanisés de la planète mais il compte la population urbaine la plus importante au monde après la Chine. La plupart des villes indiennes sont confrontées à des problèmes de surpeuplement et de pauvreté. Bombay possède ainsi le plus grand bidonville d'Asie – Dharavi – avec 600 000 habitants sur moins de 1,5 kilomètre carré ! L'air est humide et poisseux avec des odeurs de détritus à chaque coin de rue. Les bidonvilles regrouperaient plus d'un quart de la population urbaine.

L'exode rural est l'une des causes principales du dynamisme démographique des villes indiennes. Paradoxalement, l'Inde est l'un des pays émergents où la population analphabète est parmi les plus élevées et l'on trouve une des plus fortes proportions de diplômés de l'enseignement supérieur.

12.2.1 La démographie

L'Inde a passé le cap du milliard d'habitants en mai 2000 et les prévisions pour 2035 placent la population indienne au 1er rang mondial, devant la Chine, avec plus de 1,5 milliard d'habitants. Plus de 50 % de la population a moins de 30 ans, ce qui en fait une ressource considérable, contrairement à la Chine vieillissante.

◆ La géographie

L'Inde est le septième plus grand pays du monde. Sa superficie correspond à six fois celle de la France et la population urbaine correspond à 30 % de la population totale, avec une densité de 330 habitants au km² (cinq fois celle de la France). L'Inde est aussi considérée comme un sous-continent de par sa taille et de par sa structure géographique qui la sépare du reste de l'Asie par la chaîne de l'Himalaya. Il existe trois types de reliefs bien distincts : la zone himalayenne au Nord, la plaine gangétique avec le fleuve du Gange et le plateau du Deccan au Sud. L'Inde est organisée en 28 États et sept régions très différentes les unes des autres.

Les conditions climatiques sont variables et très contrastées : sécheresses, crues, orages violents et inondations. Il y fait généralement chaud avec un moment clef : la mousson. La mousson de 2007 a été particulièrement violente puisqu'elle a fait plus de 2 000 morts et déplacer 30 millions de personnes, soit la moitié de la population française...

Il existe trois saisons : une chaude, une humide et une plus fraîche.

- la saison chaude de mai à juillet avec le tout début de la mousson qui commence au sud-ouest de l'Inde avec des températures pouvant dépasser les 45 °C ;
- la saison humide, mais un peu moins chaude de juillet à septembre avec la mousson ;
- la saison fraîche d'octobre à avril où le climat est généralement agréable

12.2.2 La pauvreté... fléau de l'Inde

Même si une partie de la population indienne est très qualifiée (20 millions de docteurs, d'ingénieurs et de scientifiques), le système d'éducation en primaire est désastreux et seul l'État du Kerala dans le sud-ouest ne compte pratiquement plus d'analphabètes.

Ce qui pèse sur l'Inde, ce n'est donc pas sa population car la densité de ce pays n'est pas plus élevée que celle de l'Angleterre, mais sa pauvreté. Le PIB par habitant est trois fois inférieur à celui d'un Chinois ou encore 50 fois moindre que celui d'un Français. Il est très difficile, dans ces conditions, de mettre le pays « en marche » et de produire des biens et des services de façon efficace. En ce qui concerne le développement des NTIC pour lesquelles le monde occidental découvre l'Inde, elles concernent quelques millions d'individus sur un milliard...

12.2.3 Les religions : l'hindouisme prédominant

L'Inde vit globalement dans un équilibre religieux surprenant et stable. Cette tolérance de l'autre, issue principalement du bouddhisme, permet aujourd'hui une harmonie entre les hommes à tous les niveaux sociaux.

L'État participe aussi activement à cet équilibre en gardant une équidistance entre ses fonctions et les différentes religions. Aucune n'est donc plus favorisée qu'une autre mais tel ne fut pas toujours le cas surtout lorsque les nationalistes hindous à travers le BJP (*cf.* paragraphe 12.2.10) étaient au pouvoir à la fin des années quatre-vingt-dix.

On se déchausse avant d'entrer dans un temple et on respecte toujours les lieux sacrés. Même si vous n'êtes pas hindou, faites comme eux et laissez les prêtres vous poser le 3e œil (point rouge sur le front appelé le Tika ou encore le Bindi) car c'est une marque de respect pour leurs Dieux.

L'hindouisme est pratiqué de façon assidue par 800 millions d'Indiens. Cette religion n'a ni fondateur, ni clergé. Elle repose sur deux principes fondamentaux : l'Univers se fonde sur un ordre qui s'appelle la Vérité et l'homme est fait d'un corps périssable et transitoire avec son âme qui se réincarne jusqu'à atteindre le Nirvana.

Vient ensuite l'Islam, avec plus de 100 millions de fidèles. L'Inde est, en termes de population, le plus important pays musulman au monde après l'Indonésie.

Les Sikhs, au nombre de 18 millions, résident principalement dans le Penjab. On les reconnaît surtout à leur turban parfois haut en couleur.

Les Bouddhistes ne comptent plus que 6,6 millions d'adeptes. C'est au nord de l'Inde que Bouddha a trouvé l'éveil, en comprenant que la souffrance de l'homme venait du désir. En l'absence de désir, il y a absence de souffrance...

Les Jaïns, 4,5 millions d'adeptes vivent essentiellement dans l'Ouest de l'Inde. Non violents, ils refusent les armes et ne mangent aucun animal. Ils sont respectés par tous les autres Indiens.

Les Parsis, au nombre de 85 000 vivent autour de Bombay. Héritiers de la religion perse de Zarathoustra, les Parsis, peu nombreux, vouent un culte au Soleil. Certains Parsis sont très connus et milliardaires.

Les Chrétiens sont 22 millions et majoritaires au Mizoram et au Nagaland.

La dévotion est tellement forte dans ce pays que le plus surprenant est de voir des hommes d'affaires faire la queue pendant des heures pour embrasser les pieds d'un homme à moitié nu apparenté, à leurs yeux, à un véritable dieu vivant.

12.2.4 180 langues dont 14 langues principales

Contrairement à la Chine qui a utilisé, très tôt, une langue véhiculaire uniforme pour se construire un monde social relativement stable, l'Inde est un véritable patchwork de cultures ayant leurs propres langues, leurs propres coutumes et leurs propres religions.

On compte 180 langues dont 14 langues principales. La plus ancienne est le « Sanskrit ». Les langues les plus parlées sont l'Hindou ainsi que l'Anglais avec un fort accent (certains l'appellent même de l'Hindlish, un mélange d'Hindi et d'anglais). On entend aussi fréquemment des langues comme l'Urdu ou le Bengali.

12.2.5 La gastronomie

Contrairement à une idée reçue, tous les hindous ne sont pas végétariens. Le végétarisme strict est limité au Sud, à l'état du Gujarat et à certaines villes saintes, ce qui représente environ 50 % de la population. Toutefois, la vache est sacrée et les restaurants musulmans ne servent que du buffle.

En raison du climat et des influences historiques, les différences culinaires entre le Nord et le Sud sont considérables. Dans le Nord, la viande, le pain et les céréales accommodés de multiples épices accompagnent les différents plats.

Dans le Sud, les plats sont souvent beaucoup plus épicés et du riz, servi souvent avec du Dhal, genre de soupe de lentilles, accompagne presque tous les plats des Indiens végétariens. Le Thali est un plat très commun ainsi que le Lassi, sorte de yaourt battu sucré ou salé, qui adoucit les palais brûlés par les piments.

12.2.6 Le transport

L'Inde possède une infrastructure déplorable, avec moins de 8 000 kilomètres d'autoroutes en bon état contre plus de 60 000 pour la Chine, désormais deuxième réseau autoroutier au monde. Le transport y est souvent difficile. Pire encore, le temps gagné sur l'autoroute est souvent anéanti à l'arrivée dans les grandes villes puisqu'il n'y a pas de périphériques (on en compte pour l'instant 8 à Pékin !) et donc pas de voies de dégagement. Bombay arrive en tête des villes catastrophique pour la circulation, Delhi est plus espacée....

La plupart des grandes villes du pays sont dotées d'aéroports internationaux et nationaux : Delhi, Mumbai (Bombay), Chennai (Madras), Trivandrum et

Calcutta... L'avion est de loin le moyen le plus rapide pour se déplacer en Inde. Il est à privilégier pour les longues distances supérieures à 400 kilomètres.

La société Indian Railway gère le réseau ferré indien, qui est le plus important au monde. Le train est un moyen efficace pour voyager. Ses prix sont relativement bon marché. Attention cependant aux horaires qui sont souvent donnés à titre indicatif, comme les durées de voyage qui sont parfois de deux à trois jours. Ne comptez pas plus de 50 km/h de moyenne que ce soit en train ou en bus.

Pour les déplacements locaux, le bus est le plus rapide et le plus efficace. Pour des déplacements inférieurs à 400 kilomètres, prenez le train ou au-delà, l'avion. À l'intérieur des villes, les *rickshaws* sont très bon marché et rapides. On les utilise dix à quinze fois par jour, aussi bien pour faire 500 mètres que cinq kilomètres. N'oubliez pas de demander au chauffeur d'activer son compteur avant de monter, dans le cas contraire, mettez-vous d'accord avec lui sur le montant de la course et restez ferme même à la fin de celle-ci (l'astuce étant de demander à un passant indien le prix de la course avant de faire appel à un *rickshaw*). Et enfin, évitez de voyager la nuit en voiture car les accidents sont fréquents.

12.2.1 Les fêtes

Les Indiens ont généralement quinze jours de congés mais les fêtes sont si nombreuses que le nombre de jours chomés dépasse parfois celui de la France ! Sans compter les jours où les Indiens ne viennent pas travailler pour des raisons personnelles non justifiées...

La vie indienne est donc rythmée par de nombreuses fêtes. En raison des particularismes régionaux, les fêtes et jours fériés sont très nombreux. En voici les principales dates :

- Le 26 janvier, la fête de la République donne lieu à d'importantes manifestations. À Delhi la parade des éléphants est somptueuse.
- Holi (février-mars) est la plus exubérante des fêtes hindoues ; on célèbre la fin de l'hiver en se lançant de l'eau et des poudres colorées.
- Diwali, ou Deepavali (octobre-novembre), est probablement la fête la plus joyeuse (cinq jours). Elle célèbre le retour d'exil de Rama, l'avatar[69] de Vishnu. Elle marque aussi le Nouvel An jaïn.

69 Les avatars prennent en général un corps mortel, homme ou femme pour engager une action sur terre. Rama est l'avatar héros du Ramayana : la septième incarnation de Vishnu pour les hindous...

- Muharram, fête musulmane, qui est particulièrement importante à Lucknow. Elle dure dix jours au cours desquels a lieu une grande procession où des pénitents se frappent à coups de fouet.

12.2.8 Les castes

Vers l'an 1000 avant Jésus-Christ, les prêtres Brahmanes, venus principalement du nord de l'Inde, affirment leur suprématie en instaurant un système de strates sociales appelées « castes ». Bien que cette notion de castes fût abolie en 1950 par la Constitution indienne, les différences restent ancrées dans les mentalités.

Le mot « caste » vient de « casta » en Portugais qui veut dire « pur ». Les segmentations sociales, dans la société indienne, correspondent donc à des indices de pureté ou encore de dignité (il ne s'agit ici que d'une définition extrêmement simplifiée). À noter que seuls les hindous sont concernés par ces castes et que le gouvernement engage des actions concrètes de discrimination positive pour rendre plus perméables ces notions de castes en allouant, par exemple, des places dans les universités et dans la fonction publique.

La division de la société en castes n'est pas visible pour l'étranger qui se promène dans la rue, déjeune au restaurant et travaille comme expatrié dans une entreprise. Le monde, le bruit, la chaleur ou les odeurs le marquent bien plus qu'une apparente segmentation sociale. Les rapports entre les Indiens lui semblent tout à fait familiers. Même au sein des grandes familles, le mélange se fait facilement. La notion de caste n'apparaît donc nulle part, et le commun des mortels est loin d'imaginer qu'il puisse encore subsister une très forte pression sociale.

Pourtant, il existe bien des castes qui correspondent à des groupes plus ou moins importants dont les membres possèdent des caractéristiques et des obligations communes. Mais on n'adhère pas à un groupe selon sa bonne volonté puisque c'est l'hérédité qui va déterminer l'appartenance à telle ou telle caste. Chaque groupe impose ses propres règles et lois appelées Varnas : mariage à l'intérieur de la caste, maquillage particulier, règles alimentaires et tenues vestimentaires.

On ne peut accéder à la caste supérieure que dans la réincarnation suivante, d'où l'intérêt de bien se comporter dans sa caste. Les gens qui naissent dans les « bonnes » familles sont donc respectés voire craints par les autres. Il en est de même dans le monde du travail où le chef de service hésitera à licencier un employé incompétent si celui-ci appartient à une caste supérieure à la sienne.

Le système de castes est très complexe et nous n'en donnerons ici qu'une explication très approximative. Pour chaque caste, il existe des sous-castes appelées Jati, qui sont elles-mêmes éclatées en d'autres groupes, ce qui donne des milliers de combinaisons possibles. Le système des castes divise la société hindoue en quatre ordres fondamentaux qui sont :

- Les Brahmanes, héritiers des prêtres, des professeurs et des professions intellectuelles (Gandhi était de cette caste). Ce sont eux qui ont le savoir et le pouvoir et ne représentent que quelques pour cent de la population, soit quelques dizaines de millions.
- Les Ksatriyas sont les héritiers des combattants et des rois. Certains sont aujourd'hui de riches propriétaires terriens ou industriels.
- Les Vaishyas sont les héritiers des commerçants. Ils sont toujours commerçants aujourd'hui dans des millions de petites échoppes répartis partout dans le pays.
- Enfin les Shudras sont les héritiers des serviteurs et des agriculteurs. Ce sont les plus nombreux et ils représentent 400 à 500 millions d'Indiens.

Hors caste, mais au combien nécessaire pour faire accomplir toutes les tâches que les autres ne veulent pas faire dans la société indienne, les Dalits. On les nomme encore les Intouchables car ils sont tellement impurs qu'on ne peut les toucher. Ils sont environ 250 millions dont les deux tiers vivent dans les bidonvilles à l'écart des villes et des villages et survivent tant bien que mal.

Les très hautes castes ne côtoient pas les basses castes, surtout dans les campagnes. Avec un peu d'expérience, il est parfois possible de la deviner par son nom de famille (un peu comme en France où les nobles se reconnaissent avec leurs noms à particules), ou encore par son comportement, sa façon de s'habiller et de s'exprimer.

En tant qu'étranger, vous serez hors caste et vous pourrez les côtoyer facilement.

À l'usine, le groupe social tente de conserver son emprise sur les individus grâce à une surveillance des parents et voisins qui y travaillent. Si une relation est jugée suspecte, elle peut être rapportée à la famille, qui va ensuite se plaindre au directeur de l'usine afin qu'il éloigne les individus concernés.

Peut-on alors devenir riche ou évoluer socialement dans une caste basse ?

Dans l'absolu oui, car il est possible d'évoluer dans sa propre caste. Par exemple : être laveur de linge et employer d'autres laveurs en montant une entreprise qui devient de plus en plus importante. Toutefois, devenir riche quand on ne sait pas lire et que l'on n'a reçu aucune éducation, est toujours plus difficile que pour ceux qui ont suivi un MBA aux États-Unis et qui sont revenus en Inde pour y travailler.

Cependant, dans les deux décennies à venir et avec l'évolution de l'Inde moderne, ces strates sociales auront tendance à se fissurer et à part l'endogamie[70] qui est encore très présente, les jeunes pourront probablement choisir leur métier.

Kocheril Raman Narayanan fut le premier intouchable à devenir président de la République de l'Inde. Avec une maîtrise en littérature anglaise à l'Université de Travancore, il travaille d'abord comme journaliste pour *The Times of India* puis devient diplomate dans différentes ambassades.

Un détour par la London School of Economics en Angleterre et l'occupation de différents postes en tant que haut fonctionnaire de l'État, lui permettront d'accéder, en 1997, au poste de Président de l'Inde qu'il occupera pendant cinq ans. Mais sans ce détour par l'Angleterre, cet intouchable n'aurait sûrement jamais été président...

12.2.9 La politique

L'Inde est un État fédéral qui comprend 28 États établis sur des bases linguistiques et 7 territoires créés pour des raisons politiques ou historiques.

L'Inde est un pays démocratique calqué sur le modèle britannique. Le Président de la République a un rôle symbolique et c'est le Premier ministre qui dirige la politique du pays.

La Constitution indienne a été promulguée en 1950 et le Parlement de l'Union comprend deux Chambres : la Chambre des États (Rajya Sabha, chambre haute) avec 250 représentants des différents États et la Chambre du Peuple (Lok Sabha, chambre basse) avec des députés élus pour cinq ans. Le chef de file du parti majoritaire à la Lok Sabha est traditionnellement nommé Premier ministre. Chaque État est représenté par un gouverneur.

Deux formations politiques se détachent des autres :

- Le Parti du Congrès, situé plutôt à gauche et qui a dirigé le gouvernement indien de 1947 à nos jours (avec une seule interruption de cinq ans).

70 Obligation de se marier au sein d'un même groupe social.

- le BJP (Bharatiya Janata Party, parti hindouiste traditionaliste) plutôt à droite qui a remporté les élections de 1999 à 2004.

12.2.10 Les coutumes et les traditions

Même l'Inde est en train de changer avec « l'américanisation » des entreprises et l'implication d'un management transversal participatif très mercantile, les Indiens sont avant tout spirituels et la religion fait partie intégrante du quotidien. En Inde, non seulement on passe au temple tous les jours mais on s'interrompt en plein milieu d'une tâche pour faire sa prière. Les Indiens sont entourés d'icônes imagées, tous plus colorés les uns que les autres. Ils vivent naturellement dans le paradoxe et le fantastique.

Les Indiens fonctionnent sur un mode communautaire qui repose sur la famille. Le groupe est primordial, il protège et permet de trouver une identité sociale. On lui doit alors obéissance et dévouement. En Inde, le partage fait partie de la vie et si vous travaillez en tant qu'expatrié avec d'autres Indiens, on prendra sur votre bureau, sans forcément vous demander, une paire de ciseaux, du papier ou encore une calculatrice...

Les Indiens sont curieux et attentionnés. Le fait de toucher une personne, même de sexe identique, n'est pas mal vu en Inde. Cela est une marque amicale. Néanmoins, il est fortement déconseillé de prendre l'initiative de serrer la main, de toucher ou de s'asseoir à côté ou près d'une femme.

À la campagne, les Indiens se montreront curieux de savoir qui vous êtes et ce que vous faites parmi eux. Les questions seront souvent les mêmes : « Comment vous appelez-vous ? Est-ce que vous aimez l'Inde ? Que faites-vous ici ? » L'Indien ayant toujours besoin de se situer par rapport aux autres, il vous posera des tas de questions pour mieux cerner qui vous êtes. Répondez-leur, même si c'est la 100e fois de la journée.

◆ Le pourboire

En Inde donner un pourboire à toutes les personnes qui vous aideront est de rigueur. Gardez toujours quelques pièces en poche et donnez 10 à 20 % du montant. Attention à ne pas sortir de grosses coupures et à donner trop car montrer d'argent à quelqu'un qui gagne 50, voir 100 fois moins que vous peut être insultant dans certains cas.

◆ La dot

L'Inde est signataire de la convention des Droits de l'enfant et la loi interdit la dot depuis 1961. Or celle-ci est encore bien présente, surtout dans les campagnes et dans les États du Nord de l'Inde et écrase les familles qui ont une ou plusieurs filles à marier. On peut lire, au sujet de la condition féminine dans les anciens textes de lois indiennes : «... enfant, elle doit obéissance à son père ; épouse, à son mari et veuve, à ses fils. En aucun cas, elle n'a le droit d'être indépendante. »

Il s'agit, écrit d'une façon crue mais bien ancrée dans la pensée indienne, d'un transfert de propriété : la jeune fille vierge passe de sa famille à celle de son époux. Accompagnant ce transfert qui correspond à une nouvelle charge pour les parents de l'époux qui vont la prendre sous leur toit avec leur fils, une somme compensatoire en numéraire ou en objets de toutes sortes est donnée par les parents de la jeune fille.

Plusieurs cas se présentent alors :

- soit la dot est suffisamment importante et la mariée pourra participer, avec ses beaux-parents, aux différentes tâches quotidiennes de la vie de tous les jours sans trop d'encombres (la charge qu'elle incombe étant compensée par la dot initiale) ;
- soit la dot est insuffisante et la jeune fille va rapidement devenir une charge pour la belle-famille qui au départ ne l'appréciera pas, pour ensuite la maltraiter et dans certains cas aller jusqu'à la tuer...

Cependant le monde change et le développement industriel fait que beaucoup de femmes sont employées comme ouvrières dans les usines et la mixité dans les entreprises développe des relations amoureuses contraires aux règles sociales indiennes. Il en est de même pour les femmes musulmanes qui, soumises au Purdah, doivent limiter leurs contacts aux membres masculins de leur famille. Des groupes de pression vont jusqu'à dire que les ouvrières sont des femmes à ne pas fréquenter compte tenu du nombre important d'hommes qu'elles peuvent côtoyer dans une même journée.

◆ La corruption

Les indicateurs de performances des fonctionnaires mis en place par le gouvernement ces dernières années, afin de démontrer l'efficacité et la transparence de son organisation, sont complètement biaisés. De nombreux documents administratifs concernant les constructions d'infrastructures (écoles, routes, dispensaires, puits, barrages, systèmes d'irrigation) sont falsifiés et l'argent est purement et simplement détourné. Toutes les organisations sont concernées : de la police aux impôts, en passant par la justice. Pour un visa, pour un permis de construire, pour une inspection d'hygiène, il est courant d'alimenter les passe-droits.

Même les grands groupes industriels indiens influencent régulièrement les politiques selon leurs besoins. Les grandes entreprises étrangères emploient des anciens fonctionnaires à la retraire qui ont encore leur réseau pour faciliter la signature de contrats importants. La plupart des gens de pouvoir sont très riches et sont même capables de changer les lois pour les tourner à leur avantage si nécessaire.

L'argent change souvent de mains et influence les négociations. Même si cette pratique est délicate les Occidentaux, il sera parfois nécessaire de se laisser guider par un agent et de prévoir une somme supplémentaire dans le budget...

12.2.11 Temps spatial, hiérarchie forte et collectivisme

◆ Le temps spatial permet de relativiser le quotidien

Le temps se « dilate » en Inde et n'a pas de valeur que ce soit dans les négociations ou dans les transports. Ici plus qu'ailleurs la valeur du temps est spatiale et non linéaire : un moment vécu revient toujours car le temps est représenté sous forme de cycles, donc inutile de se précipiter. De plus, si tout ne peut se faire dans cette vie-là, ce sera à la prochaine réincarnation... Cette considération spatiale supprime donc une bonne partie du stress que nous, Occidentaux, connaissons régulièrement.

Cependant, les sociétés d'informatique, de téléphonie, de services internationaux, s'efforcent tant bien que mal à être linéaires pour satisfaire une clientèle toujours plus internationale. Toutefois, cela n'est vraiment pas dans les gènes d'un Indien qui vit selon un système cyclique. Même au beau milieu d'une tâche importante, les Indiens n'hésiteront pas à s'interrompre pour faire leurs prières quotidiennes.

Il ne faut alors pas s'étonner des retards éventuels dans les projets. La règle d'or est de rester calme car votre interlocuteur ne comprendrait pas votre agacement. Il est préférable de prévoir les rendez-vous deux semaines à l'avance et de préciser que vous ne resterez sur place que peu de temps.

Surtout n'oubliez pas de confirmer deux jours avant votre venue, en laissant une nouvelle fois vos coordonnées. Attendez-vous à ce que vos interlocuteurs ne soient pas toujours là ou encore à des changements de dernière minute. L'idéal étant de prendre un rendez-vous le matin vers 10 heures et l'autre vers 14 heures et de prendre ensuite des rendez-vous sur place (chose impossible en France !).

Lors de négociations, prévoyez des délais tenant compte de la lenteur de la bureaucratie indienne, surtout si vous devez obtenir des informations ou autorisations du gouvernement. La communication à travers le pays est souvent un exceptionnel challenge, et il n'est pas rare d'avoir à relancer un certain nombre de fois avant d'obtenir une réponse fiable.

Une des premières choses que vous devez apprendre pour travailler en Inde est la patience. Les retards seront souvent inévitables, surtout si vous travaillez avec le gouvernement.

◆ Le collectivisme facilite l'entraide

Les Indiens fonctionnent selon un mode communautaire qui repose principalement sur la famille. De nombreux garçons, une fois mariés, vivent chez leurs parents avec leur épouse. La famille est souvent élargie aux oncles et tantes et l'entraide est partout. Les décisions sont souvent collectives mêmes pour les Indiens qui résident en France.

Le partage fait partie de la vie et votre collègue ou votre ami indien fumera vos cigarettes, utilisera votre téléphone, sans jamais rien vous demander.

N'hésitez pas à aborder les passants si vous avez besoin d'aide, les Indiens sont très serviables. Attention toutefois : voulant à tout prix vous rendre service, ils préféreront vous donner une fausse information plutôt que de vous avouer qu'ils ne savent pas. Il faudra alors poser plusieurs fois la question pour en faire une synthèse décisionnelle.

◆ Les erreurs à éviter

La nouvelle génération, notamment les cadres, a souvent fait des études à l'étranger et se comporte souvent comme les Occidentaux. Cependant, il reste encore des constantes qu'il convient de respecter :

- pour des raisons religieuses, ne caressez jamais la tête d'un enfant indien ;
- ne dirigez pas vos pieds vers une personne, un temple ou une divinité ;

- utilisez la main droite pour transmettre un objet ;
- ôtez vos chaussures avant de pénétrer dans un lieu saint ou même parfois chez un hôte ;
- ne soyez pas galant avec les femmes, n'utilisez pas l'humour pour les séduire et ne les approchez pas de trop près ;
- soyez rasé de très près comme les Indiens, habillé d'une chemisette et d'un pantalon à pinces ;
- n'utilisez pas de parfum, seulement du déodorant ;
- évitez toute violence verbale à l'extérieur même si parfois vous êtes énervé à juste titre. Vous serez toujours bien traité en Inde. Les Indiens sont profondément pacifiques, il faut absolument l'être aussi. L'Inde est un pays calme et même le vol est très rare.

Prenez garde à ne pas considérer l'Inde comme un réservoir de main-d'œuvre. Dites plutôt que la tendance peut s'inverser et que votre pays travaillera un jour peut être pour l'Inde en tant que sous-traitant, c'est le summum de ce qu'ils veulent entendre...

12.3 Une puissance en devenir

En 2007, la moitié des cinq cents plus grandes entreprises mondiales délocalisaient déjà une grande partie de leurs services en Inde. Microsoft a même installé son plus grand centre de recherche informatique à Hyderabad[71].

12.3.1 La diaspora indienne

Avec 20 millions d'Indiens, la diaspora indienne est la deuxième plus importante sur la planète après celle de la Chine qui concerne 34 millions de Chinois. Avec un revenu annuel estimé à 160 milliards de dollars soit 35 % du PNB de l'Inde, les expatriés indiens sont une source potentielle extrêmement importante d'investissements directs dans leur pays. Depuis 2003, l'Inde leur consacre une journée nationale, le *Pravasi Bharatiya Divas*. La diaspora indienne, contrairement à la diaspora chinoise est un véritable levier international politique pour le pays.

71 Source : *Reuters*.

12.3.2 La jeunesse aisée

Il y a une distinction très nette entre les générations issues d'un milieu social très aisé et le reste de la population. Les plus jeunes, qui ont souvent fait des études aux États-Unis ou en Angleterre et qui ont côtoyé des étudiants étrangers, se comportent comme eux en intégrant les règles d'un capitalisme plus sauvage que celui que nous connaissons. Ils libèrent les frontières du possible et ne se posent pas de question sur l'avenir qui leur semble très positif. Les anciens sont plus traditionalistes. Même s'ils pensent que le monde d'aujourd'hui est meilleur que dans le passé, ils ont beaucoup de mal à suivre cette jeune génération.

Les emplois se trouvent facilement mais il faut travailler beaucoup et la vie personnelle n'existe pratiquement pas puisque de nombreux Indiens travaillent chez eux le soir et même les week-ends. Le travail est très dur et le volume horaire important car les Indiens veulent gagner beaucoup d'argent pour être reconnus. D'un monde spirituel avec un temps cyclique, la jeune génération semble s'adapter à un monde matériel avec un temps linéaire.

12.3.3 Les modes et tendances de consommation

Le mouvement d'ouverture de l'économie indienne depuis 1991 a, d'une part favorisé l'émergence d'une classe moyenne aisée et d'autre part, créé un besoin de diversité des produits, ce qui devrait moderniser à terme les structures de distribution. De plus, l'entrée des médias dans les foyers grâce à la télévision par satellite, attire les consommateurs vers les produits de marque.

◆ De nouveaux modes de consommation

Les grands magasins multiproduits et multimarques sont nés de cette nouvelle donne pour des catégories de produits à forte implication comme les vêtements ou les cosmétiques. De véritables commerçants à l'américaine, de grand standing, prouvent l'évolution rapide, au moins dans les grandes villes, à la fois des modes de distribution et du goût des consommateurs aisés.

Les franchises ont également le vent en poupe et ce système a conquis un grand nombre de détaillants qui ont voulu saisir l'opportunité d'un commerce moderne et organisé.

L'Inde, avec 18 % de la population mondiale, forme le deuxième groupe de consommateurs potentiels du monde. Il faut cependant garder à l'esprit les caractéristiques de la population indienne pour apprécier la réalité du marché, qui reflète la diversité des revenus et des styles de vie. Soixante-dix pour cent de la population indienne vit encore dans les campagnes et n'a pas été touchée par ces nouveaux marchés.

La population la plus défavorisée (35 millions de ménages, soit environ 210 millions de personnes) concentre ses achats sur les biens de première nécessité et quelques biens de consommation. À l'opposé, la « upper class », est de taille relativement faible (un million de ménages, soit environ six millions de personnes) possède un pouvoir d'achat en forte croissance, particulièrement pour les produits de renommée internationale : voitures, cosmétiques, habillement.

◆ Les canaux de distribution

Avec cinq millions de petits magasins, soit un magasin pour 200 personnes, l'Inde est un marché extrêmement atomisé. Quatre-vingt-dix pour cent de la distribution sont entre les mains de petits détaillants qui ont une superficie inférieure à 50 mètres carrés.

Il s'agit d'une distribution très traditionnelle où chaque ménage va faire ses courses quotidiennement et où le crédit est presque automatique puisque l'épicier connaît tout le monde. Les modes de consommations n'ont pas évolué contrairement à l'Occident et presque la totalité de ses produits de détail se fait sans traçabilité comptable. La TVA varie d'un État à l'autre comme les taux des droits d'accise qui varient, en plus, de 1 à 10 selon le produit.

Tous les gros acteurs mondiaux du secteur, comme Wall Mart ou encore Carrefour, cherchent désespérément une porte d'entrée avec un concept qui pourrait attirer la clientèle indienne. En cherchant à attirer toute la famille indienne, du lave-vaisselle, aux vêtements, en passant par les jouets, un seul semble avoir percé réellement pur l'instant, M. Rakesh Biyani...

La vente par réunion à domicile semble fonctionner très bien en Inde car les Indiens entretiennent des liens étroits avec leur famille et leur entourage.

Enfin, n'oublions pas le marché parallèle constitué de produits importés depuis longtemps en Inde, de façon illicite.

Les produits viennent de Dubaï pour les régions du Sud et de Bangkok pour les régions du Nord. Ce marché concerne essentiellement les produits électroménagers, alimentaires et hi-fi... Grâce à l'absence de concurrence, certaines marques ont ainsi acquis une notoriété sans avoir procédé à un quelconque investissement dans un réseau de distribution.

12.4 Différences interculturelles avec le monde occidental

La relation repose sur la confiance qui se tisse petit à petit, beaucoup plus que sur la qualité d'une documentation technique ou celle d'une présentation PowerPoint. Les Indiens fonctionnent avant tout sur le relationnel, y compris avec leur supérieur hiérarchique (*cf.* figure 12.1). Ils ont un profond respect de l'autorité et ne contestent pratiquement jamais les ordres. Le dirigeant doit être paternaliste et ne pas se contenter de donner des ordres. Il est le garant d'un ordre social établi. Pour cela, il doit agir en maître des lieux et avoirs des gestes attentionnés envers ses collaborateurs. Dans bien des cas, il devra aussi sortir du cadre professionnel pour s'occuper de certains de leurs problèmes personnels et même assister à certaines fêtes familiales importantes.

Si l'ambiance de travail est bonne, de nombreux ouvriers indiens accepteront des salaires moindres pour ne pas quitter leurs supérieurs hiérarchiques. L'évolution des salaires à ce niveau est de l'ordre de 6 % annuel. En ce qui concerne le middle management, il est rattrapé par l'appât du gain et il a tendance à bouger de plus en plus. Les salaires évoluent de 15 à 25 % par an dans cette tranche de la population, avec des salaires identiques aux Occidentaux !

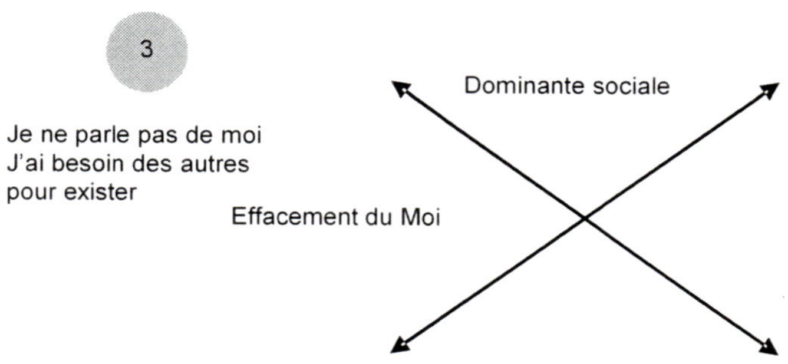

Figure 12.1 Profil social de l'Indien

Pour satisfaire le profil social 3, les interlocuteurs Indiens doivent comprendre en quoi votre projet va leur permettre une meilleure intégration sociale.

Les Indiens pensent d'abord au groupe et à l'entreprise avant de penser à eux. Si le projet est bénéfique à l'entreprise et leur permet de gagner, en plus, davantage d'estime de leurs collègues, il aura toutes les chances d'être retenu. S'il n'apporte rien de concret ou si les fonctions sont déjà en partie réalisées dans l'entreprise, il sera beaucoup plus difficile à faire accepter.

12.4.1 Alors « oui » c'est « non » et « non », c'est quoi ?

L'Inde fait partie des cultures où la communication est implicite et fait davantage appel au contexte pour communiquer les choses les plus importantes. Les comportements non verbaux prennent donc une plus grande signification, tandis que les modes d'expression verbaux sont sensiblement plus ambigus et inexacts.

Quand on communique avec un Indien, il a tendance à faire un signe de tête permanent en forme de huit horizontal que l'on traduit aisément par un « Non ». Or ce signe correspond finalement à un « Oui, je vous écoute et je vous ai compris » mais en aucun cas à la validation des propos évoqués. Ce signe de la tête caractéristique aux Indiens est très perturbant puisque tout au long de la conversation, notre cerveau voit quelque chose de négatif qu'il ne doit pas interpréter comme tel.

Ce n'est pas la bonne foi des Indiens qu'il faut remettre en cause dans ce comportement étrange, car les Indiens comme les Chinois, ne veulent pas se montrer impolis en répondant « Non » même s'ils savent pertinemment que la proposition est impossible à satisfaire.

Les Indiens parlent assez franchement et sont loin des managers chinois ou japonais qui cherchent avant tout à « sauver la face » et à créer des liens. Il est nécessaire de traiter ses interlocuteurs indiens d'égal à égal, pour créer un climat de confiance.

Si ce « Oui, c'est possible », ou « Oui, je vous ai compris », signifie en réalité « D'accord, mais je ne vous suivrais pas forcément », comment puis-je savoir quand la réponse est vraiment négative ?

De plus, si vous vous arrêtez au cours d'une conversation pour poser une question, ils seront surpris que vous les interpelliez soudainement, un peu comme s'ils étaient ailleurs et qu'il faille reprendre le fil de la conversation.

Le vrai « Non » catégorique indien est en fait assez rare et quand il est exprimé, il traduit un vrai rejet, un dégoût, et correspond parfois même à une injure et pour toutes ces raisons il est rarement exprimé. De nombreux Occidentaux se sont brûlé les ailes en croyant, à la sortie d'une réunion, que l'affaire était faite alors que leurs interlocuteurs leur montraient un refus depuis des heures.

Le « Non » catégorique s'exprime de deux manières : avec la tête exactement comme en France, (celle-ci ne décrivant plus un léger oscillement), ou avec la main droite, le bras tendu vers le bas et la main qui s'agite de droite à gauche. Si l'individu est debout, il aura, de plus, tendance à reculer de deux ou trois pas ou encore à partir.

Les phrases telles que « Je vais voir », ou « Je vais essayer », doivent obligatoirement vous interpeller. En creusant un peu grâce à différentes questions ciblées, vous devriez être capable de mieux cerner un « Oui » franc d'un « Oui non »...

12.4.2 Écueils à éviter

- Montrez-vous très respectueux des gens riches, des gens de pouvoir, des personnes âgées et particulièrement avec les supérieurs hiérarchiques en entreprise.
- Soyez humble surtout quand vous êtes jeune car les jeunes indiens n'ont pas beaucoup de pouvoir dans les entreprises et ne supporteraient pas qu'un jeune occidental joue à « Monsieur je sais tout ». Le respect se gagne avec l'âge sauf si le jeune est riche...
- Soyez professionnel : inutile de venir en Inde si vous ne parlez pas parfaitement l'Anglais. Ce serait un signe d'incompétence. Si ce n'est pas le cas, prenez un interprète.
- Sélectionnez les bons partenaires industriels : certaines informations communiquées peuvent être gonflées pour attirer des entreprises à forte notoriété.
- Ne rédigez pas le contrat trop rapidement : les choses peuvent bouger jusqu'au dernier moment et même après. Les contentieux sont extrêmement fréquents et les Indiens n'hésiteront pas à reprendre le contrat si nécessaire. Le contrat sera rédigé en une seule langue et en anglais, afin qu'il ne soit pas sujet à plusieurs interprétations.
- Enfin essayez de sympathiser à plusieurs niveaux (avec plusieurs contacts) pour amortir le turnover et ne pas tout perdre au cas où votre principal contact serait parti.

12.4.3 Seule la hiérarchie décide

Nous avons vu précédemment que la distance hiérarchique est très marquée en Inde. Pour faire avancer ses projets et pour les faire aboutir, il est essentiel de rencontrer les interlocuteurs au plus haut niveau hiérarchique. Si cette précaution n'est pas prise, les projets n'avanceront que très lentement car les personnes aptes à décider sont rares. Les assistants ne peuvent rencontrer que des assistants et ne seront pas disposés à décider à la place de leur chef.

Pour avancer, il faut rencontrer les responsables hiérarchiques et non les intermédiaires. Vérifier alors l'identité des interlocuteurs et la place qu'ils occupent au sein de la société. Attention aux Indiens qui ne savent pas dire « non » et qui, pour ne pas froisser leurs interlocuteurs, pourront les écouter pendant des heures sans jamais leur faire comprendre que la négociation devra être reprise avec quelqu'un d'autre.

◆ Comment dire bonjour

Même si le traditionnel accueil indien est le « Namaste », mains jointes à la hauteur de la poitrine avec une légère inclinaison de la tête et du haut du buste, les Occidentaux sont généralement accueillis par une poignée de mains. Cependant, si vous êtes une femme, ne prenez pas l'initiative de tendre la main à un homme.

Il faut toujours présenter sa carte de visite, d'une main, tournée dans le bon sens, mais il n'est pas nécessaire que celle-ci soit traduite. N'oubliez pas d'avoir sur vous un nombre suffisant de cartes et soyez flexible sur le déroulement temporel de la visite. Utilisez votre grade pour vous présenter : Docteur, professeur ou encore directeur. Ceux qui n'ont pas de titre utiliseront « Monsieur », « Messieurs » ou « Madame ». Ne pas appeler une personne par son prénom à moins d'y être invité car cette forme est généralement réservée aux proches confidents.

Privilégiez le contact amical et chaleureux sans pour autant avoir un comportement exagéré et mielleux, ce qui serait mal compris. Ne négligez pas cette première partie, parfois très longue et fastidieuse, qui n'aborde pas les objectifs de votre venue... Souvenez-vous toujours que les relations et les sentiments sont vitaux pour la réussite de votre futur partenariat.

Si un Indien vous propose du thé ou du café, acceptez. Refuser serait une insulte. Préparez-vous alors à boire beaucoup de thé au lait très sucré !

Dans les rendez-vous d'affaire, il est courant et normal de commencer la discussion par des *small talk* (petites discussions) sur des sujets autres que le *business*. Cela est considéré comme un moyen de construire des relations saines et de confiance.

Pour les réunions importantes ou officielles, vous serez probablement accueilli avec une guirlande de fleurs que l'on vous passera autour du cou.

Prévoyez du temps

Gardez en mémoire que les négociations commerciales peuvent se prolonger. En règle générale, plus l'affaire sera importante et plus la négociation sera longue. Ne soyez pas affecté si vous devez répéter plusieurs fois la même chose à différentes personnes au cours du rendez-vous. C'est plutôt bon signe... Il ne faut pas prévoir plus de deux visites par jour (une le matin vers 10 heures et une autre l'après midi vers 14 heures).

Pour les femmes : essayez de vous adapter à la façon de s'habiller à l'indienne pour ne pas choquer vos partenaires, ne vous découvrez pas trop... Les jupes courtes, les shorts, les décolletés sont déconseillés. Prévoyez des pantalons larges et des chemisiers à manches longues.

Une négociation est souvent scellée par un repas copieux. Les Indiens attachent beaucoup d'importance à ce moment de « détente » : *Serving a guest is like serving God.* Pensez à laisser un peu de nourriture dans votre assiette afin d'éviter d'offenser votre hôte... Une assiette vide laisserait suggérer que vous avez encore faim !

12.4.4 L'entreprise fonctionne sur un mode familial concentrique

Le fonctionnement de la plupart des entreprises indiennes repose sur un mode de gestion centralisé et familial. Même dans les *joint-ventures* à dimensions internationales, le dirigeant indien du groupe revendiquera la primauté de la dimension familiale dans le contrôle des différentes sociétés.

La concentration du pouvoir peut se schématiser par un ensemble de cercles concentriques. L'importance du poste est fonction du lien avec le dirigeant. On trouvera ainsi au centre, ses descendants ou ascendants directs, puis sa famille plus éloignée et enfin tous les autres liens communautaires comme la caste correspondante, la religion, les affinités politiques et les origines.

Les fonctions stratégiques de l'entreprise sont donc attribuées aux affinités proches et les niveaux de compétence et de connaissance importent peu sauf peut-être pour les postes de comptable qui sont souvent occupés par des hindous de hautes castes. Plus on s'éloigne du centre, plus les opportunités sont faibles.

Ce mode de fonctionnement fait que certains collaborateurs sont totalement inutiles dans la structure, mais ils y sont cependant intégrés pour conserver un certain équilibre social. *A contrario*, si la gouvernance a besoin de connaissances de haut niveau, elle viendra les intégrer dans l'organigramme par la création de postes parallèles mais toujours en forme de pyramide. Il n'y a pas d'organisation matricielle et chacun se réfère à son seul hiérarchique sans pouvoir s'adresser au N + 2.

En ce qui concerne les ouvriers, loin du centre de décision, les recrutements fonctionnent par cooptation de leur famille proche. Les femmes recrutées à ce niveau seront généralement hindoues et non musulmanes.

12.5 Mieux travailler ensemble

Les Indiens ont une culture implicite et de nombreux messages doivent être décryptés pendant la négociation. Ici aussi, avant de signer un contrat, vous devrez certainement échanger des informations qui ne seront pas toujours utiles mais cependant nécessaires au développement de la relation.

Les négociations avec les Indiens requièrent beaucoup de patience. Il faut prendre le temps de construire des relations avec son interlocuteur et de comprendre sa culture. En effet, il faut prendre son temps dans les négociations et ne pas dévoiler toutes ses cartes dès le début. Il est dans les usages de toujours refuser la première offre proposée. Comme nous l'avons vu précédemment, en raison de la hiérarchie rigide, un collaborateur ne pourra rencontrer qu'un autre collaborateur de même niveau. Un intermédiaire indien peut être d'une grande aide dans les négociations.

Il faut cependant faire attention à ne pas tout dévoiler et en particulier ne pas donner la date à laquelle on souhaite que le contrat aboutisse... Ils risqueraient d'attendre la fin du délai pour aborder les thèmes importants et vous mettre en position de faiblesse.

12.5.1 Les rendez-vous

Prenez garde aux dates des voyages d'affaire en Inde car il existe de nombreux jours fériés dont certains changent chaque année. Les fêtes de toutes les religions principales sont respectées : catholiques, musulmans, hindous, bouddhistes, jain et parsi. Ils fêtent aussi le jour de l'indépendance de la République et le « Jour de Gandhi ». Il est impératif de se renseigner avant tout départ car le plus souvent, les entreprises ne travaillent pas pendant les jours fériés. Chaque entreprise fixe elle-même le nombre de jours de « vacances » accordés. Malgré tout de nombreux cadres supérieurs restent disponibles pour les affaires même pendant les vacances (ils ont souvent du mal à comprendre pourquoi nous ne sommes pas joignables en vacances alors que ce sont des projets importants). Les vacances varient en fonction des régions et États du pays.

Tout d'abord, dans la phase d'établissement des contacts, il est conseillé de cibler les interlocuteurs indiens qui ont la plus haute position hiérarchique car ce sont généralement eux qui prennent les décisions. Néanmoins, il ne faut pas ignorer les autres. En effet, même si les cadres moyens ne prennent pas officiellement les décisions, ils ont de l'influence et peuvent être un bon relais entre l'émetteur et le destinataire. Si vous êtes le PDG, contactez le PDG, si vous faites partie de la direction contactez la direction. Cependant, ne descendez pas trop bas contrairement à ce qui se pratique en Occident, cela risque d'être une perte de temps.

Pour travailler avec des agents indiens, il faut entrer en contact avec des Indiens de la région ciblée et qui peuvent parler la langue régionale. Ils sont de précieux atouts car ils peuvent conseiller les entreprises sur les démarches administratives à suivre.

Dans le secteur privé, les rendez-vous se tiennent le plus souvent entre 10 heures et 16 heures, du lundi au vendredi. Les déjeuners ont lieu généralement entre 13 et 14 heures. Même si un rendez-vous a été pris, il est conseillé de le faire confirmer par courriel deux jours maximum auparavant.

Enfin, il faut également garder à l'esprit que les retards et déplacements de rendez-vous font partie intégrante des relations d'affaires avec l'Inde car les décisions reviennent aux hommes qui peuvent être pris par des responsabilités dans leur famille et leur communauté. Néanmoins, il est préférable d'être ponctuel lors des rendez-vous avec des Indiens même s'il vous faudra patienter quelques minutes. Dans le cas où le rendez-vous a lieu dans un endroit neutre, il est probable que le pair indien se fasse attendre.

◆ Sur le lieu de travail

Si en France, on aime plaisanter et raconter des blagues lors des pauses avec ses collègues, il n'en va pas de même en Inde. Le plus souvent, les Indiens ne sont pas habitués à l'humour sur le lieu de travail.

D'un point de vue culturel, les femmes sont traitées avec respect sur le lieu de travail. Elles se sentent en sécurité dans la plupart des entreprises. Les Indiens que vous rencontrerez auront généralement une très bonne éducation.

Il est important de laisser une trace écrite de ses instructions ou demandes. De cette manière personne ne pourra nier en avoir été informé. Les plaintes, les demandes et les décisions de tout type doivent être remises par écrit.

Le style dans la correspondance est très protocolaire et indirect. Très souvent, la raison exacte de la lettre n'apparaît qu'à la fin de la première page.

◆ Le restaurant en Inde

La nourriture est très épicée surtout dans le sud, demandez à ce que votre plat ne soit pas épicé ! Si vos hôtes mangent avec leurs doigts de la main droite, faites de même. Ils apprécieront l'effort que vous faites pour découvrir leur culture. Observez les Indiens et faites comme eux. Le repas en Inde est fait pour se nourrir (les plats parviennent rapidement, sans ordre, les lieux sont bruyants...) cherchez aussi à être rapide et à manger vite. Il faut surtout éviter de se servir de sa main gauche pour tout acte pouvant avoir une symbolique (manger, donner, rencontrer...). La main gauche est « sale », elle sert à s'essuyer après avoir été aux toilettes. Même un mendiant refusera votre don ou vous demandera de changer de main si vous lui donnez quelques roupies de la main gauche.

12.5.2 Négocier en Inde

Tout d'abord, pour être performant en Inde, il faut savoir masquer tous ses sentiments par un sourire. La négociation se déroule généralement avec des personnes de haut rang hiérarchique qui ont l'habitude d'avoir, dans la société indienne, à peu près tout ce qu'elles souhaitent. Si votre opposition est rude et brutale, elles risquent d'être froissées d'où l'intérêt de se comporter toujours de façon calme et posée. Il faut être amical, sincère et respectueux sans être trop « lourd » dans ses propos et son comportement car ils vous observent toujours avec une perspective à long terme.

Tous les Indiens vouent un grand respect aux diplômes et aux rangs hiérarchiques et seules les personnes les mieux placées parleront. La coutume est de refuser la première offre et d'accepter la deuxième ou la troisième. Refuser l'ensemble des propositions serait perçu comme une insulte.

Tous se négocie et dans tous les sens. Impossible n'est pas donc pas Indien... Ils pensent qu'ils vous « auront à l'usure » ou à force de vous faire répéter, alors soyez prêt. Ne lâchez prise que progressivement et toujours avec une contrepartie, soyez souple, tout en étant rigide.

Gardez aussi deux poires pour la soif :

- Une dans le cas où votre contrat doit passer dans les mains d'un autre supérieur. Celui-ci demandera quelque chose pour justifier son utilité dans la négociation du projet.
- Une autre le jour même de la signature du contrat, où jusqu'au bout, vos futurs partenaires chercheront à gagner des roupies supplémentaires. Vous venez d'un pays riche, pas eux...

En ce qui concerne l'appât du gain et compte tenu de la considération spatiale du temps, les gains doivent se faire tout de suite. Parler de gains à long terme ou encore de sécurité d'investissement ne veut pas dire grand-chose pour des Indiens qui connaissent une croissance fulgurante de leur pays depuis seulement 1991.

Soyez positif sur tout. Ne pas parler de misère, de corruption, de la concurrence en Chine ou encore du Pakistan.

Et enfin, attention à ne pas arriver en terrain conquis. Les entreprises du monde entier viennent en Inde et il y a fort à parier que d'autres étaient à votre place hier et que d'autres le seront peut-être demain. Ils n'ont pas forcément besoin de vous pour avancer.

Une poignée de mains à la fin de la négociation est un signe d'accord tacite. Le contrat est légalement formé seulement lorsqu'il est écrit et signé. Dans de nombreux cas et sur les premières transactions, le paiement à la commande est accepté. Vérifiez soigneusement à chaque fois les montants inscrits.

12.6 Les perceptions croisées

Il est important de bien comprendre le fonctionnement des Indiens dans leur façon de percevoir les autres cultures. L'intérêt de cerner cette perception est de pouvoir les surprendre, en faisant par des actes conformes à leurs attentes dans le milieu professionnel et non à leur vision de la culture en question. L'objectif est donc de leur faire vivre une expérience qui déclenchera, à coup sûr, une collaboration fructueuse et sincère.

Pour cela, reportez-vous directement à la perception de la culture qui vous concerne puis passez à la conclusion de ce chapitre ou au chapitre suivant.

◆ La France...

Les échanges commerciaux avec la France se montent à 7,5 milliards d'euros[72]. La France a exporté pour 3 milliards d'euros avec une baisse de 5 % par rapport à 2011. Ce sont surtout les programmes aéronautiques signés pour 10 ans, qui arrivent en fin de vie aujourd'hui et qui font baisser le volume global. La France importe pour plus d'un milliard d'euros de textile. Plus de 400 filiales françaises sont implantées dans ce pays et emploient 100 000 personnes. En ce qui concerne les produits de luxe, les barrières douanières, bien qu'en baisse, sont encore de 40 à 400 % et limitent donc fortement la croissance française sur ce marché...

◆ ... et les Français

À vrai dire, la France est inconnue en Inde. Il est impossible, pour un Indien de classe moyenne, de situer la France sur une carte. Il est vrai aussi qu'un Européen qui visite l'Inde veut voir le Taj Mahal, alors qu'un Indien qui visite l'Europe veut voir Trafalgar Square...

Et pour ceux qui connaissent la France, ils se souviennent surtout de la tentative de désamiantage du porte-avion Clémenceau. La propagande, lancée initialement par Greenpeace sur place, avait parfaitement fonctionné puisque sur les 500 bateaux de toutes origines arrivés en Inde cette année-là (en 2005) pour y être démantelés, un seul avait été préparé et en partie désamianté : le Clémenceau !

Les points appréciés par les Indiens sont :

- D'une manière générale, la France est bien perçue dans les milieux riches et cultivés, c'est-à-dire quelques dizaines de milliers de personnes. Mais cela tient à très peu de chose : quelques marques de luxes et de Champagne.

72 Étude 02/2012 du service économique de New Delhi.

Les points de différence sont :

- Les Indiens ne connaissent rien de notre savoir-faire et n'ont pas d'*a priori*. Il est cependant très difficile de les séduire par notre technologie car ils pensent déjà être en avance sur de nombreux points. Ce n'est qu'avec des démonstrations percutantes ou encore avec une technologie très avancée qu'ils seront à l'écoute.

Dans une collaboration franco-indienne

Dans une collaboration informatique, il est important de tout écrire même les moindres petites lignes de programme. Il faut s'accorder sur les temps de développement en sachant que les délais seront difficiles à tenir. Les Indiens pensent que les Français sont des personnes directes et qu'ils n'ont pas peur de poser des questions « interdites ». Ils sont aussi surpris que de l'attention des Français portée à chaque mot du contrat. Ils auront tendance à faire de même par la suite. Attention aussi à toujours garder un contact dans votre entreprise pour suivre les dossiers. Si ce n'est pas le cas et que vous vous absentez huit jours, le projet sera reporté d'autant, faute de ne pas avoir pu répondre à leurs questions pendant votre absence.

◆ Le Japon…

En 2011, les échanges entre l'Inde et le Japon se sont élevés à 11 milliards d'euros. Ce montant est relativement faible compte tenu de la puissance japonaise et de la demande indienne, surtout pour satisfaire ses activités de service[73].

Même si c'est sur le plan économique que les projets se précisent le plus, le resserrement des liens politiques entre les deux pays présente un intérêt stratégique puisqu'ils souhaitent obtenir un siège permanent au Conseil de Sécurité de l'ONU. De plus, le Japon étant à la pointe des technologies du nucléaire, il souhaite apporter son soutien permanent au sein du groupe des pays fournisseurs en jouant un rôle important sur ce marché.

◆ … et les Japonais

Les Indiens reconnaissent sans concession que le Japon est le pays le plus développé du continent asiatique. Ils n'ont aucune animosité envers eux et ils les perçoivent plutôt comme un modèle économique à reproduire

73 Source Economic Times

dans leur pays. Les Japonais sont très protocolaires et ne veulent jamais perdre la face, chose apparemment très importante pour eux mais difficile à comprendre pour les Indiens. Les salutations sont complexes et suivent un rituel rigoureux, beaucoup plus que le Namasté indien. Dans les grandes réunions, il faut même attendre de se faire présenter par une tierce personne car cela peut être perçu comme impoli de se présenter soi-même. Et enfin, les Japonais sont conscients qu'il est très difficile pour des Indiens de faire des affaires dans leur pays, compte tenu d'une image de qualité de leurs produits très moyenne.

Les points appréciés par les Indiens sont :

- Les Japonais sont très respectueux de leur hiérarchie.
- Ils réfléchissent beaucoup et sont capables de faire de la très haute technologie électronique (notamment avec la société Sony qui est une marque à forte notoriété en Inde).
- Ce sont des gens agréables à fréquenter mais très longs à connaître.

Les points de différence sont :

- Qu'ils ont des codes ancestraux très difficiles à comprendre pour travailler avec eux,
- Ils sont trop rigides dans la gestion de projet.
- Ils n'écoutent pas beaucoup les propositions indiennes se croyant souvent beaucoup plus forts.
- Ils ne sont pas très fréquentables le soir après avoir bu du Saké.

Dans une collaboration indo-japonaise

(Voir aussi la perception indienne dans le chapitre consacré au Japon.)

Pour mieux travailler avec des Japonais, il faut leur montrer toutes les certifications qualités possibles. Il faut faire participer les techniciens indiens pour montrer leurs niveaux de compétences et de connaissances afin de les rassurer. Les Japonais préfèrent des accords assez larges afin que lorsque des problèmes surgissent, ils puissent être gérés avec souplesse. Les Japonais octroient rarement de concessions et ils attendent souvent un long moment avant de s'engager. Il leur arrive parfois de fermer les yeux quand ils veulent écouter attentivement et déstabiliser la partie adverse.

◆ La Chine...

Les relations économiques entre l'Inde et la Chine deviennent de plus en plus importantes. En 2011, les échanges se sont élevés à 52 milliards d'euros avec 38 milliards pour les importations et 13 milliards pour les exportations. Aujourd'hui, les industriels et les économistes indiens sont inquiets de la forte progression des importations chinoises. Leur pays devient peu à peu déficitaire et de nombreux Indiens pensent que la Chine utilise l'OMC comme levier de croissance sans pour autant en respecter les règles. Cette remarque est d'autant plus surprenante de la part des Indiens, puisque"en ce qui concerne le respect des règles de marché, 90 % de leur marché de détail n'est pas soumis à TVA, que leur marché industriel est en partie corrompu et que le revenu par habitant est trois fois inférieur à celui d'un Chinois...

Les exportations chinoises vers l'Inde concernent surtout le domaine électronique et des biens de consommation grand public. La demande des classes moyennes indiennes est de plus en plus importante. Quant à la Chine, elle se limite essentiellement à des produits sidérurgiques.

◆ ... et les Chinois

L'Inde et la Chine sont aujourd'hui deux puissances économiques en forte expansion, ce qui génère une sorte de compétition au sein du continent asiatique. Mêmes si ces deux nations ne représentent respectivement que 4 et 15 % du commerce mondial, il se trame une relation complexe de deux géants qui s'observent et se comparent en permanence.

Leurs valeurs historiques et religieuses différentes ont été naguère été source de conflits. Aujourd'hui, viennent s'ajouter deux nouvelles dimensions : celle du développement économique et celle des relations internationales qui y sont liées. Les signes très positifs envoyés en Inde par les États-Unis ne sont pas sans agacer les Chinois. Même si l'Inde ne souhaite pas se laisser instrumentaliser par les Américains pour contrebalancer la puissance chinoise en Asie, elle a aussi besoin de sa technologie pour évoluer et même combler une partie du retard pris dans les années quatre-vingts.

Les deux pays ne travaillent cependant pas sur les mêmes produits et chacun semble avoir trouvé une façon de s'accorder sur la manière de partager le gâteau économique mondial. En devenant ainsi le Bureau du Monde pour l'Inde et l'Atelier du monde pour la Chine, ces deux pays ont su se construire une complémentarité économique extrêmement puissante.

Les points appréciés par les Indiens sont :

- Les Chinois sont de gros travailleurs et ils n'hésitent pas à faire beaucoup d'heures pour s'en sortir.
- Ils sont ordonnés et savent bien classer les priorités.
- Ils vont vite dans tous les projets. La reconstruction de leur pays est impressionnante à cet égard.
- Et enfin, ils savent lier des relations à l'international et sont un bon exemple à observer.

Les points de différence sont :

- Les Chinois n'apprécient apparemment pas les Indiens et ces derniers ne comprennent pas pourquoi.
- Ils ne prennent pas au sérieux le développement économique indien.
- Ils parlent fort entre eux et dans la rue. Cela traduit un certain manque de savoir-vivre.
- Ils sont irrespectueux de la Nature.
- Ils basent tout sur l'argent et oublient la valeur humaine.

Dans une collaboration sino-indienne

Les Chinois ont plus de difficulté à travailler avec les Indiens que l'inverse. Même s'ils possèdent tous les deux une façon de communiquer implicite et une notion spatiale du temps, les Chinois sont beaucoup moins souples dans la négociation que les Indiens. Cependant, une fois engagés, les Chinois auront plus tendance à suivre les projets que les Indiens. En conséquence, si les Indiens ont du mal, en amont, à obtenir l'aval des Chinois dans le lancement des projets, ce sont les Chinois en aval, qui auront des difficultés à les terminer compte tenu de la déroute indienne.

Contrairement à ce que les Occidentaux croient, le taux d'échec dans les collaborations indiennes est supérieur à celui des collaborations chinoises et il est plus facile de travailler avec des Chinois que des Indiens...

Les États-Unis...

La balance commerciale retraçant les échanges entre les États-Unis et l'Inde en 2011 est fortement majoritaire puisque le montant des exportations vers les États-Unis est de 36 milliards d'euros contre 22 milliards pour les importations, soit un excédent de 14 milliards[74]. L'Inde considère les États-Unis comme la vitrine économique à suivre et les relations sont excellentes.

Les échanges sont surtout basés sur le service avec beaucoup de sous-traitance informatique : les *call-centers*, les supports après-vente...

◆ ... et les Américains

L'Amérique est un modèle de réussite dans la mentalité indienne. Une grande partie de la population indienne aimerait vivre de la même manière qu'eux si leurs moyens le leur permettaient. Tous les investissements américains dans leur pays sont les bienvenus et le fait que G.W. Bush soit venu chez eux pour engager un programme de développement nucléaire civil commun, a encore renforcé cette image.

Le rêve de nombreux étudiants est de partir un jour préparer un MBA dans une école américaine prestigieuse et de revenir exercer ensuite dans une importante société en Inde. Dans le domaine culturel, la reproduction du système Hollywoodien à Mumbai (Bombay) n'a pas échappé à l'appellation « Bollywood ». L'Inde a une certaine admiration pour l'industrie cinématographique américaine et a la volonté de reproduire non pas ses mises en scène mais ses trucages.

Les points appréciés par les Indiens sont :

- Les Américains sont des grands conquérants et ils n'ont peur de rien.
- Ils sont très riches et possèdent jusqu'à trois voitures par famille.
- Ils inventent des produits de haute technologie.

Les points de différence sont :

- Les Américains sont directs et ils n'aiment pas tourner « autour du pot ».
- Ils n'ont pas la finesse nécessaire pour comprendre la nécessaire juste distance de respect de certains individus importants comme les supérieurs hiérarchiques, les Brahmanes ou encore les personnalités respectables d'une grande famille reconnue.
- Ils parlent tout le temps d'argent et ils considèrent les Indiens uniquement comme de la sous-traitance et non de la matière grise. Combien ça coûte, combien ça rapporte ?

74 Source : Gouvernement des États-Unis.

⮱ Dans une collaboration américano-indienne

(Voir aussi la perception indienne dans le chapitre consacré aux États-Unis.)

Les Américains sont aux antipodes des Indiens dans leur approche projet. Ils attendent des explications claires et abondantes sur tous les éléments. Ils visent l'objectif et ont besoin d'un discours direct et tranché sur ce qui peut l'être dès le début de la relation alors que les Indiens souhaitent mieux les connaître et les apprécier en prenant leur temps. Boire du thé en discutant n'est pas vraiment leur façon de faire, les Américains arrivent et repartent toujours trop vite.

◆ L'Allemagne...

En 2011, les échanges commerciaux entre l'Inde et l'Allemagne se sont élevés à plus de 20 milliards d'euros soit 30 % de plus que l'année précédente. L'inde a exporté pour 8 milliards contre 12 milliards d'importation[75]. Même si l'Allemagne se tourne davantage vers la Chine pour vendre ses machines outils, l'Inde est un excellent partenaire dans toutes les activités de service.

◆ ... et les Allemands

Il existe une forte coopération germano-indienne avec six instituts allemands (instituts Max, Mueller, Bhavan...) chargés d'enseigner l'allemand dans les principales villes d'Inde. Chaque année 9 000 personnes participent à ces cours, preuve de la bonne appréciation et de l'intérêt que les Indiens portent aux Allemands. Les développements scientifiques et techniques sont de plus en plus importants et les Indiens apprécient que, dans tous les échanges, les attentes soient extrêmement détaillées de la part des Allemands. Il y a rarement plusieurs interprétations possibles sur les sujets, ce qui évite toute friction. Leurs machines sont excellentes mais encore beaucoup trop chères aujourd'hui pour l'Inde.

Les points appréciés par les Indiens sont :

- Les Allemands sont très fiables.
- Ils disent généralement ce qu'ils veulent de façon claire et détaillée.
- Ils n'hésitent pas et ne reviennent pas en arrière sur les projets.

75 Source : statistisches Bundesamt 2011.

Les points de différences sont :

- Les Allemands ne sont pas intéressés par les individus mais uniquement par les diplômes et leurs spécialités. Ils travaillent d'ailleurs tous dans des bureaux fermés.
- Ils ont souvent des manières très directes de parler aux autres et c'est un manque de respect.
- Ils ne prennent pas suffisamment de temps dans les relations pour échanger.
- Ils s'intéressent plus à la notoriété de l'entreprise avec laquelle ils souhaitent travailler qu'à ses hommes.
- Les femmes allemandes s'habillent de façon triste et certaines ressemblent à des garçons...

Dans une collaboration germano-indienne

Les Allemands sont toujours pressés d'arriver au but avant même d'avoir commencé. Il est important de prendre un peu plus de temps pour mieux se connaître et se comprendre. La rigueur est un élément apprécié par les Indiens sauf dans les contrats où les Allemands manquent vraiment de souplesse pour avancer. Ils sont aussi surpris de voir aussi peu de personnes dans une négociation alors que les projets sont de grande ampleur.

Le Royaume Uni...

Les échanges entre les deux pays ont été de 15 milliards d'euros en 2011. Mais la part des importations britanniques chute depuis la libéralisation économique de 1991 passant ainsi de 14 à 2,5 %. Les exportations vers le Royaume-Uni se sont chiffrées à 8 milliards d'euros alors que les importations s'élèvent à 7 milliards. Plus de 500 sociétés indiennes ont une filiale au Royaume-Uni et 24 d'entre-elles sont cotées à la Bourse de Londres[76].

... et les Britanniques

Les Britanniques sont généralement perçus comme des personnes assez snobs avec des manières très particulières de porter le chapeau melon et la canne. Ce sont des individus très fiers de leur pays et de leur reine. Le Royaume-Uni est un pays très propre et très ordonné mais triste parce qu'il pleut tout le temps.

76 Source : DTI Economics & Statistics Directorate, UK.

Bien qu'il existe des traces de la colonie britannique, comme la justice fondée sur un principe de *common law* (loi commune bâtie essentiellement sur le droit jurisprudentiel et non pas sur le droit civil ou codifié), ou encore le cricket dont les champions sont considérés comme de véritables héros, les Indiens n'ont rien de commun avec la pensée britannique. Le fort manque de perméabilité culturelle entre ces deux pays pendant la colonisation a empêché de réels échanges.

Même si la langue anglaise est aujourd'hui la langue économique commune et si la diaspora indienne basée en Angleterre est importante, les Indiens n'apprécient pas plus aujourd'hui les Anglais que les Américains ou encore les Allemands. Cependant l'Angleterre est souvent considérée, pour l'Indien qui veut prendre un poste à forte responsabilité dans son pays, comme le tremplin de formation intermédiaire s'il n'a pas les moyens de partir se former aux États-Unis. Aussi curieux que cela puisse paraître, l'Inde compte de nombreux grands écrivains de langue anglaise.

Les points appréciés par les Indiens sont :

- Les Britanniques ne se sentent plus au-dessus des Indiens et ils viennent collaborer dans des projets de recherche et de développement.
- Ils sont patients et polis. Ils font attention à ne pas offusquer les Indiens par leurs propos et savent toujours garder la bonne distance dans les relations.
- Ils sont même parfois réservés et il n'est pas facile de savoir ce qui les retient dans l'avancement d'un projet.
- Et enfin, ils sont souples d'esprit et s'adaptent facilement à des modifications inattendues.

Les points de différence sont :

- Les Britanniques sont lents.
- Ils n'osent pas s'engager avec les Indiens et ils réfléchissent trop à des sujets qui ne le méritent pas.
- Ils veulent tout écrire car ils ne font pas confiance.

Dans une collaboration britannique et indienne

(Voir aussi la perception indienne dans le chapitre consacré au Royaume-Uni.)

Les Britanniques font encore trop de manière dans leur façon de faire. Ils n'arrivent pas à être simples afin d'entretenir de vraies relations. Même s'il semble qu'il y ait une considération d'égal à égal, les Britanniques doivent être plus transparents et donner plus d'informations dans leurs échanges.

◆ La Russie...

En 2011, le montant des échanges entre la Russie et l'Inde s'élevait à 13 milliards d'euros[77].

Le prix des hydrocarbures place la Russie en position de force mais cette dernière a besoin de l'Inde pour développer sa technologie informatique. Le montant total des échanges devrait atteindre les 17 milliards d'euros d'ici à 2015. Les produits principaux à l'export vers la Russie sont le textile, les pierres précieuses, les biens et les services technologiques ainsi que les produits chimiques. Quant aux importations, il s'agit surtout de pétrole et de machines outils.

◆ ... et les Russes

Les Indiens respectent fortement la population russe et il existe un soutien mutuel entre les deux nations malgré les quelques phrases d'irritation prononcées par l'Inde au sujet du rôle positif des États-Unis dans le monde.

Les Russes fonctionnent avec un réseau de connaissances pour développer leurs activités. Le terme souvent employé est *Svyasi* qui signifie connaître des gens haut placé pour faciliter le commerce. Certains dignitaires Russes et Indiens se connaissent d'ailleurs très bien pour signer régulièrement des accords militaires.

Les points appréciés par les Indiens sont :

- Les Russes prennent leur temps dans les rencontres et les négociations, – ils n'aiment pas être mis sous pression pour signer. Ils veulent toujours conserver le pouvoir jusqu'au bout.
- Ils aiment négocier avec des personnes du même rang au sein de l'entreprise et il est assez facile de communiquer avec eux. À ce titre, les Indiens ont une perception claire de leur fonctionnement hiérarchique.

Les points de différence sont :

- Les Russes sont trop pointilleux sur les détails des contrats.
- Ils boivent beaucoup et peuvent être parfois dangereux.
- Ils sont brutaux dans leur façon de faire.

77 *Source* : Federal Customs Service of Russia.

Dans une collaboration russo-indienne

(Voir aussi la perception indienne dans le chapitre consacré à la Russie.)

Quand les Indiens rencontrent leurs interlocuteurs pour la première fois, il vaut mieux faire montrer un excès de formalisme envers les Russes que pas assez. La sincérité est un élément crucial afin de construire une relation de confiance avec eux, et la sincérité permet *in fine* de construire une relation durable. La clé pour savoir si la relation est sincère et aboutie, c'est de demander une faveur aux Russes...

Les Russes associent compromis avec faiblesse et vont continuer à demander des concessions jusqu'à la signature du contrat. Afin d'être en mesure de répondre immédiatement aux obstacles posés, il est important que les techniciens et les financiers liés au projet engagent des actions correctives immédiates. Mais la signature finale ne se fera pas sans concession. Les Russes utilisent le temps (considéré comme linéaire dans leur culture) pour jouer en leur faveur surtout s'ils savent que vous avez une date limite.

Et enfin, rien n'est acquis tant que le contrat n'est pas signé...

12.7 Namasté en France

En Inde, les nouvelles idées, les propositions faites pour un partenariat ne seront acceptées que si elles ne contredisent pas la religion, les croyances et les structures sociales (souvent les castes jouent un rôle non négligeable dans les milieux d'affaires).

Vous ne devez en aucun cas négliger les relations personnelles et les sentiments de votre partenaire. C'est en grande partie sur cela que se basera la réussite de votre négociation en France et en Inde. Il n'est pas rare que les compétences et les expériences professionnelles passent après les relations interpersonnelles. Les Indiens se basent en effet sur leurs sentiments par rapport à votre personnalité pour vous accorder ou non leur confiance et la visite en France est fondamentale pour le succès de l'opération.

Si vous arrivez à développer une relation amicale, vous serez en très bonne voie pour conclure le contrat.

12.7.1 Construisez un planning pour qu'ils ne soient pas seuls le soir

Il est souvent regrettable de constater qu'après 18 ou 19 heures tous les employés « se sauvent » dans leur foyer. De nombreux cadres rentrent chez eux et les Indiens se retrouvent face à eux-mêmes avec une vague indication de ce qu'il faut faire ou ne pas faire aux alentours de l'entreprise ou de l'hôtel dans lequel ils sont logés.

Or les Indiens ont une culture collectiviste et s'attendent donc à vivre en en communauté même le soir. Alors que l'investissement financier et humain global est souvent conséquent pour les accueillir, il peut être ruiné par la suite par un comportement de ce type. L'interprétation de cette solitude forcée est assez souvent mal comprise et traduit parfois même une certaine forme d'irrespect. Il est donc du responsable de l'organisation de cette rencontre de tout mettre en œuvre pour que leur perception soit positive.

◆ La préparation

Envoyez l'adresse de l'hôtel pour leur montrer où ils seront logés et arrangez-vous pour qu'ils soient pris en charge dès l'arrivée à l'aéroport. Les différents allers-retours entre l'hôtel et l'entreprise se feront en taxi et seront gérés par vos soins. L'hôtel doit être de qualité correct mais pas forcément de très haut standing, comme il se devrait, avec des Chinois ou encore des Japonais.

Organiser les badges et tous les papiers administratifs s'il y en a.

◆ Pendant le séjour

Vous aurez construit au préalable un planning extraprofessionnel pour les accompagner au cours des différents déjeuners, soirées et même week-ends si nécessaire. Vous n'êtes pas obligé d'aller constamment avec eux mais attention à que les grades hiérarchiques ne soient pas trop déséquilibrés.

Il pourra être pris à la cafétéria de l'entreprise. Si vous connaissez un restaurant indien à proximité, il est souvent judicieux de les emmener (tout du moins la première journée).

La visite de l'entreprise doit se faire au plus tôt car les Indiens sont curieux et cherchent à comprendre la relation partenaire. Ils aiment aussi voir des vidéos sur les produits et l'entreprise.

Le soir, réservez une table dans un lieu chaleureux et calme car les Indiens ne parlent pas fort entre eux. Attention à ne pas être trop familier et n'employez pas d'humour.

Le dîner doit se terminer au plus tard à 22 heures.

◆ Les week-ends

Il en est de même pour les week-ends. Vous aurez construit au préalable pour les accompagner au cours des deux différentes journées.

C'est au responsable de cette rencontre franco-indienne ou au manager à qui reviendra sûrement « l'honneur » de les avoir avec lui une bonne partie du week-end, de faire du tourisme ou toutes autres activités.

Faites le guide, emmenez-les visiter des sites touristiques ou des monuments.

◆ Après le séjour

Envoyez toujours un courriel pour les remercier de leur visite et gardez un contact téléphonique régulier.

12.7.2 La réunion en France

En plus des indications vues pour des réunions qui se déroulent en Inde, en voici quelques autres pour des réunions organisées dans votre entreprise :

- La salle de réunion doit être bien rangée et propre. Vérifiez la température de la salle pour qu'elle soit légèrement plus chaude que d'habitude car il fait souvent chaud en Inde (autour de 23 °C). Faites préparer du thé et du lait ainsi que des gâteaux secs plutôt que des viennoiseries.
- Vérifiez le nombre de documentations afin d'en avoir en quantité suffisante.
- Présentez tous les participants afin que les Indiens repèrent leurs homologues.
- Transmettez tous les numéros de téléphone utiles (en plus de ceux transmis à travers l'échange des cartes de visite).

Ajuster les tensions : il ne faut pas entrer immédiatement dans le sujet mais plutôt parler de différentes choses dans le but de détendre l'atmosphère à l'identique d'une réunion en Inde. Prendre le thé tranquillement en s'intéressant à eux : « Le voyage a-t-il été bon ? Comment est l'hôtel ?

La sortie d'hier soir était-elle intéressante ? » Racontez une anecdote sur l'historique de l'entreprise, etc.

Proposez un ordre du jour sans aller trop loin dans les objectifs. Détaillez la première phase et dites que vous verrez ensuite ce qu'il faut faire en fonction de l'état d'avancement des projets.

Abordez d'abord les points principaux et préparez-vous à déborder sur les horaires. Ne soyez pas surpris s'ils ne sont pas toujours attentifs ou s'ils s'absentent régulièrement de la salle (cela n'a rien à voir avec la qualité de votre prestation).

12.7.3 Comment accueillir un Indien dans un restaurant ?

Choisissez plutôt un restaurant indien car les Indiens ne sont pas forcément curieux de la cuisine française.

Les heures idéales sont les suivantes :

- déjeuner : 13 heures ;
- dîner : 19 heures.

Avant de commander une bouteille de vin, demandez-leur s'ils en boivent car beaucoup d'Indiens ne boivent pas d'alcool.

Le repas est souvent réduit à un plat principal copieux. Le thé ou le café viennent finir le repas.

À la fin du repas, qui aura duré 1 heure 30 au maximum, il est évident que c'est à vous de payer la note.

◆ En conclusion

L'Inde est un pays très hétérogène, que ce soit au niveau de la culture, de la richesse économique et de la géographie. Pour autant cette diversification est loin d'être un obstacle pour les investisseurs étrangers et la conduite d'affaires internationales. L'Inde est passée d'un état quasi insolvable il y a plusieurs années, à une position économique stratégique aujourd'hui. Les réformes menées et l'ouverture sur le monde ont abouti à une stabilité intérieure fondamentale.

Contrairement à la Chine où les partenariats ont connu beaucoup d'aléas pour les entreprises internationales, à tel point qu'il est souvent plus sûr de monter une structure 100 % étrangère, il n'en est pas de même en Inde. Le socle de la réussite de votre projet en Inde sera bel et bien la qualité du partenariat que vous aurez créée.

13
Do you speak english ?
Le Royaume-Uni

Si les Anglais peuvent survivre à leur cuisine, ils peuvent survivre à tout...

George Bernard Shaw

Les Anglais ont été des navigateurs et des colonisateurs hors pairs. S'implantant un peu partout dans le monde, surtout en Amérique du nord qui deviendra la base du commerce mondial, la langue anglaise devient rapidement la langue des affaires.

L'histoire conquérante des Britanniques fait qu'ils ont longtemps refusé d'entrer dans une forme de communauté européenne. Cependant, avec l'évolution économique, l'indépendance de l'Inde qui met fait à la grandeur du Commonwealth et surtout après la crise de 1956 avec les États-Unis sur le canal de Suez[78], les Britanniques prennent conscience de leur isolement. La complémentarité de l'économie anglaise avec son ancien empire s'estompe et les Britanniques se rapprochent alors de l'Europe à petits pas.

13.1 Lords et conservatisme

Fondé en 1801, le Royaume-Uni est un État indépendant de l'Europe du Nord. Il est composé de la Grande-Bretagne avec l'Angleterre, l'Écosse, le Pays de Galles et l'Irlande du Nord. Le Royaume-Uni fait partie de l'Union

78 Pour éviter un conflit mondial, les États-Unis exigent le retrait des forces françaises et anglaises tout en lançant une attaque monétaire sur la livre sterling. Cette intervention créera une scission dans les relations américano-britanniques.

européenne depuis 1973. Attention à ne pas confondre le Royaume-Uni avec l'Angleterre, qui est l'un des pays qui le constitue.

Aventuriers et navigateurs exceptionnels, les Anglais ont installé de nombreuses colonies à travers le monde. Le commerce avec l'Inde, Hong Kong, la Namibie, le Zimbabwe et les États de la côte Est de l'Amérique leur a permis de devenir rapidement prospères.

Depuis le IXe siècle, les royaumes d'Angleterre et d'Écosse ont cohabité en tant que nations souveraines et de façon indépendantes. Ils avaient chacun leurs propres monarques et des structures politiques distinctes. En 1707, à travers l'« Acte d'Union », l'Angleterre, avec le Pays de Galles et l'Écosse s'accordèrent sur une union politique sous la forme d'un Royaume-Uni de Grande-Bretagne. En 1801, les parlements anglais et irlandais fusionnèrent pour créer le Royaume-Uni de Grande-Bretagne et d'Irlande. Plus tard, en 1922, l'île d'Irlande se sépare en deux et six des neuf comtés d'Ulster restent attachés au Royaume-Uni. En 1927, l'appellation exacte est Royaume-Uni de Grande Bretagne et d'Irlande du Nord.

La seconde guerre mondiale fait beaucoup de dégâts, autant humains que financiers, mais la reconstruction est facilitée avec l'aide des États-Unis et du Canada. Dès 1946, la Grande-Bretagne met en place les premières allocations familiales, l'assurance retraite, l'assurance chômage, les congés maladies, et créé le National Health Service (service de santé publique garantissant la gratuité des soins pour tous). Par une intervention importante de l'État, le pays connaît le plein-emploi et la prospérité.

Après une période de stagnation économique durant les années soixante-dix, Margaret Thatcher devient premier Ministre et rétablit l'économie du pays. Puis arrive Tony Blair dans les années quatre-vingt-dix et sa popularité sera parfois mise à mal à cause de la guerre en Irak. En 2007, Gordon Brown prend la relève et les relations avec les États-Unis restent inchangées.

◆ Aujourd'hui

Le Royaume-Uni connaît un faible taux de chômage et une évolution de son PIB en tête des pays européens. Bien que le Royaume-Uni soit membre de l'Union européenne depuis 1973, sa position reste floue pour ce qui concerne son intégration complète à l'Europe, des divergences importantes existent notamment sur la politique agricole ou encore son orientation militaire. L'euro n'a pas été adopté et beaucoup d'Anglais sont encore attachés à la livre sterling (£).

Comme son nom le précise, le Royaume-Uni est un royaume et le pouvoir du monarque britannique (la reine Élisabeth II) est entièrement cérémonial. La Reine règne mais ne gouverne pas. Le pouvoir exécutif de cette monarchie est exercé par le premier Ministre Gordon Brown et les autres ministres, au nom de la Reine. Le Royaume-Uni est l'un des rares pays du monde où la constitution n'est pas codifiée. Il n'y a pas de code civil, ni de code pénal, mais une *statute law* avec des lois fondamentales comme la « Grande Charte » et la *common law* de droit commun ou encore la jurisprudence ainsi que la coutume.

Le Royaume-Uni, avec ses 62 millions d'habitants, est la troisième population de l'Union européenne après l'Allemagne et la France. La population augmente de façon significative grâce à l'immigration mais de nouvelles lois devraient freiner cette arrivée massive d'étrangers. L'immigration provient principalement d'Europe et des pays qui formaient anciennement les colonies britanniques. 7.9% de la population fait partie des minorités ethniques et ce pourcentage monte à 40 % à Londres pour 8,6 millions d'habitants. La densité de la population du Royaume-Uni est l'une des plus élevée d'Europe, avec 401 habitants par km^2 (contre 112 en France) et une espérance de vie de 78,05 ans (hommes) et 82,4 ans (femmes). Près d'un quart de la population est concentré dans le sud prospère de l'Angleterre.

13.2 Le Royaume-Uni, uni ?

13.2.1 La géographie

Le Royaume-Uni couvre 244 110 km^2 soit trois fois moins que la France et treize fois moins que l'Inde. La Grande-Bretagne, huitième île du monde par sa surface, couvre 90 % de la superficie totale du Royaume-Uni. L'Angleterre a un relief peu élevé, sauf au nord et dans la péninsule de Cornouailles. Le point culminant anglais, le Scafell Pike atteint 978 mètres d'altitude. La Tamise (346 km) et la Severn (354 km) sont les deux principaux fleuves.

La géographie de l'Écosse, au nord du Royaume Uni, est plus variée, avec ses *lowlands* du sud et ses *highlands* dans le nord et l'ouest. C'est là que se trouve le point culminant du Royaume-Uni, le Ben Nevis (1 344 mètres). De longs et profonds bras de mer s'enfoncent dans les terres, avec beaucoup de paysages sauvages.

Le Pays de Galles est un terrain beaucoup plus montagneux. Son point culminant, le mont Snowdon, culmine à 1 085 mètres. La capitale du Pays de Galles, Cardiff, se situe au sud comme la plupart des populations qui résident dans des villes de Swansea ou encore Newport.

L'Irlande du Nord est membre du Royaume-Uni. La scission entre l'Irlande du nord et du sud engendre des conflits réguliers et sanglants. Depuis 1916, la Irish Republican Army (IRA), branche armée irlandaise du Sinn Féin, prône la lutte violente contre la domination britannique pour atteindre l'indépendance totale de l'Irlande. Attention cependant à ne pas confondre l'IRA avec le Sinn-fein, qui a les mêmes objectifs mais milite de façon pacifique.

Le Royaume-Uni a un climat océanique où les contrastes saisonniers ont peu d'amplitude en raison de l'influence du *gulf stream* qui réchauffe les vents du sud-ouest et adoucit les saisons hivernales. La température moyenne annuelle est de 6 °C au nord de l'Écosse, et de 11 °C dans le sud-ouest de l'Angleterre.

La langue officielle du Royaume-Uni est l'anglais. Les langues celtes sont encore parlées au Pays de Galles (gallois) et en Écosse (gaélique). Au Pays de Galles, le gallois reste la langue officielle avec l'anglais pour l'administration et les affaires juridiques, par contre, en Écosse le gaélique est surtout parlé dans les îles. En Irlande du Nord, l'irlandais subsiste mais il est en train de s'essouffler.

13.2.2 La religion

Plusieurs lois garantissent la liberté de culte. La pratique religieuse est en baisse avec seulement 6 % des Anglicans qui se rendent encore régulièrement à l'église. L'Église a un statut particulier de par ses liens avec la royauté. 47 % de la population se déclare anglicane : elle est représentée par l'Église anglicane, l'Église du Pays de Galles, l'Église épiscopale écossaise et l'Église d'Irlande. Les autres confessions sont le catholicisme (9 %), les églises presbytériennes (4 %), le méthodisme (1 %), l'Islam (3 %) et le Judaïsme (moins de 1 %).

13.2.3 La gastronomie

Les repas britanniques sont composés d'un petit-déjeuner copieux avec du thé, du café, des céréales, des toasts avec de la marmelade, du porridge qui se mange sucré ou salé (avoine, miel, lait), des œufs et des saucisses. Ces deux derniers éléments disparaissent peu à peu car trop long à préparer dans le *rush* du matin.

Le déjeuner est plutôt léger et pris rapidement. Il se compose souvent de sandwiches, ou de *beans on toast* sorte de gros haricots blancs avec de la sauce tomate bien sucrée. Le dîner est simple, un plat unique suffit, souvent des *fish and chips*, un poisson pané avec des grosses frites. Pour les grandes occasions, le *supper* est un repas complet servi vers 21 heures.

Quelques spécialités culinaires :

- *Chicken pie, steak & kidney* : ce sont des grosses tourtes à la viande.
- *Roast-beef & Yorkshire pudding*.
- *Irish stew* : ragoût de mouton et de pommes de terre.
- *Welsh rarebit* : pain de mie, bière, beurre et chester.
- Crumble aux pommes.
- *Pudding* peut vouloir dire « dessert » en général. Il s'agit d'un plat sucré comme le *treacle pudding* ou le *Christmas pudding* où salé comme le *Yorkshire pudding* ou le *black pudding* (genre de boudin noir).

Quelques boissons typiques :

- thé, bière et cidre ;
- whisky (le fameux scotch écossais) ;
- *Cherry brandy* : liqueur de cerises ;
- *Drambuie* : liqueur à base de whisky, de miel et d'épices.

Le thé est une véritable institution est le « tea time » est un moment sacré. Il y a plusieurs pauses dans la journée pour ce rituel : le matin, à la pause de 11 heures et en fin d'après-midi vers 16 heures. Boire du thé est une coutume sociale et donc un lien relationnel qu'il faut exploiter le plus souvent possible à condition, bien sûr, de choisir un thé de bonne qualité. Il se boit d'habitude uniquement avec du lait froid et il faut en prévoir si une pause thé est proposée.

Dans un différend lors d'une négociation, la proposition d'une bonne tasse de thé, avec une pause (un *break*), a déjà dénoué plus d'une situation.

13.3 Les traditions

13.3.1 13.3.1 L'humour

Les Anglais aiment l'humour et savent en jouer. Cependant, les étrangers restent souvent perplexes devant cet humour qualifié de « spécial », parfois naïf ou encore de « pince-sans-rire ». Certains le trouvent même d'incompréhensible. Les caractéristiques de cet humour sont la culture du ridicule et de l'exubérance et l'illustration la plus probante est le très populaire M. Bean qui joue en permanence avec la dérision. Mais l'humour anglais, c'est aussi le sarcasme, l'absurde, sans oublier les jeux de mots car la langue anglaise s'y prête fort bien avec ces mots à multiples sens.

L'humour anglais est construit de manière à ce qu'on puisse toujours donner de la valeur à la personne, même dans les pires situations. Cette construction est faite pour apprendre à prendre du recul sur toutes les situations surtout les plus difficiles.

Dans les affaires, certains étrangers trouvent que les Anglais prennent parfois trop à la légère les problèmes sérieux. Mais il s'agit en fait d'une qualité bien anglaise, de maîtrise de soi, qui consiste à garder son sens de l'humour en toutes circonstances : « Laughter is, by far, the best medicine… »

13.3.2 La superstition

Passer sous une échelle, ouvrir un parapluie dans une maison, croiser un chat noir ou encore sortir un vendredi 13 porte malheur. Ces croyances sont assez développées au Royaume-Uni et les Britanniques y attachent une grande importance.

13.3.3 Les cartes de vœux

Les Britanniques sont très attachés aux cartes de vœux. Elles sont très appréciées dans les affaires et montrent une certaine attention de la part de l'expéditeur. Il convient de l'envoyer dès le 1er décembre et surtout pas après le 25 du même mois. Après Noël, elle ira directement à la poubelle faute de place sur le bureau au retour des congés. En l'envoyant au bon moment, la carte a toutes les chances d'être exposée sur le bureau du contact et d'être ainsi devant ses yeux pendant plusieurs jours.

13.3.4 Les fêtes nationales

Le 30 novembre : la fête nationale de l'Écosse (*St Andrew's Day*). St. Andrew, l'un des douze apôtres du Christ, est le saint patron de l'Écosse. Depuis l'époque médiévale, l'emblème national de l'Écosse est représenté par la croix en forme de X sur laquelle St Andrew a été crucifié.

Le 1er mars : la fête nationale au Pays de Galles (*St David's Day*). Ce jour est célébré en portant des jonquilles ou des poireaux, qui sont également les deux symboles du Pays de Galles.

Le 23 avril : la fête nationale de l'Angleterre (*St George's Day*). Aujourd'hui, la croix rouge de St George est toujours présente sur le toit des églises pour marquer le jour de la fête.

Le 17 mars : *St Patrick's Day* est un jour férié en Irlande du Nord. On célèbre ce jour en portant des trèfles, emblème de l'Irlande du Nord et de la République d'Irlande.

Les jours chômés appelés *Bank holidays* : ce sont les seuls jours où les banques sont légalement fermées. Les administrations, les entreprises, les musées sont aussi fermés et les transports fonctionnent au ralenti.

En Angleterre et au Pays de Galles :

Le *Christmas Eve* (le 24 décembre) où les entreprises ne sont souvent ouvertes que le matin, le *Christmas Day* (le 25 décembre) férié et le *Boxing Day* (26 décembre). Le Jour de l'An (*New Year's Day*), le lundi de Pâques (Easter Monday), *May Day* (qui n'est pas forcément le 1er mai), *Spring and Late Summer Holidays* respectivement à la fin du mois de mai et d'août.

En Écosse :

Ce sont les mêmes jours avec en plus le 2 janvier et *Good Friday* (le vendredi qui précède Pâques).

En Irlande du Nord :

On y ajoute *St Patrick's Day* (17 mars) et un jour spécial pour l'anniversaire de la bataille de Boyne (12 juillet).

Et dans tout le Royaume Uni, le *Guy Fawkes Night*, le 5 novembre, fête l'échec d'un complot visant à faire exploser le Parlement en 1605. Ce jour n'est pas férié mais ce soir-là on allume des « feux de joie » dans tout le pays et on tire des feux d'artifice.

13.4 Quésako le modèle Anglo-saxon ?

Parce que les médias en donnent une mauvaise image, de nombreux Français le considèrent comme le mal absolu, mais l'ont-ils bien compris ? Sommes-nous suffisamment naïfs pour croire que les Anglais se condamnent à travailler ou à mourir ? Qu'ils ignorent leurs pauvres et que ce n'est que la loi du profit qui gouverne ? Qu'il n'y pas de morale, ni honneur dans ce pays ?

Il ne s'agit pas de présenter ici des chiffres sur le chômage ou de quelconques indices de pauvreté comparatifs mais plutôt de mieux cerner le comportement anglo-saxon pour le comprendre[79].

D'une façon générale et simplifiée, l'efficacité du modèle anglo-saxon tient en une rationalité économique qui force les individus à trouver des solutions par eux-mêmes et ne plus être entouré d'un assistanat étatique.

Les salaires sont ainsi en rapport avec la productivité de l'individu et de l'entreprise. Ainsi, une entreprise qui gagne de l'argent redistribue systématiquement une partie de ses gains, mais le contraire est aussi vrai, une entreprise qui perd de l'argent diminue les salaires ou s'autorise à diminuer sa taille pour être en ligne avec son marché. Ce qui marche dans un sens doit aussi marcher dans l'autre...

Il y a aussi peu de redistribution sur ses propres gains. Un salarié n'a pas une partie importante de son salaire repris pour les autres (retraite, Urssaf, Assedic...). L'assistanat est limité, ce qui oblige chaque individu à ne pas rester immobile et à agir par lui-même pour s'en sortir.

Il y a peu de privilèges et les abus sont impossibles face à cette réalité de rémunération proportionnelle à sa production personnelle. Cette organisation sociale construit la confiance mutuelle, puisque personne n'abuse de personne. Elle est plutôt basée sur des complémentarités de compétences qui obligent chacun à se mettre au service des autres au lieu de se servir sur l'argent des autres.

Bien évidemment, il n'existe aucun système idyllique et trop d'individus restent encore malheureusement sur le bord de la route.

Cependant, le Royaume-Uni n'est pas devenu la seconde puissance économique d'Europe, après l'Allemagne par hasard. Elle a atteint ce niveau

79 Je n'entrerais pas dans une polémique vis-à-vis de ce modèle. Ce n'est ni l'objet de cet ouvrage, ni constructif pour qui que ce soit.

d'efficacité grâce à la flexibilité de son économie qui a su s'adapter à la mouvance de l'économie mondiale.

Une nouvelle fois, méfions-nous notre ethnocentrisme et de notre universalisme qui a tendance à réduire notre ouverture d'esprit face à une économie qui se mondialise.

13.4.1 Les champions du service

Le secteur tertiaire est fortement développé et contribue à hauteur de 80.4 % du PIB total. Les services financiers, banques et assurances dominent dans ce secteur. De nombreuses multinationales, qui ne sont pas basées au Royaume-Uni, ont choisi pour siège social européen la ville de Londres. Le tourisme détient aussi une part importante dans l'économie britannique avec plus de 27 millions de touristes par an et les JO de Londres ont servi de booster pour les années à venir.

Le secteur secondaire n'a cessé de décliner depuis la seconde guerre mondiale, même s'il détient encore une place conséquente dans l'économie. Notamment avec MG Rover dans l'industrie motorisée, la production d'avions civils et militaires avec BAE Systems, l'industrie chimique et pharmaceutique avec GlaxoSmithKline et AstraZeneca, etc. L'industrie créative (art, cinéma, mode) représente 7,3 % du PNB et a augmenté de 5 % chaque année. Quant au secteur agricole, il représente seulement 0,9 % du PIB. Industrie 18,2 %, agriculture 1,4 % du PIB. Le Royaume-Uni détient des richesses énergétiques non négligeables : gaz, charbon, pétrole. La production d'énergie primaire est responsable de 10 % du PIB, une part importante pour un pays industrialisé.

13.4.2 Le rapport au temps

Tous comme les Américains et les Allemands mais dans une moindre mesure, les Britanniques ont tendance à percevoir le temps comme linéaire. Ils attachent une grande importance à la ponctualité et ne supportent pas les retards. Les rendez-vous d'affaires ne s'éternisent pas et ne durent généralement pas plus d'une heure. Il est important de respecter le temps imparti pendant l'entretien. N'oublions pas que l'Angleterre est le pays de la finance et que si la présentation doit être certes de qualité respectable, les prix et les réductions interviendront rapidement dans la discussion. Les Britanniques n'étant capables de faire qu'une chose à la fois, ils ne peuvent pas se permettre de perdre beaucoup de temps.

Après la réunion et afin d'éviter tout malentendu, un rapport, ou une lettre de remerciement accompagnée des points d'accords négociés, sera expédiée dans la semaine qui suit le rendez-vous.

13.4.3 Rapport à la hiérarchie dans l'entreprise

Les Britanniques ont tendance à prendre leurs décisions de façon collégiale. Le management y est plutôt participatif mais dans les négociations, le niveau hiérarchique compte peu et c'est la compétence technique qui prime. Ainsi, même si la décision finale est prise en haut lieu, ce sera dans 99 % des cas la décision de celui qui est le plus qualifié.

Les Britanniques n'hésitent pas à déléguer et certains salariés ont parfois beaucoup de responsabilités pour des titres de techniciens ou d'ingénieurs.

13.4.4 Le mode de communication

Les Britanniques sont assez réservés dans leurs relations professionnelles, même si celles-ci ne sont, en aucune mesure, aussi réservées que celles des Chinois ou des Indiens. Ils ont une distance importante vis-à-vis vis du travail et évitent de se laisser tourmenter par les émotions. Le fait de ne pas les maîtriser est mal vu puisque cela suppose une perte de sa capacité de réflexion et d'action. Le *keep a stiff upper lip* (garder son flegme) est une expression souvent employée aux Royaume-Uni.

Les Britanniques n'aiment pas les conflits et sont capables de modifier un emploi du temps en pleine réunion pour satisfaire l'assemblée. La recherche du compromis est presque systématique outre-manche. Ils évitent la plupart du temps le « Non » catégorique en nuançant leurs propos. Le « Oui mais » est synonyme d'un « Non » et il est de bon ton de na pas trop argumenter, car la situation sera pénible à gérer pour eux. Si un collaborateur britannique conclut sur une proposition en disant « qu'elle est intéressante », dans la plupart des cas, cela signifie qu'elle n'a pas retenu son attention.

Tout ce comportement social se traduit par un mode de communication fondé sur l'adaptation sociale (*cf.* figure 13.1) où les Britanniques recherchent d'abord la mixité sociale puis la remise en première ligne de leur personne au final.

Toutefois, prenez garde à « l'understatement » Britannique, car contrairement aux Américains qui « s'emballent » en disant que c'est super, génial, grandiose etc. les Britanniques ont de la retenu et un projet qui cadre exactement à leurs attentes, peut se traduire par un « quite good » qui veut qui signifie en fait « excellent ». Leur adhésion au projet est parfois difficile à décoder. On retiendra, ici, que la forme est aussi importante que le fond et on veillera toujours à écouter le non-dit. Les Britanniques ont du style et ce style a aussi son langage.

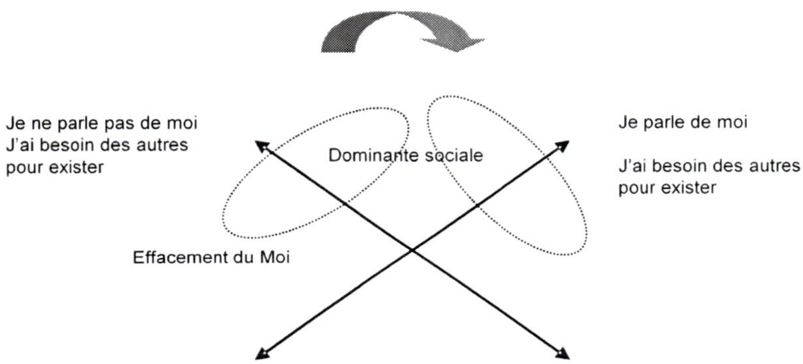

Figure 13.1 Profil social du Britannique

Ils n'aiment pas non plus froisser leurs interlocuteurs et utilisent souvent la diplomatie dans leurs relations avec autrui, ce qui irrite forcément les Américains, les Allemands, les Russes et enfin les Français. Ce qui est apparemment pris pour de l'hypocrisie ou encore du snobisme « à la British », n'est en fait qu'une volonté de ne pas froisser quiconque.

Ce que les Britanniques apprécient :

- être suivis dans leurs idées ;
- passer un moment agréable ;
- placer des touches d'humour sarcastiques ;
- ne pas s'éloigner du pragmatisme financier.

Ce que les Britanniques craignent :

- des heurts trop fréquents dans les propositions ;
- des supérieurs qui donnent des directives à suivre de façon impérative ;
- des partenaires difficiles à cerner ;
- avoir à rendre des comptes.

13.5 Tact et finesse

Les relations sont en général peu formalistes car le côté pratique et rationnel prime. Les Anglais apprécient tout de même les bonnes manières et accorderont de l'importance à la présentation vestimentaire ainsi qu'à la bonne tenue de l'ensemble de nos documents et présentations informatiques (sans pour cela aller rechercher l'excellence ou la présentation sans faille).

Au niveau de la tenue vestimentaire, il faut rester classique : costume gris pour les hommes et tailleur pour les femmes, de couleur sombre avec une chemise blanche. Il ne faut pas négliger la première poignée de mains, mais il est inutile de la répéter à chaque rendez-vous. Comme aux États-Unis, un simple « salut » suffit ensuite pour dire au revoir.

L'utilisation du prénom est assez fréquente dans les conversations, elle permet de ponctuer ses dires et donne l'importance nécessaire au discours surtout quand il s'agit d'argumenter, ou de se justifier. Il n'est pas rare, dans une entreprise, qu'on appelle son supérieur hiérarchique par son prénom comme en France. Ce qui est plus surprenant c'est que ces mêmes prénoms sont souvent raccourcis : Robert devient ainsi Bob et Michael devient Mike, par exemple.

L'entrée en matière se fait avec une présentation succincte de l'entreprise. Les Britanniques sont très attachés aux services marketing et financier sur lesquels on peut s'attarder. Pour la documentation, l'idéal est qu'elle soit rédigée en langue anglaise. Cela facilite la compréhension et démontre l'ouverture de l'entreprise à l'international.

Les Britanniques ont besoin de démonstrations avec des faits et des chiffres précis. Les certifications et le respect les normes ISO sont de bonnes clefs d'entrées. L'aspect financier est très important et ils ont tendance à étudier les dossiers de leurs interlocuteurs avant toute rencontre.

Ils s'attendent à ce qu'on soit en mesure de leur montrer la vraie valeur du projet, avec des hypothèses hautes et basses de rentabilité. Les points forts résident alors dans la capacité à démontrer la pertinence de la collaboration en mettant en exergue la « added value » (la valeur ajoutée).

Il ne faut surtout pas oublier de parler de la concurrence britannique et non pas dire que ce produit est singulier en tous points. Trop de Français paraissent arrogants en tenant ce discours alors qu'il existe sûrement des produits avec des caractéristiques ou des fonctions similaires. L'idéal est donc d'avoir réalisé une étude comparative qui montre encore plus le sérieux de la démarche et la volonté d'aller sur le marché britannique.

Enfin, il faut mettre en avant la qualité du service après-vente. Les Britanniques apprécient la réactivité des collaborateurs et des entreprises. Même si nos deux pays sont très proches, un « customer service » parlant anglais, facilement joignable et qui peut résoudre rapidement les problèmes pèsera énormément dans la balance lors de leur choix final.

Avant tout engagement, ils vérifieront aussi la bonne santé de l'entreprise.

En négociation, les Britanniques sont en mesure de faire des compromis et sont relativement souples. Contrairement à la rigidité allemande, ils sont souvent prêts à bouleverser une partie de leur plan pour avancer. Ils écoutent et s'adaptent aux situations avec un fairplay de gentlemen. Comme nous l'avons vu précédemment, ils éviteront de dire qu'un projet est excellent et se contenteront de le trouver « juste bien » ou « pas mal » et il ne faut donc jamais être découragé par leurs remarques, car c'est leur mode de fonctionnement.

Les Britanniques sont aussi très « joueurs » en affaires et ils n'apprécient pas un adversaire qui « ne joue pas » dans une négociation. Sans chercher la justification en permanence, sans être obtus sur ses propos, il faut être souple et jouer sur un « give and take » équitable. Les moments de convivialité, au Pub, font aussi partie du jeu pour mieux cerner les différentes personnalités.

La plupart du temps, la parole des Britanniques est fiable, mais pour une négociation dans les règles, mieux vaut toujours valider par écrit ce qui a été dit. L'écrit permet aussi, dans de nombreux cas, de révéler les différences d'interprétation. L'aspect juridique tient une importance capitale dans les pays anglo-saxons et les Britanniques sont très attachés au droit et aux règlements. Le recours à un conseiller juridique peut être un atout dans un projet de grande ampleur. Pour la facturation et pour être payé « rubis sur l'ongle » la structure de prix sera clairement évoquée avec des conversions en Livre Sterling.

13.5.1 La gestion d'un différend

Tact et finesse sont les clefs d'une gestion réussie. Les Britanniques ont besoin d'entendre un discours clair avec des explications structurées. Les phrases « ne vous inquiétez pas, il n'y a pas de soucis, tout va s'arranger » ne sont pas des phrases à employer.

Dans le cas d'un différend, il faut reprendre la situation depuis le début dans tous les détails. Au besoin, présentez un schéma chronologique afin d'être sûr que vous êtes sur la même longueur d'onde. Pas de sous-entendus, mais une reconnaissance des fautes respectives. Il est d'ailleurs surprenant de voir à quel point la situation s'apaise souvent quand nous reconnaissons le premier nos fautes et que nous comprenons les émotions de notre interlocuteur.

S'il est impossible de revenir en arrière et que la faute ne peut être réparée, il est judicieux de lui demander ce qu'il attend en échange plutôt que de lui proposer une alternative. Cette question va le forcer à trouver lui-même la solution et à rester réaliste. Au final, sa demande sera même parfois bien en deçà de ce que nous souhaitions peut-être lui proposer en dédommagement.

Être dans l'action et régler le problème au plus vite sera très apprécié. Mieux encore, plutôt que d'en retirer une pénalité, ce sera peut-être l'occasion de marquer des points supplémentaires et de consolider la relation.

13.5.2 Les comportements à éviter

Afin de ne pas heurter la sensibilité de ses interlocuteurs, il est préférable de ne pas élever la voix, surtout en cas de désaccord. Les Britanniques aiment les choses claires et efficaces même s'ils ne le sont pas toujours, de leur côté, en voulant rester diplomates. L'accord se doit d'être rationnel économiquement. Les Anglais ne savent pas gérer un conflit ouvert et ont toujours peur de se prendre les pieds dans une argumentation qui manquerait de force de conviction.

Il ne faut imposer pas son point de vue car ils ont horreur d'être contraints. Il vaut mieux suggérer des alternatives orientées et s'appuyer sur des faits concrets. Les faits tangibles, les expériences, les résultats de tests sont des atouts incontestables pour être suivi.

L'équilibre franco-britannique est fragile et laisse encore transparaître quelques susceptibilités entre les deux peuples. La relation est ambiguë car la France s'est souvent tournée vers l'Allemagne plutôt que l'Angleterre pour construire l'Europe. Attention à la perception arrogante qu'ont les Britanniques des Français. Il ne faut surtout pas arriver en terrain conquis en voulant favoriser sa culture et sa façon de faire.

Il faut respecter à tout prix les échéances (*deadlines*[80]). Les Britanniques ont une conception linéaire du temps et attendent un suivi rigoureux des projets. Le non-respect des objectifs fixés ferait vite perdre confiance à vos interlocuteurs.

Manipulez avec soin les différences régionales. Il ne faut surtout pas confondre les Écossais avec les Anglais, ou les Gallois avec les Irlandais.

Certains sujets sont à proscrire : la famille royale – certains sont pour, d'autres contre et ce sujet risque de monter vos interlocuteurs anglais les uns contre les autres ; la religion – ce sujet est complexe et débouche rarement sur une issue intéressante ; la situation de l'Irlande – ici aussi, certains sont pour et d'autres contre. De nombreux Britanniques ne se sentent pas non plus l'âme d'Européens. La guerre en Irak a créé des scissions et il faut éviter de parler de l'Europe comme de quelque chose qui unit les peuples.

Évitez aussi les *jokes* sauf celles qui sont faciles à interpréter. Mais l'humour anglais, comme nous l'avons vu précédemment, n'est pas le même que dans notre culture. Même traduit correctement, nos interlocuteurs riront pour nous faire plaisir sans avoir cerné le côté comique de l'histoire. Préférez parler de sport comme le rugby ou le football car en Angleterre chacun porte une équipe dans son cœur.

13.5.3 *Fairplay* et accessibilité

Les points forts des affaires au Royaume-Uni sont financiers et juridiques. Un cadre dans cette spécialité gagne beaucoup plus d'argent qu'un cadre commercial et ce, contrairement à la France. De ce fait, ils maintiennent un bon équilibre entre les sujets financiers, techniques et commerciaux.

À la différence de la France, nos interlocuteurs malgré leur statut, sont la plupart du temps facilement joignables. En d'autres termes, si nous sommes difficilement joignables, si nous ne les rappelons pas alors qu'ils ont laissé ne serait-ce qu'un ou deux messages, ils penseront que nous essayons de les éviter. Ils sont très rapidement agacés pas ce type de comportement ; cachons-nous quelque chose en plus de notre impolitesse ?

80 *Deadline* est un terme créé et utilisé pendant la guerre de Sécession de 1861. N'ayant pas suffisamment de temps et de matériaux pour construire les prisons, une fine barrière informait les prisonniers de la délimitation à ne pas franchir. Dans le cas contraire, ils étaient systématiquement fusillés.

La rationalité économique fait que l'administration dans les entreprises et les différentes institutions ne tiennent qu'une faible place dans les affaires. Il est difficile, pour les Anglais, de comprendre toute la paperasserie et la longueur de nos délais pour obtenir des informations sur un projet, sur des études de R&D ou encore sur des délais de livraison. Ici aussi, ils sont vite agacés par le côté flou des Latins et si le rapport de force est à leur avantage, ils n'hésiteront pas à nous dire *Just do it* (agissez de façon directe, c'est tout ce qu'on vous demande) ou *Try to think outside the box* (essayez de sortir de votre carcan pour trouver la solution au plus vite).

13.6 Les perceptions croisées

Il est important de bien comprendre le fonctionnement des Britanniques dans leur façon de percevoir les autres cultures. L'intérêt de cerner cette perception est de pouvoir les surprendre par des actes conformes à leurs attentes dans le milieu professionnel et non à la vision qu'ils peuvent avoir de la culture en question. L'objectif est donc de leur faire vivre une expérience qui déclenchera, à coup sûr, une collaboration fructueuse et sincère. Pour cela, reportez-vous directement à la perception de la culture qui vous concerne puis passez à la conclusion de ce chapitre.

◆ La France...

La France est le troisième client et le troisième fournisseur du Royaume-Uni. Le montant des investissements britanniques en France s'établit en 2011 à 62 milliards d'euros alors que l'investissement français au Royaume-Uni atteint 76 milliards. Le Royaume-Uni s'est positionné au deuxième rang mondial des investissements directs et au premier rang européen en France. Les exportations vers la France ont totalisé 33 milliards d'euros et les importations 26 milliards soit une balance déficitaire de 7 milliards[81].

◆ ... et les Français

Les relations entre l'Angleterre et la France n'ont jamais été simples. D'une manière générale, de nombreux Anglais pensent que les Français sont arrogants, fiers d'eux et se vantent trop de leur réputation et de leur histoire passée. Cependant, la grande majorité des Anglais perçoit les Français comme des personnes nobles, galantes, et sympathiques avec une bonne

81 Soure : *Guardian*.

ouverture d'esprit. Les Français aiment les contacts et sont très « famille », surtout le week-end. Mais paradoxalement, beaucoup les imaginent aussi avec un béret et une baguette de pain à la main.

Ils associent le Français au chic, à la bonne nourriture et la France à Paris, au Moulin Rouge et aux jolies filles. Pour les Anglais, les Français raffolent du vin et en boivent quotidiennement. Ils sont surpris par le nombre de fromage sur les étalages. Les Français sont vraiment des professionnels de la cuisine et leurs plats sont souvent extrêmement bien présentés. Ils sont également doués pour les langues étrangères et ils possèdent une langue très riche qui propose des milliers de nuances. Cependant une partie des Anglais pense que les Français n'ont aucun sens de l'humour et sont assez sales.

Les points appréciés par les Britanniques sont :

- Les Français sont les rois du système D.
- Ils sont sérieux dans le travail, débrouillards.
- Et enfin qu'ils sont très exigeants dans leur qualité de vie.

Les points de différence sont :

- Ils sont individualistes et ne pensent qu'à eux.
- Ils ne savent pas travailler en équipe.

Dans une collaboration franco-britannique

Les Français n'aiment pas prendre de risques, notamment dans le domaine des affaires et de la politique. Il faut les rassurer en montrant des tests, des essais qui ont été faits sur des produits ou encore des projets. Attention, ils n'hésitent pas à tricher parfois pour arriver à leur fin. Ce sont des gens souvent très émotionnels et les Britanniques se demandent comment faire confiance à une culture qui se laisse guider par ses émotions. Et enfin, les Français ne semblent jamais vouloir faire comme les autres, même si cela relève du bon sens économique, alors attention aux imprévus...

◆ Le Japon...

Seulement 2,6 % des exportations japonaises sont à destination du Royaume-Uni. Le Japon est le 17e client du Royaume-Uni avec 5 milliards d'euros et le 11e fournisseur avec 8 milliards d'euros en 2011[82].

82 Source *Guardian*.

◆ ... et les Japonais

Pour les Britanniques, le Japon est un pays pacifique. C'est une culture qui n'a apparemment pas de religion mais une organisation très structurée. Les Japonais semblent être des gens très complexés à tous niveaux et pour compenser ces complexes, ils sont devenus des bourreaux de travail.

Ils sont très mystérieux et sont surprenants quand ils sont en groupe avec leurs appareils photos. Ils ont peu d'humour et ils rient de situations apparemment banales. Les Anglais adorent leurs voitures et leurs équipements électroniques. Cependant cette nation reste lointaine et difficilement compréhensible.

Les points appréciés par les Britanniques sont :

- Les Japonais sont propres, efficaces, honnêtes et polis.
- Ils sont intelligents et attentionnés.
- Ils sont extrêmement accueillants et sont prêts à se mettre en quatre pour recevoir correctement.

Les points de différence sont :

- Ils sont fermés et sont beaucoup trop timides.
- Ils sont très distants et ne semblent pas avoir d'opinion.

Dans une collaboration japonaise et britannique

Il est nécessaire d'impliquer totalement les Japonais dans les projets de collaboration en réduisant la distance invisible qui les sépare des Britanniques. Par exemple, dès que c'est possible, il faut les faire intervenir en leur demandant ce qu'ils en pensent de façon systématique. Lors des pauses, des déjeuners et des dîners, ne pas séparer les Japonais et les Britanniques, mais plutôt rechercher la mixité sociale. Dans les réunions, il faut leur proposer des objectifs à atteindre à la fin réunions, et ce dans le but de concrétiser des avancées.

◆ La Chine...

Le commerce avec la Chine est en pleine croissance : les importations britanniques en provenance de Chine ont progressé pour s'élever à 52,6 milliards d'euros en 2011 soit 9,4 % du total des importations Britanniques, En sept ans, la Chine a gagné près de trois points de part de marché sur le territoire britannique.

◆ ... et les Chinois

Pour les Britanniques, le commerce avec la Chine ne date pas d'aujourd'hui. Mais c'est surtout au XIXe siècle que les échanges commerciaux se sont intensifiés de façon considérable entre les deux pays. Les Anglais rapportaient des marchandises en grande quantité et les revendaient en Europe[83].

Les relations avec les différents empereurs de Chine qui se sont succédé ont toujours été compliquées puisque les Anglais ont très rapidement déstabilisé le marché en introduisant, comme monnaie d'échange, des milliers de caisses d'opium en provenance de l'Inde. La guerre de l'Opium de 1840-1842 mis fin à ce trafic et le territoire de Hong Kong (« port parfumé » en cantonnais) fut cédé pour établir un commerce plus transparent. Le développement fulgurant de la Chine à partir des années quatre-vingts sera largement facilité par l'économie hongkongaise (et taïwanaise).

Le modèle anglais a longtemps été une référence pour les Chinois. Mao Zedong à la fin des années cinquante, s'était fixé pour objectif de rattraper cette économie libérale en moins de 18 ans avec le Grand bond en avant.

Aujourd'hui et bien que des relations anciennes existent, les Anglais ne semblent pas avoir de meilleures clefs de lecture sur la culture chinoise que les autres. Toutefois, les conservateurs Britanniques apprécient ces Chinois qui sont à la fois dans un élan économique néolibéral très matériel et qui sont aussi très spirituels à travers le fort respect de leurs traditions. Ce sont d'ailleurs de grands amateurs d'objets antiques.

Les points appréciés par les Britanniques sont :

- Les chinois parlent avec leur cœur et non avec leur tête, ce sont des gens qui recherchent l'harmonie.
- Ils sont très rapides.
- Ils sont réservés et humbles (le fait de ne pas être envahissant dans une relation est vraiment agréable).
- Ils évitent constamment les conflits.
- Ils font tout pour bien recevoir les hôtes étrangers.

83 Rien qu'en France, le marché atteignait plusieurs centaines de millions de francs à l'époque (dans la seule année de 1852 par exemple, 85 000 balles de soie pesant chacune 1 200 kg ont été vendues aux soieries de Lyon). (*La Chine contemporaine,* Ch. Lavollée, Michel Lévy Frères, libraires-éditeurs, 1860.)

Les points de différence sont :

- Ils vivent et agissent en groupe avec une faible perméabilité envers les Britanniques. Même si la diaspora chinoise est la plus importante d'Europe ici, ce peuple reste mystérieux et réservé.
- Ils font les choses à leur façon et sont difficilement contrôlables.

Dans une collaboration sino-britannique

La collaboration est toujours délicate car beaucoup de relations sont corrompues et il n'est pas toujours facile de savoir qui alimenter et comment. Les Chinois essaient toujours de se situer par rapport à leurs interlocuteurs. Ils cherchent à savoir quels sont vos moyens financiers est l'étendue de vos relations en Chine. L'objectif est donc de laisser présupposer que tous va bien dans ces domaines. Pour être plus en phase avec les Chinois, il faut être moins orgueilleux et surtout moins arrogants. Ce snobisme à l'Anglaise passe très mal car il semble non seulement cacher en permanence quelque chose, mais il prend aussi les Chinois pour une culture inférieure. Les Anglais ont un lourd passé que les Chinois ont du mal à effacer.

◆ Les États-Unis...

Par leur histoire, les États-Unis sont le plus gros client du Royaume-Uni avec 58 milliards d'euros d'exportations britanniques et 50 milliards pour les importations en 2011, soit une balance excédentaire de 4 milliards. C'est également le troisième fournisseur du Royaume-Uni avec une part de marché de 7,9 % en 2011. Les États-Unis sont les premiers investisseurs étrangers. Quant aux entreprises britanniques, elles représentent à elles seules 29 % de l'investissement étranger aux États-Unis[84].

◆ ... et les Américains

Les Britanniques voient les Américains comme des personnes ouvertes et très avenantes, sans tabous dans les conversations. Ils ont l'image d'une nation très patriotique et puissante qui vit dans l'action. Mais elle est parfois un peu trop centrée sur elle-même et ne s'intéresse pas aux évènements complexes à caractère mondial. Les interventions militaires, bien que souvent suivies par les Anglais ne sont pas du goût de tous. Parce que les Américains sont directs, extravagants et envahissants, ils manquent souvent de tact et de finesse (un peu comme un jeune frère dont nous

84 Source *Guardian*.

sommes parfois jaloux, mais qui manque de maturité). Quant à leur accent, les Britanniques le trouvent *too much*.

Les points appréciés par les Britanniques sont :

- Ils peuvent parler facilement de tous les sujets mêmes les plus difficiles.
- Ce sont des individus avec une attitude toujours positive quelle que soit la situation.
- Ils sont dans l'action plutôt que la réflexion et parfois ils ont raison d'oser.

Pour les Anglais, la plupart des Américains qui vivent en Angleterre sont riches. Par contre, il semble que ceux-ci soient détestés par la terre entière.

Les points de différence sont :

- Les Américains sont trop superficiels et exubérants.
- Ils sont trop autoritaires, impérieux et arrogants.
- Ils sont parfois grossiers, et ont un manque évident de savoir-vivre et de savoir manger.
- Et enfin, ils sont binaires dans leur façon d'agir ce qui donne une image réductrice de leur faculté à comprendre la complexité. Certains Américains n'arrivent même pas à faire la différence entre la Grande-Bretagne et l'Angleterre alors qu'ils sont proches cousins.

Dans une collaboration américano-britannique

Les Américains arrivent trop souvent en terrain conquis et il faut rééquilibrer les tensions. Il y a souvent accord sur le fait de parler rapidement d'argent, de délais et de contrat. Par contre, il y a désaccord sur la forme car les Américains veulent souvent aller trop vite et passent au-dessus de détails pourtant importants dans le projet. Les points de frictions apparaissent souvent à ce moment-là.

◆ L'Inde...

L'histoire entre ces deux nations pourrait laisser supposer que l'Inde et le Royaume-Uni réalisent des échanges économiques importants, or il n'en est rien. L'histoire entre ces deux nations pourrait laisser supposer que l'Inde et le Royaume-Uni réalisent des échanges économiques importants, or il n'en est rien. Le Royaume-Uni est le 16ᵉ fournisseur de l'Inde alors que l'Inde est le 22ᵉ fournisseur du Royaume-Uni. L'Inde est le 11ᵉ client du Royaume-Uni avec 7 milliards d'euros et le 11ᵉ fournisseur avec 8 milliards en 2011[85].

85 Source *Guardian*.

◆ ... et les Indiens

Le passé colonial fait que la diaspora indienne est importante en Angleterre. Les Indiens sont perçus comme de gros travailleurs (mais seulement en Angleterre) pour s'en sortir et réussir. Leur entre aide entre membres de mêmes familles est exemplaire. Les Britanniques ont encore l'image de Gandhi qui a eu une intelligence hors du commun pour arriver à ses fins et faire de l'Inde un pays totalement indépendant. Ce sont des gens très forts dans les services avec un anglais dont l'accent prête à sourire. Mais c'est un pays encore très pauvre et très sale avec un accès aux soins extrêmement limité. Ils trouvent également leur nourriture souvent malodorante.

Les points appréciés par les Britanniques sont :

- Les Indiens sont des personnes gentilles et courtoises.
- Ils sont paisibles dans leurs relations et ne cherchent pas de problèmes avec les Anglais. Les médias anglais parlent rarement des Indiens car ils se font discrets.

Les points de différence sont :

- Certains Indiens sont très égoïstes et qu'ils ne s'aident qu'entre eux.
- Ils sont assez menteurs surtout dans le domaine du commerce.
- Ils sont parfois paresseux et peu passionnés parce qu'ils font.
- Ils font rarement confiances et abusent des autres à chaque fois qu'ils ont le dos tournés.

➭ Dans une collaboration Indienne et Britannique

Il faut prendre en compte les religions et les origines de ses interlocuteurs. L'image des Indiens est différente s'ils sont Hindous ou Musulmans, ces derniers étant plus rigides dans leurs façons de pensée. Attention à ne pas montrer une quelconque forme de supériorité. Les Indiens attendent une forme de simplicité et une relation vraie. Des échanges fréquents par courriel mais surtout par téléphone faciliteront le déclenchement de la confiance.

◆ L'Allemagne...

L'Allemagne est le deuxième partenaire commercial du Royaume-Uni après les États-Unis. La balance commerciale avec l'Allemagne est déficitaire de 20,9 milliards d'euros en 2005. Alors que les entreprises allemandes ont augmenté de 6,2 milliards d'euros en chiffres nets leurs investissements, les Britanniques ont fait l'inverse en réduisaient les leurs de 3,4 milliards. Le Royaume-Uni est le troisième partenaire commercial de l'Allemagne, après les États-Unis et la France. L'Allemagne est le 2e client du Royaume-Uni. (33 047 millions d'euros 2011) et le premier fournisseur (49 328 millions d'euros en 2011)[86].

◆ … et les Allemands

Les Britanniques sont mitigés quant à la vision des Allemands. Une partie des Britanniques pense que les Allemands n'ont aucun sens de l'humour. Elle associe encore les Allemands à la partie sombre de son histoire : Hitler, la seconde guerre mondiale et l'Holocauste. L'autre partie, majoritaire, a une vision beaucoup plus positive. Pour elle, l'Allemagne est un pays propre et bien organisé, avec des villes très dynamiques.

Les managers allemands sont perçus comme des personnalités rudes, sans humour mais très structurées dans leur gestion. Ils sont aussi de très gros consommateurs de bière, notamment la bière allemande dont les Anglais raffolent.

Les points appréciés par les Britanniques sont :

- Les Allemands sont des personnes propres et très ordonnées.
- Elles sont précises dans leur façon de travailler.
- Elles sont aussi très respectueuses de l'environnement.

Les Allemands sont des personnes très amicales et accueillantes. Leur générosité, leur hospitalité et leur gentillesse, davantage lorsqu'elles sont seules qu'en groupe, sont des qualités incontestables pour les Britanniques.

Les points de différence sont :

- Les Allemands sont souvent des personnes très directes et peu diplomates.
- Elles manquent souvent de tact et de finesse.

Dans une collaboration germano-britannique

Les Allemands doivent plus travailler la forme que le fond alors que c'est l'inverse pour les Britanniques. Pour paraître un peu moins « lourds », les Allemands devraient avoir un peu plus de tact et de retenue, une meilleure écoute de son interlocuteur avec une recherche d'accord sincère.

86 Source : *Guardian.*

◆ La Russie...

La Russie est le 15e client du Royaume-Uni avec 4,6 milliard d'euros et le 13e fournisseur avec 7,6 milliards d'euros en 2011[87].

◆ ... et les Russes

Les Britanniques pensent que la Russie est un pays gris et froid, aux villes poussiéreuses à l'image de Moscou. Néanmoins, ils trouvent que la Russie est un pays unique grâce à son impressionnante architecture et son histoire culturelle, avec ses nombreux compositeurs de musique classique et ses grands écrivains.

Cependant c'est une population qui porte encore les stigmates de l'oppression des anciens dirigeants communistes et qui tendance à suivre ces types de comportements de nature autoritaire et démoniaque. En ce qui concerne la politique, la Russie n'est qu'un pays corrompu notamment par le gouvernement mais aussi par la mafia à tous les niveaux hiérarchiques. L'assassinat, sur le sol anglais, de l'ancien espion russe Litvinenko en novembre 2006 n'a fait que renforcer cette impression.

Les points appréciés par les Britanniques sont :

- Les Russes sont des personnes pleines d'esprit et d'intelligence.
- Ce sont des personnes engagées qui s'impliquent fortement dans l'action.
- Et enfin, ils admirent respect des femmes russes pour leurs maris.

Les points de différence sont :

- Les Russes sont assez égoïstes et jugent souvent les autres sans les connaître.
- Ils sont souvent cyniques et froids dans les relations. Ils les perçoivent comme des gens méfiants, pas ouverts sur l'étranger voire mêmes racistes.
- Et enfin, c'est un peuple fortement porté sur la vodka (sûrement pour oublier les conditions dans lesquelles ils vivent).

➪ Dans une collaboration russo-britannique

Il ne faut pas s'offusquer des manières parfois brutales des Russes. Le contrat devra être le plus complet possible pour ne pas avoir de surprises ensuite. Bien que les Russes tiennent leur parole, on mettra en place un paiement échelonné pour valider au plutôt leur solvabilité.

87 Source : *Guardian*.

◆ En conclusion

Par leur façon de penser et de faire, les Britanniques se sentent proches des Américains et des Allemands dans les affaires. Leur mode de fonctionnement, lié à la logique économique et financière, semble être le liant essentiel pour se rapprocher des pays émergents comme l'Inde et la Chine. Leurs relations avec les Français ont toujours été ambiguës, ils sont proches et loin à la fois, surtout en ce qui concerne leur lecture du monde.

Les Russes et les Japonais ont un fonctionnement totalement différent et les relations sont encore plus complexes. Cependant, leur développement économique impose une meilleure fluidité dans les relations futures.

13.7 Welcome to France

Qu'il s'agisse d'un déplacement d'un ou de plusieurs jours, comment gérer un Britannique en visite dans notre pays ?

13.7.1 La préparation

Un des premiers points à ne pas négliger pour travailler avec un partenaire Britannique est de maîtriser l'anglais. Très peu de Britanniques parlent le français et l'anglais étant considéré comme langue universelle, ils ne feront pas d'effort pour communiquer. Pire encore, comme les Américains, si vous leur faites répéter une phrase que vous n'avez pas comprise, ils la répéteront, à la même vitesse et avec les mêmes mots.

Une bonne préparation est cruciale. Obtenir des informations sur son interlocuteur à travers Internet, Ubifrance ou d'autres sociétés connexes à l'activité de l'entreprise ciblée, facilitera les contacts et évitera les mauvaises surprises.

Il est bien vu de toujours confirmer la date et l'heure précise du rendez-vous et l'ordre du jour 48 heures avant. Cela montre l'organisation et le sérieux de l'entreprise, tout en inspirant les prémisses de la confiance. Les courriels et les appels ne seront donc jamais superflus avant de se rencontrer.

13.7.2 L'accueil

Il est de bon ton de commander un taxi et de prendre en main ses hôtes dès la descente de l'avion, ou du train, afin que ceux-ci n'aient pas à chercher leur destination.

Arrivés dans l'entreprise, il est important de présenter les personnes avec lesquelles ils pourront être en relation durant leur séjour. L'échange des cartes de visite, avec les numéros de téléphone directs et les portables, rapprochera les contacts.

Respectez la discrétion, la politesse, et leur *fair-play* associé à leur besoin de distance, sans toutefois les laisser trop longtemps seuls. Il faut savoir parler de tout et de rien avant d'aborder les points clés de la discussion. N'oubliez pas les pauses avec le thé, c'est sacré... Il est de bon ton, de les laisser seuls quelques minutes pour qu'ils puissent échanger entrent eux leurs premières impressions

13.7.3 Les repas d'affaires

Vos hôtes s'attendent à ce que vous vous occupiez d'eux tout au long du séjour. Il faudra les inviter midi et soir afin de développer une relation de travail efficace. Le repas d'affaire s'organise généralement le soir et non le midi. Le midi étant plus considéré comme une pause qu'un véritable déjeuner. Pour ce dernier, le temps standard est de trente à quarante cinq minutes avec un sandwich ou un plat chaud et un dessert (type barre chocolatée). Les plateaux-repas sont aussi très communs. Cette pause déjeuner peut tout à fait avoir lieu à la cafétéria de l'entreprise, sans que qui que ce soit se sente offusqué, au contraire, elle prouvera même une efficacité dans le travail.

13.7.4 Que faire de ses hôtes anglais le soir ?

Il est judicieux de les ramener à l'hôtel est de leur laisser un peu de temps pour se délasser et se préparer. Cependant, il faut éviter de leur donner un rendez-vous après 19 heures, puisqu'avant tout repas d'affaire, la tradition veut que vous alliez boire une bière ensemble dans le bar de leur hôtel, ou plus rarement dans un bar à l'extérieur. L'heure de rendez-vous idéale est 18 heures 30 pour une réunion qui ce sera terminée tôt, tout du moins le premier jour, c'est-à-dire vers 17 heures, voir même avant.

Pour le dîner, il est inutile de les inviter dans l'optique de signer un contrat. Les contrats ne se signent qu'exceptionnellement sur une table de restaurant car les décisions sont souvent discutées en haut lieu avant toute réponse définitive...

Ce dîner se doit simplement d'être plus informel et permet de tisser des liens personnels. Il est judicieux de choisir un restaurant où les cartes des menus existent aussi en anglais, ou encore, sont facilement traduisibles.

Depuis la crise de la vache folle, 12 à 15 % des Britanniques sont devenus végétariens. Il conviendra donc de se renseigner sur les goûts alimentaires de ses interlocuteurs, le matin pour le soir.

En général, les Britanniques n'aiment pas les abats, les cuisses de grenouilles, les escargots, les huîtres et les fruits de mer. D'une part, parce qu'ils ne savent pas comment cela se mange ce qui peut provoquer une certaine gêne, d'autre part parce le goût ne leur semble pas souvent appétissant. *A contrario*, les restaurants exotiques de type indien, pakistanais ou encore asiatiques d'un assez haut standing sont souvent les bonnes cibles.

En France, ils apprécient le vin et aiment généralement en déguster de nouveaux. Vous pouvez leur offrir une bouteille à la fin du séjour, ou leur indiquer une bonne adresse proche de l'hôtel, ce sera toujours une attention bien appréciée.

Le dîner ne doit pas s'éterniser après 23 heures. Ce timing aura même été délimité lors de la réunion pendant la journée pour montrer à quel point vous êtes organisé (ce qui est exactement le contraire de la perception qu'ils peuvent avoir des Français).

14
La force par la norme

On mesure l'intelligence d'un individu à la quantité d'incertitudes qu'il est capable de supporter.

Emmanuel Kant

Les Allemands sont souvent représentés dans leur costume Bavarois avec le ventre bien rond, la chope de bière dans une main et la saucisse dans l'autre. Cette représentation incarne à la fois le bon vivant, le besoin de vivre ensemble et de s'apprécier. Mais ne nous y trompons pas, l'Allemagne est d'abord un pays qui a le goût du travail bien fait et des produits de qualité, le sens de la discipline et le respect des procédures. Ce goût pour l'ordre et la perfection la place aujourd'hui comme un producteur de biens reconnu mondialement et elle est devenue, en quelques décennies, un acteur économique majeur dans le commerce mondial.

14.1 Des États disparates à la force d'une nation

Depuis le Moyen-âge, l'Allemagne a toujours été constituée de plusieurs États plus ou moins indépendants et autonomes, de par leur culture, leur histoire et leur religion. Son histoire est donc complexe puisque, avec une forte disparité politique, économique et culturelle, son territoire a fortement varié au fil du temps.

Cependant en 1871, seize États parlant la même langue germanique décident de s'unifier pour former la Prusse. L'Allemagne devient alors une nation.

14.1.1 La Première guerre mondiale

L'Autriche et la Hongrie, alliées à l'Allemagne depuis 1879, déclarent la guerre à la Serbie en juillet 1914 après l'assassinat, à Sarajevo, de l'héritier du trône autrichien François Ferdinand. Les Allemands déclarent aussi la guerre à la France et à la Russie, puisque la France soutient la Serbie et que la Russie et l'alliée de la France.

C'est le début de la première guerre mondiale. Ce sera une guerre de tranchées atroce dans des conditions très difficiles, de boue, de famines avec des généraux qui font des erreurs de commandement majeures et qui considèrent leurs hommes comme de la chair à canon. La guerre dure quatre ans et cause 21 millions de victimes dont 13 millions de civils !

Finalement, Mathias Erzberger, dirigeant politique allemand, propose au Reichstag une motion de paix et ratifie l'armistice le 11 novembre 1918.

À partir de 1919, Adolf Hitler qui prône une doctrine raciste et nationaliste en promettant de développer son pays et en donnant du travail en priorité aux Allemands. Les Nazis accusent les juifs de la défaite de la première guerre mondiale à travers différents complots qui se seraient mis en place, pendant le conflit, pour les faire perdre.

14.1.2 La montée et la chute du nazisme

Hitler est nommé chancelier le 30 janvier 1933. L'année suivante, il devient à la fois Chancelier et Président et prend le titre de Führer (chef, guide) de l'Allemagne. À son arrivée au pouvoir, il abolit les libertés démocratiques et les partis de l'opposition.

Pendant six ans, il prépare l'Allemagne à la seconde guerre mondiale. Il édicte des lois, prônant la discrimination envers les juifs et d'autres minorités étrangères comme les Tsiganes et les gitans.

Après avoir annexé l'Autriche en mars 1938 et placé la Tchécoslovaquie sous son protectorat, l'Allemagne débute la seconde guerre mondiale en envahissant tout d'abord la Pologne le 1er septembre 1939. En s'appuyant sur le gouvernement nazi, il instaure un véritable génocide : la Shoah. Ses méthodes sont radicales et les camps de concentrations fonctionnent jour et nuit.

En s'alliant au Japon et à l'Italie, le 27 septembre 1940, les trois pays forment ce qu'ils appelleront l'Axe Berlin-Rome-Tokyo. Ils prônent l'hégémonie de l'Allemagne sur une grande partie de l'Europe continentale, l'hégémonie de l'Italie sur la Méditerranée et l'hégémonie du Japon sur l'Asie orientale et le Pacifique.

En 1945, grâce au débarquement américain sur le sol normand et aux deux bombes atomiques d'Hiroshima et de Nagasaki, l'Axe est totalement démantelé.

Mais à quel prix ! L'Europe tout entière est détruite avec une estimation de plus 60 millions de morts, militaires et civils, dont 21 millions rien que pour l'Allemagne.

14.1.3 L'Allemagne depuis 1945

L'effondrement du pays, en 1945, marque la séparation de l'Allemagne en deux zones différentes : la RDA, République Démocratique Allemande et la RFA, la République Fédérale d'Allemagne. En 1951, la RFA devient un acteur majeur avec la France, l'Italie et la Belgique de la fondation de la première communauté européenne du charbon et de l'acier (la CECA). En 1990, l'Allemagne est réunifiée et devient la République Fédérale d'Allemagne avec pour capitale Berlin.

14.2 Les points essentiels à connaître sur l'Allemagne

14.2.1 La politique

L'Allemagne a changé de statut avec la chute du communisme et la réunification de son pays. L'ouest est habitué à l'économie de marché alors que l'est la découvre. L'harmonisation est difficile et des disparités persistent encore. Malgré tout, l'Allemagne réunifiée est au cœur de l'Europe et sa puissance économique de tout premier rang lui permet d'aider les États de l'est à acquérir une certaine stabilité politique. Elle a introduit différentes politiques d'investissements économiques telles que les PECO (pays d'Europe centrale et orientale regroupés sous une même entité depuis les années quatre-vingts).

14.2.2 La démographie

La population allemande est de 81 millions d'habitants dont 8,5 % d'étrangers. L'Allemagne est l'un des pays les plus peuplés d'Europe avec une densité de 231 habitants par km² contre 112 en France. La population est plus nombreuse à l'ouest qu'à l'est. Les concentrations urbaines sont : la Rhénanie du Nord Westphalie avec 18 millions d'habitants, la Bavière avec 12 millions d'habitants, et Bade-Wurtemberg avec 10,5 millions d'habitants. La population est urbaine à hauteur de 74 %, mais aucune ville n'a vraiment le monopole économique ou politique comme à Paris, Londres, ou encore Pékin et Moscou. Berlin devrait cependant retrouver toute sa place dans la décennie à venir. L'Allemagne a un taux de natalité très faible (8,33 %) et sans l'immigration, turque, polonaise, danoise ou encore russe, sa population serait décroissante depuis les années quatre-vingts. Il y a peu de naissances hors mariage et une politique familiale incitative inexistante. Le faible nombre de crèches et d'écoles maternelles décourage les couples d'avoir un enfant[88].

14.2.3 La géographie

De par sa situation géographique, l'Allemagne occupe une place centrale au sein de l'Union européenne. Les paysages sont variés selon les régions. Il y a beaucoup de plaines au nord, des montagnes anciennes à altitude peu élevée au centre, et un massif alpin au sud mais sur une faible partie du territoire. Les axes routiers sont très bons même s'ils sont souvent encombrés compte tenu de la forte densité de la population.

Le pays est plus proche du cercle polaire que de l'équateur. La plus grande partie du pays bénéficie d'un climat tempéré et frais, avec des vents humides provenant du nord-ouest. Au nord et nord-ouest, le climat est de type océanique, avec des précipitations régulières tout au long de l'année. Les hivers sont plutôt doux et les étés frais, à part à l'est, où le climat est quasi continental. Les hivers y sont rudes et longs alors que les étés sont assez chauds.

14.2.4 Langues et religions

L'allemand est la langue maternelle de 92 % de la population, d'où une grande homogénéité linguistique. D'autres langues comme l'italien, l'arabe, le turc et le grec sont présentes sur le territoire. De nombreux Allemands parlent aussi différents dialectes. Le nord de l'Allemagne est majoritairement protestant.

88 https://www.cia.gov/library/publications/the-world-factbook/geos/gm.html

Au sud et à l'ouest se trouvent des catholiques, surtout en Rhénanie, au sud du Bade-Wurtemberg et en Bavière. L'est de l'Allemagne est principalement sans confession.

14.2.5 La gastronomie

Les repas allemands sont généralement composés d'un petit-déjeuner copieux avec du café, du thé, du fromage et de la charcuterie. Le déjeuner est assez léger avec un plat unique. Le dîner est plus riche avec de la charcuterie et du fromage.

Quelques spécialités culinaires :

- *Wurstsalat* : salade de saucisses de Strasbourg, poireaux, oignons ;
- *Leberknodelsuppe* : soupe aux quenelles de foie de veau ;
- Salade de *rollmops* : salade de harengs, pommes de terre, cornichons ;
- *Knödel* de pommes de terre : boulettes de pommes de terre, épices ;
- *Apfelstrudel* : gâteau feuilleté pommes, raisins, cannelle ;
- *Gulasch* : ragoût de bœuf au paprika.

Quelques boissons typiques :

- La bière : l'Allemagne est le pays de la bière et il en existe de nombreuses variétés et une fête annuelle qui lui est dédiée.
- Les eaux minérales : l'Allemagne possède de très nombreuses eaux minérales gazeuses appelées *sprudel*.
- Et enfin : le *schnaps*, le café viennois et la liqueur d'abricots de la région de Wachau.

14.2.6 Des fêtes à en perdre la tête

◆ Pâques, un deuxième Noël pour les Allemands

Les Allemands attachent une grande importance à la fête de Pâques. Les maisons et les boutiques allemandes sont pratiquement toutes décorées. Pâques commence le jeudi Saint et les gens mangent des « plats verts », puis du poisson le vendredi et enfin de l'agneau le dimanche. Comme en France, les enfants s'amusent à chercher les œufs en chocolat dans les jardins. En Allemagne ce ne sont pas des cloches mais un lièvre qui cache les œufs. En Bavière c'est un coq, en Thuringe c'est un renard et dans la région de Hanovre c'est un coucou.

◆ Les fêtes nationales

Étant donné la nature fédérale de l'Allemagne, les jours fériés et les fêtes sont différents selon l'état fédéré considéré.

- le 3 octobre : fête nationale, jour de l'unité allemande ;
- la grande fête de la bière, de mi-septembre au premier dimanche d'octobre ;
- la fête du printemps le 1er mai : manifestation la plus gaie et la plus importante de l'ex-RDA ;
- le marché de Noël, dans de nombreuses villes durant tout le mois de décembre ;
- les carnavals rhénans et alémaniques, en février à Düsseldorf, Cologne, Bonn et Mayence ;
- le Rhin en flammes : entre mai et septembre, les rives et coteaux du Rhin romantique, Bonn et Mayence s'embrasent sous les lumières des bateaux illuminés.

◆ Les jours fériés

- le 1er janvier : le jour de l'an ;
- le 6 janvier : les Rois Mages, jour férié en Bade-Wurtemberg, Bavière, Saxe-Anhalt ;
- le 29 mars : vendredi Saint ;
- le 31 mars et le 1er avril : Pâques ;
- le 1er mai : fête du travail ;
- le jeudi de la sixième semaine après Pâques ;
- le 27 et 28 mai : Pentecôte ;
- le 7 juin : Fête-Dieu, jour férié en Bade-Wurtemberg, Bavière, Hesse, Rhénanie du Nord Westphalie, Rhénanie-Palatinat, Sarre ;
- le 8 août : Fête de la paix, férié dans la ville d'Augsbourg ;
- le 15 août : Assomption, férié en Bavière et en Sarre ;
- le 31 octobre : Fête de la Réformation, férié en Brandebourg, Mecklembourg-Poméranie occidentale, Saxe, Saxe-Anhalt, Thuringe ;
- le 1er novembre : Toussaint, jour férié en Bade-Wurtemberg, Bavière, Rhénanie du Nord-Westphalie, Rhénanie-Palatinat, Sarre ;
- le 20 novembre : Jour de Pénitence et de Prières, jour férié en Saxe ;
- le 25 et 26 décembre : Noël.

14.3 L'Allemagne, premier exportateur mondial[89] !

L'Allemagne est devenue l'un des piliers de l'Europe. Elle cherche de plus en plus à se rapprocher des pays d'Europe de l'Est en y délocalisant une partie de sa production.

La durée du travail, bien que plus importante qu'en France, est limitée à 40 heures. L'Allemagne développe des relations économiques fortes avec la Chine et l'Inde. Les investissements directs sont quatre fois supérieurs à ceux de la France et les Chambres de commerce dans ces pays sont bien fournies en personnel expérimenté.

L'Allemagne représente la première puissance économique de l'Union européenne. Le secteur le plus prisé du commerce extérieur est l'industrie et en particulier les machines outils. Les exportations de ce secteur se situent à hauteur de 84 % des exportations totales.

14.3.1 L'objectif, rien que l'objectif

Les Allemands communiquent avec des objectifs clairs et précis. Ils favorisent la rigueur dans leur propos et ce n'est pas un hasard si leurs normes DYN ou TU sont reconnues mondialement.

Ce mode de fonctionnement construit des relations strictes mais relativement transparentes. Les journées de travail sont studieuses et sérieuses. L'humour a du mal à trouver sa place dans cette façon de procéder et les sourires sont rares.

Bien que relativement collectifs dans leur propre organisation sociale, les Allemands ont un profil autoritaire (*cf.* figure 14.1) avec de fortes notions d'objectifs. Ils sont plus basés sur un mode de fonctionnement « moi je » et ils n'ont pas réellement besoin des autres pour se montrer ou exister.

Ils sont réceptifs à un argumentaire solide et motivé et cherchent en permanence une cohérence et une précision dans les propos. Pour gagner leur confiance et les convaincre, il faut adopter un comportement rationnel et factuel sans trop de fioritures.

Ils aiment organiser, prévoir et ne changent pas facilement de direction quand tout est planifié. Ils attachent une grande importance à la constance

89 Source : ministères des Affaires étrangères français et allemands.

et au respect des priorités. La répartition précise des tâches et l'organisation par processus les rassurent.

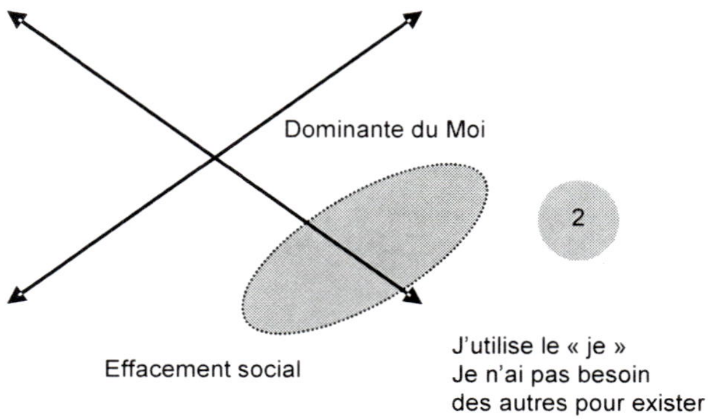

Figure 14.1 Profil social de l'Allemand

Pour suivre une formation de manager commercial dans une entreprise internationale par exemple, il vous faudra revenir sur les fondamentaux de la vente avant d'évoquer les fondamentaux du management. Une formation au management durera donc le double de temps d'une formation classique et de nombreux Français perdraient patience.

Mais cette lourdeur et cette soi-disant perte de temps, permettent de valider le fait que tous les participants ont compris les fondamentaux de la vente qu'ils doivent faire respecter à leurs subordonnés. Tous les individus sont ainsi sur la même longueur d'onde et il n'y a pas de dérive. Il n'est pas rare, après une formation de ce type, que chaque stagiaire reparte avec un classeur de plus de 1 000 pages pour seulement quelques jours de formation.

14.3.2 Une ponctualité à la seconde près

Les Allemands ont une conception particulière du travail. Il ne s'agit pas de perdre son temps avec de longues pauses, des réunions interminables ou encore des déjeuners à « rallonge ». Le travail doit être rentable par le temps qui lui est accordé.

Si le travail est un élément fondamental dans la vie d'un Allemand, les loisirs le sont tout autant. Il s'agit alors de travailler de façon efficace pour dégager du temps pour sa famille et ses loisirs. Depuis la plus petite enfance et à l'école déjà, l'Allemand a appris l'harmonie, l'équilibre entre vie privée et vie professionnelle. Il répartit son temps de travail et son temps de loisirs, de façon à ce qu'aucun des deux n'empiète sur l'autre. Rare est celui qui reste ainsi tard le soir au bureau. Un repas d'affaires qui s'éternise est pour lui improductif et l'idée de prendre son temps au déjeuner pour le rattraper le soir n'est pas concevable.

Les Allemands respectent scrupuleusement les horaires et les délais. Ils sont donc très linéaires dans leur organisation du temps et il existe un fort cloisonnement entre chaque activité. Cette rigueur supprime et empêche le report de tâches, qui sont planifiées bien à l'avance.

L'essentiel de la culture allemande est basé sur la planification des activités et la gestion du temps. Travailler trop, c'est ne pas être capable de gérer son temps, ne pas travailler assez, c'est montrer un manque de sérieux et du laisser-aller.

Ce qu'un Allemand apprécie :

- être reconnu comme le spécialiste en la matière ;
- être considéré comme fiable par ses pairs ;
- avoir des idées utiles, qui pourront être source de profits ;
- systématiser et standardiser par des processus ;
- éliminer dès le départ les risques et disposer de solutions prêtes à l'emploi.

Ce qu'un Allemand craint :

- un environnement instable avec un risque d'événements imprévus ;
- les supérieurs qui donnent des directives équivoques ;
- des partenaires difficiles à cerner ;
- avoir à rendre des comptes.

14.4 Du professionnalisme dans le fond et dans la forme

La notion de succès pour les Allemands est la suivante :

- atteindre un objectif conformément au plan défini en amont ;
- réaliser quelque chose d'utile pour sa société et ensuite pour soi ;
- améliorer la qualité d'un produit ou d'une prestation à travers une nouvelle façon de faire.

Alors que les Français ont tendance à vouloir créer un climat de confiance au début de la rencontre pour pouvoir se faire apprécier et détendre l'atmosphère, les Allemands repousseront ces « avances » pour entrer dans le vif du sujet. Toutes les tentatives de séduction pour créer des relations personnelles en abordant des sujets non professionnels iront à l'encontre de l'effet attendu. Les Allemands mesurent l'efficacité d'un partenaire par l'aspect productif qu'il va faire percevoir et non par sa capacité de séduction.

Avec les Allemands, entrez rapidement dans le vif du sujet. Présentez un ordre du jour, les différentes phases et les objectifs qui devront être atteints à la fin de la rencontre. Faites des phrases courtes et précises.

Prévoyez une documentation technique avec une description complète des produits ainsi qu'une étude de la concurrence allemande si possible. Montrez les points différenciateurs, expliquer la qualité du SAV, la garantie. Apportez des tests quantifiés avec des résultats probants. Prouvez vos arguments par une liste de clients satisfaits. Et enfin, si cela est possible, parlez de la notion de recyclabilité ou des aspects positifs des produits face à l'environnement.

Les Allemands sont méfiants dans les négociations. Ils montrent rarement leurs émotions et ne font pas d'esclandres pour « jouer » avec la partie adverse. Au contraire, ces « artifices » qu'ils considèrent « latins » pour déstabiliser la partie adverse ne sont pas appréciés par la culture germanique.

Il s'agit, dans la plupart des cas, d'adopter un franc-parler avec une transparence sur l'objectif à atteindre en commun. Attention cependant à ne pas être trop technique car chaque collaborateur a une place bien déterminée dans l'organigramme allemand. Les experts parlent entre eux, tout comme les commerciaux ou encore, les Directions. Un commercial qui parle trop « technique » devient expert sans l'être vraiment et les Français sont souvent perçus comme trop généralistes.

Afin de ne pas se laisser déstabiliser par des questions trop techniques, il vaut mieux être accompagné de collaborateurs spécialistes plutôt que de vouloir sortir de son cadre de références, d'autant plus qu'une fois les décisions prises, il sera difficile d'en changer.

S'il n'y a pas de syntonie entre les deux entreprises, les entretiens seront sans suite car la dimension d'équilibre est importante et le « gagnant-gagnant » a ici, tout son sens. Cependant un Allemand achètera toujours plus à une entreprise qu'à un homme car c'est le produit avec sa technologie qui prime et non la relation affective.

Les interlocuteurs allemands ne seront intéressés que s'il y a apport d'une valeur ajoutée certaine. Si c'est le cas, ils sauront très réactifs et voudront s'accorder rapidement sur l'offre en termes de prix, de délais et de livraison. Un contrat avec des clauses multiples et détaillées formalisera les accords. Les délais de paiement seront courts, souvent à trente jours nets.

Et enfin, attention aux engagements pris car ils n'hésiteront pas une seule seconde à faire appliquer les clauses du contrat si nécessaire. Mais cette ténacité est aussi valable pour eux, ce qui en fait des partenaires fiables, efficaces et agréables dans la collaboration puisque très professionnels.

14.4.1 La préparation à la rencontre

Afin d'effacer les points de différences entre les cultures, nous avons précédemment vu que nous devons être en mesure de surprendre favorablement les Allemands. Pour la culture française par exemple, ce sera :

- d'être à l'écoute et de prendre positivement ce qui est dit ;
- de ne pas chercher à avoir raison tout le temps en se justifiant ;
- d'être plus fiable en annonçant ce qui va être fait et en le faisant réellement ;
- d'être à l'heure exacte et très précis sur les objectifs ;
- de faire ce qui est dit par la hiérarchie sans forcément la contester de façon systématique ;
- d'être ordonné au quotidien.

Même si beaucoup d'Allemands parlent Anglais, la langue préconisée est l'Allemand. Si cette langue n'est pas maîtrisée, il est nécessaire de prendre un interprète qui aura été testé auparavant.

Avant de rencontrer le partenaire, il faut veiller à prendre un maximum de renseignements sur lui. Attention à utiliser la bonne dénomination de leur titre, car les Allemands attachent une grande importance au niveau hiérarchique. Toutes les communications par courriel ou par fax seront faites de façon professionnelle, sur traitement de texte et surtout sans faute. Ils sont extrêmement exigeants sur la qualité d'une façon générale.

Les Allemands n'aimant pas l'improvisation, ils attendent de nous des interventions préparées. Tous les éléments techniques devront être parfaitement maîtrisés : vidéoprojecteur, documents, échantillons... Les Allemands recherchent la qualité et ce comportement se reflète jusqu'à dans leur voiture !

Préparez-vous à tout car les Allemands sont souvent figés et vous demanderont de vous adapter à leurs choix. Ils pourront parfois acquiescer sur les propositions venant de l'extérieur mais finiront par avoir le dernier mot : soit en acceptant à condition que... soit en faisant mine d'écouter et en continuant sur leur lancée. C'est souvent la deuxième option qui est engagée.

14.5 Les perceptions croisées

◆ La notion de perception

Il est important de bien comprendre le fonctionnement des Allemands dans leur façon de percevoir les autres cultures. L'intérêt de cerner cette perception est de pouvoir les surprendre par des actes conformes à leurs attentes dans le milieu professionnel et non à la vision qu'ils peuvent avoir de la culture en question. L'objectif est donc de leur faire vivre une expérience qui déclenchera, à coup sûr, une collaboration fructueuse et sincère.

Pour cela, reportez-vous directement à la perception de la culture qui vous concerne puis passez à la conclusion de ce chapitre.

◆ La France...

La France est un partenaire commercial majeur. Le volume des échanges, en 2011, a atteint 201 milliards d'euros avec 118 milliards d'euros pour les exportations allemandes et 83 milliards d'euros pour les importations en provenance de la France, soit une balance excédentaire de 35 milliards pour l'Allemagne. 2 700 entreprises allemandes sont implantées en France et 1 400 sociétés françaises le sont en Allemagne[90].

Les importations de voitures françaises ont reculé, alors que les producteurs allemands ont augmenté leur part de marché dans l'hexagone. Il en est de même pour les importations françaises qui sont de moins en moins importantes avec une baisse moyenne annuelle de près de 4 %.

Cependant, les relations entre l'Allemagne et la France sont très bonnes depuis la réconciliation historique qui a suivi la Seconde guerre mondiale.

90 « L'allemand est un atout pour vos enfants », Lettre ouverte de Klaus Wowereit, maire de Berlin (2007).

Le rapprochement est devenu de plus en plus visible avec des décisions communes telles que le Traité de la CECA en 1951, le traité de coopération franco-allemande en 1963, les gestes de réconciliation entre François Mitterrand et Helmut Kohl en 1984 et enfin le « Non » commun de Jacques Chirac et Gerarht Schröder à Georges Bush, face à l'engagement de la guerre en Irak.

◆ ... et les Français

Les Allemands ont une vision très partagée sur ces Français qui possèdent un pays avec des paysages et une gastronomie sans pareils. La France est perçue comme un pays de liberté où tous les individus peuvent s'exprimer, mais c'est aussi le pays des grèves et des manifestations permanentes. Les Français sont des gens sympathiques et charmants, mais qui sont très chauvins et qui manquent cruellement de professionnalisme et de sens des responsabilités. Pour cela, le syndicalisme français n'est pas apprécié par le syndicalisme allemand car il est trop réactionnaire et semble bloquer le pays pour détruire l'économie du pays plutôt que de chercher l'équité entre ouvriers et patrons. À ce titre, les Allemands trouvent que les Français sont plutôt impulsifs et parfois surprenants dans leur façon d'agir.

Les points appréciés par les Allemands sont :

- Les Français aiment les défis et s'engagent dans l'action avec un esprit fin et créatif.
- Ils sont très souples et peuvent changer d'orientation facilement.
- Ils possèdent un art de vivre indéniable avec une élégance raffinée.

Les points de différence sont :

- Les Français sont très chauvins et souvent arrogants par leurs croyances universelles. Ils sont souvent donneurs de leçons alors qu'ils ne les respectent pas eux-mêmes.
- Ils se croient tout permis et sont peu fiables, surtout sur les horaires et les objectifs.
- Ils n'ont aucun respect envers les consignes fixées par leurs supérieurs et il en découle souvent des projets mal ficelés qui n'aboutissent à rien.
- Ils sont peu respectueux de leur environnement et les villes sont, de ce fait assez sales.
- Et enfin, ils sont assez fainéants avec leurs 35 heures et leurs RTT.

Dans une collaboration germano-française

Il faut imposer des règles aux Français pour être sûr d'arriver au résultat attendu. Il faut les cadrer en vérifiant à la fois les méthodes et les objectifs. Des réunions de travail préparées avec un ordre du jour sont nécessaires pour éviter des réunions stériles sans objectifs précis comme ils ont souvent l'habitude de les faire.

Par leur culture « produit », les Allemands sont très cartésiens dans leur façon d'appréhender les différents marchés mondiaux. Ils auront tendance à vendre un produit en étant directs, en parlant relativement peu et surtout, en mettant l'accent sur les avantages techniques et la qualité du produit. La relation et le développement économique sur le marché sont soutenus par la puissance du produit mais pas des hommes. Les relations humaines sont rarement chaleureuses dans la chaîne de distribution.

Les Français auront davantage une culture marketing que produit. Ils mettront l'accent sur des options, des gadgets en mettant en exergue les avantages que pourront apporter ces périphériques.

Cependant, après quelques réunions et aussi surprenant que cela puisse paraître, les deux cultures s'accordent et les Allemands délèguent facilement par la suite.

◆ Le Japon…

La balance commerciale est déficitaire pour l'Allemagne. Les exportations sont deux fois plus faibles que les importations (16 milliards d'euros exportés pour 27 milliards importés en 2006). Bien que les échanges soient relativement faibles par rapport à la Chine, le Japon est le deuxième partenaire commercial après la Chine, en Asie.

◆ … et les Japonais

La culture japonaise est, tout comme la culture chinoise, totalement opposée à la culture allemande avec une façon de penser très différente. Mais le Japon n'est plus considéré comme un pays copieur de brevets. Il est aujourd'hui novateur dans de nombreux domaines technologiques. Ce sont des individus sérieux et rigoureux ce qui n'est pas pour déplaire à la culture allemande. Cependant les relations manquent de transparence et la communication directe est difficile. Les Allemands ne savent pas comment gérer les codes complexes des systèmes hiérarchiques japonais et cela peut être un frein au développement de leur business.

Les Japonais sont très nationalistes avec une culture ludique. Ce sont des personnes très souriantes, très polies, travailleuses et dévouées dans leur travail.

Les points appréciés par les Allemands sont :

- Les Japonais sont matérialistes. Ils sont demandeurs de produits de qualité et n'hésitent pas à y mettre le prix.
- Ils possèdent un code « d'honneur » qui garantit la parole donnée dans les contrats.
- Ils sont pointilleux dans leurs écrits.
- Ils ont un profond respect des personnes avec lesquelles ils travaillent.

Les points de différence sont :

- Ils n'ont pas une transparence de communication qui permet d'avoir une lecture claire de la relation.

Dans une collaboration germano-japonaise

Il faut sans cesse interpréter les signes qui sont envoyés. Parler moins pour écouter plus et surtout être moins direct dans ses propos. Les travaux de groupe doivent être harmonisés car le travail de groupe est toujours privilégié par rapport au travail individuel. Il faut être en accord sur les écrits qui seront généralement nombreux des deux côtés.

◆ La Chine...

Les relations économiques germano-chinoises ont connu un essor fulgurant. En 1972, les exportations allemandes atteignaient tout juste 186 millions d'euros, elles s'élèvent en 2011 à 55 milliards d'euros. Quant aux importations en provenance de la Chine, elles se chiffraient à 120 millions en 1972 alors qu'elles ont atteint environ 69 milliards en 2011, soit 575 fois plus ! La Chine est désormais au 8e rang des exportations allemandes. L'Allemagne est le plus grand partenaire commercial européen de la Chine et arrive à la 6e position au niveau mondial. Depuis 1999, l'Allemagne est le pays européen qui investit le plus en Chine. À l'échelle mondiale, l'Allemagne arrive après Hong Kong, les États-Unis et Taïwan. En 2005, les Allemands ont effectué en Chine des investissements directs totalisant environ 8 milliards d'euros. Depuis 2000, les exportations allemandes vers la Chine font un bon moyen de 10 % par an alors que les importations allemandes progressent de 25 %, d'où un déficit chronique qui a tendance à s'amplifier de façon significative avec 14 milliards d'euros en 2011. Les exportations portent essentiellement sur les machines avec leurs installations, les produits électrotechniques, les appareils spéciaux ainsi que les véhicules automobiles.

◆ ... et les Chinois

Les Allemands ont les mêmes appréhensions sur les Chinois que beaucoup d'autres pays. Ils ont peur de leur puissance et leurs importations ne cessent de progresser de façon exponentielle. Cependant, la qualité des firmes allemandes est diamétralement opposée à la qualité des firmes purement chinoises et les Allemands semblent avoir, à ce sujet, encore de beaux jours devant eux. Ils ont beaucoup de mal à cerner les Chinois. Alors que les Allemands ont un fort besoin de planification et de détails, les Chinois suivent les événements comme ils se présentent en s'adaptant au jour le jour à travers une réflexion globale. Il s'agit d'un peuple constitué « de petites fourmis » toujours concentrées en foule et hermétique par rapport aux autres peuples. Ils sont petits avec des coutumes gastronomiques surprenantes. La plupart des épiceries allemandes sont gérées par des Chinois mais les discussions y sont rares. Ils sourient tous le temps pour effacer leur gêne ou leur timidité. Ils semblent aussi avoir un respect de la hiérarchie sans limite et sont donc capables d'obéir un peu à tout et n'importe quoi.

Les points appréciés par les Allemands sont :

- Les Chinois sont très travailleurs et rapides.
- Ils confectionnent encore beaucoup de produits bas de gamme contrairement à la politique de fabrication allemande placée sur des produits de qualité.

Les points de différence sont :

- Ils ne sont pas clairs dans les affaires et tout est donc ambigu.
- Il est difficile de savoir ce qu'ils pensent réellement alors que la culture allemande fonctionne plutôt sur la transparence.
- Ils ne respectent pas la propriété intellectuelle.

↳ Dans une collaboration germano-chinoise

Il faut imposer aux Chinois d'être plus explicites dans leurs messages afin de mieux les cerner. Que veulent-ils faire, comment et pourquoi ? Il faut aussi qu'ils précisent clairement les différentes étapes du projet, ou de la négociation, en prenant le temps en compte. La précision du temps étant un élément fondamental pour les Allemands, les contrôles seront fréquents afin que les premiers dérapages soient corrigés au plus tôt.

◆ Les États-Unis...

Les relations économiques germano-américaines sont harmonieuses. Les États-Unis sont le premier partenaire commercial de l'Allemagne hors Europe. En 2011, le commerce bilatéral des marchandises a connu une augmentation significative. Les exportations allemandes vers les États-Unis ont atteint 79 milliards d'euros en 2011 et les importations allemandes en provenance des États-Unis se sont chiffrées à 43 milliards d'euros, soit une balance excédentaire de 36 milliards d'euros.

Les exportations de l'Allemagne vers les États-Unis sont composées principalement de produits techniques tels que les automobiles, les machines outils et les produits électrotechniques. Les États-Unis exportent vers l'Allemagne essentiellement des machines et des avions.

◆ ... et les Américains

Les Allemands considèrent que les Américains comme sont en permanence dans l'action. Ils prennent rarement de vacances. Ils ont des notions financières sur les affaires encore plus développées que les Anglais. Dans ce pays où l'argent est roi, les projets sont à la hauteur de la taille du pays et les Allemands ne peuvent rivaliser. Cette culture qui a su mettre toute son intelligence pour construire une telle puissance économique est respectée. La perception des Américains est globalement positive et les Allemands sont bien conscients que ce sont eux qui ont permis, en grande partie, la réunification entre de la RFA et de la RDA dans les années quatre-vingt-dix. Cependant, les Américains manquent de formalisme, ce qui n'est pas sans gêner les Allemands dans les approches projets.

Les points appréciés par les Allemands sont :

- Ils sont ouverts et facilement abordables sur tous les sujets.
- L'ordre du jour est suivi à la lettre et des plans d'actions sont clairement mis en place à la fin de chaque réunion.

Les points de différence sont :

- Les Américains sont considérés comme des gens superficiels avec un manque de formalisme évident. Le fait de se taper sur l'épaule après seulement quelques heures d'entretien n'est pas du tout de leur goût.
- Ils se prennent pour les rois du monde et se croient tout permis. Leur réaction est souvent binaire sans nuance.
- Ils manquent fortement d'écoute et pensent, de ce fait, que leurs valeurs sont universelles.

Dans une collaboration germano-américaine

Il faut imposer aux Américains un formatage clair et précis du projet. Ils doivent, pour cela, prendre en compte le dossier dans son ensemble. Même si les Américains sont exigeants, ils ont parfois tendance à oublier certains éléments pour aller plus vite. De ce fait, il faut prendre le temps nécessaire pour aller dans les détails du projet et non faire un survol sans parachute !

◆ L'Inde...

Le volume des échanges commerciaux entre l'Allemagne et l'Inde a atteint 20 milliards d'euros en 2011. Les exportations allemandes vers ce pays ont atteint 12 milliards et les importations 8 milliards soit une balance excédentaire de 4 milliards[91].

Les importations sont surtout centrées sur le textile et la maroquinerie. Puis viennent ensuite les produits métalliques et les produits chimiques. Si le textile est en baisse au profit de la Chine, les autres produits sont en forte augmentation. L'importation de produits métalliques et même de voitures connaît une croissance à deux chiffres.

◆ ... et les Indiens

Contrairement à la Chine, la considération de l'Inde est tout autre. Les Allemands apprécient les échanges scientifiques et techniques et les compétences indiennes jouissent d'une très bonne réputation, surtout dans le domaine de l'astronautique, des NTIC et de la biotechnologie. La perception de ce pays est double : d'un côté le développement d'une Inde très moderne avec des jeunes ingénieurs de haut niveau et de l'autre, une Inde rurale et pauvre. Compte tenu de la rigueur de pensée allemande, ce pays « big bazar » reste cependant difficile à cerner (les délais, les processus, les façons de faire...) et de nombreuses incompréhensions subsistent.

Les points appréciés par les Allemands sont :

- Les Indiens travaillent beaucoup et sont capables de fournir des prestations de services peu onéreuses par rapport à la main-d'œuvre allemande.
- Ils ont une capacité de réflexion de haut niveau pour certains.

91 Source : statistisches Bundesamt 2011.

Les points de différence sont :

- Les Allemands fonctionnent beaucoup par confrontation des idées alors que les Indiens sont plutôt suiveurs d'un « gourou » avec sa propre idéologie.
- Les Allemands intègrent souvent le fait que tous les engagements sont définitifs et acquis, alors que ce n'est pas du tout le cas pour les Indiens. Les changements après la signature du contrat sont fréquents, ce qui est inimaginable avec une culture hyperrigoureuse comme celle de l'Allemagne.
- Et enfin, plutôt que de dire non, les Indiens répondront selon ce que l'interlocuteur souhaite entendre, ce qui les rend au final très peu fiables.

Dans une collaboration germano-indienne

Il faut leur imposer le respect strict des procédures dictées dans le contrat et non une adaptation de ces mêmes procédures. Il faut développer la synergie de groupe pour aller plus vite. Les sociétés informatiques indiennes ont ainsi su se développer d'une façon fulgurante en mettant du processus sur un ensemble collectif.

◆ Le Royaume-Uni...

L'Allemagne est le deuxième partenaire commercial pour la Grande-Bretagne derrière les États-Unis. Inversement, la Grande-Bretagne est le troisième partenaire commercial de l'Allemagne, après les États-Unis et la France. La balance commerciale est fortement positive avec 29 milliards d'euros en 2011 et les investissements directs sont globalement deux fois supérieurs à ceux que pratique la Grande-Bretagne en Allemagne. Les marques internationales comme Siemens, Bosch, BMW, Deutsche Telekom, Deutsche Post et Linde sont très bien implantées.

◆ ... et les Britanniques

Les Allemands ont une vision assez claire des Britanniques. Ils les trouvent efficaces et fiables, contrairement aux Français. Ils tiennent généralement leurs promesses et sont souvent distingués dans leur savoir être. Les Allemands pensent qu'ils sont sur la même longueur d'onde d'un point de vue business : productif, sérieux avec une lecture précise de ce qu'il faut faire dans l'économie d'aujourd'hui pour dégager de la richesse. Cependant, le Royaume-Uni a toujours joué un jeu ambigu entre, d'une part les États-Unis où l'ancien premier ministre Tony Blair et Gordon Brown ont toujours suivi Georges Bush selon ses bons vouloirs, et d'autre part, l'Europe où l'euro n'a jamais été souhaité par les Britanniques et où la Politique Agricole Commune n'a jamais été appréciée.

Les points appréciés par les Allemands sont :

- Les Britanniques sont assez proches de leur culture des affaires avec un pragmatisme financier. Ce sont des travailleurs, logiques et ambitieux.
- Ils sont sérieux avec une bonne organisation. Bien que différente de la leur, elle est cependant très pertinente.
- Ils sont productifs et ont une pleine conscience de la concurrence mondiale.

Les points de différence sont :

- Les Britanniques sont assez réservés et hautains.
- Ils humilient souvent les Allemands en évoquant le passé nazi (cette obstination est très difficile à accepter et à comprendre pour les Allemands).
- Ils souhaitent rester isolés de l'Europe tout en bénéficiant de certains avantages.
- Ils sont encore extrêmement conservateurs sur certaines coutumes pourtant dépassées depuis longtemps (dans les affaires, cette vision est radicalement opposée à celle des Allemands).

Dans une collaboration germano-britannique

Il faut davantage travailler le fond que la forme du projet. Bien que considérés comme efficaces, il faut leur imposer un peu plus de formalisme et de procédures dans les façons de faire. Et enfin, il faut organiser les écrits et des rapports de façon plus structurée.

La Russie...

Les relations germano-russes se sont développées de manière considérable et l'Allemagne est considérée comme une excellente porte d'entrée vers l'Europe. En 2011, le volume des échanges a atteint 87 milliards d'euros avec une balance commerciale déficitaire de 5 milliards. Les importations sont majoritairement des matières premières et la Russie est le premier fournisseur d'énergie de l'Allemagne. L'Allemagne exporte des produits finis et des biens d'investissements.

◆ ... et les Russes

Les relations germano-russes se sont beaucoup développées par une impérieuse nécessité économique de part et d'autre. Cependant, les Allemands ont un avis plutôt négatif sur les Russes et surtout sur le pouvoir actuellement en place. Ce dernier souffre d'un déficit d'image démocratique et économique et la réconciliation de 1990, entre l'ancienne RDA et la RFA, a montré un état de délabrement avancé d'une économie non structurée. La Russie semble être un pays en perdition qui a perdu toute sa richesse et qui est laissé aujourd'hui à l'abandon. De plus, contrairement aux liens franco-allemands qui se sont ressoudés par des gestes forts bilatéraux, la guerre laisse encore des plaies ouvertes même 60 ans après. Bien que ce pays ne soit séparé que par la Pologne, c'est le pays du froid, de la neige, des fourrures. La Russie se confond finalement, dans la pensée allemande, à la Sibérie.

Les points appréciés par les Allemands sont :

- Les Russes sont très factuels et sont directs dans leur façon de s'exprimer.
- Ils savent ce qu'ils veulent en donnant clairement les clauses du contrat, leur but ainsi qu'une date de réalisation.

Les points de différence sont :

- La corruption n'est pas en accord avec la façon de penser allemande et il est difficile de cerner leur façon de travailler avec cette méthode.
- Pour arriver à leur fin, les Russes sont brutaux et non conciliants. Un engagement dans un projet ne donne donc pas le droit à l'erreur.

Dans une collaboration germano-russe

Le Russe est fier de son pays et il ne faut pas commencer par le dénigrer. Il faut éviter ainsi de parler du rapprochement des deux Allemagnes et finir par des propos sur une RDA finalement encore très pauvre. Il faut parler du projet et surtout montrer très rapidement son intérêt financier. Il faut éviter de mettre trop en avant la qualité mécanique allemande qui ne ferait que rabaisser la mécanique Russe. Évoquez les caractéristiques, les avantages du produit mais n'en faites pas trop. Et enfin, il est d'abord important de nouer des liens amicaux avant de faire des affaires, boire de la vodka et utiliser l'humour à bon escient.

◆ En conclusion

Par leur façon de penser et de faire, les Allemands se sentent plus proches des Anglais et des Américains dans les affaires. Ils ont en effet un mode de fonctionnement qui se rapproche de celui des Anglo-Saxons (logique de consommation et d'engagement dans les projets). Vient ensuite celui des Français qui sont cependant loin derrière, car trop latin à leur goût (moins rigoureux, moins carrés). En ce qui concerne les Indiens, les Chinois, les Japonais et les Russes, ils ont un fonctionnement totalement différent mais sont cependant devenus des cibles prioritaires compte tenu de leur démographie et de leur développement économique.

14.6 Herzlich willkommenen

14.6.1 L'accueil

Tout d'abord il est important de lui dire préciser à votre hôte quel hôtel lui a été réservé afin qu'il puisse découvrir l'endroit et ses commodités avant même d'y avoir mis les pieds.

Il est impératif d'organiser la réception de vos interlocuteurs à la gare ou à l'aéroport, soit en mandatant un taxi, soit avec l'aide d'un employé de l'entreprise. L'apparence est gage de sérieux dans les affaires : l'Allemagne étant réputée pour ses belles voitures, il est bien vu d'accueillir son partenaire avec un beau véhicule (pourquoi pas de marque Allemande ?).

La pratique du vouvoiement est impérative. Les Allemands l'utilisent de façon usuelle, même entre collègues qui se connaissent depuis longtemps. Le premier contact est un test et donne le ton de la relation. Il faut alors veiller à ce que le chauffeur en soit pleinement conscient et qu'il mette toutes les formes nécessaires à ses propos pendant le transfert. Arrangez-vous pour que les valises soient directement déposées à l'hôtel.

À l'arrivée dans l'entreprise, le café est les gâteaux sont souvent les bienvenus pour détendre l'atmosphère. Ici aussi, attention à ne pas servir du café dans des gobelets en plastique, ni des gâteaux dans leur boîte d'origine. Aussi surprenant que cela puisse paraître, j'ai souvent entendu des remarques à ce sujet.

Quelques minutes après ces formalités d'usages, vos interlocuteurs sont accueillis dans une salle lumineuse et très bien rangée. Un agenda précis de la journée leur est remis et l'entreprise est présentée de façon professionnelle et succincte. La visite des locaux est systématique afin qu'ils puissent appréhender pleinement l'entreprise dans laquelle ils sont reçus.

Les relations sont directes, les horaires et les protocoles respectés sans débordement (comportement difficile dans une culture française mais automatique dans une culture allemande). Seuls les niveaux hiérarchiques équivalents communiqueront entrent eux. En fonction de l'importance du projet, le PDG de l'entreprise devra être présent plus ou moins longtemps.

En ce qui concerne les pauses et les déjeuners, ils doivent être de très bonne qualité mais ne pas durer.

Dans les projets, les Allemands sont plutôt obstinés et tenaces. Dans la mesure du possible et comme vous êtes dans votre entreprise, montrez le plus souvent possible des échantillons. Faites venir des spécialistes produits et financiers afin de donner de la consistance au projet.

Le soir quand la réunion est terminée, il est important de les faire ramener à leur hôtel et de les laisser seuls afin qu'ils puissent se détendre pendant une heure ou deux. Attention : les Allemands ont cependant l'habitude de dîner relativement tôt et il ne faut pas fixer de rendez-vous après 20 heures (19 heures est l'idéal). Il faut arriver à l'heure et non pas avec une demi-heure de retard comme nous avons coutume de le faire.

14.6.2 Les repas d'affaires

Les repas d'affaires ne sont pas vraiment du goût des Allemands car ils sont perçus comme un temps de pause non productif. Si un repas a lieu, il durera une heure au maximum pour le déjeuner (pris vers 12 heures 30) et deux heures trente pour le dîner (pris vers 19 heures). Cette culture appréciant la qualité et les choses bien faites, ils ne seront pas indifférents au confort et à l'environnement du restaurant que vous choisirez. De plus, les Allemands comme beaucoup d'autres, voient la culture française comme celle qui maîtrise l'art de vivre et un restaurant médiocre sera du plus mauvais effet.

Choisissez un restaurant où les menus sont facilement traduisibles en allemand voire en anglais. Les Allemands apprécient beaucoup les restaurants où il y a un grand choix de charcuterie, ou encore des buffets pour le choix de l'entrée et du dessert.

Dans un grand restaurant et contrairement à la tradition française, il faut éviter de montrer l'animal avant de le faire cuire. Le rappel de l'origine vivante de l'animal n'est pas réellement apprécié. Globalement les Allemands aiment les animaux et sont sensibles à leur cause. Cependant, ils apprécient les viandes rouges, mais très rarement saignantes.

Le vin français est très apprécié. Les Allemands aiment apprendre des techniques de dégustation et découvrir des noms de vignobles renommés. Si vous pouvez leur préparer une soirée œnologique, il y a fort à parier que celle-ci sera conviviale et animée (attention cependant à choisir un animateur qui parle Allemand, ou à défaut l'Anglais et surtout, qui n'emploie pas trop de termes scientifiques) Cette soirée devra être orientée sur la technique (comment se déguste un vin ? Qu'est ce qu'un vin bouchonné ? Comment est-il fabriqué ?) plutôt que sur la forme et le style.

Veillez à ce que soit servie de l'eau minérale gazeuse car on ne boit pratiquement pas d'eau du robinet en Allemagne.

Avant de boire la première gorgée, attendez que tous les verres soient remplis et levez votre verre en disant « *Prost* » qui est l'équivalent de « Santé » en français. Comme aux États-Unis, les lendemains de fêtes bien arrosées sont comme ci elles n'avaient jamais existé : il n'y aura pas de lien affectif particulier même si vous avez plaisanté ensemble pendant toute la soirée.

14.6.3 Le comportement gagnant

L'objectif est de gagner la confiance de ses interlocuteurs, aussi bien dans les affaires que le soir ou les week-ends dans toutes les activités extraprofessionnelles. Un comportement en accord avec leurs attentes facilitera grandement les choses.

◆ Conclusion

- confirmer les rendez-vous 48 heures avant pour démontrer le sérieux de son organisation ;
- respecter les titres et la hiérarchie car tous les salariés doivent être bien à leur place ;
- être à l'heure en début et en fin de réunion après avoir fixé le *timing* adapté ;
- maintenir le cap sur l'ordre du jour sans en changer ;
- élégance, politesse et savoir-vivre sont appropriés ;
- parler avec des chiffres, de façon technique et illustrée ;

- conserver une distance physique, un espace concret pour qu'ils puissent respirer ;
- reformuler souvent pour s'accorder ;
- laisser du temps pour décider ;
- pas d'humour, pas de sous-entendus.

15
Caviar et vodka, pourquoi pas ?

Quand on vit au milieu des roses, on en prend malgré soi le parfum.

Proverbe Russe

La Russie est une nation qui éprouve une certaine amertume car elle souhaite exposer sa toute puissance alors qu'elle est plutôt perçue comme pauvre, désorganisée et corrompue à tous les niveaux.

Une image peu valorisante et il est vrai que les contrastes sont saisissants quand on travaille avec ce pays. D'un côté, les médias qui nous montrent des entreprises et des villages abandonnés et de l'autre, des nouveaux riches qui dépensent des milliers d'euros pour quelques jours de vacances à Monaco ou encore à Courchevel... Mais où se fait donc la création de richesse si les entreprises sont absentes de l'échiquier mondial et que nous voyons des Russes dépenser autant d'argent ?

En fait, le modèle Russe est difficile à comprendre. Après la chute du mur de Berlin, l'État et la totalité de son économie a été dilapidée par des hommes d'affaires ou des politiques qui se sont partagé un gâteau de plus de mille milliards de dollars. Compte tenu du montant, le partage fut difficile : les assassinats, les détournements de fonds, les transferts de propriétés d'entreprise, de mines de charbon et d'autres ressources naturelles, de terrain, les falsifications de documents, ont été légion.

Heureusement, ce pays bénéficie d'une réserve d'hydrocarbure colossale pour sauver la face et revenir ainsi au-devant de la scène. De plus, avec un baril hors de prix, la Russie peut voir l'avenir en rose...

15.1 Des Princes de Russie au Tsar Poutine

La Russie également appelée Fédération de Russie est le pays le plus vaste du monde devant le Canada et la Chine. Il s'étend sur deux continents : l'Europe et l'Asie, séparé par l'Oural (chaîne de montagnes de faible altitude). La Russie est née de l'ancienne URSS disparue en 1991. Même si sa population a diminué de moitié et sa dimension d'1/4 suite à la prise d'indépendance de certains pays, la Russie retrouve peu à peu ses marques et surtout son autorité en agissant, à son grès, sur les alimentations de pétrole et de gaz avec ses pays frontaliers et jusqu'en Europe.

Le peuple russe est issu de différentes tribus indo-européennes surnommées les tribus Slaves. Du Xe au XVe siècle, différentes dynasties dirigées par de grands princes se succédèrent.

Au XVIe siècle naît l'époque des tsars avec Ivan le terrible. Son administration composée de 6 000 hommes fera régner la terreur contre ses ennemis : les boyards.

En 1921, Lénine arrive au pouvoir et c'est le lancement d'une nouvelle politique économique. Malheureusement, le communisme va faire des ravages par une désorganisation progressive mais totale de l'appareil de l'État. Le 30 décembre 1922, l'Union Soviétique est créée et se nomme URSS.

1924 : Lénine meurt et Staline prend la relève. Ce dernier aura un sens aigu de la maîtrise des mécanismes et des structures d'autorité en mettant ses hommes de confiance aux postes clefs de l'État. En prônant une politique unique avec des mots simples et forts, il attire une grande partie de la population peu éduquée à l'époque.

En 1928 commence une course massive à l'industrialisation.

C'est la collectivisation forcée des campagnes (les kolkhozes) avec la déportation vers les régions inhospitalières de deux millions de paysans assignés à résidence dans des « villages de peuplement spécial » pour produire de l'agriculture partout en URSS. La désorganisation totale de la production agricole et les prélèvements obligatoires de l'État vont déclencher une famine qui fera six millions de morts[92].

En 1941, la Russie entre dans la guerre (25 millions de Russes périront).

92 Avec « Le grand bond en avant » Mao fera exactement la même erreur en Chine.

La mort de Staline en 1953 est suivie d'un assouplissement du régime autoritaire.

En 1959, la course spatiale est gagnée par les Russes sur les Américains. Ils lancent le Spoutnik 1, premier satellite artificiel de la Terre. Puis en 1961, ils réitèrent leur exploit avec le premier vol de l'homme dans l'espace, Youri Gagarine.

En 1985 Mikhaïl Gorbatchev est élu au poste de secrétaire général du Parti Communiste puis Président en 1990. Comme aucun de ses prédécesseurs avant lui, il va bousculer les structures rigides de l'État avec une forte volonté de les rendre plus efficaces. Deux mots vont faire le tour du monde dans les médias :

- *Glasnost* (la transparence) : rendre public ce qui était jusqu'alors caché par État ;
- *Perestroïka* (restructuration du système) pour le rendre plus performant en le restructurant de fond en comble.

La transformation de l'Union Soviétique en un État moderne ne se fait pas sans problème et le mouvement lancé par Gorbatchev va rapidement devenir incontrôlable. Il se terminera par l'implosion de l'URSS et à la proclamation d'indépendance des pays baltes[93].

Gorbatchev participe à la conférence sur la réunification allemande. En juillet 1990, les États-Unis prennent acte de la fin de l'affrontement et rapatrient leurs forces basées en Allemagne. En 1989, la démocratie sera proclamée en Pologne, en Hongrie, en RDA, en Tchécoslovaquie puis en Roumanie. C'est l'effondrement du mur de Berlin, le 9 novembre 1989.

En 1991, l'URSS disparaît au profit de la Russie. Eltsine est élu président suite à un coup d'état qui fera « sauté » Gorbatchev. Tous les Russes ont en en tête son action, debout sur un char, appelant les Moscovites à renverser définitivement le communisme. Pour affirmer encore plus son autorité, Eltsine entrera en guerre trois ans plus tard contre la Tchétchénie qui réclame son indépendance. Son prétexte sera la lutte contre les terroristes mais ce sera surtout pour masquer les découverts financiers colossaux.

Les richesses de la Russie seront dilapidées. Elles seront dans un premier temps réparties équitablement sous forme de bons, puis rapidement reconcentrées entre les mains de quelques oligarques qui les rachèteront par des moyens détournés. Des jeunes et moins jeunes de 30 à 50 ans

93 Ce n'est pas du tout ce que souhaitait Gorbatchev initialement.

feront ainsi fortune en quelques mois. Eltsine s'assure leur soutien en les laissant racheter ce qui reste de pays pour l'emmener en Suisse, en contrepartie, ils assurent sa réélection en 1996. À nouveau, Eltsine limoge tous ses premiers ministres qui souhaitent « toucher » aux oligarques pour résoudre le gouffre économique qui sévit en Russie.

En 1999, Boris Eltsine démissionne et Vladimir Poutine, premier ministre devient président par intérim. Il concentre une grande partie de son énergie à lutter contre le terrorisme qui règne en Russie. Poutine n'a aucun scrupule à jouer de son autorité et nationalise à tout va afin de reprendre ce que les oligarques avaient pris ou plutôt, servi sur un plateau.

Après les attentats du 11 septembre 2001, la Russie « détend » ses relations avec la Chine pour rejoindre les États-Unis. C'est l'occasion rêvée de pouvoir participer à la coalition contre le terrorisme aux côtés des États-Unis et légitimer ainsi sa guerre en Tchétchénie. La Russie émet également le souhait d'entrer à l'OTAN.

Aujourd'hui, les relations sont à nouveau tendues avec de multiples pays. La politique autoritaire et la concentration de l'État ne plaisent pas du tout aux Européens et aux États-Unis Mais Poutine continu sa politique de réappropriation des richesses dilapidées par les oligarques et il ne semble pas avoir d'autres moyens que de le faire à la manière forte. Pour beaucoup, il va cependant trop loin car c'est un prétexte qui lui permet de prendre totalement le pouvoir et de supprimer toutes les libertés (jusqu'aux médias).

15.2 La Russie est ses onze fuseaux horaires !

15.2.1 Démographie et ethnies

La Russie compte 139 millions d'habitants en 2011 avec un taux d'urbanisation en forte croissance puisqu'il représente 73 % de la population contre 30 % en Inde et 90 % en Allemagne. Ce développement est surtout dû aux subventions de l'État que les grandes villes reçoivent pour le développement de leurs infrastructures, contrairement aux campagnes où les Russes vivent de façon archaïque. On compte ainsi plus de douze villes de plus d'un million d'habitants.

Contrairement à l'Europe occidentale qui a connu un « baby-boom » après la seconde guerre mondiale, la population russe ne cesse de décroître depuis 1970. Avec seulement 1,4 enfant par femme[94], la Russie se retrouve face à un fossé démographique.

◆ La géographie

La Russie occupe le nord de l'Asie pour 75 % de son territoire et 25 % pour la partie européenne. Ces deux masses sont séparées par l'Oural, une chaîne de collines de 2 000 kilomètres de long. À l'autre extrémité se trouve le détroit de Béring à seulement 100 kilomètres de l'Alaska et qui donne un accès direct au continent américain.

Ce sont surtout des grandes plaines qui occupent l'espace avec, çà et là, des collines assez basses. Les régions méridionales du sud ont quelques montagnes avec le Caucase et l'Altaï.

Une grande partie du territoire est sous un climat continental avec des amplitudes thermiques fortes : les hivers sont très froids et rigoureux et les étés sont chauds et parfois un peu humides. 25 % du territoire se trouve au-dessus du cercle polaire arctique. Les montagnes du sud et de l'est bénéficient de conditions climatiques particulières puisque la température monte parfois jusqu'à 50 °C avec une sécheresse régulière.

15.2.2 La religion

Les Russes évoluent entre six grandes religions : les chrétiens orthodoxes pour 55 % de la population, l'Islam pour 15 %, mais fortement ralenti par le régime soviétique, le protestantisme pour 8 %, le judaïsme, qui est la troisième communauté juive du monde après Israël et les États-Unis, le bouddhisme russe et d'autres courants chrétiens. Après 1990 et sous la pression des dirigeants orthodoxes, le gouvernement a introduit une loi ne légitimant que les principales religions malgré les protestations internationales.

15.2.3 La gastronomie

Compte tenu de la pauvreté de la population et de la forte variation de température qui limite fortement l'agriculture, la gastronomie russe est rudimentaire. De nombreuses recettes sont à base de chou, de pomme de terre et de crème fraîche. Certains mets sont très renommés :

94 Institut national d'études démographiques.

- Le caviar « Ikra », riche en vitamines, il s'accompagne souvent de blinis et de vodka. Il est aussi accompagné avec de l'œuf dur et du persil haché, ainsi que de l'oignon cru.
- La soupe la plus connue est le *bortsch*. Il s'agit d'une soupe de légumes accompagnée de betterave et de viande. Le *chii* est une soupe aromatisée au chou.
- Les *goloubtsi* sont des choux farcis, les *pielmiénis* (raviolis russes), les *chachlik* (brochettes) et le fameux bœuf Strogonof.

Pour les boissons, vient en premier la vodka où dont les Russes sont de gros consommateurs puis le *kvas* ou bière de pain, boisson très populaire et légèrement alcoolisée.

15.2.4 Les jours fériés

- du 1er au 5 janvier : Nouvel An ;
- 7 janvier : Noël orthodoxe ;
- 23 février : Journée des défenseurs de la patrie ;
- 8 mars : Journée internationale de la femme ;
- 1er mai : Fête du travail ;
- 9 mai : Victoire de 1945 ;
- 12 juin : Journée de l'indépendance (fête nationale) ;
- 4 novembre : Fête de l'unité.

15.3 Un passé et un climat rigoureux qui forgent le caractère

Avec des compétences scientifiques et techniques reconnues et surtout des ressources naturelles importantes, la Russie connaît une croissance économique grandissante depuis 1999. Cependant, le pays manque de structures efficaces à tous niveaux, la corruption généralisée et les décisions unilatérales du Kremlin limitent fortement les investissements étrangers.

La politique communiste appliquée depuis les années 1900 – comme pour tous les autres pays qui ont appliqué cette politique – a été catastrophique pour l'économie russe. De nombreuses personnes vivent dans la misère et le marché noir bat son plein. Il est difficile de comprendre et surtout de prévoir l'évolution structurelle de ce pays. Comment fonctionnent les industries et surtout où vont les profits, quel est le poids de la politique dans les gouvernances d'entreprises, quels sont les montants de la corruption, comment intervient la mafia et où ? Toutes ces questions ont des réponses complexes et multiples que seuls les Russes savent gérer entre eux. Mais quand le problème devient insoluble, la méthode est souvent radicale.

15.3.1 La monnaie et l'inflation

Aujourd'hui et grâce à la Banque centrale qui limite les mouvements dans les deux sens, le rouble est relativement stable par rapport au dollar et à l'euro. La Russie vit sur une rente de ressources naturelles importantes (pétrole, gaz naturel, métaux…) et dégage des excédents qui permettent une progression fulgurante des réserves. L'inflation est un des points principaux que le ministère des finances doit arriver à contrôler[95], pour atteindre un taux de 4 % annuel alors qu'il était de 9 % en 2011.

15.3.2 La condition de la femme en Russie

La Russie a une culture très masculine. Les femmes occupent une place bien définie : élever ses enfants, faire la cuisine ou encore le ménage… Elles ne doivent pas sortir de ce rôle et la crise économique des années quatre-vingts n'a fait qu'amplifier ces discriminations envers les femmes. Les opportunités professionnelles sont donc rares et sont souvent situées en bas de l'organisation hiérarchique.

Cependant la société russe change peu à peu et le faible taux de natalité laisse du temps aux femmes pour s'occuper d'elles et s'investir dans le travail. D'ores et déjà, de plus en plus de chefs d'entreprises préfèrent embaucher des femmes car elles sont plus stables, elles ont de l'intuition et une importante capacité d'adaptation. Elles sont aussi très féminines et ne cherchent pas à se comporter comme les hommes.

Attention à ne pas serrer la main à une femme russe, même dans les affaires, cela ne se fait généralement pas !

95 J'ai souvenir de mon premier voyage en 1989 en Russie ; je déjeunais dans un restaurant pour moins de 10 centimes d'euro ! Le métro coutaît 0,1 centime, tout comme une communication téléphonique en France à partir de Moscou ! Aujourd'hui, l'immobilier à Moscou et l'un des des plus chers du monde.

15.3.3 La motivation des Russes

Trois facteurs importants caractérisent la motivation des Russes :

- les gains à court terme ;
- le pouvoir ;
- leur image.

Ces trois facteurs doivent être pris en compte en permanence pour faire des affaires fructueuses avec eux.

15.4 Les relations sociales

Le côté « dur » du Russe, dans sa façon de faire et d'agir vient en partie de la dureté du climat et du système communiste dans lequel il a toujours vécu. Mais la *dusha*, l'âme slave, qui est un mélange d'émotivité et de chaleur humaine, lui apporte aussi un besoin de convivialité dans les relations d'affaires. Son espace personnel est restreint car il fonctionne surtout sur l'affectif. Les Russes sont ouverts et accordent assez rapidement leur confiance. Ils valorisent la sincérité dans les relations interpersonnelles, ainsi, sourient-ils quand ils y trouvent une vraie raison et non de façon hypocrite.

D'humeur changeante, ils privilégient les relations humaines au respect strict du cahier des charges. Ils accordent une importance particulière aux valeurs de réussite et de possession. Ils sont généralement ambitieux mais le système dans lequel ils vivent ne leur donne que peu de moyen pour réussir.

Ils sont modestes et intériorisent souvent leurs sentiments. Ils sont aussi relativement introvertis et souvent « primitifs » dans leurs comportements. Ils restent distants des femmes, mais le soir, la vodka change les humeurs et la raison. Beaucoup de femmes mariées disent que leurs hommes sont faibles car ils ne savent jamais dire non à une invitation. Les hommes se laissent facilement emporter et les sorties entre copains ont souvent raison de la stabilité des couples.

Leur espace privé doit être respecté. Ils ne vous inviteront que très rarement chez eux.

Les relations sociales peuvent être définies comme suit (*cf.* figure 15.1) :

- Tout d'abord un profil 3 où les Russes recherchent l'intégration sociale éventuelle avec vous et votre entreprise. Pour eux, la relation interpersonnelle est fondamentale pour toute création de valeur.
- Puis vient la notion d'objectif et de rentabilité à court terme, le « Moi je » russe reprend le dessus et où, pour continuer à faire des affaires, il faudra sûrement se plier à certaines de leurs exigences croissantes et autoritaires.

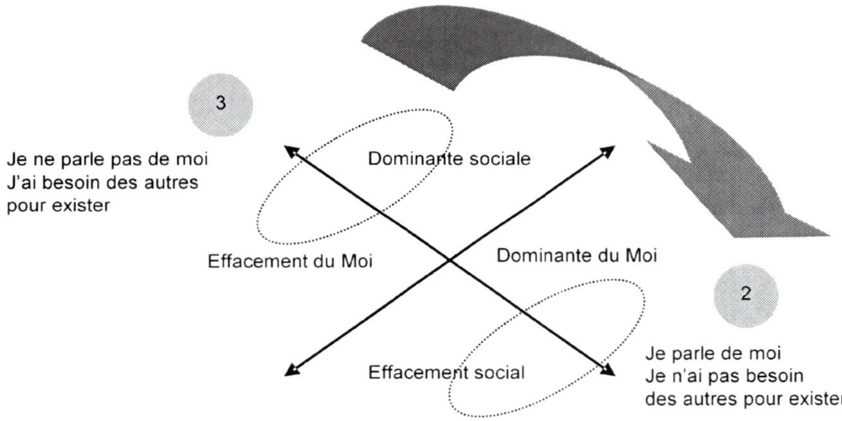

Figure 15.1 Profil social du Russe

15.4.1 La notion du temps

De façon générale, les Russes ont plutôt une culture du temps linéaire à court terme. Ils préparent leur rendez-vous à l'avance, ils s'organisent et planifient leurs actions. Cependant, ils ne sont pas toujours ponctuels et sont capables de faire plusieurs choses à la fois en fonction de l'intérêt qu'ils portent à la situation.

Comme dans les cultures à temps spatial, ils ont le sens de la relation et des échanges. Le temps peut donc se dilater en fonction du statut des personnes et de l'intérêt qu'on leur porte. Il s'agit d'un temps hybride où le linéaire se mélange au spatial[96].

96 N'oublions pas que la Russie est située géographiquement entre l'Occident, avec une conception du temps linéaire et l'Orient, plutôt avec une conception spatial du temps.

Les Russes commencent la journée de bonne heure, entre 7 et 8 heures du matin pour la terminer assez tôt, vers 17 heures. Pour vos rendez-vous, respectez les horaires, quitte à devoir attendre car la situation inverse est mal venue[97].

Quant aux magasins, ils sont ouverts, la plupart du temps, jusqu'à 21 heures et beaucoup d'entre eux restent ouverts 24 heures sur 24, même le dimanche. Les Russes n'ont donc pas peur de « faire des heures », ils ont un esprit combatif et leur attitude démontre une ambition grandissante.

Dans les affaires, ils ont une vision à court terme à deux ans maximum, les politiques russes les ayant toujours habitués à vivre au jour le jour.

15.4.2 Les Russes aiment se donner en spectacle

Certaines manières des Russes peuvent paraître grossières. Ils ne disent pas toujours « merci », ne s'excusent pas forcément quand ils bousculent quelqu'un, ou encore ne tiennent pas la porte à la personne qui se trouve derrière eux. Ils parlent fort et n'hésitent pas à insulter pour se faire remarquer. Ne soyez pas alors étonné d'entendre des injures dans la rue ou les transports en commun.

Les Russes aiment donc se donner en spectacle, en exhibant leurs relations, en particulier conflictuelles, en public. Il en est de même pendant les négociations. Ils aiment effrayer leurs interlocuteurs occidentaux en s'exprimant très fort et parfois de façon brutale. Les sorties spectaculaires ne doivent pas vous déstabiliser ni vous faire sourire.

En comprenant leur jeu théâtral, vous devez peu à peu jouer avec eux.

Ce n'est certes pas facile car il n'est sûrement pas dans vos habitudes d'agir ainsi, mais vous serez surpris par les variations d'humeur de vos interlocuteurs. Avec l'habitude, vous pourrez même en être parfois l'instigateur, à condition toutefois, d'être capable de faire redescendre la pression dans la minute qui suit. Attention : cela ne doit jamais être de la colère mais une mise en scène astucieusement orchestrée.

15.4.3 Le rendez-vous

Au travail, l'espace personnel est plus formel. Le vouvoiement est chose courante même entre les collègues qui ont des relations amicales. Le

97 Nous retrouvons ici, le même phénomène qu'en Chine où il faut être à l'heure aux rendez-vous, alors qu'eux ne le sont pas souvent...

vouvoiement est obligatoire vis-à-vis des personnes étrangères et des dirigeants. Pour saluer quelqu'un dans un environnement formel, les Russes serrent la main. Mais ne vous méprenez pas si un Russe vous salue avec des gestes plus chaleureux comme une accolade ou une main sur l'épaule, car ils laissent souvent transparaître une attitude amicale même dans les affaires.

Les Russes sont donc beaucoup plus « bruts de fonderie » que les Français. Ils n'ont pas l'habitude de faire « des courbettes » et sont directs et honnêtes dans leurs relations avec les autres, tant pour les ententes que pour les conflits. La rencontre est souvent binaire : soit vous vous sentez bien avec eux et réciproquement, les relations ont alors une chance d'aboutir, soit vous ne vous sentez pas bien et tout s'arrête là...

Le côté informel et personnel constitue toujours une part importante de la relation professionnelle. Des discussions sur des questions familiales et personnelles, avant les réunions de travail, sont nécessaires pour détendre l'atmosphère et ajuster les tensions. Quant à l'invitation au domicile, elle doit être considérée comme un honneur car très rare.

Vos interlocuteurs russes apprécieront que vous les nommiez par leurs noms au départ, mais si les relations deviennent plus cordiales après un deuxième rendez-vous, proposez-leur de vous appeler par votre prénom plutôt que de leur demander si vous pouvez, vous-même, les appeler par les leur (ce qui serait maladroit). Cependant continuez le vouvoiement jusqu'à ce qu'ils prennent l'initiative de vous tutoyer.

Pour vos cartes de visite, prévoyez-en plusieurs. L'idéal étant qu'une des faces soit imprimée en russe avec vos diplômes et votre titre.

Faites en sorte d'avoir revu les classiques de l'histoire et de la culture russe. Ils sont très fiers de leur culture et ils ont une large connaissance du monde qui les entoure et de la France. Ils apprécieront, presque à coup sûr, les échanges sur ce sujet.

Attention :

- Évitez de serrer la main à un Russe au seuil d'un immeuble ou d'un bureau, cela porte malheur. Faites-le soit à l'intérieur, soit à l'extérieur.
- Ne remerciez ou ne récompensez jamais quelqu'un en public. Compte tenu du niveau de corruption dans le pays, il y aurait une forte suspicion de la part des autres collaborateurs russes.

Lors des réunions, allez droit au but et alignez chiffres et arguments. Les Russes ne prêtent pas beaucoup d'attention aux longues présentations

Power Point. Engager un interprète peut vous faire gagner du temps et des points : en effet, même si vos interlocuteurs parlent le plus souvent anglais, ils apprécieront cette marque de respect envers eux et envers leur langue.

Testez votre interprète avant le rendez-vous, il peut souvent y avoir de mauvaises surprises (comme en Chine !).

Il faut faire des efforts pour être proches d'eux : apprenez quelques mots en russe, cela leur fera plaisir. En Russie, vous aurez compris qu'on achète plus à une personne qu'à une entreprise. La relation est avant tout basée sur la confiance. Les promesses doivent être absolument tenues même si elles ne sont que verbales[98].

Lors du premier contact, il faut serrer franchement la main de son hôte, mais jamais sur le pas de la porte, comme nous l'avons vu ci-dessus, puis tendre immédiatement sa carte de visite.

Prenez soin d'adresser par avance l'ordre du jour, afin d'éviter que la réunion ne traîne en longueur. Avec un « nouveau Russe moscovite », les négociations sont directes et concrètes. Avec un responsable « à l'ancienne », les palabres sont encore très courants dans un bureau classique et rudimentaire, dans lequel le patron (souvent un ex-*apparatchik*) sera fier de discuter avec vous. Dans ce cas, les véritables décideurs sont les directeurs généraux et les directeurs financiers, rarement les vice-présidents.

15.4.4 Les repas d'affaires

Pour sceller un accord, les Russes n'hésiteront pas à vous inviter à déjeuner ou dîner. Le déjeuner se prend assez tard entre 13 et 15 heures alors que le dîner se prend assez tôt vers 19 heures.

L'accueil est chaleureux, mais ce n'est pas parce que vous allez passer un bon moment avec eux que vous signerez un contrat. La fidélité commerciale dépendra aussi de la qualité de la relation créée.

Le repas est un lieu de passage obligé. Il permet de mieux se connaître et se comprendre. Dans ce pays ou la loi ne protège personne, dans ce pays d'insécurité permanente, c'est bien la relation de confiance qui primera sur tout le reste. Le lien d'affaire est donc fondamental et il ne peut s'appuyer que sur le charisme et la bonne volonté des individus qui traiteront entre eux.

98 Nous verrons plus loin que, en ce qui le concerne, ce n'est pas toujours le cas...

Les personnes ayant les fonctions les plus importantes sont placées au centre et chacun se trouve face à son homologue. Ne commencez jamais un repas avant que l'un des invités n'ait lancé un toast : un moment important du repas.

Le toast à la vodka est un rituel indissociable de toute négociation dans la culture russe. Les langues se libèrent et les Russes aiment bien parler affaire dans ces moments-là, car un de leur proverbe est ce qu'un sobre pense, un ivre va le dire (c'est donc à ce moment qu'il faut avoir toute sa tête et l'exercice n'est pas toujours facile après quelques verres).

En Russie, on apprécie les gens qui « savent boire » mais aussi ceux qui savent se contrôler. Si vous ne pouvez vraiment pas boire d'alcool, sachez que votre capacité à dire « non » vous valorisera donc plus que votre incapacité à « tenir le coup ».

La convivialité russe passe surtout par la vodka et il est beaucoup plus simple de se faire apprécier n'en commençant par suivre les coutumes locales. Ne faites pas trop de mélanges et préférez la vodka russe au cognac français, souvent de piètre qualité dans les restaurants.

Voici alors quelques astuces pour devenir Russe...

Si vous n'êtes pas habitué, trempez juste vos lèvres, même si vous assistez à des « cul sec » consécutifs. Videz un peu votre verre à chaque fois, mais pas trop, afin qu'il puisse être rempli à la prochaine tournée. Évitez de boire entre les toasts puisque chaque personne portera le sien, soit autant de toast que de convives.

En Russie, soyez le premier, juste après votre collaborateur russe, à porter un toast à votre future collaboration. Si le repas se poursuit tard dans la soirée, un toast sera toujours porté aux femmes. Les hommes présents se lèveront pour honorer les femmes présentes à la soirée. Attention, c'est normalement l'hôte qui commence le toast en début de repas qui fera aussi le dernier.

Sachez cependant que les mentalités évoluent. Pour certains jeunes hommes d'affaires, la vodka n'est plus vraiment à la mode et ils préféreront assez souvent un bon vin français.

15.4.5 Les cadeaux

L'échange de cadeaux a une grande importance dans la culture russe. En affaires, ils n'hésitent pas à dépenser beaucoup d'argent pour cela.

Il faut donc prendre en compte cet usage, et choisir des cadeaux assez symboliques.

Choisissez des présents typiques de votre région, ou des objets portant le logo de l'entreprise. Les cadeaux seront presque proportionnels à l'importance de l'entreprise et au contrat envisagé. Les Russes sont très affectifs et les cadeaux auront pour conséquence de marquer les rencontres.

N'oubliez pas la secrétaire ou les assistantes. La culture russe est perçue comme une culture d'offrandes. Vous pouvez offrir des cadeaux culturels, artisanaux ou plus personnalisés en respectant la hiérarchie et le contexte. En voici quelques-uns :

- bouteille d'armagnac ou de cognac, champagne ;
- stylos de marque ;
- Tour Eiffel miniature ;
- chocolat français ;
- foie gras avec Paris inscrit sur l'emballage (pas toujours facile à trouver...) ;
- parfums pour Madame avec Paris inscrit sur l'emballage ;
- cravates en soie de marque française.

Si vous devez rencontrer votre partenaire chez lui, il est d'usage de lui amener « des douceurs » et de penser aux enfants en apportant des jouets. Ce geste sera particulièrement apprécié. Pour le bouquet de fleurs, il doit être composé d'un nombre impair de fleurs car le nombre pair est réservé aux enterrements.

15.4.6 La relation à la hiérarchie

La relation hiérarchique est encore très forte avec les anciens qui ont toujours connu le communisme et ce, surtout dans les grandes entreprises publiques et parapubliques. Même si la Russie est aujourd'hui démocratique, les comportements n'ont pas changé pour de nombreux Russes dans ces établissements.

A contrario, les nouvelles entreprises connaissent des changements significatifs dans les relations que les employés peuvent avoir avec leur direction. De nombreux dirigeants favorisent l'expression ouverte afin de devenir plus précis et plus performants dans leur prise de décision.

15.5 L'émotion plus que la raison

Il faut surtout éviter d'établir des parallèles entre le déséquilibre de l'environnement politique et le manque de crédibilité des négociateurs russes.

Il ne faut pas non plus court-circuiter les différents interlocuteurs intermédiaires entre vous et les décideurs. Lors d'une réunion, c'est la personne la plus importante qui ouvre la discussion et les interventions suivantes se suivent selon l'ordre d'importance des intervenants. Dans la négociation, il ne faut pas perdre de vue la notion d'égalité. On privilégiera le donnant-donnant où chacun des partenaires trouve des avantages. Les concessions doivent être faites proportionnellement et ce n'est qu'à cette condition qu'ils vous suivront ou non. Dans tous les cas, s'ils se sentent floués à un moment ou à un autre, ils vous le feront savoir de façon directe et il faudra réagir immédiatement. N'anticipez pas les compromis, laissez-les venir avec des propositions que vous équilibrerez au fur et à mesure.

Les Russes souhaitent détendre l'atmosphère en permanence, avec parfois quelques « coups de gueules » afin de juger votre stabilité et votre charisme. Ils ne perdent jamais de vue l'objectif de la négociation. Montrez alors de la détermination et de la volonté dans les décisions.

Dans ces circonstances, ne refusez pas le verre de vodka car vous risqueriez d'être mal vu.

15.5.1 Reformuler souvent et avoir l'esprit de synthèse

Le communisme à toujours prôné le morcellement des tâches et des responsabilités pour mieux régner, d'où un manque d'esprit de synthèse de la part des Russes. Il est nécessaire de poser beaucoup de questions et de reformuler souvent pour être sur la même longueur d'onde. Faites-le cependant de façon fine afin que votre partenaire ne se sente pas incompétent.

En Russie, il faut souvent s'armer de patience. Les négociations russes mettent peu de temps à démarrer mais elles sont souvent longues et fastidieuses par la suite. Cependant, si vous êtes réactif et spontané dans vos réponses, ils seront parfois surpris par vos certitudes et dans certains cas, vous pourrez même signer une première commande dès le premier entretien.

Pour faciliter les échanges, il est utile de préparer sa documentation et de faire une fiche supplémentaire en Russe si possible. La bonne connaissance des produits est impérative pour répondre de façon immédiate sans aller chercher l'information ailleurs. Vous devez faire une prestation à la hauteur, qui prouvera que vous maîtrisez parfaitement votre produit.

Comme nous l'avons vu ci-dessus, les Russes vivent plus sur l'émotion que sur la raison. Mais une émotion apparaît parfois aussi vite qu'elle disparaît et ce qui a été dit un jour peut être contredit le lendemain. Méfiez-vous alors de la parole donnée. Même si tout semble idyllique depuis des mois, elle peut facilement changer. Il en est de même après la signature du contrat, la parole russe va souvent de pair avec les évolutions économiques ou juridiques. Testez, le plus souvent possible, la cohérence de vos interlocuteurs dans le respect d'engagements simples.

Notez bien que les documents écrits sont quelquefois peu fiables et il faut toujours se renseigner parfaitement sur son interlocuteur, surtout si le contrat engagé est important.

15.5.2 Les *banyas*

Vous aurez certainement l'occasion d'être invité au *banya*. C'est un endroit très populaire en Russie et les hommes n'hésitent pas à s'y retrouver pour parler affaire.

Le banya ressemble à un sauna, mais à la mode slave, c›est-à-dire plus chargé en vapeur d›eau. La tradition du banya a acquis une signification particulière pendant l'époque soviétique car, en dehors des rencontres strictement amicales, les mafias de tous les milieux (les fonctionnaires, la milice, les voleurs) avaient pris l'habitude de se rencontrer pour échanger sur des sujets secrets.

Si vous y êtes invité par un futur partenaire et non par un ami, c'est peut-être que celui-ci essaie de mieux vous cerner. Il est de bon ton d'accepter tout en essayant, par personnes interposées, d'en comprendre cependant l'ultime raison.

15.6 Les perceptions croisées

- **La notion de perception**

Il est important de bien comprendre le fonctionnement des Russes dans leur façon de percevoir les autres cultures. L'intérêt de cerner cette perception est de pouvoir les surprendre par des actes conformes à leurs attentes dans le milieu professionnel et non à la vision qu'ils peuvent avoir de la culture en question. L'objectif est donc de leur faire vivre une expérience qui déclenchera, à coup sûr, une collaboration fructueuse et sincère.

Pour cela, reportez-vous directement à la perception de la culture qui vous concerne puis passez à la conclusion de ce chapitre.

◆ La France...

Depuis les années quatre-vingt-dix, les Russes et les Français entretiennent de très bonnes relations. Les visites régulières de Jacques Chirac à Vladimir Poutine n'ont fait que le prouver. Nicolas Sarkozy s'est efforcé de faire la même chose même si la situation a été plus complexe à cause du rapprochement de la France avec les États-Unis. La France est le cinquième investisseur de la Russie avec 7 milliards de dollars et 14 milliards en import. La Russie compte près de 500 entreprises avec participation de capital français, et ce malgré des mesures protectionnistes fortes.

◆ ... et les Français

Les Français représentent à leurs yeux des hommes braves, galants et accompagnés des plus belles femmes de la terre. Ils sont aussi très pointilleux et créatifs pour fabriquer des produits de luxe. La France est un pays très réputé auprès du milieu mondain russe. Paris est une ville de rêve où l'on peut voir de nombreux monuments comme l'Arc de Triomphe ou la Tour Eiffel. Il y a aussi la côte d'azur, avec Cannes et Monaco, ainsi que les stations de ski, comme Courchevel très connue des oligarques. C'est aussi l'un des pays les plus appréciés pour ses parfums, son vin, sa haute couture, sa joaillerie, etc.

Beaucoup de Russes apprennent le français car ils trouvent cette langue très belle et mélodieuse (en Russie, il y a presque autant de personnes qui parlent français que de personnes qui parlent anglais). Le terme « français » en lui-même, représente quelque chose de magique et la ville de Paris est LA ville à visiter pour les Russes.

Les points appréciés par les Russes sont :

- Les Français ont le goût des belles choses, mais ils ne savent parfois pas s'habiller et mélangent des couleurs inadéquates entre elles. Il faut avoir une tenue impeccable car ils attachent beaucoup d'importance à tous les détails.

- Ils savent faire de la qualité.
- Ils savent accueillir de façon très professionnelle leurs hôtes et entretenir des relations à long terme.

Les points de différence sont :

- Les Français sont douillets, paresseux et souvent capricieux.
- Ils sont très subtils et ils font trop attention aux petits détails, ce qui ralentit parfois les projets.
- Ils sont grincheux et rarement satisfaits, même d'eux-mêmes. Ils passent plusieurs heures devant leur miroir chaque jour pour montrer une image impeccable.
- Ils sont souvent indécis.
- Ils sont très malins car en étant élégants et galants à la fois, ils ont souvent plusieurs femmes en même temps.
- Ils ont aussi des habitudes culinaires surprenantes, telles que manger des cuisses de grenouilles ou encore des fromages moisis en buvant des grands vins.

Dans une collaboration russo-française

Contrairement aux Français qui chercheront à faire bonne impression en prenant leur temps pour introduire un sujet en affaires, les Russes, eux, ont un contact direct avec leurs interlocuteurs. Les Français sont très fiers de leur culture et ils ont parfois tendance à trop le montrer. Ils doivent avoir plus d'humilité dans leurs démonstrations d'eux-mêmes et des produits qu'ils représentent, en s'attardant plus sur le fond du sujet que sur la forme. Ils doivent être plus rapides et être plus directs plutôt que chercher à faire en permanence bonne impression. Quant aux Russes, ils doivent détailler davantage leurs prestations, offrir de la transparence et mieux définir ce qu'ils souhaitent faire dans le projet de collaboration. Ils doivent aussi argumenter de façon suffisamment construite pour montrer que le projet a été mûrement réfléchi en amont.

◆ Le Royaume-Uni...

Les importations en provenance de la Russie sont de 7,6 milliards d'euros alors que les exportations sont de 4,6 milliards, soit une balance déficitaire de 3 milliards. Les échanges se font surtout dans le domaine du transport, des communications, du charbon ainsi que du pétrole.

◆ ... et les Britanniques

Les Russes respectent beaucoup les Anglais. Pour eux, le Royaume-Uni est le pays de la finance et des libertés. C'est pourquoi de nombreux milliardaires Russes n'hésitent pas à placer leurs richesses dans ce pays. De plus, les écoles anglaises ont une très bonne réputation car elles sont proches de la Russie (contrairement aux États-Unis) et assurent une excellente formation professionnelle.

Cependant, les relations politiques entre les deux pays se sont envenimées, fin 2006-2007, depuis qu'un ancien lieutenant-colonel secret russe du FSB (ex-KGB) a été empoisonné par du polonium 210 et que Poutine a irradié une partie de la capitale britannique. Les relations commerciales se sont fortement compliquées.

Les points appréciés par les Russes sont :

- Les Britanniques sont très intelligents, cultivés et hospitaliers. C'est d'ailleurs régulièrement la première destination à laquelle pensent les dissidents russes pour s'expatrier et pour continuer leurs actions contre le régime en place.
- Les Britanniques sont également très ponctuels et les hommes ont la réputation d'être galants.
- Ils sont fiables et agissent sur du long terme.

Les points de différence sont :

- Les Britanniques se croient au-dessus des Russes.
- Ils sont trop pointilleux dans les projets.
- Ils ne savent pas agir sans l'aide des États-Unis.

Dans une collaboration russo-britannique

Les Britanniques doivent être plus humbles dans leurs relations. Ils doivent être plus à l'écoute, moins rigides et adapter leurs façons de faire au modèle russe si nécessaire. Pour ce qui est de la gestion du temps dans les projets, les Russes et les Britanniques sont généralement en accord sur la durée des contrats proposés. Les Russes sont par contre trop directs et brutaux dans leurs actions au quotidien, il leur faut agir avec plus de tact et de finesse s'ils souhaitent gagner la confiance des Britanniques.

◆ L'Inde...

En 2011, le montant des échanges entre la Russie et l'Inde s'élevait à 13 milliards d'euros[99]. Mais compte tenu de l'évolution de ces deux pays, les échanges commerciaux Russie-Inde devraient dépasser les 25 milliards d'ici 10 ans.

Les déclarations communes entre l'Inde et la Russie sont discrètes et leurs relations bilatérales peu développées. Malgré tout, les échanges, qui s'étaient effondrés dans les années quatre-vingt-dix, ont repris dans le domaine militaire. L'Inde semble être le seul pays ayant un programme de coopération technique et militaire avec la Russie. La Russie est le premier vendeur d'armes en Inde.

◆ ... et les Indiens

Les Russes entretiennent de bonnes relations avec l'Inde depuis le début de la Guerre froide et celles-ci se sont encore renforcées avec la venue de Georges Bush en 2006 pour la signature de coopération sur le nucléaire civil. Les Russes sont les premiers fournisseurs d'armement et plus de 70 % de l'armement indien est Russe. Ces derniers développent, conjointement avec les Indiens, des programmes d'armement militaire. Bien que la Russie se soit plus tournée vers l'Europe que vers l'Inde pour des facilités de distribution de son gaz et de son pétrole, l'Inde regagne l'attention de la Russie par son développement économique et surtout par ses nouveaux rapports avec les Américains et les Chinois.

Les échanges économiques sont encore faibles et la Russie veut exporter plus d'hydrocarbure pour satisfaire la demande de l'Inde qui importe déjà 70 % de ses hydrocarbures. Depuis l'accord nucléaire avec les États-Unis, l'Inde a pris une autre dimension internationale et elle joue astucieusement sur les deux tableaux en conservant non seulement son indépendance économique, mais en mettant aussi en concurrence Moscou et Washington.

Les points appréciés par les Russes sont :

- Les Indiens sont très doués dans le secteur informatique et ils n'hésitent pas à transmettre leurs connaissances dans d'autres pays. Ce sont aussi des gens d'une grande bonté qui partagent tout ce qu'ils ont entre eux.
- Ils ont aussi une grande humilité et sont très discrets.

99 Source : Federal Customs Service of Russia.

- Ils se respectent les uns, les autres. Il y a un équilibre entre les ethnies qui montre bien que l'Indien est un être très pacifiste.

Les points de différence sont :

- Les Indiens sont toujours très méfiants dans les affaires.
- Ils sont sales parce qu'ils ne se lavent pas souvent. La chaleur du pays par rapport à celle de la Russie y est sûrement pour quelque chose, mais le pays ne fait rien pour améliorer l'hygiène.
- Ils ne sont pas transparents dans les affaires et ils ont même tendance à ne jamais respecter les règles du jeu.
- Et enfin ils sont très irréguliers dans leur façon de faire. Il est impossible de savoir quand le projet sera terminé.

Dans une collaboration russo-indienne

Les Russes sont très friands du thé indien et trouvent la gastronomie très originale... Pour développer la collaboration russo-indienne, il faut que les Russes soient plus clairs dans leur façon d'agir et de faire. Il faut aussi qu'ils prennent le temps d'expliquer les méthodes qu'ils souhaitent employer. Le « laisser faire » des Indiens ne leur paraît pas satisfaisant. Quant aux Indiens, ils doivent apporter plus de transparence car les deux cultures se font rarement confiance, ce qui limite fortement les affaires.

◆ La Chine...

En 2011, le montant des échanges entre la Russie et la Chine s'élevait à 69 milliards de dollars[100] avec 27 milliards d'export et 42 milliards d'import en 2011. La signature de nouveaux contrats d'armement, semblant confirmer la « coopération militaro-technique » entre la Russie et la Chine a eu lieu au dernier trimestre de 2005. De nombreuses exportations d'armement et de transferts de technologies militaires illustrent la relation Moscou-Pékin.

Dernier élément, l'automobile. Les véhicules russes n'ont plus la côte et les voitures chinoises ont la porte grande ouverte pour s'y engouffrer.

◆ ... et les Chinois

Il existe plusieurs perceptions des Russes qui expriment globalement une certaine méfiance envers les Chinois, surtout pour les Russes qui habitent à la frontière chinoise. Les nombreux immigrés chinois, en Sibérie, sont une

100 Source : *Reuters*.

source régulière de mécontentement et de crainte pour les frontaliers. Le trafic en tout genre est quotidien, soit en passant par la Mongolie[101], soit en traversant directement la frontière.

Depuis l'ouverture de la Chine dans les années quatre-vingts, les relations se sont cependant développées, que ce soit au niveau politique, économique ou encore énergétique. En ce qui concerne l'économie, Moscou est le fournisseur privilégié d'armes même si le partenaire indien reste le plus gros client. Pour ce qui est de l'énergie, les Russes ont de plus en plus l'impression d'être considérés comme la vache à lait énergétique des Chinois.

La vision des Russes est souvent bipolaire :

- Pour les communistes, il faut que Moscou s'appuie sur le modèle chinois et il aurait dû le faire depuis longtemps puisqu'il est évident que depuis 1979, cette politique fonctionne.
- Pour la droite et les plus fatalistes, il faut se méfier de la puissance chinoise qui ne respecte rien et qui sera peut-être un jour capable de relier directement l'Europe en phagocytant la Russie qui s'affaiblit d'année en année.

Les points appréciés par les Russes sont :

- Les Chinois ont un grand respect des traditions et des coutumes de leurs pays.
- Ils sont travailleurs et ne comptent pas leurs heures.
- Ils sont capables de travailler vite s'ils ont une commande à honorer.
- Et enfin, ils inondent le marché russe de produits contrefaits. Cette contrefaçon est globalement appréciée dans le pays car elle permet à la classe moyenne d'accéder à la consommation de masse et pour les plus jeunes, de suivre la mode.

Les points de différence sont :

- Les Chinois sont méfiants, ils parlent beaucoup et font des gestes difficilement interprétables.
- Ils veulent éviter les conflits en répondant systématiquement à côté de la question.

101 Alors que je revenais d'Ulan Bator, j'ai souvenir d'un trafic de peaux lors d'un de mes voyages en train en 1990. Celles-ci étaient dissimulées dans la double cloison de mon compartiment et elles étaient ensuite récupérées en URSS (les Chinois savaient que ce compartiment m'était réservé). Si les Russes avec découvert ces peaux à la frontière, j'aurais été personnellement condamné et emmené directement au Goulag. Heureusement qu'en montant dans ce compartiment et en fouillant toutes mes affaires personnelles, les douaniers n'ont pas vérifié les cloisons...

- Ils ne sont pas francs et qu'ils ont tendance à profiter de toutes les situations.

Dans une collaboration russo-chinoise

Dans le monde des affaires, les Chinois n'ont pas vraiment un esprit d'entrepreneur et ils ne prennent que très peu d'initiatives. Pour les Russes, les Chinois ne sont que de bons exécutants. Dans un projet de collaboration, il faut que les Chinois soient plus précis dans leurs façons de faire. Qu'ils soient aussi plus clairs sur leurs intentions. Quant aux Russes, il leur faut plus de savoir vivre et de respect vis-à-vis de la culture chinoise.

◆ Le Japon…

La coopération entre la Russie et le Japon progresse de façon très significative. La coopération entre la Russie et le Japon progresse de façon très significative. Les échanges russo-japonais ont atteint 24 milliards d'euros en 2011. Les exportations Russes se chiffraient à 8 milliards et les importations à 16 milliards.

◆ … et les Japonais

Pour les Russes, les Japonais sont des gens qui communiquent beaucoup entre eux. Ils sont très respectueux de leur entourage, notamment avec les personnes âgées. Mais c'est un peuple beaucoup trop réservé et qui ne sait pas s'affirmer.

Les points appréciés par les Russes sont :

- Les Japonais sont très ponctuels et ils ont un grand respect des traditions dans leur pays.
- Ils maîtrisent la haute technologie et il y a beaucoup à apprendre au sein de la technique japonaise.
- Ils sont innovants et créatifs.
- Ils sont très forts dans les arts martiaux, ce qui leur donne une parfaite maîtrise d'eux-mêmes lors des négociations.

La langue japonaise est très appréciée des Russes. De nombreux étudiants la choisissent en deuxième ou troisième langue à l'université. La cuisine japonaise est aussi très appréciée, un grand nombre de restaurants sont implantés dans le pays.

Les points de différence sont :

- Les Japonais manquent de souplesse dans les négociations.
- Ils ne sont pas directs dans les relations. Il faut toujours s'adresser aux intermédiaires ce qui freine fortement le développement des relations.

Dans une collaboration russo-japonaise

Les Russes doivent avoir plus de retenue dans les relations d'affaires. Ils doivent aussi accorder plus de temps aux négociations et mieux structurer leurs paroles qui ont souvent tendance à partir dans tous les sens. Quant aux Japonais, ils doivent être plus chaleureux. Les multiples discussions qu'ils ont entre eux lors des négociations, montrent souvent qu'ils ont quelque chose à cacher.

◆ L'Allemagne...

Les relations germano-russes se sont développées de manière considérable et pour la Russie, l'Allemagne est le premier partenaire en Europe. En 2006, le volume des échanges a atteint 53,5 milliards d'euros soit un taux de croissance de + 38 %. Le montant moyen de la balance commerciale entre la Russie et l'Allemagne de 1992 à 2007 s'élève à 40 milliards d'euros. (source : Organisation for Economic Co-operation and Development).

La Russie exporte majoritairement des matières premières, elle se place comme premier fournisseur d'énergie de l'Allemagne, tandis que l'Allemagne exporte plutôt des produits finis et des biens d'investissement. En 2006, l'Allemagne se situe à la quatrième position en ce qui concerne les investissements cumulés, avec 6,7 milliards d'euros.

En 2011, l'Allemagne est le premier partenaire commercial de la Russie, 41 milliards d'euros en export et 46 milliards en import.

◆ ... et les Allemands

Ils ne sont pas appréciés par les Russes. Le passé de la deuxième Guerre mondiale est très lourd, trop lourd entre les deux nations pour que celui-ci soit totalement effacé[102]. Aujourd'hui encore, les relations sont tendues et les Russes ne supportent pas la langue allemande. Ce sont des gens alcooliques souvent tristes et qui ne pensent qu'au travail.

102 Ce sont les soviétiques qui ont connu la plus grosse perte humaine contre le régime nazi avec 25 millions de morts, soit 13 000 morts par jour !

Les points appréciés par les Russes sont :

- Les Allemands sont très sérieux et travailleurs.
- Ils sont organisés et structurés.
- Ils n'hésitent pas à mettre tous les moyens nécessaires pour accomplir leurs objectifs.
- Ils savent fabriquer de belles voitures et de bonnes bières (les plus consommées en Russie).

Les points de différence sont :

- Les Allemands sont souvent distants et « coincés ».
- Ils sont froids et ne recherchent pas les échanges.
- Ils se croient souvent au-dessus des Russes en mécanique alors que ces derniers fabriquent aussi de très bons produits.

Dans une collaboration russo-germanique

Il faut bien évidemment éviter de parler du passé. Compte tenu des *a priori* négatifs, il faut se concentrer sur le projet et montrer l'intérêt financier de la collaboration. Il faut aussi éviter de se battre sur la différence de qualité mais plutôt rechercher un consensus sur des points communs. En prenant du temps dans le développement de la relation et en s'investissant dans une meilleure connaissance de l'autre, les affaires sont toujours possibles entre deux cultures aux passés opposés.

Les Etats-Unis...

Les États-Unis sont le premier partenaire commercial de la Russie. En 2011, le montant des échanges a atteint 40 milliards d'euros. Les exportations américaines en Russie ont représenté 28 milliards et celles de la Russie aux États-Unis, 12 milliards.

Pour les Russes, l'Amérique fut longtemps le rêve d'un pays lointain et inaccessible. C'est le pays de la liberté et de la richesse. C'est aussi le pays qui favorise le libre-échange entre les nations. Mais cette abondance de richesse est aussi synonyme de fast food et de nourriture grasse que les Américains mangent en permanence, d'où leur obésité.

Les points appréciés par les Russes sont :

- Les Américains sont très professionnels et très impliqués dans tout ce qu'ils font.

- Ils sont simples, sympathiques et très sociables.
- Ils sont habiles et ils comprennent vite tous les problèmes qui leur sont posés.

Les points de différences sont :

- Les Américains sont des gens très idéalistes.
- Ils sont peu cultivés.
- Ils n'ont jamais de temps à perdre et de ce fait, ils sont toujours stressés. Ce sont des gens qui pensent être les meilleurs et qui ne s'en cachent pas.

Dans une collaboration russo-américaine

Bien que l'entente soit très cordiale depuis les années quatre-vingt-dix, les relations se tendent peu à peu par des aides militaires à des pays interposés. Les États-Unis demandent plus de démocratie et les Russes répondent qu'ils ne veulent pas de démocratie comme en Irak... Ils n'ont de leçon à recevoir de personnes à ce sujet. L'ingérence habituelle des Américains dans les autres pays ne semble pas fonctionner en Russie.

Cependant, dans les affaires, les Russes sont bien conscients de la richesse américaine et de la manne d'argent qu'elle représente. Beaucoup plus de Russes que d'Américains sont prêts à passer outre les relations politiques pour faire des affaires.

15.7 Dobro pojalovat

15.7.1 L'invitation en France

Si le contrat est important, il faut que les négociations se déroulent à la fois en France et en Russie sur votre invitation.

Les Russes sont aussi très intéressés par les cultures étrangères : une visite de monuments ou de musées par exemple est appréciée par les Russes.

Ils seront très honorés d'être invités chez vous car ce n'est pas une chose fréquente en Russie.

Au restaurant, apprenez-leur les rudiments sur le vin, ils adorent ça

15.7.2 Les comportements clés :

Ce qu'il faut faire :

- Accepter toutes les invitations. Il serait très maladroit de refuser.
- Valoriser les interlocuteurs en évoquant les changements positifs en Russie.
- Parler de l'ouverture de la Russie et de sa nouvelle position dominante en tant qu'acteur sur l'échiquier mondial.
- Évoquer l'histoire de son pays en faisant des comparaisons positives.
- Parler du vin et des vignobles.
- Rester concentré même après quelques verres d'alcool.

Ce qu'il ne faut pas faire

- Confondre la Fédération de Russie et l'Union Soviétique.
- Aborder la Tchétchénie, certains sont pour, d'autres contre.
- Comparer la Russie à l'Inde ou à la Chine.
- Dire que la Russie est un pays pauvre ou en voie de développement.
- Mentionner les difficultés de faire des affaires dans le pays.
- Parler de la corruption.
- Parler du communisme et d'une façon générale de la politique.
- Être trop décontracté après avoir bu de l'alcool.
- Trop parler de ses vacances.

Les Russes ont la fibre nationale développée. Ils sont souvent convaincus que leur pays est supérieur dans bien des domaines. Les hommes d'affaires russes ont souvent tendance à discuter des prouesses sportives des athlètes de leurs pays, tout cela accompagné d'un bon verre de vodka. Cette attitude encourage une ambiance chaleureuse et détendue.

Après le restaurant, vous pourrez les emmener dans un bar, ils apprécieront.

En conclusion

La méthode proposée dans cet ouvrage, par profil social, est extrêmement puissante. Elle permet non seulement de développer son domaine de variabilité, c'est-à-dire sa compréhension et sa sensibilité face aux différences qui peuvent exister dans un environnement étranger, mais aussi sa relation avec ses partenaires étrangers pour une communication optimale.

Être sur la même longueur d'onde que son partenaire, c'est avoir une compréhension claire, complète et commune sur les sujets en question. C'est être syntone[103].

Cette démarche passe par trois étapes fondamentales :

1. tout d'abord, je dois me comprendre et comprendre la façon dont je communique en société afin de limiter des biais de comportements. On ne devient pas interculturel comme cela, par une simple volonté de faire plaisir à l'autre pour qu'il nous le rende afin d'obtenir une collaboration fructueuse ;
2. Puis je dois connaître un minimum d'éléments, de variables sur la culture de mon partenaire, car ce sont des facteurs clefs pour se rapprocher de lui. J'étudie l'histoire et la géographie de son pays pour mieux cerner l'origine de ses pensées. J'observe les phénomènes diachroniques et je respecte les rituels et les coutumes. J'ajuste mon temps et le sien par l'observation du respect du planning et de son temps. Je mesure le niveau de collectivisme pour mesurer son sens critique et comprendre ainsi si oui ou non il osera me dire à temps ce qui ne va pas. Je force mon interlocuteur à s'exprimer de façon explicite par la technique du

103 Ce terme et surtout employé en physique quand deux systèmes oscillent à la même fréquence.

« C'est-à-dire » pour une communication claire et factuelle avec des repères de mesures que nous comprenons tous les deux. Et enfin, je mesure son niveau de distance hiérarchique pour connaître son autonomie et son champ d'action possible.

3. Parallèlement, je dois faire une analyse de son profil social pour mieux comprendre la façon dont il structure ses échanges, puis je le surperpose au mien pour comprendre les différences. En situation de communication, je m'arrange alors pour devenir son profil et je joue ainsi le rôle d'un miroir. Je conserve, dans la plupart des cas, du recul et de l'humilité. J'essaie de ne pas chercher à avoir en permanence raison. J'utilise le sourire et la politesse le plus souvent possible.

J'ai ainsi toutes les clefs pour développer un savoir être interculturel optimal...

Bibliographie

Amartya sen, *The argumentative india*, Penguin Book, 2005.

Chevrier, Sylvie, *Le management interculturel*, PUF, 2003.

D'Iribarne, Philippe, *Culture et mondialisation*, Collections Points essais, Éditions du Seuil, 2002.

D'Iribarne, Philippe, *La logique de l'honneur*, Collections Points essais, Éditions du Seuil, 1989.

Demorgon, Jacques, *Complexité des cultures et de l'interculturel*, Éditions Anthropos, 2004.

Dwivedi, Bhoojraj, *Scientific bases of Hindu Beliefs*, Diamond book, 2006.

Ferraro, Gary, *The cultural dimension of international business*, Prentice Hall.

Friedman, Thomas L., *The world is flat*, Penguin Book, 2006.

Guide pratique Amérique du Nord, Numéro hors série « Classe export ».

Izraelewicz, Erik, *Quand la Chine change le monde*, Éditions Grasset, 2005.

Kham Vorapheth, *Asie du sud est*, Éditions l'Harmattan, 2000.

Korsak Chairasmisak, *Enseignements d'un dirigeant chinois*, Éditions d'Organisation, 2005.

Marion, Bruno, *Réussir avec les asiatiques*, Éditions d'Organisation, 2006.

Meier, Olivier, *Management Interculturel*, Éditions Dunod, 2004.

Rouault, Frank, *Les 65 mémos de l'interculturel*, Éditions AFNOR, 2004.

Sadik-Roznyai, Orsolya et Arnaud Pinon, *Passeport du manager pour l'Europe et le monde*, Éditions Village mondial, 2004.

Schneider, Bertrand, *L'Inde*, Éditions d'Organisation, 2006.

Schneider, Susan et Jean-Louis Barsoux, *Management Interculturel*, Éditions Pearson Éducation, 2003.

Trompenaars, Fons, *Au-delà du choc des cultures*, Éditions d'Organisation, 2004.

Livres de Edward T. Hall à lire sur ces sujets :

Le langage silencieux, Collection Points Essais, Éditions du Seuil, 1984.

La dimension cachée, Collection Points Essais, Éditions du Seuil, 1971.

Au delà de la culture, Collection Points Essais, Éditions du Seuil, 1979.

La danse de la vie, Collection Points Essais, Éditions du Seuil, 1984.

Livre de Geert Hofstede à lire sur ces sujets :

Vivre dans un monde multiculturel, Éditions d'Organisation, 1994.

JOUVE
1, rue du Docteur Sauvé - 53100 Mayenne
Imprimé sur presse rotative numérique
N° 2013133E - Dépôt légal : octobre 2012

Imprimé en France